LA RIFORMA DELL'EDUCAZIONE
Studi e problemi di pedagogia fondamentale

Collana diretta da Franco Bochicchio, Umberto Margiotta
e Vittorio Telmon

1

Ristampa: 1998, 2001

Volume pubblicato
con contributo del MURST

Bochicchio, Franco
    Democratizzazione della scuola italiana : momenti e problemi / Franco Bochicchio.
– Bologna : CLUEB, 1995
    303 p. ; 21 cm.
    (La riforma dell'educazione / collana diretta da Franco Bochicchio, Umberto Mar-
giotta e Vittorio Telmon ; 1)
    ISBN 88-8091-270-4

Copyright by Cooperativa Libraria Universitaria Editrice Bologna
40126 Bologna - Via Marsala 31
Tel. 051 220736 - Fax 051 237758
Finito di stampare nel mese di gennaio 2001
da Legoprint - Lavis (TN)

Franco Bochicchio

Democratizzazione della scuola italiana

Momenti e problemi

CLUEB

INDICE

I saggi qui ristampati sono stati pubblicati nei volumi o nei periodici di seguito indicati: *L'organizzazione degli studi nel collegio degli Scolopi durante la controriforma*, in «Studi di storia dell'educazione», 2 e 4, 1984; *La scuola media*, in TELMON AGOSTINI-BALDUZZI-BOCHICCHIO, *Il sistema scolastico italiano*, Firenze, Le Monnier, 1976: *La scuola media è cambiata con i nuovi programmi?*, in «Inchiesta», 49-50, 1981; *I bienni sperimentali in Italia*, in TELMON (a cura di), *Problemi e criteri per una scuola comprensiva*, Bologna, CLUEB, 1974; *L'istruzione tecnico-professionale nel nuovo Stato unitario: la scuola di Arti e Mestieri «Aldini-Valeriani» di Bologna e la formazione del «buon artiere»* in «Studi di storia dell'educazione», 1, 1989; *Formazione professionale, apprendistato e scuola*, in Atti del Convegno internazionale di studi (Bologna, novembre 1983) su *La salvaguardia delle città storiche in Europa e nell'area mediterranea*, Bologna, ISTITUTO PER I BENI ARTISTICI E CULTURALI DELLA REGIONE EMILIA-ROMAGNA, 1983; *I precedenti storici dell'istruzione tecnico-professionale nell'area bolognese dalla legge Casati alla Carta della Scuola* in ISTITUTO PER I BENI ARTISTICI E CULTURALI DELLA REGIONE EMILIA-ROMAGNA, *Manutenzione e sostituzione. L'artigianato i suoi modelli culturali, la città storica*, Bologna, CLUEB, 1983; *Il recente dibattito su «Il libro di testo»* in *Libro e Biblioteca*, Atti del Seminario nazionale di studi (Castel San Pietro, 5-7 aprile 1973) a cura del Ministero della P.I., Bologna, PROVVEDITORATO AGLI STUDI, 1973; *Prospettive e limiti della formazione scientifica nella scuola di base*, in «Problemi della transizione», 9, 1982; *Quale matematica per la scuola di base, oggi?* in FRABBONI (a cura di), *L'innovazione nella scuola elementare*, Firenze, La Nuova Italia, 1982.

Introduzione

Il volume è una raccolta di scritti, in parte già editi e in parte inediti, che analizzano dal punto di vista storico, il processo lento, faticoso, discontinuo e non sempre omogeneo con il quale, nel nostro paese, si è passati da una scuola di classe e conservatrice ad una scuola più democratica e aperta alla cultura moderna.

L'analisi, rivolta sia alla struttura sia ai contenuti del sistema scolastico, vuole essere, ad un tempo, un esame di alcuni nodi cruciali del processo di scolarizzazione degli strati sociali subalterni e una verifica di alcuni recenti approcci metodologici della ricerca storiografica.

In particolare, il volume, articolato in quattro capitoli, cerca di dimostrare, nel primo, attraverso un esame particolareggiato e sul lungo periodo della organizzazione degli studi nel Collegio degli Scolopi, come la genesi del sistema scolastico post-unitario vada ricercata anche nelle esperienze educative realizzate in età moderna dall'Ordine di San Giuseppe Calasanzio. Attraverso un patrimonio archivistico realizzato in un arco di tempo molto lungo, circa due secoli, nell'Archivio Centrale e in alcuni Archivi periferici dell'Ordine, è stato possibile rilevare che il ruolo e la funzione delle scuole scolopiche sono andati molto oltre l'ambito in cui la letteratura pedagogica aveva considerato l'apporto di Calasanzio, valutato per la sua esperienza iniziale di promotore di una scuola del leggere, scrivere e far di conto per tutti e gratuita. Dalla ricerca emerge che se è vero che il Ginnasio-Liceo casatiano riflette l'organizzazione degli studi della *Ratio Studiorum*, il sistema scolastico promulgato dal nuovo Stato unitario nelle sue diverse articolazioni (scuola elementare per tutti, scuola tecnica e istituto tecnico con finalità professionali e l'inserimento fra le materie di insegnamento della matematica, delle scienze, della storia, ecc.) riflette anche l'Organizzazione degli Studi degli Scolopi. Soprattutto è emerso come la scelta iniziale intesa a realizzare una scuola rivolta ai ceti sociali disagiati e intermedi, finalizzata agli apprendimenti di base e all'acquisizione di competenze professionali (calligrafia e computisteria) porterà, in risposta alla provenienza e alle esigenze di detti ceti, ad una articolazione scolastica che dalla scuola primaria, attraverso una scuola intermedia, chiamata non a caso di aritmetica, giungeva fino all'Umanità e alla Retorica. Si ha cosi una organizzazione degli insegnamenti che a partire dalla lettura, scrittura e dall'abaco giungeva alla lingua latina (che pur conservando la sua centralità nel piano di studio, veniva insegnata a partire dalla lingua italiana) ma che includeva anche la matematica, le scienze e la storia.

Il secondo capitolo, costituito da quattro saggi, analizza, storicamente, il problema dell'estensione dell'obbligo scolastico in Italia, attraverso il dibattito e i contrasti che hanno accompagnato, da Casati in poi, la questione delle scuole dagli 11 ai 14 anni, risolta solo nel 1962 con la istituzione della scuola media unica, e, quindi, i problemi che, dopo l'istituzione della scuola media unica, hanno caratterizzato le proposte di riforma e le esperienze del biennio della scuola secondaria superiore. In particolare i primi due saggi analizzano come a partire dalla legge Casati alle scuole dagli undici ai quattordici anni sia stata attribuita la funzione prevalente di struttura di contenimento della domanda di istruzione proveniente dal basso attraverso meccanismi di dirottamento e di selezione, realizzati istituendo molte scuole per la stessa fascia di età. Una struttura che, nei cento anni di storia del sistema scolastico italiano, ha subito solo modifiche parziali e di diversa natura, in rapporto alle diverse esigenze occupazionali. Anche i contenuti sono sempre stati organizzati in modo funzionale a questo obiettivo, rispondendo ad una sostanziale funzione propedeutica al proseguimento degli studi da parte dei pochi o in funzione di preparazione per l'immissione nel mondo del lavoro da parte di molti. Questa concezione, della funzione educativa della scuola, si è cosi consolidata nel tempo tanto da condizionare la definizione dei programmi e delle indicazioni didattiche della stessa nuova scuola media. Bisognerà attendere – come si è tentato di dimostrare nel secondo saggio sulla scuola media – le modifiche apportate alla legge e i conseguenti nuovi programmi del 1980 per realizzare, almeno sulla carta, una scuola media formativa e unica per tutti. Ma soprattutto, attraverso un'analisi di lungo periodo, è emerso come le proposte educative e le esperienze scolastiche risultino interconnesse ai problemi economici, politici e sociali e come questi ultimi costituiscano dei fattori intervenienti sia per elaborare un progetto di cambiamento sia per realizzarlo. Come una esigenza di modifica di struttura, come quella relativa alle scuole dagli 11 ai 14 anni, richieda tempi mediamente lunghi di elaborazione perché, per la sua realizzazione, occorre che si verifichino tutte le condizioni prima indicate. Nel secondo dopoguerra, rispetto al problema dell'estensione dell'obbligo fino a quattordici anni, i «progressisti», in mancanza di un proprio progetto di cambiamento, si richiameranno alle proposte emerse in epoca giolittiana mentre i «conservatori» faranno riferimento al progetto elaborato da Bottai con la Carta della scuola. Quando dalla seconda metà degli anni cinquanta si verificheranno le condizioni economiche, sociali, culturali e pedagogiche che porteranno all'elaborazione di un progetto di cambiamento bisognerà attendere che maturino anche le condizioni politiche perché tale cambiamento si realizzi. Tali condizioni si verificheranno solo agli inizi degli anni sessanta in un quadro politico mutato e che segna l'inizio di nuove e più ampie convergenze politiche (il primo centro-sinistra) che segnano la trasformazione più importante della storia unitaria: il passaggio della società italiana da prevalentemente agricola a industriale.

Gli altri due saggi, dedicati al biennio, mostrano come le funzioni attribuite alle scuole dagli 11 ai 14 anni fino al 1962 e quindi anche i problemi relativi vengono spostati nella fascia biennale della secondaria superiore.

In particolare, nel primo, l'analisi è stata condotta privilegiando le «sperimentazioni» dei bienni della secondaria, che hanno accompagnato il dibattito sulle proposte di riforma dei primi anni settanta, sull'onda della proposta di riforma della scuola secondaria elaborata a Frascati dai maggiori esperti europei di politiche educative. Si tratta di un saggio che anche nella stesura – se si considera che da allora sono trascorsi venticinque anni senza che la classe dirigente, nel suo complesso, sia riuscita a promulgare un legge di estensione dell'obbligo – fa trasparire un mal celato ottimismo sulla imminenza del cambiamento, tanto da assumere più il carattere di un documento storico che di un'analisi storica sia pure di breve periodo. Da qui il secondo saggio che mostra come in questi venticinque anni, in mancanza, appunto, di un provvedimento di riforma da parte del potere legislativo, la realtà scolastica, intesa nelle sue diverse componenti (Associazioni di categoria, organizzazioni sindacali, collegi docenti, ecc.) e l'esecutivo, inteso come amministrazione scolastica centrale e periferica, si sono resi interpreti, sia pure con molte difficoltà ma anche con molte contraddizioni, dei reali cambiamenti verificatisi in questi anni, sia rispetto alla domanda di istruzione proveniente dal basso, sia rispetto al modello culturale e educativo. Al punto da prefigurare, attraverso l'uso della «sperimentazione» promossa dalle scuole e/o dal ministero, un cambiamento di fatto del curriculum dei bienni. Si tratta di un fenomeno che testimonia l'incapacità della classe dirigente, nel suo complesso, di rispondere alla richiesta di estensione dell'obbligo proveniente dal basso.

Dal punto di vista più generale della metodologia della ricerca storico-educativa, invece, i cambiamenti intervenuti nella scuola italiana, dagli anni sessanta in poi, sono una spia molto importante del mutato quadro di riferimento interpretativo della storia dell'educazione in Italia. A partire dalla istituzione della scuola media unica e dalla liberalizzazione degli accessi all'università, il sistema scolastico, inteso come struttura formale di contenimento e dirottamento, non può più essere considerato come chiave interpretativa della storia sociale della scuola; l'analisi dei fattori intervenienti nel processo di cambiamento non può più limitarsi a considerare quelli provenienti dall'alto ma deve mostrare l'intreccio con i nuovi soggetti decisionali, con le mutate-domande educative e culturali provenienti dal sociale.

Il terzo capitolo, che si articola in tre saggi, affronta uno dei nodi cruciali del processo di democratizzazione della scuola italiana: l'istruzione professionale. Com'è noto la legge Casati nei suoi 380 articoli non affronta il problema dell'istruzione professionale che, dopo la scuola elementare, è sempre stata il settore scolastico interessante le classi sociali subalterne. La classe dirigente dell'epoca, ma anche quelle delle epoche successive, hanno sempre attribuito a questa istituzione una funzione eminentemente pratica e quindi legata alla formazione di manodopera per le attività produttive. Per questa ragione la istituzione di tali scuole come pure la loro organizzazione venivano affidate ai privati e agli organi decentrati dello stato (Province e Comuni) che, in rapporto alle particolari esigenze delle attività produttive locali, potevano intervenire istituendo scuole di arti e mestieri e/o corsi di formazione professionale per quanti, dopo la scuola elementare, in vista dell'inserimento nel mondo del lavoro o già inseriti in esso, intendessero conseguire una qualificazione professionale. Questa scelta, che è stata una pesante ipoteca per lo sviluppo e soprattutto per il riconoscimento, a pieno titolo, del settore nel sistema scolastico italiano, non solo rappresenta, come per la scuola elementare, il filo rosso attraverso cui analizzare il rapporto, nella storia d'Italia, fra classe dirigente e classi subalterne, ma costituisce anche l'effettivo processo di democratizzazione della scuola e del paese. Ma tale questione pone anche dei problemi di carattere storiografico almeno fino agli anni trenta, quando, in parte, l'istruzione professionale viene riconosciuta dal Ministero dell'Educazione Nazionale. Anche per l'istruzione professionale vale l'avvertimento che Aristide Gabelli, già nel 1877, aveva fatto per la scuola elementare, quando, riferendo sull'andamento della scuola elementare a Roma (*Alcune cifre sull'istruzione elementare nella Provincia di Roma*, in «Archivio di statistica», a.I, f.I, pp. 31-46) sottolineava che una storia della scuola elementare, se non voleva limitarsi agli aspetti legislativi e al dibattito generale, doveva analizzare l'effettiva incidenza della legislazione, nelle diverse realtà geografiche, tenendo conto non solo dell'intervento delle amministrazioni comunali ma anche del retaggio scolastico precedente, nella convinzione che gli effetti di un provvedimento legislativo, nel settore scolastico, si misurano nei tempi lunghi. Per queste ragioni, i tre saggi che costituiscono il terzo capitolo, pur conservando, nell'ordine, un criterio di sviluppo cronologico, a partire dalla legge Casati, sono dedicati, i primi due, alla storia dell'istruzione professionale a Bologna nei suoi rapporti con le scelte di carattere nazionale. Il primo ricostruendo la storia dell'Istituto Aldini-Valeriani, nella seconda metà dell'Ottocento, analizza come la classe dirigente dell'epoca, attraverso l'introduzione di un insegnamento di «economia e morale» intendeva formare il «buon artiere». Partendo dal documento principale attraverso cui si è espressa questa volontà, ossia la scelta di un libro di testo, si è cercato di confrontare questo con le ideologie correnti dell'epoca dello «industrialismo» e del «self-helpismo». Il secondo, invece, condotto su l'utilizzo di una vasta documentazione archivistica costituita da fondi locali, ricostruisce, fino agli anni trenta, la nascita e lo sviluppo dell'apparato scolastico tecnico-professionale di Bologna e provincia, per mostrare attraverso un'ampia sintesi come si è variamente articolato e sviluppato il rapporto fra scuola economia e società civile bolognese. Per concludere, con il terzo, ci si richiama, proprio a partire dagli anni trenta, ai provvedimenti assunti in sede nazionale e al dibattito che li ha accompagnati, per analizzare la genesi dell'attuale sistema di formazione professionale.

Il quarto capitolo, invece, tenta di rispondere più all'esigenza di dar completezza alle istanze metodologico-didattiche che al tentativo di fornire un quadro esaustivo del problema affrontato. Come è noto il processo di democratizzazione di una scuola non va analizzato solo attraverso l'esame degli aspetti istituzionali, economici e politici che ne spiegano la genesi, ma anche attraverso il tipo di insegnamenti e di contenuti che in essa vengono introdotti. Di questo complesso ed importante problema, in questo volume, si occupano i quattro saggi aventi valore emblematico in quanto essi affrontano due aspetti caratterizzanti le scelte di metodo e di contenuto della scuola italiana. E cioè 1) gli ostacoli frapposti all'inserimento nei curricula della scuola italiana dell'insegnamento delle lingue moderne in nome di una presunta loro non formatività rispetto alle lingue classiche che è il concetto con cui si è inteso conservare un preciso modello culturale e ideologico, 2) anche quando vengono inserite discipline più rispondenti alle esigenze di una cultura moderna, è il caso dell'insegnamento della matematica e delle scienze nella scuola di base, permane l'intento di un loro uso formale e meccanico, la matematica, nozionistico ed enciclopedico, le scienze, 3) il libro di testo inteso come guida e insieme strumento privilegiato per la trasmissione culturale, e che quindi favorisce una formazione formale e astratta.

I

La scuola come strumento di inserimento sociale

1. L'organizzazione degli studi nel collegio degli Scolopi

Alcune recenti ricerche di storia della scuola hanno mostrato come, per valutare le istituzioni educative di un dato periodo storico, sia importante analizzare non solo le condizioni economiche e politiche in cui esse maturano ma anche individuare la loro incidenza sociale, per l'interdipendenza che caratterizza lo sviluppo della scuola con lo sviluppo della società[1]. Così come per individuare il tipo di sapere trasmesso e il modello sociale che si intende far acquisire, occorre analizzare non solo la cultura e le idee pedagogiche dell'epoca, ma anche l'effettivo funzionamento dell'organizzazione degli studi le materie insegnate e la loro articolazione interna, i programmi effettivamente svolti, i libri di testo adoperati, i metodi di insegnamento in uso, i criteri di reclutamento e di formazione degli insegnanti, ecc.[2].

È per ciò che, nell'assumere come oggetto di studio il collegio degli Scolopi di Pieve di Cento, il nostro contributo all'organizzazione degli studi si limiterà all'analisi di alcuni dati di riferimento all'esperienza educativa

---

[1] L. Stone, *The Educational Revolution in England 1560-1640*, «Past and Present», XXVIII (1964), pp. 41-80; *Literacy and Education in England 1640-1900*, «Past and Present» XLII (1969), pp. 69-139; F. De Dainville, *Effectifs des Collèges et scolarité aux XVIIe et XVIIIe siècles dans le Nord-Est de la France*, «*Population*», III (1955), pp. 454-488; *Collèges et frequentation scolaire au XVIIe siècle*, «Population», III (1957), pp. 467-494 (ora entrambi in F. De Dainville, *L'éducation des jésuites*, Paris, Éditions de Minuit, 1978, pp. 81-118 e pp. 119-149); C.M. Cipolla, *Istruzione e sviluppo. Il declino dell'analfabetismo nel mondo occidentale*, Torino, Utet, 1971; G. Vigo, *Istruzione e sviluppo economico in Italia nel secolo XIX*, Torino, Ilte, 1971; F. Furet-J. Ozouf, *Lire et écrire, L'alphabetisation des Français de Calvin à Jules Ferry*, Paris, Éditions de Minuit, 1977, I.

[2] A. Prost, *Jalons pour une histoire de la pratique pédagogique*, in *Histoire de l'enseignement de 1610 à nos jours*, Paris, Armand Colin, 1974, pp. 105-111; Ph. Ariès, *Padri e figli nell'Europa medievale e moderna*, Bari, Laterza, 1976; J. De Viguerie, *L'institution des enfants. L'èducation en France dans XVIe-XVIIIe siècles*, Paris, Calmann Lévy, 1978; O. Brunner, *Vita nobiliare e cultura europea*, Bologna, Il Mulino, 1982; F. De Dainville, *L'enseignement des mathématiques dans les collèges jésuites de France du seizieme au dix-huitième siècle. Livres de comptes et histoire de la culture*, in *L'éducation des jésuites*, cit., pp. 323-353 e pp. 279-307.

degli Scolopi nell'età della controriforma, in quanto il materiale di documentazione relativo al collegio in questione è piuttosto scarso, specie per il fatto che, essendo la scuola organizzata come *esternato*[3], non dispone di fonti, come i libri *mastri*[4], che consentirebbero di individuare gli strumenti didattici a disposizione della scuola, permettendo un'indagine storico-critica più esauriente.

Il quadro di riferimento

La Chiesa Cattolica, con il Concilio di Trento, in risposta alla Riforma luterana e per porre un argine al diffondersi dell'eresia, individua nell'educazione[5] uno degli strumenti attraverso cui realizzare una riaffermazione dei propri principi di fede, un disciplinamento dei costumi, un controllo culturale e sociale[6]. Questo obiettivo, basato su una difesa intransigente dell'ortodossia cattolica, si realizzerà, anche grazie ad un nuovo impegno religioso che matura nelle gerarchie ecclesiastiche con il Concilio, attraverso una serie di iniziative e istituzioni, diversificate per modalità e ambiti di intervento, che si inseriranno nel contesto economico, politico, sociale e culturale dell'epoca, che si caratterizza per il riaffermarsi di una economia agricola, contraddistinta dal latifondo, ridefinendo un assetto sociale che determina l'arricchirsi di ristretti gruppi rispetto al progressivo impoverimento della stragrande maggioranza della popolazione[7]. Per quanto il quadro economico risulti più articolato, come mostrano alcuni studi recenti di storia locale, per le differenze regionali e per gli squilibri fra città e campagna, l'assetto sociale complessivo che ne deriva, almeno in questa fase storica, non

[3] Per la distinzione fra collegi o scuole che ospitano gli studenti non residenti, prima solo per esigenze pratiche e dopo come modalità pedagogica, vedi: PH. ARIÈS, *Padri e figli nell'Europa medievale e moderna*, cit., pp. 311-331; G. SNYDERS, *La Pédagogie en France aux XVIIe et XVIIIe siècles*, Paris, PUF, 1965.

[4] L'uso degli elenchi degli allievi e dei libri dei conti dei Collegi che praticano l'internato, per individuare i testi acquistati, è un'indicazione metodologica che emerge da alcuni lavori di F. De Dainville, e in particolare, *Livres des comptes et histoire de la culture*, in *L'éducation des jésuites*, cit., pp. 279-307.

[5] Sul concetto di educazione elaborato dall'Umanesimo, ma orientato per un ideale etico religioso sia dai protestanti, sia dai cattolici, vedi: D. CANTIMORI, *L'ideale educativo umanistico-religioso nel Cinquecento*, in *Umanesimo e religione nel rinascimento*, Torino, Einaudi, 1975, pp. 232-246.

[6] Cfr. A. BIONDI, *Aspetti della cultura cattolica post-tridentina. Religione e controllo sociale*, in *Storia d'Italia*, Annali, 4, Torino, Einaudi, 1981, pp. 255-302.

[7] PH. JONES, *Economia e società nell'Italia medioevale*, in *Storia d'Italia*, Annali, 1, Torino, Einaudi, 1978, pp. 343-372.

costringerà certo la classe dirigente a intervenire nel settore dell'istruzione, a favore della stragrande maggioranza dei contadini, costretti in una condizione di semipovertà e di larghi strati popolari urbani, coinvolti dalle ricorrenti crisi economiche, per ottenere il loro controllo ideologico[8]. Dall'interesse delle autorità pubbliche, per realizzare un controllo politico dei propri sudditi, in una situazione in cui il disagio sociale si esprimeva anche attraverso forme di dissidenza religiosa, saranno favorite, in mancanza di proprie istituzioni educative o per l'incapacità di costituirle, la nascita e lo sviluppo di istituzioni ecclesiastiche[9]. E ciò si spiega ove si pensi: 1. alla crisi degli ideali educativi dell'Umanesimo, che proprio perché caratterizzati da un concetto di educazione e di cultura «umane», non potevano realizzarsi sul piano istituzionale «senza che ad una consapevolezza chiara si unisse una trasformazione della società»[10] e delle istituzioni che, come le scuole municipali, per quanto fossero sopravvissute al declino della civiltà comunale, riflettevano la situazione di crisi economica di quei ceti imprenditoriali e commerciali che ne avevano favorito lo sviluppo[11]; 2. alla incapacità dei vecchi Ordini religiosi e delle *Scuole Cattedrali* di cogliere e di utilizzare sul piano educativo le istanze di rinnovamento maturate dall'Umanesimo e di rispondere alle nuove esigenze della Chiesa, emerse con il Concilio[12].

L'azione della Chiesa si svilupperà, all'interno di questo contesto, maturando un progetto scolastico che risulterà pressoché egemone fino alla prima metà del XVIII secolo perché sul piano istituzionale si organizzerà con scuole a diversi livelli ma adeguandosi alla stratificazione sociale esi-

[8] Sulle condizioni economiche dei contadini e degli strati popolari urbani sia pure in situazioni economiche differenziate tra le diverse aree regionali, vedi: R. ROMANO, *La storia economica. Dal XIV secolo al Settecento*, in *Storia d'Italia*, II, *Dalla caduta dell'Impero romano al secolo XVIII*, Torino, Einaudi, 1974, pp. 1813-1931.

[9] Sul ruolo politico istituzionale delle classi dominanti e sulle condizioni e reazioni delle classi subalterne, vedi: H. KAMEN, *Il secolo di ferro 1550-1660*, Bari, Laterza, 1975.

[10] E. GARIN, *L'educazione in Europa 1400-1600. Problemi e programmi*, Bari, Laterza, 1975, p. 273.

[11] Sulla pedagogia e l'organizzazione degli studi nell'umanesimo e nel rinascimento, vedi: E. GARIN, *L'educazione in Europa*, cit.; W.H. WOODWARD, *La pedagogia del rinascimento 1400-1600*, Firenze, Vallecchi, 1923; G.M. BERTIN, *La pedagogia umanistica europea nei secoli XV e XVI*, Milano, Marzorati, 1961; in particolare per le istituzioni scolastiche del medioevo e le scuole di arti e mestieri: G. MANACORDA, *Storia della scuola in Italia. Il medio evo*, Firenze, Le Lettere, 1980 e E. CHINEA, *Dalle antiche Botteghe d'Arti e Mestieri alle prime Scuole Industriali e Commerciali in Lombardia*, e *Le Scuole Medie del Ducato di Milano. Dal Concilio Tridentino alla Riforma Teresiana*, in *L'istruzione pubblica e privata nello Stato di Milano (1563-1773)*, Firenze, La Nuova Italia, 1953.

[12] M. BENDISCIOLI, *Le esigenze educative nella riforma protestante e nella rinnovazione cattolica*, in *Il Collegio universitario Ghislieri di Pavia*, I, Milano, Giuffrè, 1966, pp. 3-47.

stente, e, sul piano educativo, rifletterà le indicazioni pedagogiche elaborate dall'Umanesimo, finalizzandole all'affermazione della propria concezione religiosa e culturale e utilizzando le esperienze scolastiche maturate nel periodo precedente adattate ad una diversa organizzazione degli studi.

Il Concilio affida alle Scuole di Dottrina Cristiana il compito di educare il popolo, la cui totale estraneità alla cultura dell'epoca, specie nelle campagne, coinvolgeva anche i rapporti con la fede religiosa e le sue pratiche[13]. Il modello di riferimento è fornito dalle preesistenti scuole festive, organizzate dalla Congregazione della Dottrina Cristiana che, attraverso l'insegnamento di precetti cristiani e di norme per il buon comportamento, si era dedicata al recupero dei bambini poveri ed orfani, considerati per la loro condizione più esposti al peccato e alla povertà, nella convinzione che l'ignoranza della fede fosse anche la causa principale della loro indigenza. Questa esperienza viene riproposta e generalizzata, considerandola valida per l'educazione cristiana di tutto il popolo. I vescovi hanno l'obbligo di istituire in ogni parrocchia una scuola di dottrina, incentivando i parroci anche con benefici ecclesiastici[14]. Alla parrocchia, considerata come il nucleo di base dell'intervento della Chiesa, viene affidato il compito di gestire le scuole di dottrina e di promuovere tutta una serie di iniziative, come la predicazione, al fine di diventare il centro di riferimento e di controllo della Comunità[15]. Per i parroci, e per tutti coloro che verranno designati a questa funzione, il Concilio fa predisporre un Catechismo, con l'intento di fornire una guida chiara e completa della propria dottrina. Quando nel 1566 viene diffuso, in più lingue e anche in italiano, il *Catechismus ex decreto Concilii Tridentini ad parrochos*, che avrà numerose edizioni e servirà da modello di diversi catechismi ridotti approntati per i fedeli e le scuole in periodi successivi, vengono precisate le ragioni della pubblicazione: fornire argomenti di confutazione al diffondersi delle tesi e dei testi del pensiero protestante e innalzare il livello di informazione dei parroci[16], giudicati dallo stesso Concilio in condizioni non dissimili da quelle dei fedeli[17]. Per la formazione dei

---

[13] Sulla cultura popolare dell'epoca, vedi: P. CAMPORESI, *Cultura popolare e cultura d'élite fra Medioevo ed età moderna*, in *Storia d'Italia, Annali*, 4, cit., pp. 81-157.

[14] Cfr. G. TAMBORINI, *La Compagnia e le scuole della Dottrina Cristiana*, Milano, Daverio, 1939.

[15] Sul ruolo della parrocchia, e quindi del parroco della controriforma, vedi: L. ALLEGRA, *Il parroco: un mediatore fra alta e bassa cultura*, in *Storia d'Italia, Annali*, 4, cit., pp. 897-938.

[16] Sulla genesi gli obiettivi e la diffusione del catechismo, vedi: P. PASCHINI, *Il Catechismo romano del Concilio di Trento*, in *Cinquecento romano e riforma cattolica*, Roma, P. Atenaci Lateranensis, 1958, pp. 35-91.

[17] Cfr. P. TACCHI VENTURI, *Storia della Compagnia di Gesù in Italia*, I, Roma, Edizioni «La Civiltà Cattolica», 1950², pp. 321-333.

parroci vengono istituiti i *Seminari vescovili*[18].

A differenza di Lutero e Melantone, che considerano indispensabile la padronanza degli strumenti di base del sapere anche per diffondere il loro programma di fede, la Chiesa Cattolica individua solo nella catechizzazione il suo progetto di educazione per le masse[19].

Nelle stesse scuole festive di dottrina cristiana, realizzate dal cardinale Carlo Borromeo, nella diocesi di Milano, considerate esemplari per modalità e diffusione, non è prevista l'alfabetizzazione (orale e scritta). Essa viene ipotizzata solo per chi condiziona all'apprendimento della lettura e della scrittura la sua partecipazione alla scuola di dottrina[20]. E. Chinea, in uno studio sull'argomento, se considera probabile anche se occasionale, in alcune scuole, l'insegnamento della lettura, esclude che si sia praticato l'insegnamento della scrittura[21]. Gli *Statuti* e *Regole* dell'esperienza bolognese, per quanto dettagliati, non fanno alcun cenno al leggere e allo scrivere[22]. Per i contadini e il popolo «minuto», quindi, l'accettazione di pochi dogmi e precetti, la conoscenza delle pratiche religiose e il controllo dei costumi, restano l'obiettivo educativo principale. Se è ipotizzabile che la Parrocchia e le Scuole di Dottrina Cristiana hanno contribuito, nel lungo periodo e in alcune situazioni, sulla spinta di una possibile richiesta proveniente dal basso, alla diffusione dell'alfabetizzazione, non è possibile trarre delle generalizzazioni.

[18] P. PASCHINI, *Il Catechismo romano nel Concilio di Trento*, cit., p. 35.

[19] Nel Catechismo, ai parroci, vengono fornite indicazioni metodologiche precise sugli obiettivi dell'insegnamento religioso: tutto ciò che attiene alla disciplina della fede, dalla cognizione di Dio alla Creazione, dal governo del Mondo alla redenzione del genere umano e la stessa intelligenza dei sacri testi qualora ne venissero letti dei brani, deve essere ricondotto «ai quattro capi principali che sono: il Simbolo degli Apostoli, li Sacramenti, il Decalogo, e l'orazione del Signore che incomincia, *Pater Noster*, etc.», vedi: *Ecclesia Romana, Catechismo cioè Istruzione ai Parrochi*, in Venezia, Appresso Giuseppe Bartoli, 1736, pp. 5-11.

[20] Nelle «*Costitutioni et regole della Compagnia et Scuole della Dottrina Cristiana*» ad uso della provincia di Milano contenute in *Acta Ecclesiae Mediolanensis*, vengono indicate le condizioni per l'insegnamento della lettura e della scrittura. Compito che viene affidato non al *Maestro* di dottrina ma al *cancelliere* solo dopo che gli allievi «haveranno recitata la lettione della Dottrina Christiana», vedi: A. RIMOLDI, *I laici nelle regole delle confraternite di S. Carlo Borromeo*, in *Miscellanea Carlo Figini*, Milano, «La Scuola Cattolica», 1964, p. 286; lo scritto riporta anche notizie sull'origine, l'organizzazione e l'espansione delle Scuole di Dottrina Cristiana in provincia di Milano (pp. 281-303).

[21] E. CHINEA, *Le scuole di Dottrina Cristiana nella Diocesi di Milano (1536-1796)*, Gallarate, Tipografia Lazzati, 1930, pp. 5-35.

[22] *Statuti per la congregazione della dottrina christiana nella città et diocesi di Bologna*, in Bologna per Alessandro Benacci, 1583 e *Regole per ben governare le schuole delle putte della dottrina christiana nella città di Bologna*, in Bologna, per Alessandro Benacci, 1583.

Così come l'avvento della stampa, attraverso la pubblicazione di Salteri, Santa Croce, libretti di Abaco, Tavole, contribuirà al processo di alfabetizzazione, il passaggio alla cultura scritta, per la complessità dei fattori che esso implica, si porrà solo nel XVIII secolo e si realizzerà molto più tardi[23].

L'interprete e insieme il teorico del progetto educativo della Chiesa Cattolica è Silvio Antoniano che in *Dell'educazione cristiana dei figlioli* (1584)[24], da un lato riflette le esperienze scolastiche maturate in quegli anni dagli Ordini e Congregazioni religiose, dalle Opere Pie e dalle Diocesi e in particolare a Milano con l'apostolato di Carlo Borromeo[25] e, dall'altro, esprime la volontà della Chiesa di voler riaffermare il primato della religione e quindi dell'apparato ecclesiastico, nella sfera pubblica e privata, attraverso l'intervento educativo. Ma all'interno di una organizzazione sociale e politica considerata immutabile, per il suo fondamento divino. L'Antoniano, accomunando l'esigenza della cristianizzazione al mantenimento dell'ordine politico e sociale esistente, stabilisce un'alleanza fra Stato e Chiesa. Ridefinisce, inoltre, alla luce di questi principi, un intervento educativo che accompagna gli esseri umani dalla nascita all'età adulta, differenziato in

---

[23] Cfr. P. LUCCHI, *La santacroce, il salterio e il babuino. Libri per imparare a leggere nel primo secolo della stampa*, «Quaderni storici», 38 (1978), per i problemi connessi alla divisione fra la cultura orale e quella scritta, vedi: F. FURET-J. OZOUF, *Lire et écrire*, cit., pp. 199-228. Sui fattori intervenienti sullo sviluppo e sulla stasi della scolarizzazione, vedi: L. STONE, *Literacy and Education in England 1640-1900*, cit.

[24] S. ANTONIANO, *Dell'Educazione cristiana e politica dei figlioli*, libri tre, Torino, Paravia, 1926. Per una esposizione e analisi della pedagogia di S. Antoniano, vedi: G.M. BERTIN, *La pedagogia umanistica europea nei secoli XV e XVI*, cit., pp. 297-302 e E. GARIN, *L'educazione in Europa 1400-1600*, cit., p. 207.

[25] Se l'operato del cardinale Carlo Borromeo nella diocesi di Milano è esemplare per capire la politica della Chiesa della Controriforma, il trattato sull'*Educazione* di S. Antoniano, ispirato da Carlo Borromeo, è importante per conoscere la concezione educativa ufficiale del Concilio tridentino, ma non esprime certo il livello complessivo dell'elaborazione pedagogica e istituzionale della Chiesa e degli Stati in Italia. C. Borromeo riferendosi all'esperienza del prete Castellino da Castello, organizza le scuole festive di Dottrina Cristiana per il popolo e si impegna a estenderle e a farle funzionare (infatti a Bergamo, durante la visita pastorale, constatato che non tutte le Chiese avevano istituito le Scuole di D.C., ammonisce il Vescovo con una lettera; così, dopo aver controllato le librerie, detta norme precise sui libri che possono essere venduti, vedi: A. RONCALLI (a cura di), *Atti della visita pastorale di S. Carlo Borromeo a Bergamo*, Firenze, Olschki, 1936, II, *La Diocesi*, parte III, pp. 465-466 e I, *La Città*, parte II, pp. 495-496), si occupa della formazione del nuovo clero istituendo Seminari provinciali, si occupa della istituzione del Collegio Borromeo di Pavia (1562), del Collegio dei nobili di Santa Maria (1573) e delle Scuole del Collegio di Brera (1572) a Milano (entrambi affidati ai Gesuiti), del Collegio di Ascona (1584) affidato ai Barnabiti, che non si discosteranno dall'impostazione dei Gesuiti (v. E. CHINEA, *L'educazione pubblica e privata nello Stato di Milano*, cit.).

rapporto alla provenienza sociale, in cui la famiglia, intesa come microcosmo, nella quale il padre rappresenta l'autorità, in analogia con la parrocchia, ha la responsabilità spirituale e morale. La vera educazione di Silvio Antoniano è quella cristiana, considerata «come la più sublime e la più eccellente, e come fine e come perfezione di ogni altra buona educazione»[26] e non la *pietas litterata* di Melantone, intesa come espressione del pieno sviluppo delle possibilità intellettuali e spirituali dell'uomo.

L'azione della Chiesa si orienterà, nei centri urbani e nelle città, soprattutto verso gli strati sociali medio-alti. E in tale ambito le scuole considerate più valide sono quelle dei Gesuiti perché sanno «fondere il fuoco di carità e la lingua di erudizione», e per questo devono essere assunte come modello[27].

Così a partire dalla fine del XVII secolo e in maggiore misura nel XVIII si assisterà al progressivo inserimento del clero secolare nella conduzione delle poche scuole volute dalla classe dirigente delle piccole Comunità. Ma si tratta di piccole scuole che, sotto la suggestione del modello scolastico gesuitico, al leggere e scrivere affiancheranno rudimenti di latino e, molto più tardi, in alcuni casi, l'*abaco*. Si tratta di un'organizzazione scolastica flessibile, dove possano essere presenti alcuni di questi insegnamenti o tutti, e con diverse finalità, in quanto fruiti dagli utenti in rapporto ai propri bisogni di alfabetizzazione (orale e/o scritta), preparatoria al collegio o all'attività commerciale. Dal punto di vista istituzionale queste scuole possono essere: *Comunitative*, se organizzate dall'amministrazione della comunità con regolare contratto con il maestro (quasi sempre un religioso); *Patronali*, se volute e pagate da poche famiglie e, a volte, con un lascito testamentario; *Cappellanie*, se la Comunità chiede al parroco, con benefici, di occuparsi del leggere e scrivere. In tutti i casi è quasi sempre previsto un compenso da parte degli allievi in rapporto al tipo di insegnamento fruito. Queste tipologie, che si specificheranno in modo diverso a seconda delle situazioni economico-geografiche, saranno accomunate dall'insegnamento catechistico, dall'obbligo di partecipare alle pratiche religiose, dalla frequenza alla scuola di dottrina. Questi obblighi valevano anche per gli insegnanti privati, presenti specie in città, per i quali il permesso di «tenere scuola» era condizionato alla *professio fidei*[28].

---

[26] S. ANTONIANO, *Dell'educazione cristiana e politica dei figlioli*, cit., p. XXVI.

[27] *Ibidem*, libro III, pp. 224-228.

[28] Queste considerazioni sullo sviluppo delle scuole fra XVII e soprattutto XVIII secolo, sull'inserimento progressivo del clero secolare, sul tipo di gestione, sono state desunte dai seguenti lavori: E. CHINEA, *L'Istruzione pubblica e privata nello Stato di Milano dal Concilio Tridentino alla Riforma Teresiana* (1563-1773), cit.; V. BALDO, *Alunni, maestri e scuole in Venezia alla fine del XVI secolo*, Como, New Press, s.d.; R. FANTINI, *L'Istruzione popolare a Bologna fino al 1860*, Bologna, Zanichelli, 1971.

Nelle città, invece, il controllo delle scuole viene affidato ai nuovi Ordini e Congregazioni religiose sorti con il compito di inserirsi nella vita religiosa della Chiesa come i Teatini, i Somaschi, i Barnabiti, i Gesuiti e gli Scolopi[29]. Alcuni di questi e in particolare i Gesuiti vengono impegnati per la formazione della classe dirigente a diversi livelli. Sul ruolo dei Gesuiti nella storia della Controriforma e in particolare della cultura e della scuola, esiste ormai tutta una letteratura che di per sé costituirebbe un ampio oggetto di studio[30]. La loro capacità organizzativa, insieme accentrata e capillare; la loro cultura, estesa in tutti i campi del sapere; la difesa dell'ortodossia cattolica, non priva di duttilità in rapporto alle diverse situazioni statuali, sono solo alcuni dei fattori che consentono ai Gesuiti di espandere la loro azione e di costituire una fitta rete di collegi anche con l'aiuto delle autorità pubbliche. Ma ciò che importa, ai fini del tema che stiamo trattando, non è tanto rilevare il ruolo dei Gesuiti alla costruzione di un modello educativo che in larga misura costituirà l'ossatura della scuola «classica» moderna, ma sottolineare il ruolo determinante dell'esperienza del Calasanzio alla organizzazione di una scuola che, partendo dall'esigenza del recupero sociale delle classi subalterne, individua nell'istruzione lo strumento per ciò fondamentale. E su questa base costruisce una scuola popolare caratterizzata dall'alfabetizzazione e con funzione professionalizzante, e una scuola «secondaria» che si organizza in continuità educativa con la precedente.

Ma ora, pur accettando l'analisi di Ph. Ariès che mostra come «dalla scuola medievale si passa al nostro sistema contemporaneo di istruzione per impercettibili ritocchi, senza che vi sia soluzione di continuità»[31], bisogna prima rilevare come sia un'altra esperienza, quella dei Fratelli della Vita Comune a segnare il passaggio dalla scuola del *Trivium* e del *Quadrivium* alla organizzazione degli studi di grado «intermedio» dell'età moderna[32]. I

---

[29] Per la storia degli Ordini e Congregazioni religiose, vedi: M. Escobar (a cura di), *Ordini e congregazioni religiose*, voll. I, II, Torino, Sei, 1951; sempre per una storia degli Ordini e Congregazioni ma impegnati nel settore educativo, vedi: P. Braido (a cura di), *Esperienze di pedagogia cristiana nella storia*, voll. I, II, Roma, Las, 1981.

[30] Per la storia e l'organizzazione scolastica dei gesuiti ci siamo riferiti, in particolare, ai seguenti lavori: F. De Dainville, *L'éducation des jésuites*, cit.; M. Roggero, *Scuole e Riforme nello Stato Sabaudo. L'istruzione secondaria dalla Ratio Studiorum alle Costituzioni del 1772*, Torino, Deputazione Subalpina di Storia Patria, 1981, pp. 9-104; G.P. Brizzi, *La formazione della classe dirigente nel Sei-Settecento*, Bologna, Il Mulino, 1976; N. Fabrini, *Un documento bolognese inedito su le scuole dei Gesuiti*, Roma, Ed. Stella Matutina, 1946.

[31] Ph. Ariès, *Padri e figli nell'Europa medievale e moderna*, cit., I, p. 159.

[32] Le scuole dei Fratelli della Vita Comune (o Geronimiti) devono la loro origine a Gerardo Groote (1340-1384) di Deventer che fondò un movimento di riforma chiamato *Devotio moderna*, caratterizzato dal bisogno di salvezza. I Fratelli che si costituirono in associazione

Fratelli della Vita Comune (in particolare nelle scuole di Zwolle, Deventer e Liegi) estendono il periodo dedicato agli studi preparatori all'università anche anticipando alcune discipline del *Quadrivium* (tre classi di grammatica; una di grammatica e logica; due di logica e retorica; due di etica e filosofia) e introducendo la suddivisione della scuola in classi, scandite in base ad un ordine progressivo di difficoltà interne a ciascuna disciplina e secondo una progressione didattica e culturale. A questa organizzazione degli studi si riferiranno, con finalità diverse, i Protestanti (il Ginnasio di Sturm prima e in seguito il progetto scolastico di Melantone[33]) e i Gesuiti (il collegio di Messina prima e l'assetto scolastico definitivo elaborato con la *Ratio Studiorum* del 1599). Ma mentre i protestanti ridefinirono l'esperienza dei Fratelli della Vita Comune – criticata da Erasmo per «la sterilità dei contenuti didattici, la brutalità della loro disciplina coercitiva» – con una organizzazione degli studi che si inseriva nella concezione umanistica propria di Erasmo e che si rapportava «dal punto di vista scientifico e organizzativo nella vita del suo tempo»[34], i Gesuiti, pur tenendo conto, nella loro organizzazione degli studi, della lezione dell'umanesimo (tre classi di grammatica; una di umanità, una di retorica e due di filosofia) la svuoteranno a favore del formalismo e del nozionismo, perseguito attraverso un pro-

(non diventarono mai un Ordine) dedicavano la loro vita al lavoro, insegnando e studiando. La prima scuola fu quella di Deventer grazie all'aiuto di Giovanni Cele rettore della scuola di Zwolle. Il successo fu immediato: a Deventer (1483-1498) sotto la direzione di Alexander Hegius si giunse a 1500 allievi, a Zwolle a 1200 allievi.

Fra il 1430 e 1530 l'esperienza si estese nei Paesi Bassi e in Germania al punto che non c'era scuola dell'epoca che non fosse influenzata dai metodi dei Fratelli. La crisi e la critica alle Scuole Cattedrali e il numero degli allievi contribuirono a far maturare una diversa organizzazione degli insegnamenti e a praticare nuove didattiche. Le scuole, pur seguendo una comune organizzazione degli studi avevano una propria autonomia. Il fine delle scuole specie a Deventer e Zwolle, era quello di offrire per mezzo del sapere la salvezza. Si tratta di un'esperienza che pur rimanendo ancorata ad una concezione di vita «medioevale» introduce modifiche di rilievo nell'organizzazione degli studi. I Gesuiti, soprattutto per il tramite dell'esperienza parigina dei Fratelli, utilizzeranno molte delle loro proposte didattiche. Sulle scuole dei Geronimiti, vedi: W.H. WOODWARD, *La pedagogia del Rinascimento*, cit., pp. 82-86; CHARTIER-M.M.COMPÈRE-JULA, *L'éducation en France*, Paris, Sedes, 1976, pp. 148-151; e soprattutto per l'influenza sulle scuole dei gesuiti, G. CODINA MIR, *Aux sources de la pédagogie des Jésuites. Le «modus parisiensis»*, Roma, Institutum Historicum S.I., 1968, pp. 151-190.

[33] I testi del progetto scolastico di U. Zuinglio, del ginnasio di G. Sturm, dell'Accademia ginevrina di Calvino e dell'indirizzo degli studi secondo Melantone, in G.M. BERTIN, *La pedagogia umanistica europea nei secoli XV e XVI*, cit., (Appendice, pp. 338-371); sulla pedagogia e l'organizzazione degli studi dei protestanti: E. GARIN, *L'educazione in Europa*, cit.; W.H. WOODWARD, *La pedagogia del Rinascimento*, cit.; M. BENDISCIOLI, *Riforma protestante*, in *Nuove questioni di storia moderna*, Milano, Marzorati, 1963, pp. 275-356, con un'ampia bibliografia.

[34] E. LESER, *Il problema pedagogico*, I, Firenze, La Nuova Italia, 1968, p. 227.

lungato studio delle regole di grammatica, l'esercizio delle «"forme" di retorica e la scelta e lo studio di testi "purgati"» e conformi solo alle finalità educative da essi perseguite[35].

Questa impostazione, che si consoliderà, grazie ad una organizzazione accentrata, ad una attenta politica dei libri di testo, ad una formazione rigorosa degli insegnanti e ad una didattica accurata e a lungo esercitata, deve la sua diffusione anche alla flessibilità interna del modello. Se la struttura tipo del Collegio di educazione, definito di «pieno esercizio», prevedeva sette classi, la sua attuazione poteva variare in rapporto alla domanda, senza per questo perdere la sua impostazione educativa; dal collegio con tre o quattro classi si passava al collegio dei «nobili» che includeva attività e discipline più legate alla formazione del «principe»[36].

I Gesuiti, inoltre, utilizzando l'*internato*, seppero cogliere un altra esigenza della pedagogia dell'epoca. Il principio educativo di una formazione morale integra e non contaminata dai mali del mondo, attraverso l'internato, sul modello dei vecchi ordini monastici, diventerà un modo che, con l'isolamento anche fisico dell'allievo e una regolamentazione severa della sua giornata, faciliterà l'accettazione del modello di cultura proposto e, soprattutto, consentirà l'interiorizzazione dei modelli di vita e di comportamento voluti e che sono di gran lunga gli obiettivi educativi fondamentali[37]. Infine, a parte l'inserimento e la messa a punto di una serie di aspetti didattici, già presenti nelle scuole dei Fratelli della Vita Comune (come gli esami di passaggio da classe a classe, i premi e castighi, la *declamatio*) l'aspetto che, da questo punto di vista, favorirà il successo del modello educativo dei Gesuiti è la coincidenza fra l'offerta scolastica e la domanda dell'utente: i livelli di cultura e di aspirazione degli allievi per provenienza e destinazione sociali erano congruenti con gli obiettivi educativi e le modalità di trasmissione perseguiti dai collegi, facilitandone l'insegnamento[38].

Ma furono proprio alcuni di questi aspetti caratterizzanti la loro proposta educativa che contribuirono a determinarne il declino nella realtà del XVIII secolo. La rigidità della organizzazione degli studi, connessa ad una gestione accentrata, impedì di cogliere e utilizzare, sia pure all'interno della propria ideologia, le istanze culturali emergenti e di tradurle in termini di nuove discipline di insegnamento. Il modello di classe dirigente, contrad-

[35] E. GARIN, *L'educazione in Europa*, cit., pp. 203-206.

[36] F. DE DAINVILLE, *L'éducation de jésuites*, cit., p. 94.

[37] Sulle condizioni di vita e di studio dei convittori in un collegio dei Gesuiti: N. FABRINI, *Un documento bolognese inedito su la scuola dei Gesuiti*, cit.

[38] Per questa ipotesi, vedi: P. BOURDIEU-J.C. PASSERON, *La riproduction éléments pour une théorie du système d'enseignement*, Paris, Éditions de Minuit, 1970.

distinta dal possesso di una cultura di élite e emblematizzata dal latino e che gestiva e controllava le situazioni con la capacità oratoria, non rispondeva più alle competenze che si richiedevano ad una classe dirigente di una realtà mutata. L'aumentata domanda di istruzione da parte della borghesia emergente nella società del XVIII secolo accelera la crisi dell'organizzazione degli studi: una procedura didattica congruente con le condizioni socioeconomiche di una élite, se lascia filtrare studenti provenienti da altri ceti sociali, diventa inadeguata, se non si rinnova, a rispondere alle esigenze di una popolazione scolastica proveniente, in prevalenza, da condizioni culturali e sociali diverse.

Il ruolo determinante assunto dai Gesuiti, nel XVII secolo, condizionerà anche gli altri Ordini religiosi impegnati nell'istruzione. I Somaschi[39], che inizialmente avevano rivolto il loro impegno verso l'infanzia abbandonata, quando si orienteranno verso la scuola assumeranno come modello la *Ratio Studiorum* dei Gesuiti e solo più tardi, nella seconda metà del XVIII secolo, si adegueranno alle nuove esigenze educative. I Barnabiti[40], per quanto maturano il loro intervento nel settore scolastico molto più tardi, non seppero elaborare un proprio modello educativo e mutuarono dai Gesuiti non solo l'organizzazione degli studi ma anche il modello complessivo di organizzazione scolastica. Gli Scolopi furono gli unici che ridefinirono la struttura complessiva della scuola, pur accogliendo dai Gesuiti l'organizzazione scolastica di grado «intermedio» che, intesa come intelaiatura formale, è il modello comune alla scuole dell'epoca.

Dall'esperienza di G. Calasanzio a una organizzazione scolastica moderna

E. Garin, riferendosi agli interventi educativi maturati nell'area cattolica in seguito al Concilio di Trento dice: «Sul terreno dell'ortodossia controriformista, accanto alla scuola dei Gesuiti, nascono le scuole pie di Giuseppe Calasanzio, dove ai figli poveri del popolo si insegnano gratuitamente il leggere, lo scrivere, l'aritmetica e, soprattutto la dottrina cristiana»[41].

Con questa citazione non si intende ripercorrere i giudizi e le divergenze che hanno caratterizzato gli studi sulle Scuole Pie, rispetto al dibattito che si è svolto intorno alla definizione di scuola popolare, e su tale base attri-

---

[39] Cfr. F. De Vivo, *Indirizzi pedagogici ed istituzioni educative di ordini e congregazioni religiose nei secoli XVI-XVII*, «Rassegna di Pedagogia», XVI (1958), pp. 266-285.

[40] *Ibidem*, XVII (1959), pp. 22-44.

[41] E. Garin, *L'educazione in Europa*, cit., p. 218.

buire o meno il primato della sua istituzione a Calasanzio. La citazione di E. Garin, nella sua sinteticità, è emblematica di un certo approccio storico-educativo perché, nel definire il contesto in cui è maturata l'esperienza di Calasanzio, evidenziandone le caratteristiche peculiari rispetto ad altre esperienze educative sorte con il Concilio tridentino, indica anche l'ambito in cui si è particolarmente sviluppata la ricerca sugli Scolopi. Esistono ormai numerosi studi su Calasanzio e le Scuole Pie ma scarseggiano, se non sono del tutto carenti, le ricerche sullo sviluppo e la organizzazione delle scuole a partire dal 1669, quando il Papa Clemente IX riconosce agli Scolopi, nuovamente, lo stato di Ordine, dopo la soppressione innocenziana del 1646[42].

G. Calasanzio, attraverso un impegno pastorale rivolto ai «bisognosi» nei quartieri più poveri di Roma, nel 1599 matura il suo interesse verso la

---

[42] Per gli scritti (editi da Editiones Calazanctianae, Roma), e i documenti su gli Scolopi, d'ora in poi, utilizzeremo le seguenti abbreviazioni:

Const. Sch. P. = Costitutiones Scholarum Piarum, Romae, 1781;

E.G.C. = Epistolario di Giuseppe Calasanzio;

E.C. = Epistolarium Coetanorum;

E.E.C. = Epistulae ex Europa Centrali;

E.H.I. = Epistulae ex Hispania et Italia;

Eph. Cal. = Ephemerides Calasanctianae;

Rass. St. = Rassegna di storia e bibliografia scolopica;

Arch. Sch. P. = Archivum Scholarum Piarum;

Brev. Consp. = Brevis Conspectus historico-statisticus Ordinis Sch. P.;

A.G. = Archivio Generale di Roma;

Reg. Prov. = Regesta Provinciarum;

A.P.T.S. = Archivio Provincia Toscana Scolopi di Firenze.

La bibliografia su Calasanzio e le Scuole Pie è vasta. Ci limitiamo a: A. AGAZZI, *Introduzione al Calasanzio*, «Pedagogia e Vita», XVIII (1957), pp. 493-518; R. BRANCA, *Il Calasanzio uomo moderno*, «Ephemerides Calasanctianae» 1968, pp. 11-28; G. CALÒ, *Il Calasanzio pedagogista ed educatore*, in *Momenti di storia dell'educazione*, Firenze, Sansoni, 1955, pp. 61-83; ID., *Campanella e gli Scolopi. A proposito dell'Apologia delle Scuole Pie*, in *Dall'Umanesimo alla scuola del lavoro*, Firenze, Sansoni, 1940, pp. 67-100; A. CAMPANELLI, *La pedagogia calasanziana*, Roma, Tip. Campitelli, 1925; F. DE VIVO, *Giuseppe Calasanzio e le Scuole Pie*, in *Nuove questioni di storia della pedagogia*, I, Brescia, La Scuola, 1977, pp. 709-736; F. GIORDANO, *Il Calasanzio e l'origine della scuola popolare*, Genova, AGIS, 1960; G. GIOVANNOZZI, *Il Calasanzio e l'opera sua*, Firenze, Le Monnier, 1930; G.L. MONCALLERO, *La fondazione delle scuole degli Scolopi nell'Europa centrale al tempo della Controriforma*, Alba, Edizioni Domenicane, 1972; G.L. MONCALLERO-LIMITI, *Il Codice calasanziano palermitano*, Roma, Ed. dell'Ateneo, 1965; L. PICANYOL, *Le Scuole Pie e Galileo Galilei*, «Rass. St.», numero unico, XI-XII (1942); G. SÁNTHA, *S. José de Calasanz. Su Obra y Escritos*, Madrid, Bliblioteca de Autory Cristianos, 1956 (contiene una bibliografia completa); V. TALENTI, *Vita del Beato Giuseppe Calasanzio*, Firenze, Calasanziana, 1917²; G. VIDARI, *La educazione in Italia dall'Umanesimo al Risorgimento*, Roma, Biblioteca di Filosofia e Scienze, 1930, pp. 91-92.

scuola, nella convinzione che solo dall'educazione dei giovani può «dipendere tutto il resto del bene o mal vivere degli uomini».

Rispetto alle iniziative sul «pauperismo» che si realizzano nella realtà romana proprio verso la fine del Cinquecento, sulla scia del dibattito e delle esperienze europee, Casalanzio individua nell'educazione la via di affrancamento dei diseredati[43]. Educazione per i ceti popolari che non si deve risolvere solo con l'insegnamento catechistico delle Scuole di Dottrina Cristiana né può tendere solo ad una formazione di base, modernamente intesa, ma deve realizzare un'istruzione funzionale al recupero sociale mediante, appunto, l'acquisizione degli strumenti del sapere per un effettivo inserimento sociale[44].

Questa scelta, per G. Calasanzio e le Scuole Pie, non resta una dichiarazione di principio, ma diventa un impegno preciso degli Scolopi. Quando, nel 1622, viene redatta la prima stesura delle *Costituzioni* del nuovo Ordine religioso, che riflettono i primi venticinque anni di esperienza, Calasanzio indica come scopo primario di ciascuna Casa scolopica la istituzione di una scuola con la seguente motivazione:

> «Siccome in quasi tutti gli Stati gli abitanti in maggior parte sono poveri che solo per poco tempo possono tenere i figlioli a scuola, curi il Superiore che a tali fanciulli si provvegga un diligente maestro, il quale insegni a loro l'arte

---

[43] L. Fiorani in un suo contributo *(Religione e povertà. Il dibattito sul pauperismo a Roma tra Cinque e Seicento*, «Ricerche per la storia religiosa a Roma», III (1959), pp. 43-131), mostra come la fine del Cinquecento segna una svolta nella soluzione del problema del pauperismo romano sia di idee e sia di opere. Non è questa la sede per l'analisi di un problema che è parte integrante della storia sociale dell'età moderna e quindi anche delle idee e delle istituzioni educative. La Chiesa e lo Stato rispetto al pericolo rappresentato dai vagabondi, mendicanti, vergognosi, ecc., nei centri urbani passarono dalla carità a forme di reclusione attraverso Ospizi, Ospedali, ecc., nei quali all'assistenza si univa l'educazione religiosa e in alcuni casi anche attività produttive. (Sul pauperismo, vedi: B. GEREMEK, *Il pauperismo nell'età preindustriale (secoli XIV-XVII)*, in *Storia d'Italia*, V, 1, Torino, Einaudi, 1973, pp. 669-698, e B. PULLAN, *Poveri, mendicanti e vagabondi (secoli XIV-XVII)*, in *Storia d'Italia*, Annali I, Torino, Einaudi, 1978, pp. 981-1047).

Rispetto a queste soluzioni Calasanzio, sulla linea indicata da L. VIVES in *De Subventione pauperum* (tradotto in Italiano a Venezia nel 1545) le cui tesi erano entrate a far parte del dibattito italiano, opterà per il recupero sociale dei diseredati attraverso l'istruzione. Non ci sono dati per sostenere una conoscenza diretta di Calasanzio dello scritto del Vives. È certo invece che Calasanzio nelle Scuole Pie considera come testo fondamentale di studio *Colloquia* (Per un'analisi del «pauperismo» si veda anche l'*introduzione* di A. Saitta a *De Subventione pauperum* di L. Vives, edito a Firenze, La Nuova Italia, 1973).

[44] Alcune analisi dell'esperienza di Calasanzio hanno criticato proprio l'aspetto «pratico» e «spendibile» della scuola rispetto al concetto di scuola primaria e formativa (vedi nota 42).

di formare le lettere, e fare i conti, affinché più facilmente poi ciascuno possa guadagnarsi il necessario»[45].

Il successo dell'esperienza romana, che nel 1614 aveva visto aumentare il numero degli allievi a mille[46], la istituzione di nuove scuole nel centro-sud d'Italia e la nascita a Firenze e Bologna di iniziative analoghe e autonome[47], dovevano aver preoccupato le autorità ecclesiastiche se, rispetto alle reticenze della Commissione Pontificia, presieduta dal cardinale Tonti e preposta al riconoscimento dell'Ordine, Calasanzio doveva così argomentare le ragioni della sua richiesta:

> «Se fu concesso a Padri Gesuiti con tanta varietà de voti per l'aiuto per lo più delle città e persone grandi, perché non a Poveri della Madre di Dio solo i tre voti solenni dopo una lunga prova di due anni di Novitiato per Città e persone per lo più piccole e povere, più bisognose di aiuto. Se non fu negato a chi aiuta ben morire, perché non si concederà maggiormente a chi da prima aiuta a ben vivere, donde dipende il ben morire et la pace e quiete de popoli, il buon governo delle Città e de Principi, la obbedienza e fedeltà dei sudditi, la propagazione della fede...»[48].

Ma è proprio per questa interpretazione della *pietas cristiana* degli Scolopi che non è condivisa dal potere costituito se dopo pochi anni Calasanzio viene prima incriminato e poi destituito da Generale dell'Ordine, soppresso nel 1646[49].

[45] *Const. Sch. P.*, parte II, Cap. IX, XIV, p. 113.

[46] C. VILÀ PALÀ, *En torno a la union de las Escuelas Pias con las P.P. de Luca*, «Arch. Sch. P.», VI, p. 223.

[47] F. Fiammelli, dopo un'esperienza di insegnamento di matematica nelle Scuole Pie di Roma, istituisce prima a Firenze (1614) e poi a Bologna (1616) delle scuole (Congregazione delle Scuole Pie) che pur essendo autonome dal punto di vista gestionale perseguiranno le stesse finalità educative di quelle di Calasanzio. Le scuole di Firenze nel 1630 per volontà dello stesso Fiammelli costituiranno il primo nucleo scolastico scolopico fiorentino (*E.H.I.*, *II*, 1187-1190; *Parva Bibliotheca Calasanctiana*, X (1934), pp. 28-29; G. GIOVANNOZZI, *Il Calasanzio e l'opera sua*, cit., p. 62). Mentre quelle di Bologna continuarono ad avere una gestione autonoma (vedi: *Sommario degli ordini delle Scuole Pie di Bologna*, In Bologna, Per G. Paolo Moscarelli, 1621; *Regole per la congregazione delle Scuole Pie di Bologna*, In Bologna, per l'Herede del Bonacci stampatore, 1629; *Alla città nostra di Bologna. Breve informazione dello stato e termine, in che si trovano le Scuole Pie*, In Bologna, Presso Bartolomeo Cochi, 1618; *Regolamento sulle scuole pie* (del Cardinale Oppizzoni), Bologna, Tipografia Arcivescovile, 1840; e per una storia delle Scuole Pie di Bologna, R. FANTINI, *L'istruzione popolare a Bologna fino al 1860*, cit., pp. 3-39.

[48] *Memoriale al Cardinale Tondi*, pp. 157-158 in appendice a: F. DE VIVO, *Indirizzi pedagogici ed istituzioni educative di ordini e congregazioni religiose nei secoli XVI-XVII*, «Rassegna di Pedagogia», XVIII (1960), pp. 144-153.

[49] La storia di questo periodo è contenuta in tutti i volumi storico-biografici su Calasanzio

Intanto proprio in quegli anni, gli Scolopi registravano una notevole espansione: solo in Italia avevano istituito trenta Case[50]. In particolare l'apertura a Roma del Collegio Nazareno nel 1630 e a Firenze del Collegio dei Nobili nel 1638 segnano una svolta nell'esperienza scolastica degli Scolopi. A Roma il Collegio Nazareno, voluto dallo stesso Cardinale Tonti, consentirà di superare la limitazione imposta alle Scuole Pie di non estendere la scuola di «Grammatica» all'Umanità e alla Retorica[51]. A Firenze, invece, annesso al normale iter scolastico ma in parallelo, veniva istituita una scuola (il Collegio dei Nobili), voluta dal Duca Ferdinando II, per quell'élite della società fiorentina contraria alle scuole dei Gesuiti, che con la scuola superiore di «abaco» favorirà lo sviluppo di quella cultura scientifico-matematica che caratterizzerà gli Scolopi[52].

È proprio da Firenze che partono le accuse a Calasanzio. L. Besana a questo proposito sostiene che «non è il galileismo, fortemente presente nelle scuole scolopiche operanti in Toscana, nella sua comune e avvertita e accolta accezione di metodologia sperimentale, pratica e strumentale, a essere colpito, ma quelle dottrine o affermazioni attinenti la descrizione dei cieli, che nelle scuole scolopiche venivano coltivate e diffuse»[53]. Ma la posizione degli «Scolopi galileiani» è solo un aspetto di una testimonianza scomoda rispetto alla politica complessiva della Chiesa se, sempre da Firenze, il padre Teologo del Duca, in occasione delle trattative per il passaggio delle Scuole Pie agli Scolopi, dichiarerà la sua ostilità, affermando che «le Scuole Pie erano nocevoli alla cosa pubblica, perché istruendo i poveri ed i plebei sarebbero mancati artisti alle officine e serventi alle case»[54]. La tesi di S. Antoniano, a cui si è fatto riferimento, che paragona l'organizzazione sociale al corpo umano in cui ogni «membro più o meno nobile» deve assolvere

---

indicati alla nota n. 42 del presente lavoro, anche se manca una ricostruzione completa degli avvenimenti. Il granduca di Toscana e il re di Polonia, intervennero a favore degli Scolopi presso la Segreteria di Stato del Vaticano. Alcuni documenti sono stati pubblicati: *Le Scuole Pie e la soppressione innocenziana del 1646*, «L'eco dei nostri centenari», V, 3; VII, 8; VIII, 9.

[50] Questo dato è stato ricavato da: *Brev. Consp.*, pp. 51-52.

[51] P. VANNUCCI, *Il Collegio Nazareno, 1630-1930*, Roma, Scuola Tipografica Italo-Orientale, 1930, pp. 81-115; *I Regolamenti del Collegio Nazareno*, Roma, Accademia degli Incolti, 1979.

[52] L. PICANYOL, *La scuola dei Nobili nelle Scuole Pie Fiorentine e il suo fondatore P.G. Francesco Apa*, «Rass. St.», V (1939), pp. 3-29; L. PICANYOL (a cura di), *Le Scuole Pie e Galileo Galilei*, «Rass. St.», XI-XII (1942), pp. 60-70.

[53] L. BESANA, *Il concetto e l'ufficio della scienza nella scuola*, in *Storia d'Italia, Annali*, 3, Torino, Einaudi, 1980, p. 1194.

[54] V. TALENTI, *Vita del Beato Giuseppe Calasanzio*, cit., 1917², p. 357.

alla sua funzione se si vuole che il corpo resti in vita, è alla base della politica della classe dominante[55].

Il documento che meglio interpreta questa situazione è l'*Apologia delle Scuole Pie* di T. Campanella, scritta nel 1631, dopo un periodo di permanenza nel Collegio degli Scolopi di Frascati, anche per insegnare filosofia e teologia ad un gruppo di scolopi appositamente inviati dal Calasanzio. A Campanella l'opposizione dei Politici e dei Religiosi all'espansione delle Scuole Pie appariva così argomentata:

«Se lo Stato deve vivere, ha bisogno di agricoltori, di artigiani, di soldati, di servi. Ma le Scuole Pie sottraggono ad uno Stato sì fatto alcuni membri, ed i suoi conservatori, o quanto meno ne diminuiscono (il numero): dal momento che, mentre istruiscono nelle lettere e i poveri e gli umili e quelli di bassa condizione, li smuovono dai predetti servizi dello Stato e li spingono o al clericato, o al monacato e al dottorato. Così si ridurranno in pochissimi coloro che lavorano col braccio per lo Stato; e coloro che mangeranno (saranno) il numero maggiore di quelli che produrranno, sicché ne conseguirà che in breve volgere di tempo lo Stato si sfascerà, alla maniera che precipita quel corpo cui vengono tolti piedi e braccia»[56].

A tali argomentazioni il Campanella, in difesa delle Scuole Pie, contrappone che è

«proprio la volontà di Dio che le scienze siano impartite non soltanto ai nobili, ma a tutta la popolazione»[57].

Ragioni sociali, scelte culturali e concezione della propria testimonianza di fede, sono altrettanti fattori intervenienti a determinare le scelte e le esperienze educative di Calasanzio.

Quando nel 1604 G. Calasanzio redige una *Breve relazione del modo che si tiene scuola nelle Scuole Pie per insegnare li poveri scolari li quali per l'ordinario sono più di settecento*[58], l'organizzazione degli studi degli

---

[55] S. Antoniano, *Dell'educazione cristiana e politica dei figlioli*, cit., pp. 314-315. Su questa linea si muovono anche altri trattatisti cattolici, vedi: L. Volpicelli (a cura di), *Il pensiero pedagogico della Controriforma*, Firenze, Sansoni, 1960.

[56] T. Campanella, *Liber apologeticus contra impugnantes institutum scholarum piarum*, in *E.C.*, VI, p. 3074.

[57] *Ibidem*, p. 3076.

[58] Le considerazioni che seguono hanno come riferimento i seguenti documenti di Calasanzio: *Breve relazione*, in «Arch. Sch. P.», II (1938), pp. 45-51; *Istruttione per maestri*, «Arch. Sch. P.», V (1940), p. 32; tutte le *lettere*, contenute nell'Epistolario di G. Calasanzio, indicate nell'indice analitico alla voce aspetto pedagogico (*E.G.C.* IX, p. 236) e i rinvii ad altre lettere dei corrispondenti contenuti negli epistolari; *E.C.*; *E.E.C.*; *E.H.I.*.

Scolopi è già definita nella sua struttura fondamentale. Calasanzio, posto di fronte al numero crescente di allievi e alle loro condizioni culturali e sociali, alla difficoltà di disporre di insegnanti, alla mancanza di libri, quaderni, aule, suddivise gli allievi per gruppi-classe e, a volte, per sottogruppi all'interno di ciascuna classe, in rapporto ai contenuti insegnati e alla loro progressiva difficoltà.

L'articolazione che ne deriva consta di nove classi:

– la nona, destinata ai bambini piccoli (circa 6 anni) serviva a far imparare la «Santa croce e il compitar»;

– l'ottava, alla quale venivano ammessi i bambini della classe precedente appena in grado di compitare, «insegnava a leggere scorrendo il salterio»;

– la settima e la sesta, organizzate separatamente e considerate come due stadi distinti ma in progressione, dovevano insegnare a leggere libri «volgari» ma di «buona e chiara stampa». In queste due classi, oltre a leggere «scorrendo» si imparavano a memoria «parole volgari difficili» e l'uso delle abbreviazioni;

– la quinta, definita dello «scrivere» è considerata determinante ed ha un'articolazione interna più complessa. In essa sono previsti tre gruppi: il primo dei principianti dello scrivere; il secondo di abaco, per coloro i quali non possono frequentare la scuola di grammatica e quindi studiano le declinazioni dei nomi e le coniugazioni dei verbi. Ma tutti gli allievi, nelle ore pomeridiane, devono imparare a scrivere ed esercitarsi per raggiungere «una sufficiente forma di lettera», scrivere cioè secondo una precisa tecnica di calligrafia. Questa classe è considerata conclusiva per chi non può proseguire gli studi e preparatoria per chi può accedere alla scuola di grammatica.

Dopo questo ciclo ha inizio la scuola di «Grammatica» che Calasanzio divide in quattro classi. Nella seconda gli allievi che desiderano continuare gli studi devono sostenere un esame, durante l'anno, prima di trasferirsi al *Collegio Romano*, mentre gli altri continuano l'iter previsto. La scuola di «Grammatica» è istituita per offrire la possibilità ai ragazzi poveri, ma capaci, di continuare gli studi gratuitamente. Se la divisione in quattro anni della scuola di Grammatica, rispetto alla normale tripartizione, trova una sua giustificazione di carattere didattico in rapporto alla provenienza sociale degli allievi, la sua limitazione (Umanità e Retorica) sembra dettata, almeno in questa fase, dalla opportunità di non entrare in conflitto con i Gesuiti del Collegio Romano. Infatti, quando nel 1630 viene istituito il Collegio Nazareno, la scuola di «Grammatica» ritorna alla tripartizione ormai consolidata e si completa l'iter di grado intermedio con l'Umanità e la Retorica.

È difficile, nell'esperienza calasanziana, come in tutte le esperienze dell'epoca, analizzare separatamente il sistema scolastico con i diversi ordini di studi con la loro articolazione in classi e i contenuti insegnati dalla didattica disciplinare. Come i Fratelli della Vita Comune posti di fronte all'insegnamento della grammatica, ai 2200 allievi di Deventer e ai 1200 allievi di Zwolle, introducono il gruppo classe e in un secondo momento anche la separazione delle aule, scandendo, in progressione, i contenuti della disciplina in tre momenti distinti (le tre classi di grammatica) e anticipano alcune discipline proprie del *Quadrivium*, riflettendo il dibattito culturale dell'epoca, per dare una maggiore organicità e completezza agli studi del grado intermedio, così Calasanzio, posto di fronte a problemi analoghi, estende e riorganizza didatticamente l'apprendimento del «leggere e scrivere» includendo negli studi di primo grado «calligrafia» e «abaco», per esigenze sociali, e il latino in funzione propedeutica al proseguimento degli studi «intermedi» o, sia pure rivolto a pochi allievi, come completamento formativo attraverso le quattro classi della scuola di «Grammatica».

A differenza della *Scuoletta* dei Gesuiti (che quando veniva istituita aveva solo lo scopo di preparare gli allievi all'accesso alla scuola di grammatica) e delle scuole che si limitavano all'insegnamento del «leggere» e «scrivere», Calasanzio, in particolare dopo l'istituzione del Collegio Nazareno, portando definitivamente a tre le classi per gli studi di «primo grado» e a cinque le classi per gli studi di «secondo grado» (tre classi di grammatica, una di Umanità e una di Retorica) definisce un'organizzazione degli studi che anticipa, nei suoi obiettivi fondamentali, il sistema scolastico ottocentesco: un *primo livello* di alfabetizzazione (orale e scritta), un *secondo livello* professionalizzante (calligrafia e abaco) e/o preparatorio, con l'insegnamento dei primi elementi di latino, al proseguimento degli studi, un *terzo livello* di formazione culturale generale. Conseguenti a questo assetto scolastico, ma strettamente integrati nell'organizzazione degli studi, e che maturano in risposta ai problemi educativi e didattici che pone una classe sociale sostanzialmente estranea alla cultura di élite, e per la sensibilità sociale e culturale di Calasanzio, sono alcune scelte di contenuti e di metodo educativo: l'uso della lingua italiana nella scuola di primo grado, che diventa strumento per insegnare il latino nella scuola di secondo grado (v. le due grammatiche di Francesco Apa)[59]; l'introduzione dell'aritmetica perché «questa scienza e l'esercizio è molto utile per li poveri che non hanno capitale da poter vivere senza fatica»[60], che diventa insegnamento fondamentale nelle

---

[59] L. 3769, *E.G.C.*, VII, pp. 454-55: «Ho lettere del Pro.le di Napoli che il P. Gio. Franc.o [APA] ha cominciato ad insegnare la gram.a nuova a quattro dei nostri, accioche riuscendo facile et utile serva nella Religione per aiuto de poveretti, i quali non possono trattenersi molti anni nello studio della lingua latina».

[60] L. 3753, *E.G.C.*, VII, p. 445.

scuole degli Scolopi perché «grata al mondo»[61]; l'introduzione e l'uso di tutta una serie di accorgimenti e di tecniche didattiche, che pur muovendosi nell'ambito delle esperienze educative dell'epoca, tendono ad accelerare e a facilitare i tempi di apprendimento[62]; l'introduzione, rispetto al gruppo-classe, di sottogruppi di livello (definito dagli Scolopi metodo uniforme e simultaneo) che vengono seguiti dallo stesso insegnante in tempi diversi e alternando studio a gruppi e lezione[63].

Come per i Gesuiti anche per gli Scolopi i Collegi possono essere o meno di «pieno esercizio»[64], senza per questo danneggiare qualitativamente l'organizzazione degli studi. Dal Collegio di Roma e di Firenze di «pieno esercizio» si passa a quelli di Frascati, Narni, Fanano, Pieve di Cento con un massimo di tre o quattro classi[65].

Con l'istituzione del Collegio Nazareno gli Scolopi introducono nella loro esperienza anche l'*internato*, che Calasanzio nella prima stesura delle Costituzioni aveva escluso. Secondo Sántha, dietro l'iniziale rifiuto dell'internato da parte di Calasanzio (ebbe un analogo atteggiamento in occasione dell'istituzione della Scuola dei Nobili di Firenze) vi era la preoccupazione che l'immissione di studenti provenienti da classi sociali «agiate» potesse snaturare l'obiettivo primario dell'Ordine[66]. Le prime *Costituzioni* del Collegio Nazareno, infatti, delimitano l'accesso solo agli studenti «dè più poveri di più bell'ingegnio» scelti fra quelli che hanno prima frequentato le

---

[61] L. 2358, *E.G.C.*, VI, p. 15.

[62] L. 1488, *E.G.C.*, IV, p. 282: «et accomodarsi alla capacità delli scolari non solo nel dare li volgari ma ancora in dichiarar le littioni et tratti tutti li scolari con benignità siche conoscano che gli ama cordialmente il loro profitto che così animarà li scolari ad esser diligenti nelle scole».

[63] L. 1710, *E.G.C.*, IV, p. 431: «Quanto alla seconda scuola de principianti di concordanze, o lattini se si può far di meno si faccia per non crescere un maestro per pochi scolari, et quanto sia necessario tenerli a parte ne repartirà alcuni più capaci nella prima scuola et ivi farà il maestro due classi et li altri più bassi li terrà nella scuola dello scrivere e abbaco pur a parte...»; L. 368, *E.G.C.*, II, p. 330: «... et veda di far una sola scuola sebbene alli due o tre più intelligenti potrà dar tre o quattro righe di più latino delli altri, ma tutti devono sentire et studiare le stesse lettioni».

[64] F. De Dainville, *Effectifs des collèges et scolarité aux dix-septième et dixhuitième siècles dans le nord-est de la France*, in *L'Education des Jésuites*, cit., p. 94.

[65] P. Vannucci, *Il Collegio Nazareno*, cit., *I Regolamenti del Collegio Nazareno*, cit., L. Picanyol, *La scuola dei Nobili delle scuole Pie Fiorentine e il suo fondatore P. Giovan Francesco Apa*, «Rass. St.», cit.; *Le scuole Pie e Galileo Galilei*, «Rass. St.», cit.; *Le scuole Pie di Fanano*, «Rass. St.», VIII (1940), pp. 3-18; IX (1941), pp. 11-25; *Istruttioni per Maestri* «Arch. Sch. P.» V (1940), p. 32; A.G., Reg. Prov., 22, Pieve, *Notizie della Fondazione della Pieve a Cento e dei Rettori, che la governarono fino al 1671 dall'anno 1642*.

[66] G. Sántha, *San Jose de Calasanz*, cit., pp. 652-653.

Scuole Pie[67]. Dal 1643 vengono ammessi, in modo proporzionale, anche studenti a pagamento[68].

Con la soppressione dell'Ordine le singole Case potevano continuare a funzionare come scuola, stipulando accordi diretti con le autorità locali ma, come religiosi, dovevano dipendere dalle autorità ecclesiastiche provinciali.

Malgrado la grave crisi dell'ordine, che ne limitò l'espansione, molte Case continuarono a funzionare come Scuole.

Con il reintegro ad Ordine e, in particolare, a partire dal generalato di Carlo Giovanni Pirroni nel 1677 fino alla fine del secolo si verificherà una rifondazione dell'Istituzione, in continuità con le finalità e le esperienze educative precedenti, che consentirà lo sviluppo e il successo degli Scolopi nel Settecento[69]. In particolare C.G. Pirroni, nel periodo della sua direzione (1677-1685), riorganizza i vecchi Collegi e ne istituisce di nuovi; affronta, in modo più organico e formalizzato, la formazione degli insegnanti; completa il corso grammaticale-retorico includendo la filosofia e caratterizzandolo verso una fomazione più scientifica[70]. Giovan Francesco Foci, nel 1694, definisce la *Ratio Studiorum pro exteris* che nel 1698 verrà inclusa nelle *Synopsis Constitutionum Sch. P.*, redatte dallo stesso Foci, e che senza sostanziali modifiche costituiranno la edizione ufficiale delle *Costituzioni* del 1781. Solo molto più tardi, in piena espansione dell'Ordine, il Papa Clemente XII (con due *bolle*, *Nobis quibus* e *Pastoralis Officii* rispettivamente del 1731 e del 1733) elimina gli ultimi impedimenti formali: consente agli Scolopi di insegnare tutte le scienze e di istituire scuole in ogni luogo[71].

La *Ratio Studiorum* del 1694, per sottolineare la continuità con la precedente esperienza, chiama la scuola di primo grado di *Aritmetica*. Essa è così divisa: la prima classe di lettura e scrittura; la seconda di lettura, scrittura e aritmetica fino ai cardinali e numerali; la terza in cui bisogna raggiungere una perfetta conoscenza dei «canoni» dello scrivere e un'altrettanto perfetta conoscenza di un trattato completo di aritmetica. La scuola di secondo grado prevede sei classi: le prime tre di Grammatica (inferiore, media e superiore) seguono la ripartizione consolidata con lo studio dei classici, ma dalla seconda classe sono previste composizioni in lingua latina e in lingua italiana; una classe di Umanità; una di Retorica, che include anche lo studio della

---

[67] *Le Costituzioni del Collegio Nazareno*, in *I Regolamenti del Collegio Nazareno*, cit., pp. 37-38.

[68] P. VANNUCCI, *Il Collegio Nazareno*, cit., pp. 86-87.

[69] Per una schematica ricostruzione storica di questo periodo a cui ci riferiremo anche per le notizie seguenti, vedi: *Brev. Consp.*; *Le Scuole Pie* in *L'eco dei nostri centenari*, numero commemorativo, Roma, Supp.to a «Ephemerides Calasantianae», 1949, n. 3-4, pp. 63-85.

[70] G. SÁNTHA, *P. Carolus Pirroni*, «Eph. Cal.», XXXI (1962), pp. 184-209.

[71] G. SÁNTHA, *P. Joannes Franciscus Foci*, «Eph. Cal.», XXXII (1963), pp. 129-149.

storia e della geografia; una di Filosofia con elementi di geometria e fisica. È inoltre consentito includere, nell'ambito del ciclo normale di studio, altri insegnamenti attinenti alle scienze, in rapporto alle esigenze locali[72].

La formazione degli insegnanti ipotizzata da Calasanzio, ma che nei suoi aspetti più significativi si realizzerà solo occasionalmente, verrà ripresa e consolidata in questo periodo. Calasanzio aveva previsto una formazione di base comune a tutti, che doveva iniziare già durante il periodo del noviziato anche attraverso esperienze di tirocinio e sotto la guida di un padre esperto, sulle tecniche di insegnamento della lettura, scrittura e «abaco», e una qualificazione ulteriore attraverso l'istituzione di centri nazionali di specializzazione su particolari discipline, in cui dovevano ruotare i padri, particolarmente predisposti e provenienti da tutte le Case (Filosofia a Frascati con Campanella, Latino a Firenze con F. Apa e sempre a Firenze Matematica e Fisica con gli Scolopi «Galileiani»)[73]. Con C.G. Pirroni, questa impostazione viene perseguita e ridefinita attraverso una formazione culturale e professionale che prevede un *curriculum* più organico e impegnativo per giungere al sacerdozio e che così si articola: due anni di noviziato (a cui si è ammessi a 15 anni) durante i quali si studia Grammatica e a partire dal secondo anno ci si esercita nell'insegnamento del leggere, scrivere e «abaco»; due anni in una *Casa Professa*, per studiare Umanità e Retorica e quindi due anni di Filosofia con corsi straordinari di Matematica; tre anni di Teologia e Filosofia da seguire in una Casa della provincia destinata a questa funzione. Alla fine degli studi tutti sono obbligati all'insegnamento per dieci anni perché resta l'attività istituzionale e primaria degli Scolopi, e solo dopo si può passare ad altri incarichi[74]. Questo progetto, più articolato, diventerà nelle *Synopsis Constitutionum* la *Ratio pro Religiosis* alla cui attuazione C.G. Pirroni aveva contribuito anche attraverso l'istituzione di due studentati interprovinciali (Chieti con Angelo Morelli e Roma con G.A. Borelli) e degli studentati provinciali.

Certo, questa articolazione, se riflette l'operato di C.G. Pirroni e di G.F. Foci, andrebbe verificata nella sua realizzazione effettiva attraverso analisi specifiche, così come l'iter degli studi previsto dalla *Ratio per exteris*, se riflette le esperienze maturate in alcuni Collegi, non rispecchia l'effettiva

---

[72] *Const. Sch. P.*, *Methodus, seu Ratio studiorum pro Exteris*, pp. 136-141. Per conoscere come si giunge alla *Ratio* del 1694 sono importanti gli *Acta Capituli Generalis a. 1677*, «Arch. Sch. P.», III (1938) e soprattutto la *Circolare*, a seguito del *Capitolo*, inviata da C.G. Pirroni a tutte le Case, «Eph. Cal.», XXXI (1962), pp. 199-204.

[73] Per la formazione degli insegnanti durante il periodo calasanziano e in particolare per i centri nazionali di formazione, vedi: G. SÁNTHA, *San José de Calasanz*, cit., pp. 157-264.

[74] *Litterae P. Generalis Caroli Ioannis Pirroni*, «Arch. Sch. P.», III (1938), pp. 51-56.

articolazione attivata in tutte le reali situazioni scolastiche sempre secondo il principio del «pieno esercizio» o meno.

Anche l'*internato*, limitato al Nazareno fino alla soppressione, rimarrà in seguito un'esperienza marginale nei Collegi degli Scolopi, in cui verrà praticato e sempre limitato a pochi studenti rispetto agli esterni, così come le scuole per i «nobili» annesse ai Collegi (Firenze, Urbino, Palermo) non modificheranno sostanzialmente l'utenza sociale originaria delle scuole. A questo scopo è opportuno riferire i risultati emersi dall'unica indagine, in nostro possesso, condotta sulla provenienza sociale degli allievi che, pur nei limiti della «serie» di dati a disposizione e dell'unicità del caso esaminato, se non è certo generalizzabile, ha comunque un valore indicativo proprio perché condotta nel Collegio di Firenze. Da essa risulta che, in media, la provenienza sociale degli allievi, nell'arco di tempo che va dal 1681 al 1704 è caratterizzata dal 5,5% di nobili, dal 18% di ceto borghese e militari e dal 76,3% di artigiani[75].

La stessa espansione dei Collegi che si verificherà soprattutto nel XVIII secolo, in corrispondenza con il declino del modello gesuitico, esprime la maggiore aderenza dell'impostazione educativa scolastica degli Scolopi alla realtà in evoluzione della società settecentesca. Nel 1724 i Collegi attivati sono 123 di cui 68 in Italia, che nel 1784 passano a 218 di cui 79 in Italia e, in alcuni casi gli Scolopi vengono chiamati a sostituire i Gesuiti (Parma, Ravenna, Siena). Questo sviluppo avverrà soprattutto in città piccole e medie (Senigallia, Murano, Ragusa, Chiavari, Lanciano, Correggio, Mirandola, Albano, Massa, Rieti, ecc.) per le esigenze scolastiche di quelle realtà sociali e non come centri di formazione della sola élite[76].

Questa maggiore aderenza e flessibilità del modello educativo degli Scolopi va ricercata proprio nella primitiva impostazione calasanziana: una scuola rivolta a tutti che inizia dall'alfabetizzazione per giungere alla Filosofia (e non per una élite e con il latino come fattore discriminante) e che nasce in un contesto geografico e sociale verso il quale si rapporta (e non con l'*internato* come modello educativo di estraneazione dal reale); una organizzazione degli studi che nel suo primo grado si consolida rispetto alla sua funzione di scuola di base e tecnico-commerciale (italiano, calligrafia e aritmetica con elementi di computisteria) e che nel suo secondo grado, pur conservando la struttura comune alle scuole dell'epoca, si mostra più attenta e aperta alla nuova realtà culturale (lingua italiana, storia e geografia, matematica e fisica)[77].

---

[75] A.K. LIEBREICH, *The Florentine Piarists*, «Arch. Sch. P.», XII (1982), p. 285.
[76] Questi dati sono stati desunti da: *Brev. Consp.*
[77] Interessante ai fini della flessibilità del modello confrontare oltre ai documenti di

Modi e contenuti dell'insegnamento

Se questi sono, a grandi linee, i principi educativi e l'organizzazione scolastica degli Scolopi, definire invece in specifico i modi e i contenuti dell'insegnamento del Collegio di Pieve di Cento, per le ragioni esposte nella premessa al nostro contributo, presenta alcune difficoltà. È tuttavia possibile individuare alcune linee di tendenza nella consapevolezza che la Scuola di Pieve di Cento si inserisce nella esperienza educativa degli Scolopi e, in particolare, per quanto attiene gli aspetti amministrativi, organizzativi e didattici, riflette l'esperienza educativa fiorentina, perché ad essa collegata secondo l'organizzazione territoriale dell'Ordine. Inoltre disponiamo di alcuni *Cataloghi*[78] della Casa di Pieve che ci permettono di individuare le classi istituite con gli insegnamenti attivati; di una *Biblioteca* ricostruita attraverso un *inventario*[79] del 1680 e di un fondo di libri ancora esistente.

La Biblioteca nelle Case Scolopiche ha un ruolo centrale. L'acquisto dei libri, il loro uso e la gestione stessa della biblioteca sono regolamentati da norme sancite dalle *Costituzioni* e ribadite da *Circolari*[80]. Nei primi anni si rileva, attraverso l'*Epistolario*, che lo stesso Calasanzio, occupandosi della formazione degli insegnanti, consiglia o si preoccupa di far pervenire manuali alle Case periferiche. In seguito gli acquisti verranno regolati attraverso il *Padre Provinciale*. Per queste ragioni abbiamo confrontato i libri a disposizione della Biblioteca di Pieve di Cento con l'*inventario* della Biblioteca di Castiglione Fiorentino (che presenta le stesse caratteristiche della Casa di Pieve di Cento), con la *Biblioteca delle Scuole Pie di Firenze* e con la *Biblioteca Scolopica di S. Pantaleo di Roma*[81]. Abbiamo, inoltre,

---

Calasanzio, di C.G. Pirroni citati, anche il *Decretum pro bono Scholarum Piarum regiminae* inviato da G. Agostino Delbecchi all'inizio dell'anno scolastico 1748, vedi: G. SÁNTHA, *P. Josephus Augustinus Delbecchi*, «Eph. Cal.», XXXVII (1968), pp. 310-312.

[78] A.G., Reg. Prov., 18. Pieve.

[79] A.P.T.S., b. F/PC. La Biblioteca di Pieve ebbe dal dr. Flaminio Mezzavacca, con lascito testamentario, la donazione della sua Biblioteca. Esiste un *Inventario* (A.P.T.S., b. F/PC) che è posteriore al 1680.

[80] *Const. Sch. P.*, pp. 109-111 e C.G. PIRRONI, «Eph. Cal.», XXXI (1962), pp. 199-204.

[81] Per la ricostruzione della Biblioteca oltre ai volumi indicati nell'*Inventario* del 1680 abbiamo considerato dei volumi esistenti solo quelli che sul frontespizio recano la scritta dell'appartenenza alla Casa di Pieve o, nel caso di qualche libro recente, solo se scritto da un membro dell'Ordine, l'inventario di Castiglione Fiorentino *(A.P.T.S., b.F/PC)*, il Catalogo a stampa dei libri redatto da p. Mario Bernardini nel 1841 «Biblioteca delle Scuole Pie di Firenze» depositato presso *A.P.T.S.*, sen. coll., (è la raccolta dei libri provenienti da diverse Case della provincia o personali di padri vissuti in uno dei Collegi di Firenze), e *La biblioteca scolopica di S. Pantaleo di Roma*, che è l'inventario dei libri scritti da padri scolopi o da altri

preso in considerazione solo quei libri più legati alle discipline insegnate senza distinguerli dai manuali scolastici per gli allievi, sia per l'impossibilità di individuarli, sia nella convinzione che i manuali scolastici, ancora oggi in larga misura, sono lo strumento privilegiato della trasmissione educativa. Inoltre i confini fra manuali per gli allievi e manuali e/o trattati si sono definiti molto di recente e a fatica.

Spesso, specie nelle scuole di leggere, scrivere e abaco, gli allievi non possedevano libri ma utilizzavano quelli a disposizione della scuola e, soprattutto, prendevano appunti dettati dagli insegnanti. L'uso del manuale, che non escludeva il quaderno degli «appunti» e delle esercitazioni, era uno strumento previsto dalla Scuola di Grammatica in poi. Per queste ragioni i manuali di una biblioteca sono comunque uno strumento utile per capire il tipo di patrimonio culturale di riferimento. Invece le conoscenze effettivamente trasmesse come pure il tipo di modello educativo adoperato e i modelli di comportamento che si intendono far acquisire sono solo ipotizzabili, e non per mancanza di documentazione, ma perché trattasi di un processo che coinvolge più fattori, specie in una situazione in cui gli allievi vivono nella realtà familiare e sociale.

Il Collegio di Pieve di Cento fu aperto nel 1641 per interessamento del conte Francesco Maria Mastellari[82]. Quando nel 1647, a seguito della soppressione dell'ordine, gli Scolopi stipulano un contratto con la Comunità col quale si impegnano a gestire tre scuole, esse risultano così articolate: leggere e scrivere, abaco e grammatica[83]; nel 1686, pur conservando le tre classi, anticipano in seconda la lingua latina che proseguirà in terza con l'aggiunta dell'insegnamento di Umanità[84]. Nel 1709 le tre classi risulteranno così articolate[85]:

I classe: infima legendi   *II classe*: 2ª di grammatica
            2ª di aritmetica   1ª di grammatica

ma su argomenti scolopi. Questi strumenti hanno consentito, attraverso i confronti, di verificare la presenza non occasionale di certi volumi, di reperire materialmente i manuali (ma per questo mi sono avvalso anche dell'Archiginnasio di Bologna e dell'Università di Bologna), di individuare manuali di padri scolopi citati e/o presenti in altre situazioni ma non indicati o presenti a Pieve di Cento. Ma il lavoro di verifica e di consultazione dei volumi ancora esistenti è stato svolto presso la Biblioteca di Pieve di Cento.

[82] A.G., Reg. Prov., 22, Pieve, *Notizie della fondazione della Pieve a Cento e dei Rettori che la governarono fino al 1671 dall'anno 1642*, e *A.P.T.S.*, bF/PC, Pieve di Cento, Testamento della fondazione.

[83] Arch. St. Comunale di Pieve di Cento, b. Padri Gesuiti e Scolopi, copia della determinazione della Comunità del 17.11.1647.

[84] A.G., Reg. Prov., 18, n. 45, a. 1686.

[85] A.P.T.S., bF/PC.

2ª di grammatica	*III classe*: grammatica superiore
1ª di aritmetica	umanità
1ª di grammatica	

Questo schema se ad una prima lettura sembra evidenziare una ripetizione dell'insegnamento grammaticale, che invece trova la sua giustificazione con l'introduzione del metodo *simultaneo*, si configura piuttosto come indicazione di due scuole in parallelo (di matematica e di grammatica) secondo l'impostazione scolastica di Calasanzio e secondo la denominazione prevista dalla *Ratio studiorum* del 1694, ma con un'anticipazione dell'insegnamento grammaticale al secondo anno. Nel 1712 comparirà l'insegnamento della Retorica[86] che si stabilizzerà a partire dal 1745[87]. Questa organizzazione, pur nelle variazioni determinate dal numero degli allievi, rimarrà pressoché invariata fino alla fine del Settecento. È importante rilevare, ai fini della formazione degli insegnanti, che dal 1713 il Collegio di Pieve viene riconosciuto *Casa Professa* e quindi accoglie due chierici[88], che secondo le *Costituzioni* devono essere affidati per la loro formazione e per il tirocinio didattico a un padre riconosciuto per la sua competenza e cultura[89].

Citiamo solo alcuni nomi che abbiamo potuto rilevare attraverso i *Cataloghi* della Casa a nostra disposizione: Domenico Cervelli[90] curatore della prima edizione del *Catechismo* ad uso delle scuole e membro attivo dell'Accademia degli Illustri di Pieve di Cento (v. Poema, atti di un trattenimento dell'Accademia, Bologna, 1781, p. 41); P. Leonardo Targioni[91] (a Pieve dal 1723 al 1726), autore di *Il Fedro* ad uso delle Scuole Pie, di una riduzione in lingua italiana della *Grammatica Latina* del Beretta e di una riduzione della *Prosodia* del Pedrocchi; P. Eugenio Orlandi[92] (che trascorse gli ultimi anni della sua attività a Pieve) autore di *Idea della vita del giovanetto*, molto diffuso nelle Scuole Scolopiche (ebbe tre edizioni) e dei *Rudimenti della Dottrina Cristiana* che ebbe 14 edizioni e che fu poi inserito nel *Libro di letture ad uso delle Scuole Pie*; P. Bartolomeo Corsini, P. Luigi Medici e Pompilio Pozzetti uomini di

---

[86] *A.G.*, Reg. Prov., 18, Catalogus familiae nostrae plebensis, 1712, n. 40.

[87] *A.P.T.S.*, bF/PC, Catalogus familiae nostrae plebensis, 1745.

[88] *A.P.T.S.*, Reg. Prov. 71, voll. b e c.

[89] *Const. Sch. P.*, 111-112.

[90] *A.P.T.S.*, Reg. Prov. 72, vol. e (a Pieve nel 1777 come maestro della 1ª scuola).

[91] *A.P. T. S.*, Reg. Prov. 71, vol. c (nel 1774 maestro della 1ª scuola e di Retorica e Lettore di Teologia).

[92] Brevi notizie sulla vita e l'opera di Orlandi provinciale di Firenze per molti anni e degli altri scolopi citati, vedi: Th. Vinas, *Index Bio-Bibliographicus. Matris Dei Scholarum Piarum*, I-II-III, Roma, Tip. Vaticana, 1908-1911.

cultura del tempo e autori o curatori di opere religiose (v. Picanyol, *La Biblioteca scolopica di San Pantaleo di Roma*, cit.).

Inoltre va rilevato che, con la politica organizzativa perseguita da C.G. Pirroni e poi sancita dalle *Costituzioni*[93], il personale della Casa di Pieve di Cento proveniva in maggioranza dalla «Provincia Toscana» e che seguiva il suo iter di studi presso lo «Studentato provinciale» di Firenze[94].

Il metodo utilizzato per la lettura, così come si desume dalla *Breve relazione* di Calasanzio, è quello del compitare diffuso fra il XVI e il XVII secolo. Il principio è partire dal semplice al complesso: dalla lettera dell'alfabeto, alla sillaba, alla parola breve e semplice, a quella più complessa, alla frase. Il problema che caratterizza questo periodo è la consapevolezza della difficoltà e della complessità che questo apprendimento comporta per un ragazzo. Di qui tutta una serie di accorgimenti o di tecniche tendenti a facilitare l'ingrato compito. Dall'uso di un alfabeto chiaro e grande, ad una tavola con le sillabe, alla lettura delle parole che vengono poi scandite in sillabe. Ma soprattutto attraverso la ripetizione continua di tutti questi tipi di esercizi e la memorizzazione. Gli strumenti utilizzati sono dei tabelloni murali contenenti l'alfabeto e le sillabe e, per la prima fase della lettura, il Salterio. La lettura vera e propria avveniva, invece, su un *Libro delle Vergini* e un libro detto del *Giovinetto Cristiano* di P. Franciotti. A Pieve dall'inventario risulta il *Salterio* di Dario del Pittario. Invece presso la Biblioteca Scolopica di S. Pantaleo di Roma esiste un *Salterio di 150 laudi* di G. Bianchi del 1675[95] e un *metodo di lettura* di Filippo Giacalone, in appendice a *Pratica industriosa per avviare i fanciulli ai primi rudimenti della grammatica* del 1706[96]. Si tratta di pochi libri che, pur usando accorgimenti diversi, restano all'interno dell'insegnamento alfabetico. La scarsità di materiale non dipende solo dall'esilità degli strumenti in commercio (dal semplice foglio contenente l'alfabeto a liste di sillabe e parole difficili e abbreviazioni) ma soprattutto dal fatto che nella scuola insegnare a leggere era compito specifico dell'insegnante. Interessante è il modo come G. Gasch,

[93] *Arch. Sch. P.*, III (1938), p. 53.

[94] L. PICANYOL (a cura di), in *L'eco dei nostri centenari*, numero commemorativo, maggio 1949, Roma, cit., pp. 63-77. L'unico riscontro che è stato possibile realizzare su 12 unità presenti a Pieve nel 1678: 9 provenivano dalla Casa Professio di Firenze, 1 da Castiglione Fiorentino, 1 da Fanano e 1 da Pieve, cioè tutti nell'ambito della Provincia Toscana (*A.G.*, Reg. Prov., 22, Pieve di Cento).

[95] G. BIANCHI, *Salterio di 150 laudi spirituali, diviso in due parti*, Genova, Colenzoni, 1675.

[96] *Pratica industriosa per facilità de' fanciulli, che si introducono negli esercizi del declinare, e coniugare, e de' primi rudimenti della grammatica*, Palermo, per Onofrio Gramignani, 1706.

Facile direttorio o metodo per i fanciulli, che desiderano arrivare fra breve alla buona e franca lettura de' libri del 1707[97], posto di fronte alla difficoltà per gli allievi di passare dalle «consonanze» al «leggere correndo», per l'interferenza determinata dall'abitudine alla lettura della singola lettera, propone che l'allievo legga prima mentalmente e per diverse volte la parola, in modo da riflettere ed esercitarsi, e poi la pronunci con la voce. Si tratta di uno dei tanti accorgimenti che caratterizzano il difficile cammino per giungere ad un metodo di lettura meno faticoso e più efficace. Bisognerà attendere il 1780 per trovare nelle Biblioteche scolopiche (Roma e Firenze) una relazione a stampa inviata dalle Scuole di Madrid alla Sede Centrale di Roma perché diffonda la loro esperienza, che è un vero e proprio manuale di didattica per gli insegnanti: *Metodo uniforme para las escuelas de Cartilla*[98]. Il manuale quanto a contenuti corrisponde alla Scuola di Aritmetica della *Ratio Studiorum* ma al leggere, scrivere (calligrafia), aritmetica aggiunge lo studio della grammatica nei suoi aspetti essenziali. Per la lettura, invece, il volume segna il passaggio all'uso del metodo fonico così come viene presentato da Tommaso Guyot, Antoine Arnauld che utilizzano l'idea del metodo fonico di Pascal attraverso le precisazioni e la diffusione che ne fece la sorella Jacqueline; ma la sistematicità del metodo la si avrà con Enrico Stehani nel 1802 in Baviera[99].

È difficile stabilire in che misura questo metodo venisse utilizzato nelle scuole scolopiche italiane, pur considerando la forte omogeneità esistente negli Ordini a quell'epoca. È certo però che quando Scipione Piattoli, ex scolopio, scrive l'*Abecedario* per le Scuole di Modena nel 1776, utilizza anche la «lettura fonica», dichiarando che il suo «Nuovo abecedario» è il frutto di un «lungo esame e replicate esperienze»[100].

---

[97] G. Gasch, *Facile direttorio o metodo per i fanciulli*, In Palermo, nella stamperia di Onofrio Gramignani, 1707.

[98] *Metodo uniforme para las escuelas de cartilla, deletrear, leer, escribir, arithmetica, grammatica castellana ... como se pratica par los Padres de las Escuelas Pias*, En Madrid, En la imprenta de Pedro Marin, 1780.

[99] Per la storia dei metodi del leggere e scrivere, si veda: H. Fechner, *LeseUnterricht, seine Geschichte*, in Rein, *Encyclopädisches Handbuch der Pädagogick*, Langensalza, Beyer Edit., 1906, pp. 607-626, ma sorvola sul contributo francese e soprattutto di J. Pascal; G. Compayré, *Histoire critique des doctrines de l'éducation en France*, Paris, Librairie Hachette, 1883, I, pp. 239-287; C. Rollin, *Traité des études*, Paris, Delagrave, 1899, pp. 54-58; F. De Vivo, *Intorno all'insegnamento del leggere e dello scrivere*, «Rassegna di Pedagogia», XXIII/1 (1965), pp. 27-43.

[100] *Abecedario per l'infima classe ad uso delle scuole di Modena*, Modena, Presso la Società Tipografica, 1776, pp. III-VIII. L'individuazione dell'autore è avvenuta all'interno di una ricerca di archivio da me compiuta per uno studio sulla politica delle riforme scolastiche in

La *lettura*, cioè il leggere «scorrendo», avveniva attraverso libri di Fede, come gli *Uffici della Vergine* di dottrina cristiana, come la *Instruzione Cristiana diretta a Giovinetti* di Giovanni Chrisostomo[101] e i *Rudimenti della Dottrina di Gesù Cristo* di Eugenio Orlandi[102] e con opere morali come le *Novelle Morali* di Padre F. Soave[103]. Tra queste una delle più diffuse è proprio l'*Idea della vita del giovanetto. Rudimenti espressi in documenti morali e civili sopra la sua direzione* di E. Orlandi, che, affrontando il problema dell'istruzione che ritiene necessaria per tutti, mette in guardia coloro i quali si ritengono per «ingegno» incapaci ad impossessarsi della «sapienza», perché questa «è l'arma più potente di cui si serve l'ignoranza per trionfare sui vostri animi». E chiamando in causa Quintiliano, a sostegno della sua tesi in netto contrasto con quella di S. Antoniano, dice:

> «È falso [...] quello che da alcuni si suppone, cioè che la natura sia scarsa con molti degli uomini in somministrar loro capacità ed ingegno per arrivare a cose grandi e superiori ad ogni eccellenza. Ella è madre benigna, ed a tutti dona tanto, quanto ciascuno possa svelare il distintivo della sua specie che spicca nel raziocinio; sicché all'intelletto e alla memoria ella ha somministrato nella migliore perfezione tutti quelli strumenti, che con diligenza adoperati spianano spaziosa strada alle scientifiche cognizioni; ...»[104].

L'insegnamento della scrittura non avviene attraverso un metodo specifico ma a partire dalla conoscenza della lettura della quale vengono seguite le tecniche, e con un uso prolungato e ripetuto di esercizi. Il problema dell'apprendimento della scrittura come fatto autonomo si porrà molto più tardi anche nella letteratura pedagogica[105]. Per Calasanzio e gli Scolopi la

Emilia-Romagna nel XVIII secolo (ASMO, *Patrimonio degli Studi*, filza 72, n. 94 che è la ricevuta di pagamento al professore e avvocato Scipione Piattoli per la compilazione dell'abecedario).

[101] G. CHRISOSTOMO, *Institutione Cristiana diretta a Giovinetti*, Roma, F. Gonzaga, 1704.

[102] E. ORLANDI, *Rudimenti della dottrina di Gesù Cristo per uso degli scolari delle Scuole Pie*, Firenze, Centauro, 1741 (ha avuto 14 edizioni).

[103] F. SOAVE, *Novelle Morali*, Bologna, presso Riccardo Masi, Stamperia S. Tommaso D'Aquino, 1837.

[104] E. ORLANDI, *Idea della vita del giovanetto espressa in documenti morali e civili*, Firenze, Co' Tipi Calasanziani, 1853³, 466. La prima edizione è del 1717.

[105] A questo proposito negli abecedari presi in esame in questo lavoro non ci sembra di aver evidenziato un aspetto presente in Comenio e che segna l'inizio del passaggio dalla scrittura per imitazione alla scrittura «riflessa». Con l'abolizione, in Comenio, dell'apprendimento preliminare dei *nomi* delle lettere «... si veniva a mettere l'alunno presso a poco nella condizione dell'inventore della scrittura, che dovette essersi reso conto dei suoni e averli astratti dalla parola per passarli nello scritto, ristabilendo l'unità di essi nella parola letta, e annullando colla

scrittura ha una finalità pratica e sociale e quindi il suo uso è strettamente legato alla perfetta conoscenza di tecniche di calligrafia. Per Calasanzio la calligrafia come l'abaco sono alla base della scuola primaria. Numerosi sono i riferimenti, nel suo Epistolario, all'insegnamento delle tecniche calligrafiche: si giunge perfino a chiedere ai collaboratori, prima di ammetterli come insegnanti, l'invio di prove di scrittura e si inviano libri sull'argomento[106]. I libri indicati e acquistati da Calasanzio sono quelli del Ruinetti, del Cresci, del Pisani e di Scarafellini, che nel 1618 insegnò calligrafia nelle Scuole Pie di Roma. Si tratta di alcuni fra i più quotati calligrafi dell'epoca, le cui opere avranno numerose edizioni. Il modello usato nelle Scuole Pie fu quello colto della scrittura corsiva «italica» chiamata comunemente «cancelleresca», anche se per Calasanzio gli allievi dovevano acquisire anche gli altri modelli di calligrafia contenuti nei manuali dell'epoca[107]. L'insegnamento della scrittura, rimasto invariato per la sua funzione professionale, nella *Scuola di Aritmetica* è legato alla lingua «volgare». Un uso della lingua che in seguito si intreccerà con l'insegnamento della grammatica (l'uso della punteggiatura, delle maiuscole, della corretta ortografia delle parole, la conoscenza delle divisioni in sillabe, l'uso degli articoli) per poi passare alla riflessione sull'uso di questi «oggetti» fino all'introduzione di piccoli manuali di avvertimenti grammaticali per scrivere[108]. Il primo, in nostro possesso è *Avvertimenti grammaticali per chi scrive in lingua italiana*[109], ad uso delle Scuole Pie, del 1729. Si tratta di una piccola grammatica italiana e non di avviamento alla lingua latina, destinata, quindi, a chi non deve continuare nella scuola di Grammatica: uso delle lettere, degli articoli e delle congiunzioni; dei pronomi e dei nomi; del verbo e di alcuni verbi; preposizioni, troncamento; punteggiatura, ecc... Molto simili sono gli *Avvenimenti per parlare e scrivere correttamente la lingua italiana ad uso delle*

---

pratica crescente dello scrivere e del leggere l'astrazione fatta», G. LOMBARDO RADICE, *Lezioni di didattica*, Firenze, Sandron, 1952, p. 281.

[106] L. 535, *E.G.C.*, III, p. 36; L. 626, *E.G.C.*, III, pp. 121-122; L. 900, *E.G.C.*, III, p. 316; L. 1633, *E.G.C.*, IV, p. 382; L. 1201, *E.G.C.*, IV, p. 81.

[107] Per queste indicazioni, vedi: G. SÁNTHA, *San Josè de Calasan*, cit., pp. 152-157. Invece per una bibliografia completa sui libri e le tecniche di calligrafia: C. BONACINI, *Bibliografia delle arti scrittorie e della calligrafia*, Firenze, Sansoni Antiquariato, 1953; G. CERBONI (a cura di), *Elenco cronologico delle Opere di Computisteria e Ragioneria venute alla luce in Italia dal 1202 sino al 1888*, Roma, Tipografia Nazionale, 1889 (Ministero del Tesoro), e l'interessante catalogo della mostra *Scrittura e popolo nella Roma Barocca 1585-1721*, (a cura di) Armando Petrucci.

[108] È un aspetto che si evidenzia in *Metodo uniforme para las escuelas de Cartilla*, cit.

[109] *Avvertimenti grammaticali per chi scrive in lingua italiana*, Urbino, Per la stamperia Camerale, 1729.

Scuole Pie di Stanislao Canovai del 1817[110] e le *Regole facili di ortografia italiana per uso degli scolari di calligrafia e di grammatica delle Scuole Pie* del 1839[111].

Se i libri di grammatica per gli allievi compaiono solo agli inizi del Settecento, la questione della lingua, come pure il suo insegnamento, è presente nelle Scuole scolopiche e quindi nelle loro Biblioteche. Nella Biblioteca di Pieve di Cento troviamo la *Difesa della lingua fiorentina* di Carlo Lanzoni[112], ma anche Diodato Franzoni, considerato seguace dell'*Anticrusca*, che, nel suo libro *L'oracolo della lingua d'Italia*, riferendosi a opere di scrittori di tutta l'Italia a lui contemporanei, mostra come la loro lingua non sia da meno di quella del *Trecento*, di Dante, Petrarca e Boccaccio[113].

Così Traiano Boccalini, utilizzando una formula simile a quella di un «giornalista» che fornisce notizie (i *Ragguagli*) di giorno in giorno sulla vita di un regno (il *Parnaso*), cerca nei *Ragguagli di Parnaso* di «scuotere i miti consolidati e d'introdurre se non un gusto nuovo, modi nuovi e originali di concepire la poesia e il costume letterario...»; da ciò il successo della sua opera ben presto imitata per l'originale «genere» introdotto[114], Così come risultano opere più legate all'insegnamento *La fabbrica del mondo* di Francesco Alunno[115], diffusissimo «vocabolario» della epoca, l'*Elucidario poetico* di Ermanno Torrentino[116], *Il Rimario* di Girolamo Ruscelli[117].

Anche l'uso della lingua italiana per l'insegnamento della grammatica latina si pone all'interno della particolare esperienza educativa di Calasanzio. Di fronte al problema di insegnare la lingua latina in modo accessibile al

---

[110] S. CANOVAI, *Avvertimenti per parlare e scrivere correttamente la lingua italiana ad uso delle Scuole Pie*, Firenze, Tip. G. Calasanzio, 1817.

[111] *Regole facili di ortografia italiana per uso degli scolari di calligratia e di aritmetica delle Scuole Pie*, Firenze, presso Ricordi, 1839.

[112] C. LANZONI, *Difesa della lingua fiorentina e di Dante con le regole di far bella e numerosa la prosa*, In Firenze, per Lorenzo Torrentino, 1557.

[113] D. FRANZONI, *L'oracolo della lingua d'Italia*, Bologna, per Giacomo Monti e Carlo Zenero, 1641. Per la polemica e i problemi sulla questione della lingua, vedi: C. TRABALZA, *Storia della grammatica italiana*, Bologna, Forni Editore, 1963, p. 331; B. MIGLIORINI, *Storia della lingua italiana*, Firenze, Sansoni, 1978, pp. 307-496.

[114] T. BOCCALINI, *Ragguagli di Parnaso*, Venezia, Gio Guerigli, 1618. La citazione è di A. ASOR ROSA, *La cultura della controriforma*, Bari, Laterza, 1981, pp. 84-87.

[115] F. ALUNNO, *La fabbrica del mondo nella quale si contengono tutte le voci di Dante, del Petrarca, del Boccaccio e d'altri*, Venezia, per Nicolò Bascarini, 1546.

[116] E. TORRENTINO, *Elucidario poetico*, Venezia, presso Zacharia Conzatti, 1667.

[117] G. RUSCELLI, *Il Rimario... colla dichiarazione, colle regole, e coi giudizi*, Venezia, Damiano Zenero, 1602.

tipo di popolazione scolastica delle Scuole Pie e in breve tempo, si poneva anche l'uso di strumenti diversi. Certo il p. Dragonetti, di consumata competenza, poteva nella prima esperienza romana utilizzare con successo anche l'Alvares, ma il problema si poneva per gli insegnanti delle altre Scuole che man mano venivano attivate. È per queste ragioni che Calasanzio, venuto a conoscenza della grammatica dello Scioppio, invia due padri a Milano per apprendere il nuovo metodo, considerato più efficace[118]. Ma l'esperienza fu presto accantonata perché, a parte l'intrinseco valore della Grammatica dello Scioppio che utilizza «la speculazione filosofica come coscienza critica della grammatica», rimaneva pur sempre all'interno di una cultura «alta» e per giunta scritta in latino[119]. Il problema venne risolto da Francesco Apa con i *Principi della lingua latina* scritti in italiano. Ma ciò che più conta è che il manuale è il frutto della sua esperienza di insegnante, tanto che Apa dichiara i suoi allievi coautori della grammatica. Per queste ragioni i *Principi* sono anche un documento importante per capire non solo il modo come si insegna ma anche i contenuti grammaticali effettivamente studiati nel corso grammaticale: una grammatica agile e ragionata rispetto alle grammatiche voluminose e descrittive. Quando nel 1655, a dieci anni dai *Principi*, Apa pubblica il *Teatro della latinità* motiva la nuova edizione con l'esigenza di eliminare gli aspetti speculativi presenti nella prima a favore della pratica, che per l'autore significa «le sole regole della Grammatica secondo l'uso, e la pratica de' migliori Scrittori della lingua». Naturalmente la grammatica è scritta in lingua italiana perché per Apa è impensabile insegnare il latino con il latino e perché possa essere studiata dagli allievi anche senza la mediazione dell'insegnante. Il *Teatro della latinità*, che ebbe sei edizioni non fu l'unica grammatica in uso presso le Scuole scolopiche dell'epoca[120].

[118] Il tentativo di adottare la grammatica dello Scioppio fu compiuto a Genova (vedi la lettera del p. Ilarione in *E.H.I.* 1714); la difficoltà di uso (la grammatica era in latino) spinse Calasanzio a convincere un padre dell'Ordine a ridurla e renderla comprensibile (vedi L. 2162); lo Scioppio stesso inviò una lettera a p. Castelli di Firenze, per illustrare il metodo di insegnamento («Parva Bibliotheca Calasanctiana», X (1934), p. 30), ma Calasanzio, dopo l'insuccesso, si dimostrò contrario malgrado le insistenze del Castelli (E.H.I., 593, 596, 599, 605).

[119] C. Trabalza, *Storia della grammatica italiana*, cit., p. 302. Lo Scioppio, favorevole ad una riforma degli studi in linea con le posizioni umanistiche, si fece assertore di una modifica dei metodi di insegnamento grammaticale, in polemica con i Gesuiti, testimoniando concretamente le sue posizioni con la *Grammatica Philosophica*. Tra l'altro in occasione delle trattative per l'apertura delle Scuole Pie di Firenze espresse giudizi favorevoli all'operato di Calasanzio (V.C.M. Gamba, *Il poligrafo tedesco Caspare Scioppio (1576-1649) e il suo programma di riforma degli studi*, «Annali del corso di lingue e letterature - Bari», I (1950), pp. 287-335).

[120] *Principi della lingua latina praticati in Firenze nell'Accademia degli Sviluppati*, Roma, presso Domenico Marciani, 1643 e il *Teatro della Latinità, nella quale praticamente si tratta*

Ad essa si affianca il manuale *Grammaticae Institutiones* di Ambrogio Beretta[121] che si diffuse anche nell'ambito delle Scuole scolopiche all'estero ed ebbe numerose edizioni anche fuori dell'ambiente scolopico. Più tardi, nel 1754, P. Carlo Antonioli[122] ne fece una traduzione in italiano e il Pedrocchi[123] ne ricavò una grammatica per l'acquisizione della lingua italiana e latina configurabile come manuale per la 3ª classe di Aritmetica (chi intendeva seguire gli studi grammaticali doveva studiare latino ma anche la lingua italiana scritta). Ma non sono le uniche grammatiche presenti nella scuola di Pieve di Cento, ne compaiono altre: la *Grammaticae Institutiones* di G. Despauterio, la Grammatica di Alvares[124], la più recente Grammatica di Ferdinando Porretti[125] ma anche il *Nuovo metodo per apprendere agevolmente la lingua latina* di Lancelot, tradotta in italiano, nella edizione parmense del 1774, e che costituisce il metodo pratico di insegnamento della lingua latina derivato dalla *Grammaire générale et raisonnée* dei Signori di Port-Royal. La sua diffusione, per altro limitata, era strettamente legata alla polemica contro l'insegnamento del latino dei Gesuiti e quindi veniva proposta all'interno del dibattito settecentesco sul superamento del Collegio gesuita e nell'ambito della politica delle riforme, e quindi non fu dovuta all'importanza della sua «ideologia linguistica», cioè all'«insieme di assunzioni teoriche, anche non esplicitamente formulate, che essa si dà per base», come recenti studi hanno dimostrato[126]. Alle grammatiche si aggiun-

con ogni facilità della Natura e Costruzione dell'otto parti dell'orazione latina, In Napoli, nella Stamperia di Angelo Vocala, 1743[6].

[121] A. BERETTA, *In latinam linguam grammaticae institutiones*, Venezia, Nicolai Taglini, 1702[7] (la 1ª Ed. è del 1672 e l'ultima che abbiamo visto è la 9ª del 1711).

[122] *Principi di grammatica latina ad uso degli scolari delle Scuole Pie*, In Roma, 1770 (l'edizione depositata presso la Biblioteca Scolopica di S. Pantaleo di Roma ha il frontespizio in parte strappato e non è stato possibile controllare l'editore). Presso la stessa Biblioteca vi è un'altra grammatica in italiano: G.D. BASSIGNANI, *Della Grammatica latina, libri quattro*, Genova, Gesiniana, 1760.

[123] N. PEDROCCHI, *Rudimenti grammaticali estratti dall'Istituzioni del P. Ambrogio della Visitazione per l'acquisto della lingua latina e italiana*, Lucca, Marescandoli, 1723.

[124] M. ALVARES, *De institutione grammaticae libri tres*, Lisbona, J. Barrerins, 1572, ma non credo si tratti della copia indicata dall'inventario.

[125] F. PORRETTI, *Grammatica della lingua latina per interrogazioni e risposte... Ritoccata dall'autore, migliorata in alcune cose anche per uso delle pubbliche scuole*, Roma, Tip. dell'Ospizio apostolico, 1845.

[126] La citazione è nella lucida e interessante *Introduzione* di R. SIMONE e la *Grammaire générale et raisonnée et Logique, au l'art de penser*, Roma, Bulzoni, 1965, pp. XIX-XX. Del *Nuovo metodo per apprendere agevolmente la lingua latina, tradotto dal francese nell'italico idioma...*, ad uso delle Regie scuole di Parma, nella Stamperia Reale, 1774, oltre a questa edizione depositata presso la Biblioteca di Pieve di Cento abbiamo registrato altre tre edizioni

gono: la *Prosodia Bononiensis reformata* di G. Battista Ricciolo[127], l'*Ortografia latina* di Cristoforo Cellario[128], il *Dictionarium Ciceronianum* di Francesco Priscanese[129], il *Dictionarium* di Ambrosio Calepini, anche nella edizione rivista da Paolo Manuzio[130].

Ma la lingua italiana, nella scuola di secondo «grado», non rimane solo all'interno dello studio della grammatica latina ma ha una sua autonomia perché la *Ratio* prevede, nelle classi di grammatica, composizioni in latino e in italiano; e l'uso della lingua italiana doveva essere troppo diffuso se proprio C.G. Pirroni, in una lettera agli insegnanti, richiama all'utilità dello studio del latino[131]. Lo studio dei classici inizia nella scuola di grammatica con i *Colloquia* di L. Vives. D. Cantimori a questo proposito scrive: «Ed ecco, attraverso i dialoghetti del Vives, permanere nelle scuole di Calasanzio, così legate per altro verso a quelle dei gesuiti, qualcosa del grande spirito umanistico erasmiano: l'ideale educativo umanistico e religioso, sia pure un po' estenuato»[132]. Ma il legame fra i gesuiti e gli scolopi, se mai vi è stato, almeno dal punto di vista delle finalità educative, non è certo passato attraverso Vives, se si considera che lo stesso Loyola non voleva che i *Colloquia* venissero studiati nelle sue scuole[133]. Dall'esame della *Breve relazione* di Calasanzio e soprattutto dal programma in uso nella scuola di Narni del 1625 (l'unico in nostro possesso) si desume che oltre a Vives si studiavano: le *Epistulae familiares* di Cicerone, distribuite in tutto il ciclo degli studi; in seconda le *Egloghae* di Virgilio e quindi in prima di nuovo Cicerone con il *De Officiis* e parte dell'Eneide di Virgilio; nella classe di Umanità si studiava il *De Amicitia* di Cicerone e i *Carmina* di Orazio. Lo studio dei classici,

che variano solo nella dicitura dello stampatore: Torino, nella Stamperia Reale, 1767; Napoli, Stamperia di Felice Mosca, 1722; Venezia, presso Sebastiano Coletti, 1723.

Per un'analisi pedagogica delle metodiche di Lancelot, vedi: C.A. SACHELI, *I «nuovi metodi» di Portoreale*, «Rivista pedagogica», I (1915), pp. 14-46.

[127] G.B. RICCIOLO, *Prosodia bononiensis reformata et ex duobus tomis in unum ab ipso auctore redacta...*, Venetiis, Per Paolo Balleonium, 1674.

[128] C. CELLARIO, *Ortografia latina*, Patavii, ex Thipographia Cominiana, apud Johannem Baldonum, 1724.

[129] F. PRISCANESE, *Dictionarium Ciceronianum*, Venezia, Andrea Poleti, 1718.

[130] F.A. CALEPINI, *Dictionarium septem linguarum*, Venezia, per Domenico Nicolino, 1583.

[131] La *circolare* di C.G. Pirroni del 10.VII.1677 è in «Eph. Cal.», 1962, p. 200.

[132] D. CANTIMORI, *L'ideale educatiuo umanistico-religioso nel Cinquecento*, in *Umanesimo e religione nel rinascimento*, cit., p. 246.

[133] L'informazione è stata rilevata da L. FIORANI, *Religione e povertà. Il dibattito sul pauperismo a Roma tra Cinque e Seicento*, cit., p. 47. L'autore nella citazione accosta il divieto dello studio dei testi di Vives anche alla pubblicazione veneziana del *De subventione pauperum*.

sempre affiancato dalla grammatica, prevedeva lo studio della prosodia, della metrica e le regole dello stile epistolare. In seguito la *Ratio* indica le seguenti modalità per lo studio dei classici: l'insegnante deve prima leggere il brano, dopo inquadrarlo nel contesto dell'opera e dell'autore e quindi rileggere il brano dall'inizio, periodo per periodo, e facendone la costruzione e la traduzione in italiano; dopo spieghi le regole ed evidenzi i brani più significativi e confronti il brano con avvenimenti storici e mitologici. Gli allievi, che possono intervenire durante la lezione e possono ripetere alla fine la spiegazione ricevuta, devono tradurre il brano in lingua italiana[134].

Ma la *Ratio*, se è dettagliata nel metodo e rispetto al periodo calasanziano amplia lo studio dei classici, non indica gli autori da studiare. Dal Decreto di A. Delbecchi, emanato in occasione dell'anno scolastico 1748, è possibile individuare qualche autore. Questi sono: Vives di nuovo con i *Dialoghi* e Cicerone con le *Epistole* (in seconda); Cornelio Nepote, Fedro con le *Favole* e Ovidio (in prima). Nella classe di Umanità oltre che sullo studio degli autori (Cicerone *De Officiis*, ed *Orationes*, Ovidio, Virgilio e Orazio) si insiste sullo studio e l'uso dei diversi generi «letterari» e sullo studio di una parte delle *Istituzioni* di retorica. Nella classe di Retorica, dove si completa lo studio delle *Istituzioni* e si esercita con la declamazione, la descrizione, ed altri generi, gli autori previsti sono: Cicerone, *Istitutiones Rhetoricae* ed *Orationes:* Tito Livio, Virgilio, Orazio, Seneca, Plauto e Terenzio[135]. Per la Retorica è possibile individuare il tipo di manuali di riferimento perché presenti nella biblioteca di Pieve: Lorenzo Valla, *Elegantiarum latinae*; Aldo Manuzio (il giovane), *Eleganze*; Carlo Payot, *Tirocinium eloquentiae*; Michele (Della Visitazione), *Manuductio institutionum rhetoricarum*; Domenico De Colonia, *De arte Rhetorica* e Francesco Fasce, *Compendio dei precetti retorici ad uso delle scuole Pie*[136]. È invece difficile, per il numero di classici a disposizione della Biblioteca, indicare quelli effettivamente adoperati anche in rapporto al programma sopra esposto. Nell'impossibilità di poter svolgere un'analisi di confronto fra le diverse edizioni e soprattutto fra i diversi adattamenti e fra le diverse riduzioni, ritengo inutile, nell'economia del presente lavoro, produrre un lungo elenco di titoli e autori.

---

[134] *Const. Sch. P.*, p. 168.

[135] «Eph. Cal.», pp. 310-312.

[136] Tra i manuali di retorica è da rilevare la presenza degli Scolopi, con: M. (DELLA VISITAZIONE), *Manuductio institutionum Rhetoricarum*, Varsavia, Tip. Coll. Schole Pie, 1687 (che come in altri casi testimonia una circolazione interna all'Ordine anche a questo livello, vedi: *E.E.C.* e *E.H.I.*) e un manuale in italiano del Fasce, giudicato dalle «Effemeridi letterarie» di Roma (II [1782], p. 185) un ottimo manuale per chiarezza e completezza.

Non mancano le note grammatiche greche: dalle *Institutiones* del Clenardo, alla nota *Institutionum linguae graecae* di G. Gretseri, al *Compendiaria graecae grammaticae*. Nel 1759 anche un padre scolopio scriverà una grammatica ad uso delle scuole ma non compare nella Biblioteca di Pieve: Carlo Antonioli, *Institutiones Linguae Graecae*, Florentiae, ex Tipografia Imperiale, 1759.

Se lo studio della lingua italiana nelle scuole scolopiche nasce all'interno dell'esperienza romana con l'uso del volgare, in risposta ai problemi posti dal tipo di provenienza sociale degli allievi, e progressivamente, in rapporto allo sviluppo culturale e sociale diventa parte integrante del *curriculum*, anche se formalmente non istituzionalizzato, la matematica e la fisica, viste dall'ottica della Biblioteca di Pieve di Cento, sono l'aspetto che maggiormente collega gli Scolopi alla cultura scientifica più avanzata del tempo. Anche se lo studio della matematica è previsto negli ultimi due anni della Scuola di Aritmetica in funzione professionalizzante e nelle due ultime classi di Filosofia insieme alla geometria e alla fisica, il tipo di formazione culturale che essa implica sembra un interesse da sempre perseguito.

Lo studio dell'*abaco*, voluto con tanta insistenza da Calasanzio per la sua utilità professionale e che nella esperienza romana sembra sia consistito nella conoscenza delle quattro operazioni e nell'uso di tabelle di pesi e misure, e di cambio, con la *Ratio Studiorum* diventa lo studio di un trattato di aritmetica dell'epoca[137].

La Biblioteca di Pieve dispone di due copie del *Nuovo Lume* (ed. 1534 e 1584) di Giovanni Sfortunati, il cui nome compare nella famosa disputa fra Cardano e Tartaglia. Il volume, considerato fra i migliori manuali di Aritmetica del XVI secolo, è il frutto, dice l'autore, di un prolungato studio e della sua attività di insegnante. Infatti Sfortunati nel trattare gli argomenti non si limita alla soluzione di una «casistica», ma prima espone l'argomento esaminando anche le diverse interpretazioni e dimostrazioni presenti in altri trattati dell'epoca, e poi analizza numerosi «quesiti» pratici; tratta inoltre la geometria piana per introdurre le tecniche di misurazione in agrimensura così come prevede la conoscenza dell'aritmetica per il calcolo commerciale[138]. Il disegno di copertina del libro *Scala Grimaldelli* di Francesco Feliciano simboleggia l'importanza che ha la conoscenza della matematica: una scala

---

[137] Questo programma emerge dai riferimenti contenuti negli *Epistolari* e dalle indicazioni sui manuali adoperati (7 libri di matematica presenti a Narni, nello stesso periodo, sono sostanzialmente gli stessi di Pieve di Cento, vedi: G. SÁNTHA, *San Jose de Calasanz*, cit., p. 161).

[138] G. SFORTUNATI, *Nuovo Lume. Libro di Arithmetica*, Venezia, Francesco Bindoni et Matheo Pisini, 1584.

come simbolo di ascesa e un grimaldello perché consente di aprire tutte le porte. Ma se lo scopo dichiarato dal volume è quello di fornire a mercanti, agrimensori e a tutti coloro che hanno a che fare con questi problemi (fare i conti, misurare terra, muri, fieno, pietre, biada, ecc.) uno strumento pratico, la condizione è possedere anche una conoscenza delle regole e soprattutto delle diverse tecniche di calcolo (per es. la moltiplicazione: colonna o tavoletta, organetto, crocetta, quadrilatero, ecc.). Ma rispetto agli altri trattati di aritmetica aggiunge l'algebra con gli algoritmi, le radici quadrate e cubiche, i binomi, ecc.[139]. Entrambi i manuali sembrano aver risentito dell'influenza di Luca Pacioli che in *Summa Arithmetica*, si era posto il problema di unire la pratica con la teoria, nella convinzione che proprio la conoscenza dei principi generali consente la soluzione dei «singoli casi»[140]. A questi due libri, editi verso la metà del cinquecento, anche se permarranno a lungo sul mercato (la X edizione del Feliciano è del 1692) si aggiungono, sulla stessa linea, l'*Aritmetica mercantile* di Giacomo G. Lando[141] e l'*Aritmetica e Geometria pratica* di Giulio Bassi, editi verso la metà del XVII secolo. In queste opere i contenuti vengono meglio organizzati dal punto di vista teorico e nel caso del Bassi cambia anche il destinatario: «Opera utile e necessaria non solo alli mercanti ma ancora alli Capitani, computisti, matematici, ingegneri, agrimensori, banchieri»; cioè si amplia e si eleva il livello dell'utenza[142]. A questi libri, configurabili come manuali per gli allievi o quantomeno usati per l'insegnamento se ne affiancano altri di diverso livello: il libro di Francesco Galigai, la *Summa de Aritmetica*, considerata da tutti gli storici della matematica un'opera fondamentale di sistemazione teorica e storica del sapere matematico precedente. Loria inserisce il Galigai fra Luca Pacioli e i due protagonisti della matematica del XVI secolo: Cardano e Tartaglia[143]. Di quest'ultimo la Biblioteca di Pieve possiede la prima e la

[139] F. FELICIANO, *Scala Grimaldelli. Libro di aritmetica e geometria speculativa et praticale... diviso in tre libri*, Padova, Donato Pasquardi, 1629.

[140] Il libro di L. PACIOLI, *Summa di Arithmetica, Geometria, Proporzioni et Proporzionalità*, è considerato dagli storici della matematica il primo trattato sull'argomento perché organizza l'insieme delle conoscenze sino ad allora acquisite anche con un recupero di aspetti storici, perché fa una rassegna, motivata, dei metodi per insegnare soprattutto la moltiplicazione e la divisione, perché affronta gli aspetti aritmetici legati ai contratti, ai cambi, alle monete e alla «partita doppia» che veniva già usata a Genova e Venezia ma che non aveva ancora avuto una sistemazione. (v. G. LORIA, *Storia delle matematiche*, Milano, Hoepli, 1950, vol. I, II e III, pp. 276-277).

[141] G.G. LANDO, *Aritmetica mercantile nella quale si vede come si hanno da fare i conti per li cambi che si fanno nelle città principali... In Napoli, Per Tarquinio Longo, 1604.

[142] G. BASSI, *Aritmetica e Geometria pratica. Libri VIII*, Piacenza, Per Giovanni A. Ardizzoni Stampator Camerale, 1640.

[143] F. GALIGAI, *Pratica d'Aritmetica*, Firenze, Bernardo Giunti, 1548. Quest'opera citata

terza parte del *Generale trattato dei numeri e delle misure* nella edizione del 1556 e 1560[144]. A questi va aggiunta la *Pratica aritmetica* di Pietro Antonio Cataldi, considerato da E. Bortolotti uno dei migliori rappresentanti della scuola matematica bolognese[145], e la *Aritmetica pratica* di Cristoforo Clavio, noto soprattutto per il contributo dato alla diffusione della matematica, con la traduzione latina di opere classiche e, in particolare, della Geometria di Euclide[146]. Questo interesse, che si amplia, includendo anche la fisica, lo si può cogliere attraverso le opere di alcuni fra gli scienziati più autorevoli del XVII secolo, che ci limitiamo ad indicare: Bonaventura Cavalieri, *Geometria* e *Compendio delle regole dei triangoli*; Galileo Galilei, *Discorso al serenissimo don Cosimo II* e *Della scienza meccanica*; Evangelista Torricelli, *De Sphaera et solidis sphaeralibus libri duo*.

Dai primi del Settecento gli Scolopi, già partecipi della cultura scientifica italiana dal periodo galileiano, incominciano a pubblicare dei manuali per le proprie scuole. Fra questi i volumi che, come le grammatiche latine di F. Apa e A. Beretta, verranno considerati come i libri classici delle scuole di matematica scolopiche: gli *Elementi aritmetici nei quali si contengono tutte le operazioni principali dell'aritmetica* di Alessandro Conti[147] e l'*Aritmetica pratica divisa in quindici trattati* di Alessandro Fantuzzi, che l'autore dichiara di avere scritto «per sua cognizione», sulla base degli appunti scritti

in molte storie della matematica è stata così definita da *l'Histoire des Sciences Mathematiques*: «L'ouvrage de Ghaligai, moins diffus que celui de Pacioli, a du avoir plus d'influence sur l'etude des mathematiques. C'est un résume fort bien fait de tout ce qu'on savoir alors». (La citazione è riportata da P. RICCARDI, *Biblioteca matematica italiana*, III, Modena, Società Tipografica Modenese, 1870, p. 145).

[144] M. TARTAGLIA, *La prima parte del generale trattato dei numeri e misure... nelle quali in diecisette libri si dichiara tutti gli atti operativi, pratiche e regole necessarie non solamente in tutta l'arte negoziatoria et mercantile, ma anchor in ogni altra arte, scientia, over disciplina dove intervengli li calcuno*. Venezia, per Curtio Troiano de i Novo', 1556. –, *Terza parte del generale trattato, dei numeri e misure di... nel quale si dichiarano i primi principi, e la prima parte della Geometria...*, In Venezia, per Curtio Troiano de i Novo', 1560.

[145] P.A. CATALDI, (Seconda parte) *Pratica aritmetica ovvero elementi pratici dei numeri aritmetici*, Bologna, presso gli eredi di Giovanni Rossi, 1606; – (Terza parte della) *Pratica aritmetica, ovvero elementi pratici delli numeri naturali...* In Bologna, Appresso Sebastiano Bonomi, 1617.

[146] P.A. CATALDI, (*Quarta parte della*) *Pratica aritmetica, dove si tratta della principalissima et necessarissima regola chiamata comunemente del tre*, In Bologna, presso Bartolomeo Cochi, 1616. Il Bortolotti ritiene che con la scoperta delle *frazioni continue* da parte di Cataldi «veramente si inizia il periodo di analisi infinitesimale della matematica moderna» (v. E. BORTOLOTTI, *La storia della matematica nella Università di Bologna*, Bologna, Zanichelli, 1947).

[147] A. CONTI, *Elementi aritmetici ne' quali si contengono tutte le operazioni principali dell'aritmetica*, Roma, Mainardi, 1741 (risultano tre edizioni).

e utilizzati nella sua esperienza di insegnante di matematica nella scuola di Firenze. P. Riccardi, nel suo *repertorio* dei libri di matematica editi in Italia, considera il manuale di Fantuzzi «uno dei migliori e più estesi trattati di aritmetica pratica, poco noto agli storici della scienza»[148]. Si tratta di volumi che non compaiono nella Biblioteca di Pieve di Cento. Invece sono presenti l'*Aritmetica in forma di compendio* di Giovanni G. Angeli[149], anch'esso nato all'interno di una esperienza di insegnamento nella scuola di Lugo ma che sviluppa soprattutto la trattazione delle quattro operazioni e di quegli elementi utili alle attività commerciali. Il settore matematico della Biblioteca si chiude con Francesco Soave, *Elementi di aritmetica*[150], che è il libro di testo più diffuso della prima metà dell'ottocento ed è considerato il capostipite di una serie di manuali scolastici.

I manuali di fisica nella Biblioteca di Pieve di Cento compaiono molto tardi, anche perché questo insegnamento non risulta ufficialmente attivato. Gli unici due trattati presenti sono: le *Lezioni di Fisica* dell'abate Nollet[151] e il *Trattato completo ed elementare di Fisica* di Antonio Libes, tradotto da Luigi Baroni delle Scuole Pie[152]. Mancano invece di S. Canovai e Del Riccio le *Lezioni elementari di matematica*, dell'Abate Marie gli *Elementi di fisico-matematica*. S. Canovai e il suo allievo Del Riccio sono i primi organizzatori dell'Osservatorio Astronomico Ximeniano di Firenze. S. Canovai, considerato «l'iniziatore di quel movimento fisico-matematico che si andò sviluppando nelle Scuole Pie di Toscana nella seconda metà del secolo XVIII», traduce e sollecita la traduzione di alcuni trattati stranieri, con l'intento di diffondere anche in Italia la lettura dei classici della letteratura scientifica europea[153]. Anche altre discipline, come la fisica, se non risultano attivate come insegnamenti, compaiono attraverso libri e manuali: le *Institutiones*

---

[148] A. Fantuzzi, *Aritmetica pratica divisa in quindici trattati*, Roma, Buagni, 1714. La citazione è in P. Riccardi, *Biblioteca di matematica italiana*, cit., parte I, vol. II, p. 325).

[149] G.G. Angeli, *Aritmetica in forma di compendio*, Faenza, Stamperia Benedetti, 1776.

[150] F. Soave, *Elementi di aritmetica*, Venezia, Stamperia di Giacomo Storti, 1797.

[151] Abate Nollet, *Lezioni di fisica sperimentale*, Venezia, Giambattista Pasquali, 1762 (tradotta dalla edizione di Parigi del 1759).

[152] A. Libes, *Trattato completo e elementare di fisica, esposto in un ordine nuovo secondo le moderne scoperte del... tradotto dal francese, in due temi*, Firenze, Nella Stamperia di Guglielmo Piatti, s.d..

[153] S. Canovai-Del Riccio, *Lezioni di matematica dell'Abate Marie*, Firenze, Allegrini, 1781. La traduzione rientra nel progetto di Canovai di rinnovare l'insegnamento della fisica in Italia. Anche se l'imposizione dell'opera non soddisfa pienamente il Canovai sostenitore di un insegnamento organico di fisico-matematica in cui «gli elementi del calcolo differenziale e integrale vengono posti alla base di una formulazione matematica dei fenomeni fisici secondo la tradizione newtoniano-euleriana».

philosophiae di Edoardo Corsini; l'*Isolario* di Benedetto Bordone; la *Geographiae* di Giovanni B. Ricciolo; l'*Atlante Veneto* e l'*Isolario* di Vincenzo Coronelli; il *Compendio di Geografia ad uso del Collegio Nazareno* e gli *Elementi di Storia* di Vallemonte.

Questa schematica rassegna non vuole essere né esaustiva dei volumi presenti nella Biblioteca di Pieve di Cento, né ha la pretesa di descrivere il tipo di insegnamento e di cultura presente nel Collegio dalla sua fondazione alla fine del XVIII secolo. A parte i vuoti di informazioni e di volumi (basti pensare che gli Scolopi lasciarono il Collegio nel 1865), è sempre difficile stabilire il tipo o i tipi di itinerari seguiti in un panorama così variegato e segmentato: libri noti e meno noti, libri a lungo utilizzati e libri mai toccati. Questo lavoro vuole solo fornire una chiave di lettura della Biblioteca di Pieve di Cento per analogie e differenze su alcuni dati di fatto e su altri, riflessi dalla situazione educativa e culturale dell'epoca.

II

*Il difficile cammino
dell'estensione dell'obbligo scolastico:
dalla scuola media unica al biennio unitario*

1. La scuola dagli 11 ai 14 anni dalla legge Casati alla media unica obbligatoria del 1962

La legge 31 dicembre 1962 istitutiva della scuola media unica obbligatoria è un provvedimento di riforma scolastica che per la portata politico-sociale oltre che educativa può essere considerato il più importante dalla prima legge organica dello Stato unitario: la legge Casati.

Capire perché sono occorsi cento e più anni per estendere l'obbligo scolastico attraverso una scuola unica per tutti significa ripercorrere la storia della scuola italiana dall'Unità in poi in rapporto alla storia economica, politica e sociale del nostro paese. Significa spiegarsi, attraverso la sopravvivenza di una struttura scolastica sostanzialmente selettiva, le scelte della classe dirigente, le lotte delle classi subalterne, le contraddizioni del paese, il difficile cammino per lo sviluppo di una società più civile e democratica.

Sono i meccanismi di difesa della scuola di classe che hanno caratterizzato lo sviluppo della scuola media in Italia. Anche se qui non è dato seguirne con un esame approfondito le evoluzioni, le battute di arresto e soprattutto individuarne le forze e quindi i gruppi sociali che hanno determinato o resistito al cambiamento, tuttavia un rapido esame dello sviluppo del sistema scolastico italiano dal 1860 può servire per chiarire il significato di molti problemi.

Dal nuovo Stato unitario alla prima guerra mondiale

La prima «Legge organica sull'istruzione» nel Regno d'Italia, che va sotto il nome di legge Casati, viene promulgata il 13 novembre 1859 senza discussione in Parlamento, in virtù dei pieni poteri concessi al governo. Nata con l'intento di dare un primo assetto all'ordinamento scolastico del costituendo Stato unitario è rimasta pressoché immutata fino alla riforma della scuola media unica del 1962[1]. Il sistema scolastico, inteso come inte-

---

[1] Sulla legge Casati cfr.: il numero speciale de «I problemi della pedagogia», a. V (gennaio-febbraio 1959), n. 1 (con contributi di I. PICCO, D. BERTONI JOVINE, G. CALANDRA, G.

laiatura formale di contenimento e di espansione della richiesta di scolarizzazione dal basso, ha subìto delle modifiche solo parziali. Da questo punto
di vista tutta la legislazione ulteriore, compresa la riforma Gentile, che è
stata la seconda riforma organica, non è altro che un susseguirsi di leggi
parziali, regolamenti, circolari tendenti a soddisfare nuove esigenze, a
razionalizzare l'esistente.

La struttura portante dell'ordinamento scolastico è rappresentata dal
liceo-ginnasio considerato come «via maestra» per l'accesso all'Università.
Fanno da contorno: un'istruzione professionale (scuola tecnica triennale e
istituto tecnico triennale) che stenterà a definirsi in cento anni di storia
italiana; una scuola normale per la formazione degli insegnanti elementari;
una scuola elementare per tutti voluta sulla carta, perché amministrata dai
comuni, con bilanci sempre deficitari[2].

Questa struttura rispecchiava, sul piano economico, le condizioni di
una società prevalentemente agricola, caratterizzata da una classe dirigente
ristrettissima rispetto alla stragrande maggioranza di braccianti, contadini,
artigiani completamente esclusi dalla vita politica del paese. Un'industria
ancora limitata, presente solo in alcune aree del Nord, e che attraversa un
periodo di crisi proprio nel settore serico che era maggiormente sviluppato.
Sul piano politico amministrativo, il nuovo Stato si organizza in modo accentrato, verticistico e autoritario attraverso la costituzione di un apparato
burocratico centrale e periferico che utilizza e soprattutto contribuisce a
formare una piccola e media borghesia che costituiranno l'apparato tramite
il quale i grandi agrari nel sud e più tardi la borghesia industriale emersa
nell'epoca giolittiana, continueranno a gestire il potere[3].

L'affermazione che la legge Casati è conservatrice e funzionale alla

SOLINAS, G. LENZI, G. LIMITI, M. RUMI, G. VALENTINI, M.A. SCUDERI, O. MARINI); G. TALAMO, *La
scuola dalla legge Casati alla inchiesta del 1864*, Milano, Giuffrè, 1960.

[2] D. BERTONI JOVINE, *Storia della scuola popolare in Italia*, Torino, Einaudi, 1954; D.
BERTONI JOVINE, *La scuola italiana dal 1870 ai giorni nostri*, Roma, Editori Riuniti, 1958 (2ª ed.
1967); L. BORGHI, *Educazione e autorità nell'Italia moderna*, Firenze, La Nuova Italia, 1951
(1960); G. INZERILLO, *Storia della politica scolastica in Italia*, Roma, Editori Riuniti, 1974; C.G.
LACAITA, *Istruzione e sviluppo industriale in Italia 1859-1914*, Firenze, Giunti-Barbera, 1973;
F. SISINNI, *La scuola media dalla legge Casati ad oggi*, Roma, Armando, 1969; A. TONELLI,
*L'istruzione tecnica e professionale di stato nelle strutture e nei programmi da Casati ai giorni
nostri*, Milano, Giuffrè, 1964.

[3] Cfr. G. CANDELORO, *Storia dell'Italia moderna*, vol. V, VI e VII, Milano, Feltrinelli,
1968, 1970 e 1974; V. CASTRONOVO, *La storia economica* in *Storia d'Italia*, vol. IV, I, Torino,
Einaudi, 1975; C.M. CIPOLLA, *Istruzione e sviluppo economico in Italia*, Torino, UTET, 1971; G.
LUZZATTO, *L'economia italiana dal 1861 al 1894*, Torino, Einaudi, 1968 (1974); G. TONIOLO, *Lo
sviluppo economico italiano 1861-1940*, Bari, Laterza, 1973.

classe dominante non ha bisogno di essere ulteriormente dimostrata. Tutta la letteratura sull'argomento e in particolare i recenti studi comparsi in occasione del centenario lo hanno ampiamente sostenuto. Si pensi, per dare conferma alla tesi, alle scelte di politica scolastica: l'aver assunto a totale carico dello Stato i licei-ginnasi e l'Università anziché le scuole tecniche e gli istituti tecnici; l'aver affidato la gestione economica della scuola elementare ai Comuni, nonostante le condizioni miserevoli dei bilanci proprio in quelle zone che della scuola avrebbero avuto maggior bisogno, ha significato dare alla classe dirigente più retriva la possibilità di impedire al popolo anche l'acquisizione degli strumenti minimi del leggere e dello scrivere[4].

Ma proprio perché il sistema scolastico rispecchiava le condizioni economiche e politiche del Piemonte, esso si poneva, rispetto alla maggior parte delle regioni, in particolare rispetto al Sud, e alle altre aree depresse, in posizione più avanzata relativamente alle richieste provenienti dal basso. Inoltre la sua organizzazione interna ereditava per il liceo-ginnasio l'impianto del sistema di studi presente nei collegi dei gesuiti filtrato dalle innovazioni napoleoniche e per le scuole tecniche l'esperienza lombarda e toscana, che, per quanto ridimensionata dalla legge Casati, esprimeva la situazione più progredita del paese[5].

Si vuole dire che se non ci si limita ad un'analisi astrattamente giuridica della legge e sulla base di teorie pedagogiche contemporanee, ma ci si rapporta alle condizioni economiche e politiche di quel periodo, emerge che il *sistema scolastico* proposto dalla legge Casati risulta più «aperto» di quello promulgato con la legge Gentile e di quello proposto con la Carta della scuola da Bottai. Questa tesi, già avanzata da Antonio Gramsci[6] è stata di recente ripresa da Marzio Barbagli. In sostanza con tale interpretazione risulta non solo che la scuola elementare non prevedeva alcuna differenza interna, come in altri paesi europei, ma altresì che l'istituto tecnico (per quanto la via diretta all'università fosse rappresentata dal liceo-ginnasio) tramite la sezione fisico-matematica, consentiva l'accesso ad alcune facoltà

[4] Oltre alla bibliografia già citata, vedi: A. BROCCOLI, *Educazione e politica nel mezzogiorno d'Italia (1767-1860)*, Firenze, La Nuova Italia, 1968; ISTAT, *Sommario di statistiche storiche dell'Italia 1861-1965*, Roma, ISTAT, 1968; MINISTERO DELLA P.I., *L'istruzione primaria e popolare in Italia*, vol. I, Roma, Tip. Operaia Romana Cooperativa, 1910 (nota come Inchiesta Corradini); G. VIGO, *Istruzione e sviluppo economico in Italia nel secolo XIX*, Torino, ILTE, 1971.

[5] I. PICCO, *I precedenti italiani, storici e legislativi, della legge Casati*, in «Problemi della Pedagogia», cit.; G. LIMITI, *L'istruzione tecnica nella legge Casati*, in «Problemi della Pedagogia», cit.

[6] A. GRAMSCI, *La formazione dell'uomo*, (a cura di G. URBANI), Roma, Editori Riuniti, 1967, p. 86.

universitarie (scienze fisiche, matematiche e naturali, ingegneria)[7]. Questa parziale apertura è da ricercarsi nella volontà della classe dirigente di consentire uno sbocco al ceto medio emerso con le lotte risorgimentali e nel disegno di costituire una classe sociale intermedia con funzione di «filtro», fra il popolo e la classe dirigente. P. Villari sosterrà a questo proposito che per mezzo di questi nuovi ceti «le idee filtrano, per così dire, continuamente dagli ordini superiori negli infimi; per mezzo di essi, coloro che guidano le pubbliche opinioni hanno presa sul popolo, lo intendono e ne sono intesi»[8]. Ora appunto, questo obiettivo rientrava nella politica del nuovo Stato unitario, che per la sua organizzazione e il suo consolidamento aveva bisogno di cooptare nell'area della propria ideologia, ferma restando la stratificazione sociale esistente, nuovi ceti sociali. Tra l'altro lo stesso Villari, constatando che non tutti i diplomati dal liceo proseguivano gli studi all'università, sosterrà un'apertura di questo indirizzo scolastico ad un'opera di formazione educativa più aperta alle istanze della scienza e della lingua moderna, così come sosterrà l'apertura degli istituti tecnici ad una maggiore formazione culturale, magari includendo il latino. Per quanto la carenza di dati relativamente a questo periodo non consenta di stabilire una correlazione ai diversi livelli scolastici, tuttavia Marzio Barbagli (nel volume citato) mostra come l'espansione scolastica, dal 1861 al 1922, riguardò soprattutto i ceti medi. L'espansione della scuola elementare, per quanto sia in costante aumento in tutto il periodo, è solo del 270% rispetto alla scuola secondaria la cui espansione è del 696%. L'espansione del ginnasio-liceo è rispettivamente del 291 e 346% mentre quella della scuola tecnica e dell'istituto tecnico è rispettivamente del 1499 e 2138% e quella delle scuole normali del 1285%[9].

Tuttavia, malgrado questa apertura ai ceti medi la classe dirigente era ben lontana dal cogliere la tendenza all'espansione della scuola tecnica e dell'istituto tecnico in termini di modifica del sistema scolastico. Di queste tendenze si fecero portatori solo alcuni personaggi dell'ala democratica che sin dalla legge Casati avevano avvertito la discriminazione esistente, nella fascia dagli 11 ai 14 anni, attraverso l'istituzione di diversi indirizzi scolastici. La proposta di riforma più interessante dopo la legge Casati è quella formulata nel 1870 da Cesare Correnti, il quale propone una scuola media unica senza latino, così accogliendo e superando le inclinazioni emerse dalla relazione di G.M. Bertini, redatta a conclusione dell'inchiesta sulla scuola

---

[7] M. BARBAGLI, *Disoccupazione intellettuale e sistema scolastico in Italia*, Bologna, Il Mulino, 1974, pp. 69-112.

[8] P. VILLARI, *Nuovi scritti pedagogici*, Firenze, Sansoni, 1891, p. 218.

[9] M. BARBAGLI, *Disoccupazione intellettuale e sistema scolastico in Italia*, cit., pp. 113-156.

secondaria italiana condotta dal Consiglio Superiore della P.I., che rilevava la inutile duplicazione dei due indirizzi e il disagio derivante dalle scelte scolastiche precoci[10]. Per C. Correnti gli studi secondari dovevano compiersi nei licei nazionali con un corso di studi di otto anni divisi in tre stadi: preparatorio (tre anni), letterario (due anni), completivo (tre anni). Dopo il primo triennio, sostanzialmente comune, si doveva realizzare una prima distinzione nel secondo biennio, che prevedeva insegnamenti comuni e speciali, mentre la separazione doveva realizzarsi nel triennio conclusivo[11].

Questo progetto di legge, come le proposte che ad esso si collegavano, era tale da determinare un tipo di mobilità sociale che andava molto oltre la volontà di apertura della classe dirigente più illuminata.

La unificazione del ginnasio con la scuola tecnica, attraverso una scuola media comune, la possibilità di scelta nell'ambito del liceo di insegnamenti più legati alla realtà sociale e culturale, quali per esempio le lingue moderne e gli insegnamenti scientifici, avrebbero innescato un meccanismo, nel sistema scolastico, non solo tendente ad avvicinare il ceto medio a quello borghese, ma tale che avrebbe consentito anche agli strati inferiori l'accesso agli altri gradi dell'istruzione. Di questa preoccupazione si rese interprete Aristide Gabelli, il quale non solo era contrario alle ipotesi del tipo proposto da C. Correnti, ma si preoccupava anche della deprofessionalizzazione degli istituti tecnici derivante dalla loro apertura agli sbocchi universitari. Egli ritiene impossibile realizzare una scuola che sia insieme formativa e professionale, sostenendo che «ormai è forza che noi pure dividiamo l'istruzione con intenti popolari, diretta alle industrie e alle piccole professioni da quella più elevata, più completa, d'un'indole più generale che mette ai politecnici». Per la scuola dagli 11 ai 14 anni Gabelli teorizza l'istituzione di scuole varie e differenziate in rapporto alla provenienza sociale[12].

Se con la legge Casati al sistema scolastico era stato affidato il compito di regolare la mobilità sociale, la funzione ideologica era stata affidata alle materie di insegnamento, ai programmi, agli strumenti di informazione. Questi strumenti non potevano non riflettere le finalità attribuite ai diversi indirizzi. Il liceo classico doveva rappresentare il modello di scuola rigorosa, severa: doveva quindi formare un carattere solido ed educare alla ginnastica intellettuale, attraverso uno studio disinteressato, formale. I contenuti

[10] G.M. BERTINI, *Per la riforma delle scuole medie*, Torino, G. Scioldo Editore, 1889.

[11] AP, Camera dei Deputati, X Legislatura, *Disegno di legge del Ministro C. Correnti presentato il 12 aprile 1870, Documenti*, n. 70.

[12] A. GABELLI, *Educazione positiva e riforma della società*, Firenze, La Nuova Italia, 1972, p. 194.

privilegiati erano l'italiano, il latino, il greco. Questa formazione si completava con la filosofia che aveva la funzione di omogeneizzare i valori acquisiti attraverso lo studio del mondo classico e sviluppare le capacità speculative. Anche la matematica doveva essere intesa «come un mezzo di cultura intellettuale, come una ginnastica del pensiero, diretta a svolgere la facoltà del raziocinio» e quindi non poteva essere studiata prima della seconda liceo, perché avrebbe perduto quel carattere di rigore e di purezza che la caratterizza. Anche i programmi della scuola tecnica e dell'istituto tecnico erano naturalmente funzionali agli obiettivi ad essi affidati dalla legge. L'italiano era studio grammaticale e esercitazione linguistica a fini pratici, la lingua francese doveva essere studiata per l'uso degli affari mentre alla storia e all'insegnamento dei diritti e dei doveri del cittadino erano affidati la funzione ideologica e di interiorizzazione dei valori della classe dominante. La matematica, le scienze fisiche e naturali, il disegno avevano una funzione solo pratica e propedeutica in vista della loro utilizzazione nei diversi indirizzi dell'istituto tecnico, dove l'impostazione dell'insegnamento era solo per fini applicativi.

Un tentativo di sistemazione dei programmi con una maggiore apertura alla cultura scientifica e tecnica attraverso una revisione dei programmi di matematica, l'introduzione del metodo sperimentale negli insegnamenti scientifici e il recupero di cenni storici relativi agli stessi fu compiuto nel 1881 dal Ministero Boselli e dagli «aggiornamenti» e «revisioni» apportati a questi programmi nel 1888-89[13].

Il merito di questo tentativo di apertura ai contributi delle scienze fisiche e naturali è da attribuirsi al gruppo di studiosi positivisti dell'epoca e in particolare a Matteucci e allo stesso Villari. Certo siamo lontani da una revisione complessiva dei contenuti dell'insegnamento riflettenti una concezione culturale moderna, soprattutto rivolta ad individuare una funzione autonoma e formativa della cultura scientifica. Anzi, intorno a questi problemi e soprattutto sul dibattito intorno ad una apertura del liceo-ginnasio ad una formazione matematico-scientifica e all'apertura degli istituti tecnici ad una formazione umanistica si determinarono due schieramenti rappresentati

[13] Cfr. B. AMANTE, *Manuale di legislazione scolastica vigente ovvero raccolta di Leggi, Regolamenti, Circolari e Programmi sulla P.I. emessi dal 1860 a tutto il 1879*, Roma, Stamperia Reale, 1880; ..., *Manuale di legislazione scolastica vigente... emessi dal 1879 al 1883*, Roma, Tipografia dell'Ospizio di S. Michele, 1883; MINISTERO DELLA P.I., *Commissione Reale per l'ordinamento degli studi secondari in Italia*, Roma, Tip. Cecchini, 1909; A. PIAZZI, *La scuola media e le classi dirigenti*, Milano, Hoepli, 1903; G. SALVEMINI-A. GALLETTI, *La riforma della scuola media*, in G. SALVEMINI, *Scritti sulla scuola*, Milano, Feltrinelli, 1966, pp. 269-680; G. SAREDO, *Codice della Pubblica Istruzione*, voll. 6, Torino, UTET, 1899-1901.

dai progressisti e dai conservatori. Dietro la difesa della cultura classica c'erano le stesse preoccupazioni che avevano caratterizzato il dibattito per l'unificazione della scuola media inferiore: il timore dell'immissione delle classi sociali subalterne nella scuola. L'altra funzione dei programmi e delle materie di insegnamento, attraverso la promozione e la bocciatura, restava quella di «filtro» all'interno dello stesso indirizzo scolastico.

Ma anche il tentativo compiuto dai positivisti fu vanificato con la elaborazione e la promulgazione, alla fine del secolo, di nuovi programmi che introducevano la distinzione degli insegnamenti fondamentali (discipline umanistiche) dagli insegnamenti secondari (discipline scientifiche), così riproponendo il modello classico preminente su quello scientifico e tecnico[14].

Quando si insedia nel 1905 la Commissione reale, nominata dal ministro della P.I. Bianchi, i termini del dibattito sulla proposta di riforma della secondaria erano pressoché immutati.

I componenti la Commissione, infatti, iniziarono i lavori ponendosi questi problemi:

> «dovevano le classi superiori scendere alle inferiori, o le inferiori essere sollevate fino ad esse, o le une e le altre avvicinarsi per confondersi e mescolarsi fra loro?
>
> E condotta poi la questione sulla pratica dell'ordinamento meglio conveniente da dare alla scuola, si doveva mutare l'indirizzo e il contenuto della scuola media, quale già esisteva a tipo classico e letterario, per adattare questa ai bisogni più generali e complessi delle nuove generazioni, o non piuttosto conveniva condurre tutti i giovani, d'ogni classe sociale, ad educare e formare la mente ad un medesimo modo entro quell'unico tipo tradizionale di scuola? O erano preferibili invece, in rispondenza dei molto nuovi bisogni e delle tendenze diverse, anche tipi nuovi e diversi d'istituto?»[15].

Su questi problemi e sullo stato della scuola italiana la Commissione promosse un'inchiesta tramite un questionario inviato ai responsabili del mondo della scuola. I risultati, come pure il dibattito interno alla Commissione, sono un punto di riferimento estremamente interessante per conoscere le condizioni materiali della scuola e il livello di consapevolezza dei problemi, da parte degli «addetti ai lavori», relativi alla riforma, alla organizzazione degli studi, alla preparazione degli insegnanti.

Per quanto riguarda la questione della scuola media gli interpellati,

---

[14] Cfr. D. BERTONI JOVINE, *La scuola italiana dal 1870 ai giorni nostri*, cit.; R. TISATO, *Studi sul positivismo pedagogico in Italia*, Padova, RADAR, 1967.

[15] MINISTERO DELLA P.I., *Commissione Reale per l'ordinamento degli studi secondari in Italia*, cit., p. 24.

attraverso il questionario, si pronunciarono, per la maggiore parte, a favore di una scuola media unica senza latino. Anche su questa base la Commissione, nel 1908, presentò la sua proposta di riforma che ipotizzava una scuola complementare per chi non doveva proseguire gli studi, affidata ai maestri elementari e una scuola media unica senza latino, a cui doveva seguire una seconda fascia differenziata (liceo classico, scientifico e moderno).

Ma i risultati della Commissione reale, pubblicati in due tomi, nel 1909, furono fortemente condizionati e scavalcati dalle posizioni della Federazione insegnanti scuola media. La Federazione nazionale insegnanti scuola media, che con la Commissione reale rappresenta l'altro punto di riferimento del dibattito sulle proposte di riforma della scuola media italiana nel primo quarto di secolo, condusse attraverso i suoi più autorevoli rappresentanti (G. Salvemini, A. Galletti e G. Vitelli, cui si aggiunsero, sia pure con presupposti ideologici diversi, G. Lombardo Radice e G. Gentile) dalle colonne della rivista «Nuovi doveri» una battaglia contro la scuola unica anche promuovendo una indagine fra i lettori attraverso un contro-questionario.

Le posizioni della Federazione, a proposito della riforma della scuola, emersero nel Congresso di Milano (1905) e furono approfondite e ratificate in quello di Firenze (1909) con la presentazione di un ordine del giorno approvato a maggioranza. In esso si affermava il principio che «una scuola media preparatoria per gli studi universitari deve compiere sino dai primi anni una funzione rigidamente selettrice, mentre la scuola media che prepara alla ragioneria, alla agrimensura e alle professioni analoghe deve avere diverse esigenze di cultura e presentare nel grado inferiore minore difficoltà»[16].

In quella stessa occasione si prendeva posizione contro la sezione fisico-matematica dell'istituto tecnico, proprio perché esso consentiva l'accesso all'università. Si proponeva l'istituzione di un liceo moderno «senza latino e senza greco, a base di studi scientifici e di letterature moderne, il quale *sostituisse* l'attuale sezione fisico-matematica dell'istituto tecnico e la scuola tecnica in quanto preparazione a questa sezione».

Questa ideologia è chiaramente espressa nel volume di Galletti e Salvemini *La riforma della scuola media* (1908), che fu punto di riferimento e fattore condizionante di tutto il dibattito sulla riforma della scuola fino alla legge Gentile. Se i risultati della Commissione reale sono il documento più ricco d'informazioni sullo stato materiale della scuola che meglio esprime (attraverso le risposte al questionario) il livello di consapevolezza politica, sociale e pedagogica degli insegnanti della scuola italiana, il volume di G.

[16] L. AMBROSOLI, *La Federazione Nazionale Insegnanti Scuola Media dalle origini al 1925*, Firenze, La Nuova Italia, 1967, pp. 226-227.

Salvemini resta il contributo più lucido, organico e completo sulla scuola italiana e sul dibattito intorno alla riforma. Ma mostra anche i propri limiti. In esso G. Salvemini partendo dalla constatazione che l'assenza di ogni tradizione culturale negli strati sociali medio-inferiori creava in questi una oggettiva condizione di inferiorità verso gli studi classici e inevitabilmente condizionava gli altri, provenienti dalle classi sociali agiate in quanto ne abbassava i livelli di formazione, proponeva di costituire le scuole in rapporto alle condizioni e alle esigenze specifiche delle diverse classi sociali.

Su questa base Salvemini pensava di rispondere ai bisogni delle classi sociali inferiori che con la scuola unica sarebbero state costrette a seguire un iter di studi prolungato, a sopportare un onere gravoso e a privarsi dell'immediato guadagno derivante da un titolo di studio utilizzabile professionalmente. Su questo principio, fittiziamente «realistico», che proponeva la divisione degli allievi dopo la scuola elementare nei diversi indirizzi scolastici in rapporto alle possibilità economiche delle famiglie, si fondavano le proposte approvate dai congressi della Federazione. Si tratta, in sostanza, di concetti già sostenuti nel secolo precedente da Aristide Gabelli; il fatto nuovo, emergente dalle proposte di Salvemini, era la possibilità che i bambini provenienti dalle classi popolari, di intelligenza «singolare», potessero accedere, con opportuni esami, a scuole di più alto livello culturale. Su questo principio del «merito», variamente teorizzato e articolato, si fonderà tutta una teoria educativa falsamente progressista, a fatica messa in discussione negli ultimi dieci anni.

Contro questa posizione una minoranza degli aderenti alla Federazione sostenne la necessità di realizzare una scuola unica, per consentire a tutti un periodo più lungo di educazione comune e soprattutto la necessità di attribuire alle materie scientifiche e alle lingue moderne dignità formativa pari alle lingue classiche, ai fini dell'accesso all'università. Ma su alcuni punti gli uomini della Federazione concordavano: dare serietà e dignità agli studi classici per la formazione della classe dirigente; trasformare il sistema scolastico emerso dalla legge Casati; chiudere il sistema scolastico a livello secondario creando le scuole pratiche come «sfogatoio»[17].

Per altro tutte queste proposte di cambiamento, come pure quelle emerse dalla Commissione reale, non furono attuate. L'unico provvedimento, già parzialmente in vigore, fu il varo nel 1911 del liceo moderno che aveva

[17] Cfr. *Ibidem*; D. BERTONI JOVINE, *La scuola italiana dal 1870 ai giorni nostri*, cit.; MINISTERO DELLA P.I., *Commissione Reale per l'ordinamento degli studi secondari in Italia*, cit.; G. RICUPERATI, *Il problema della scuola da Salvemini a Gramsci*, 1968, n. 4; G. SALVEMINI, *Scritti sulla scuola*, cit.; A. SANTONI RUGIU, *Il professore della scuola italiana*, Firenze, La Nuova Italia, 1968.

inizio dopo la terza ginnasio, con l'eliminazione del greco, con un ridimensionamento del latino e dell'italiano e un potenziamento delle lingue e delle materie scientifiche.

Il periodo fascista

La situazione economica, nel primo dopoguerra, attraversa un grave periodo di crisi: l'industria ha bisogno di riorganizzarsi l'agricoltura è in difficoltà, aumenta il costo della vita, cresce il numero dei disoccupati[18]. Aggravati da queste condizioni riemergono tutti i problemi e le preoccupazioni che avevano caratterizzato il dibattito sui problemi della scuola nell'età giolittiana: la disoccupazione intellettuale; l'affollamento delle università, le tesi, più o meno fondate, del pericolo rappresentato dagli «spostati», cioè da coloro i quali, avendo conseguito un titolo di studio e non trovando un impiego, possano assumere degli atteggiamenti politici non congruenti con quello dominante; la dequalificazione degli studi classici. Ma per porre rimedio a questi problemi occorrevano almeno due condizioni fondamentali: un progetto di cambiamento della politica scolastica e le forze politiche per realizzarlo. Se l'ipotesi di cambiamento era recuperabile nel dibattito presente nel primo quarto di secolo, la situazione politica, proprio in quel periodo, era molto instabile[19].

Quando Benedetto Croce, Ministro della P.I. nel 1921, tenta di porre rimedio alla situazione, con un progetto di «Riforma degli esami e la sistemazione delle scuole medie» trova forti opposizioni e il progetto non viene approvato. E ciò anche per la posizione assunta proprio da alcuni uomini della Federazione che, pur avendo auspicato nei loro dibattiti un ritorno alla serietà degli studi classici, non erano certo disposti ad accettare l'introduzione degli esami di Stato con la presenza di commissari esterni, in quanto si sosteneva che ciò significasse la messa in discussione dell'autonomia della funzione docente e il ridimensionamento della scuola di Stato, a tutto vantaggio della scuola privata[20]. Bisognerà attendere l'avvento del fascismo perché ci siano anche le condizioni politiche per la riforma del sistema scolastico. La riforma della scuola, per il fascismo, proprio in corrisponden-

[18] Cfr. V. Castronovo, *La storia economica*, in *Storia d'Italia*, cit.; G. Quazza (a cura di), *Fascismo e società italiana*, Torino, Einaudi, 1973.

[19] M. Barbagli, *Disoccupazione intellettuale e sistema scolastico in Italia*, cit., pp. 157-195.

[20] R. Fornaca, *Benedetto Croce e la politica scolastica in Italia (1920-21)*, Roma, Armando, 1967.

za della sua ascesa, significava non solo la risoluzione del problema della disoccupazione intellettuale, tramite un sistema scolastico più chiuso, ma anche la possibilità di formare le nuove generazioni in funzione del proprio modello ideologico.

L'uomo del fascismo che realizza il progetto di riforma è Giovanni Gentile, chiamato a reggere il dicastero della P.I. da Mussolini nel 1922. Egli, con la collaborazione di alcuni studiosi che si muovevano nell'ambito del suo pensiero, attraverso una serie di progetti di legge, appronta la seconda riforma organica del nostro sistema scolastico, anch'essa varata senza discussione in Parlamento, in virtù dei pieni poteri concessi al governo.

Gentile propone una riforma che, per quanto susciti una serie di polemiche, risponde a tre istanze fondamentali presenti nel dibattito precedente e sostenute dalla maggioranza degli intellettuali della Federazione e della Commissione reale: realizzare un sistema scolastico più selettivo; ridare dignità agli studi classici attraverso una cultura «autonoma» e «disinteressata»; rendere più efficiente e funzionale l'amministrazione. Gentile infatti, in più occasioni, sostenne di non aver inventato nulla ma di aver realizzato, per merito del fascismo, quelle idee che «erano il risultato di larghi studi sugli ordinamenti scolastici italiani e stranieri e di una nuova scienza dell'educazione scaturita da una nuova filosofia»; esse erano il risultato di «relazioni dottissime, che reali Commissioni, istituite per legge, ossia per volontà del Parlamento, dopo anni e anni di studi, ricerche, referendum e discussioni, diedero in luce...». Va però detto che di quelle posizioni egli recuperò, grazie alle contraddizioni a cui più volte abbiamo accennato, tutto ciò che era funzionale alla sua ipotesi e non certo le istanze democratiche, di libertà didattica, di partecipazione alla vita della scuola propugnate dagli uomini della Federazione[21].

Il settore in cui furono operati i maggiori interventi fu la scuola secondaria e in particolare le scuole corrispondenti alla fascia dagli 11 ai 14 anni, attraverso l'istituzione di ben cinque tipi di scuola: il ginnasio (inferiore di tre anni e superiore di due) con accesso al liceo; l'istituto tecnico inferiore (quattro anni) con accesso all'istituto tecnico superiore, costituito da più sezioni; l'istituto magistrale inferiore (quattro anni) con accesso all'istituto magistrale superiore; la scuola complementare (tre anni) senza sbocchi; il corso integrativo (VI, VII, VIII) senza sbocchi. Il ginnasio-liceo e il liceo scientifico (a cui si poteva accedere dopo una scuola media di quattro anni) davano accesso all'università (il liceo scientifico con alcune limitazioni), l'istituto tecnico consentiva l'accesso ad economia e commercio, la scuola

---

[21] G. RICUPERATI, *La scuola nell'Italia unita*, in *Storia d'Italia, I documenti*, 5ª, Torino, Einaudi, 1973, pp. 1695-1700.

complementare e il liceo femminile (a cui si poteva accedere dopo una scuola media di quattro anni) non avevano sbocchi universitari. In breve, la riforma Gentile, rispetto alla legislazione precedente, apportava la seguenti variazioni: aboliva il liceo moderno trasformandolo in liceo scientifico e includendovi di fatto quella sezione fisico-matematica dell'istituto tecnico della legge Casati; aboliva la scuola tecnica per sostituirla con la scuola complementare; limitava l'istituto tecnico ai fini dell'accesso all'università; trasformava la scuola normale in istituto magistrale per la formazione dei maestri elementari; istituiva il liceo femminile. Realizzava quindi il progetto delle molte scuole dagli undici ai quattordici anni in rapporto alla provenienza sociale e ai diversi bisogni della società di cui si era tanto parlato fra la fine dell'800 e i primi del '900. Gli obiettivi erano: chiudere al massimo l'accesso all'università, riprofessionalizzando gli istituti tecnici e costituendo due scuole di scarico (complementare e liceo femminile); salvare la cultura classica costituendo il liceo scientifico parallelo a quello classico. Funzionale al primo obbiettivo l'istituzione di tutta una serie di esami a vari livelli: di ammissione, di promozione, di idoneità, di abilitazione alla professione. La legge riduce drasticamente il numero degli istituti magistrali (il 50%); elimina le famose «classi aggiunte» ai ginnasi (provvedimento tanto desiderato dagli uomini della Federazione) che vengono anch'essi ridimensionati.

Ma se questo meccanismo, messo in opera, riduceva fortemente la richiesta di scolarizzazione e ricacciava nel proprio alveo scolastico i potenziali aspiranti a una scuola diversa da quella prevista dalla propria condizione sociale, non risolveva il problema della socializzazione anche degli esclusi a cui il fascismo era molto sensibile. Di qui le due nuove scuole: il liceo femminile che doveva servire a dirottare tutte quelle ragazze che, escluse dall'istituto magistrale, aspiravano pur sempre ad un certo grado di istruzione; la scuola complementare che doveva servire alla socializzazione delle classi subalterne, alle quali non bisognava neanche far intravedere la possibilità di aspirare a livelli diversi[22].

L'organizzazione degli studi, dal punto di vista dei programmi d'insegnamento, non subì modifiche sostanziali: furono unificati alcuni insegnamenti (matematica e fisica, storia e filosofia); altri furono tenuti separati (storia, geografia, diritto, economia) per facilitare il loro sganciamento dalla realtà sociale e politica rendendoli più teorici, cioè astratti; fu eliminata la

[22] Su questo argomento oltre M. BARBAGLI, D. BERTONI JOVINE e G. RICUPERATI, già citati, cfr.: MINISTERO DELLA P.I., Raccolta di norme legislative e regolamenti sull'ordinamento dell'istruzione media, Roma, Libreria dello Stato, 1924; MINISTERO DELL'EDUCAZIONE NAZIONALE, Dalla riforma Gentile alla Carta della Scuola, Firenze, Vallecchi Editore, 1941.

storia naturale e svuotata la fisica del metodo sperimentale. Tutte queste variazioni non solo tendevano ad eliminare quegli aspetti dei programmi ancora legati all'influenza positivistica, ma rientravano nell'operazione volta a ricondurre i contenuti delle singole discipline nell'ambito della concezione del mondo di cui Gentile era propugnatore: l'idealismo italiano come criterio unificante della realtà e della cultura.

Giovanni Gentile, nel 1923, in occasione della nuova sessione del Consiglio Superiore, dirà che la riforma dei programmai mirava «a dare un contenuto serio alla cultura, a richiamare l'attenzione dalla forma sulla sostanza, dalla grammatica sul pensiero e sugli interessi reali, umani e profondi dello spirito, dalla retorica sull'arte e sul pensiero». Per chi conosce la concezione filosofica gentiliana quella «sostanza» e quello «spirito» e quel «pensiero» significano: astrattezza, retorica, mistificazione del reale. Da ciò il rifiuto delle scienze naturali e sociali perché di fatto legate al reale e quindi virtualmente pericolose per l'uso politico che ne poteva derivare.

L'ideologia idealistica in realtà tendeva a legittimare in modo preciso la gerarchia scolastica: l'allievo aveva il dovere di obbedire e accettare l'autorità dell'insegnante in quanto depositario del «sapere»; l'insegnante doveva, per le stesse ragioni, accettare l'autorità del preside, che a sua volta doveva accettare quella del provveditore e così via fino a quella unica e indiscussa del capo dello Stato. Questa gerarchia si esprimeva anche attraverso il principio di «gradualità gerarchica» presente nelle finalità dei vari ordini di scuola e quindi nei contenuti delle materie di insegnamento: la scuola elementare deve fornire gli strumenti di formazione della personalità e i mezzi di formazione della cultura; la scuola media aiuta a formare questa personalità e fa acquisire la mentalità necessaria ai bisogni della cultura; l'università, quando ormai si hanno tutte le attitudini sviluppate e si ha l'intelligenza pronta, fa acquisire la cultura. Certo, il discorso così condotto risulta sbrigativo, ma non potendolo qui approfondire bisognava in qualche modo accennarlo[23].

Le critiche alla riforma Gentile, anche se di segno diverso, furono numerose: da parte di alcuni studiosi che con lui, nella Federazione, avevano condiviso l'esigenza di una scuola più selettiva e seria; da parte della Accademia dei Lincei; da parte, anche, di alcuni uomini del fascismo.

Ma le proteste che sortirono degli effetti furono quelle condotte da quelle classi sociali che dalla riforma furono escluse perché ricacciate in

---

[23] G. GENTILE, *La nuova scuola media*, Firenze, Vallecchi Editore, 1925; G. GENTILE, *Sommario di pedagogia come scienza filosofica*, 2 voll., Bari, Laterza, 1914; G. GIRALDI, *G. Gentile filosofo dell'educazione, pensatore politico, riformatore della scuola*, Roma, Armando, 1968; T. TOMASI, *Idealismo e fascismo nella scuola italiana*, Firenze, La Nuova Italia, 1969.

scuole senza sbocco e impedite nell'iter degli studi dalla scuola divenuta più selettiva. Da ciò il fallimento del liceo femminile e della scuola complementare che furono disertati o ebbero pochi iscritti. Si aggiunsero, con gli anni, le reazioni della media borghesia che trovava la scuola troppo severa per i propri figli. La riforma infatti, in questo senso, aveva raggiunto dei risultati perché il numero degli iscritti alle scuole secondarie, fino al 1926, aveva subito una progressiva flessione[24].

In realtà la parziale apertura del sistema scolastico Casati aveva reso per certi aspetti irreversibile la tendenza espansiva al punto che neanche la riforma Gentile era riuscita a contenerla. Il nuovo regime, inoltre, era estremamente interessato a «fascistizzare» la scuola e a realizzare il processo di socializzazione proprio di quelle classi che ne rimanevano escluse. Di qui quella politica dei ritocchi che ebbe inizio immediatamente dopo la promulgazione della riforma. In particolare vanno sottolineati: la costituzione di una serie di organismi (GIL, GUF, colonie, campeggi, stampa giovanile, ecc.) come meccanismi di formazione ideologica e di cooptazione; una massiccia opera di controlli e restrizioni esercitati sugli insegnanti e conclusasi con la chiusura delle diverse associazioni di categoria e con l'obbligo della iscrizione al partito fascista; la istituzione della scuola di avviamento professionale, che offriva qualche possibilità di passaggio all'istituto tecnico e all'istituto magistrale. Tale scuola, che è il risultato del fallimento della complementare, fu istituita in due fasi: la prima realizzata quasi immediatamente dopo la riforma con l'istituzione di corsi integrativi dopo la complementare volti a consentire l'accesso al liceo scientifico e all'istituto tecnico; la seconda (ottobre del '30 e aprile del '32) realizzata attraverso l'abolizione del corso integrativo (VI, VII, VIII), della complementare e con l'assorbimento della scuola di avviamento al lavoro che in precedenza dipendeva dal Ministero del Lavoro[25].

La scuola secondaria superiore, a partire dal 1929, registra un incremento progressivo per cui giunge a raddoppiare il numero degli iscritti. La ragione non va individuata solamente in certe facilitazioni concesse alla media borghesia ma anche – secondo il Barbagli – nella forte depressione economica iniziata proprio nel '29 e per cui la scuola secondaria e l'università sono ricercate come sbocco alla mancata occupazione.

[24] M. BARBAGLI, *Disoccupazione intellettuale e sistema scolastico in Italia*, cit., pp. 212-219.

[25] PH. CANNISTRARO, *La fabbrica del consenso. Fascismo e mass media*, Bari, Laterza, 1975; *La politica e la legislazione scolastica in Italia dal 1922 al 1943 con cenni introduttivi sui periodi precedenti e una parte conclusiva sul periodo post-fascista*, (preparato dalla Sottocommissione dell'educazione della Commissione Alleata), Milano, Garzanti, 1947; T. TOMASI, *Idealismo e fascismo nella scuola italiana*, cit.

In sostanza queste tendenze ripropongono, di fatto, l'esigenza di una trasformazione del sistema scolastico. È vero che le diverse corporazioni tentano di ottenere maggiori possibilità occupazionali per i loro iscritti attraverso la creazione di nuovi posti di lavoro fittizi o reali, ma il problema rimane irrisolto e la scuola continua ad assolvere alla funzione di meccanismo di contenimento della disoccupazione. Ancora una volta, se il passaggio dalla secondaria all'università, in una situazione di disoccupazione dei diplomati, è quasi inevitabile (e non si ebbe il coraggio di sfidare l'impopolarità dell'introduzione del numero chiuso), tuttavia il settore scolastico più aggredibile rimane sempre la scuola dagli 11 ai 14 anni. E all'interno di questa fascia opera, ovviamente, la chiusura alle classi subalterne attraverso una scuola di «scarico». A tutto questo si aggiunge l'esigenza di realizzazione del processo di socializzazione che questa volta, per analogia con la Carta del lavoro, si tenta di attuare più direttamente attraverso la scuola, con una serie di mistificazioni legate alla ideologia del lavoro e che erano state eluse dalla astratta pedagogia gentiliana[26].

Questi i presupposti che portarono il ministro Giuseppe Bottai a ritentare l'operazione che non era riuscita a Gentile. La Carta della scuola, proposta da Bottai nel 1939 prevedeva misure più radicali. La costituzione di una scuola del lavoro biennale, dopo i primi tre anni di scuola elementare, al di là di tutte le teorizzazioni propagandate sulla funzione socializzante che avrebbe avuto il lavoro per tutti i bambini delle diverse classi sociali, non era altro che una preparazione precoce al lavoro manuale di chi, per condizioni economiche, non avrebbe mai potuto aspirare a proseguire gli studi. Inoltre la struttura della scuola dagli 11 ai 14 anni era tale da consentire questa operazione: Bottai aveva ipotizzato tre indirizzi. Il primo rappresentato da una *scuola media* triennale con il latino (a cui si accedeva previo esame), che consentiva il proseguimento degli studi nella scuola secondaria superiore; così rispondendo alla spinta proveniente dal ceto medio. Il secondo dalla *scuola di avviamento professionale* triennale a più sezioni che consentiva l'accesso ad una scuola tecnica biennale (ipotizzata per i centri urbani industrializzati), per la formazione degli operai qualificati e per gli impieghi a basso livello. Il terzo da una *scuola artigiana* triennale, senza alcuno sbocco, da istituire nei piccoli centri e destinata ai contadini e agli artigiani[27].

La guerra imminente impedì la realizzazione del progetto.

[26] M. Barbagli, *Disoccupazione intellettuale e sistema scolastico in Italia*, cit., pp. 269-305.

[27] G. Bottai, *La carta della scuola*, Milano, Mondadori, 1939; G. Bottai, *La nuova scuola media*, Firenze, Sansoni, 1941.

L'unico provvedimento che entrò in vigore, nel 1940, fu la scuola media sostitutiva delle prime tre classi del ginnasio, dell'istituto magistrale inferiore (tre classi), dell'istituto tecnico inferiore (tre classi), istituiti dalla riforma Gentile.

Dal secondo dopoguerra al centro sinistra

L'immediato dopoguerra, nell'Italia ancora divisa, è caratterizzato dall'attività della Commissione alleata preposta alla riorganizzazione delle scuole: la Commissione che sotto la direzione di Carleton Washburne, oltre ad occuparsi della ripresa delle attività scolastiche, affronta la revisione dei programmi con l'intento di depurarli di quel contenuto inneggiante al regime fascista. Questo lavoro fu compiuto ripulendo i vecchi libri di testo e ristampandoli. L'intervento più importante si ebbe per la scuola elementare con la promulgazione di nuovi programmi mentre per la scuola media ci fu solo una proposta di revisione dei programmi che non furono mai promulgati, ma le cui linee divennero di fatto operanti attraverso la stampa dei nuovi libri di testo consigliati e diffusi con circolari apposite[28].

L'Italia repubblicana eredita quindi dal fascismo e conserva fino al 1962, con l'aggiunta della post-elementare, due scuole: la media «unica» con il latino, a cui si poteva accedere dopo aver sostenuto un esame di ammissione, che consentiva l'iscrizione ai licei, all'istituto magistrale e agli istituti tecnici; la scuola di avviamento, a più indirizzi, che consentiva l'iscrizione alle scuole professionali e agli istituti professionali.

Il contributo più importante della Commissione alleata, trasmesso in eredità ai governi del periodo della ricostruzione, è, senza dubbio, la relazione pubblicata nel 1946 su *La politica e la legislazione scolastica in Italia dal 1922 al 1943*. Essa resta ancora oggi un punto di riferimento interessante per conoscere la politica scolastica del fascismo, sia per la ricchezza di dati e di notizie (tabelle statistiche, strutture materiali, spese di bilancio, leggi e circolari) sia per l'analisi ideologica (contenuti, programmi, metodi)[29]. Ma la classe dirigente al governo si dimostrò soprattutto preoccupata per l'affollamento delle università e quindi della disoccupazione intellettuale, che, molto forte in principio, andò progressivamente diminuendo alla fine degli anni '50: il dibattito, durante quest'arco di tempo, è soprattutto

[28] C. WASHBURNE, *La riorganizzazione dell'istruzione in Italia*, in «Scuola e città», n. 6-7, 1970.

[29] R. FORNACA, *I problemi della scuola italiana dal 1943 alla Costituente*, Roma, Armando, 1972.

teso a individuare dei provvedimenti immediati per contenere l'afflusso all'università (numero chiuso, tasse, ecc.). È in questo ambito che incominciarono ad emergere le prime proposte di modifica della scuola dagli 11 ai 14 anni.

Le sinistre e in particolare il Pci, in quegli anni, denunciarono la funzione discriminante, per le classi sociali subalterne, della biforcazione scolastica, pur essendo ancora divise al loro interno sulla questione del latino. Erano le prime avvisaglie di una battaglia che, con alcune cadute, caratterizzerà il dibattito sulla politica scolastica dal 1955 al 1962.

La scuola «unica» di Bottai, con la unificazione della scuola tecnica e della scuola classica, aveva già di fatto registrato la spinta proveniente dal ceto medio. Per la nuova classe dirigente al governo il problema era ormai quello di contenere la spinta proveniente dalle classi subalterne, attraverso la scuola di avviamento e la post-elementare.

Il dibattito alla Costituente se registra un passo avanti, sancendo il principio di una scuola obbligatoria e gratuita per tutti fino a 14 anni, si focalizza su un terreno diverso: è lo scontro tra le forze laiche e cattoliche sul grosso problema della scuola di Stato e della scuola privata[30].

Ma proprio all'art. 34 della Costituzione si richiameranno, nel dibattito seguente, sia le forze conservatrici, sia le forze democratiche: le prime richiamandosi alla «lettera» dell'articolo, per affermare l'estensione dell'obbligo fino a 14 anni e non l'unicità della scuola; le seconde richiamandosi allo «spirito» della Costituzione per affermarne l'unicità. Saranno la domanda di istruzione dal basso e il mutamento dei rapporti delle forze politiche, che si determinerà alla fine degli anni '50, a dare la giusta interpretazione.

Il dibattito alla Costituente esprime la punta più alta delle spinte di rinnovamento democratico generale del paese, ma segna anche l'impatto fra gli ideali maturati nella lotta per la liberazione e la condizione generale del paese. L'Italia eredita dal fascismo non solo un paese da ricostruire, un'industria inefficiente, la questione del Mezzogiorno, con i connessi gravi problemi di disoccupazione, ma anche il male endemico dell'analfabetismo. In questa fase, se la classe dirigente al potere non interessata a modifiche di struttura si limita a interventi di carattere parziale, le sinistre, affrontando i problemi generali del paese, sono sensibili alla soluzione del problema dell'analfabetismo. Ma bisognerà attendere gli anni '50 perché maturino progetti di cambiamento del sistema scolastico[31]. Per il governo l'occasione fu

[30] Ibidem.
[31] A. Graziani (a cura di), L'economia italiana dal 1945 ad oggi, Bologna, Il Mulino, 1972.

data dalla costituzione della Commissione Nazionale d'Inchiesta per la Riforma della Scuola, promossa dal ministro della P.I. Guido Gonella nel 1947 e i cui lavori si conclusero, di fatto, con la presentazione di un progetto di legge, nel luglio del 1951.

La proposta di legge Gonella prevedeva tre tipi di scuola: la secondaria classica, con il latino, che consentiva l'accesso alle scuole secondarie superiori e quindi all'università; la secondaria tecnica, senza latino, che consentiva l'accesso agli istituti professionali e, attraverso materie differenziate, agli istituti tecnici; la secondaria normale, senza sbocchi, per il completamento dell'obbligo. Come è chiaro, Gonella eredita da Bottai non solo la struttura della scuola ma anche la mistificazione ideologica. Per altro si dice chiaramente che le ragioni della proposta sono da ricercarsi nella esigenza di «canalizzazione» della richiesta di scolarizzazione per non affollare le università e salvare la cultura classica, anche se il tutto viene ammantato con richiami alla Costituzione e a principi psicopedagogici. Si parla di attuazione dell'obbligo scolastico fino ai 14 anni, del diritto di continuare gli studi fino ai più alti gradi per i «bisognosi e i meritevoli», ai quali è offerta la possibilità, tramite esami, di passare da un indirizzo all'altro. Si giustifica la struttura tripartita della scuola ipotizzando una sua presunta funzione «orientatrice», non «eliminatrice» e realizzante «le inclinazioni e le attitudini degli allievi»[32].

Per quanto le sinistre contribuissero all'affossamento del progetto Gonella, maturarono molto più tardi il loro progetto di cambiamento. L'occasione fu data dal tentativo del ministro Ermini di estendere per circolare la post-elementare a quelle province e a quei piccoli centri sprovvisti di scuole medie e di avviamento. La post-elementare (VI, VII, VIII) affidata ai maestri, era sorta come iniziativa autonoma nel Trentino sotto il Governo militare alleato, ed aveva continuato ad estendersi soprattutto per volontà di Gonella che, anticipando e scavalcando i risultati della Commissione, ne aveva sostenuto la giustezza e promosso la diffusione. Non certo in modo ufficiale, ma sotto l'etichetta «sperimentale» autorizzava tutte le richieste che provenivano dal basso[33]. Ma se l'occasione per le sinistre, a formulare un loro progetto, è stata fornita dal tentativo del governo di realizzare per

---

[32] M. BARBAGLI, *Disoccupazione intellettuale e sistema scolastico in Italia*, cit., pp. 391-426; D. BERTONI JOVINE, *La scuola italiana dal 1870 ai giorni nostri*, cit., pp. 430-452; *La riforma della scuola. Le conclusioni dell'inchiesta nazionale per la riforma della scuola*, Roma, I.P.S., 1950; MINISTERO DELLA P.I., *Programmi per i vari gradi e tipi di scuola proposti dalla Consulta didattica in relazione al progetto di legge 2100*, Firenze, Vallecchi, 1952.

[33] D. BERTONI JOVINE, *La scuola italiana dal 1870 ai giorni nostri*, cit., pp. 456-459; L. BORGHI, *Il dibattito sulla post-elementare*, in «Scuola e città», n. 11, 1955.

settori il progetto Gonella, le ragioni sono da ricercarsi nelle mutate condizioni del paese: siamo agli inizi di una ripresa economica, si realizzano i primi grossi spostamenti dalla campagna alla città, aumenta il reddito pro-capite, vi è un incremento costante degli iscritti alla scuola media e in particolare alla scuola di avviamento.

Il PCI, nel maggio del 1955, organizza un convegno sui problemi della scuola, nel quale dichiara la sua netta opposizione alla post-elementare, proponendo una «scuola unica sia pure articolata» da attuarsi a tappe, attraverso la trasformazione della scuola media e dell'avviamento. Questi temi vengono diffusi attraverso la neo-rivista «Riforma della scuola». In essa Antonio Banfi, che già dall'immediato dopoguerra aveva sostenuto una scuola media unica senza latino, con un intervento lucido e argomentato chiarisce definitivamente gli equivoci ideologici e la discriminazione sociale esistente nell'ipotesi di un'attuazione dell'obbligo scolastico attraverso la post-elementare[34]. Ma ad una presa di posizione complessiva sui problemi della scuola e soprattutto sull'impegno da parte del partito a condurre una battaglia organica nel Paese, il PCI giunge col comitato centrale del novembre dello stesso anno sulla base di una relazione di Mario Alicata. In questo documento, a parte l'analisi del disegno complessivo della proposta, punto nodale per la riforma della scuola italiana è considerato quello della scuola media. È così che il PCI si impegna a studiare e proporre un progetto di riforma: quello che porterà al disegno di legge a firma Donini-Luporini del '59[35].

Nel febbraio del '56 gli «amici» del settimanale «Il Mondo» organizzano a Roma un convegno sul tema: «Processo alla scuola». In questa occasione le forze laiche democratiche e del partito socialista, nell'ambito di una rivendicazione di una scuola laica e democratica, che si richiami ai principi della Costituzione, rifiutano la post-elementare e prospettano una scuola media di tipo unitario[36]. Un contributo importante, per la scuola dagli 11 ai 14 anni, in quel particolare momento, è dato, nel maggio del 1956, dalla rivista «Scuola e Città», che con articoli a firma di alcuni studiosi, fra quelli partecipanti al convegno, affronta il problema dal punto di vista sociologico, psicologico e pedagogico, ma in modo tale che il rifiuto alla post-elementare, sostanzialmente motivato con argomenti «scientifici», evidenzia altresì le implicazioni politiche, in quanto si cerca di chiarire quanto segue:

1) Con il contributo delle ricerche sociologiche, psicologiche e peda-

---

[34] A. Banfi, *A proposito della post-elementare*, in «Riforma della scuola», novembre 1955.

[35] M. Alicata, *La riforma della scuola*, Roma Editori Riuniti, 1956.

[36] Aavv, *Dibattito sulla scuola*, Bari, Laterza, 1956.

gogiche, si denuncia la mistificazione contenuta nelle proposte apparentemente innovative, messe a punto dal governo e dai suoi rappresentanti a partire dalla Commissione Gonella, ma sostanzialmente fondate sulla «ideologia delle doti» e pertanto classiste e reazionarie.

2) Si elabora una prima significativa ipotesi di «pedagogia» per la scuola media attraverso la tematica della pedagogia progressiva di ispirazione deweyana già largamente presente nel dibattito, ma non ancora specificata per la fascia di età dagli 11 ai 14 anni.

3) Si affronta il problema della riorganizzazione dei contenuti e dei metodi educativi, rapportandosi ai bisogni degli allievi, alla realtà sociale, all'individualizzazione e alla socializzazione dell'apprendimento in risposta alla impostazione sostanzialmente gentiliana dei programmi Gonella[37].

Questa opposizione, a cui parteciparono le associazioni degli insegnanti medi, sia pure con diverse motivazioni, ottenne una parziale vittoria. La costituzione di una *Commissione per lo studio dei problemi dell'istruzione inferiore*, promossa dal ministro della P.I. Paolo Rossi nel 1956, significò, nei fatti, l'accantonamento della post-elementare.

La Commissione alla fine dei lavori propose una scuola di tipo unitario con alcuni insegnamenti comuni ed altri opzionali, ma capace di consentire a tutti i licenziati l'accesso alla secondaria. Si ipotizza ancora una scuola complementare da istituirsi in casi «effettivamente necessari» là dove per il numero degli scolari e per condizioni ambientali non fosse stato possibile istituire una scuola media unificata[38].

Dal 1958 al 1962, come sostiene Marzio Barbagli, mutano le condizioni «oggettive e soggettive» che avevano impedito il cambiamento: mutano i rapporti di forza a favore della classe operaia; la domanda di istruzione aumenta e le forze della sinistra non solo la recepiscono, ma maturano una chiara proposta di riforma; si verifica un assorbimento della forza di lavoro laureata; si profila addirittura una ipotesi di carenza, in prospettiva, di manodopera qualificata. L'unica categoria che presenta ancora forti tassi di disoccupazione sono i maestri elementari, che perciò continueranno a sostenere la post-elementare. E anche in questo caso il fronte non è compatto. Avviene così che i maestri dell'AIMC (Associazione italiana maestri cattolici) che si battono per la continuazione della post-elementare, si trovano in

---

[37] *La scuola dagli 11 ai 14 anni*, in «Scuola e città», n. 5, 1960.

[38] CENTRI DIDATTICI NAZIONALI (a cura di), *La scuola dagli 11 ai 14 anni. Proposte della commissione ministeriale per lo studio dei problemi della scuola dagli 11 ai 14 anni*, Firenze, CDNSD, 1957; V. SINISTRERO, *La politica scolastica 1945-1965 e la scuola cattolica*, Roma, Quaderno FIDAE, 1967, pp. 67-69.

contrasto con i professori dell'UCIIM (Unione cattolica italiana insegnanti medi) favorevoli alla scuola media di tipo unificato[39].

Quando, nel settembre del 1958, il governo presenta un *Piano per lo sviluppo della scuola nel decennio dal 1959 al 1969* (noto come piano decennale Fanfani), che prevedeva un aumento di spesa per l'istruzione, ma lasciava inalterato il sistema scolastico, non solo le forze laiche democratiche e le forze di sinistra si opposero, ma coinvolsero anche larghi strati di cittadini. Per la prima volta il dibattito sulla scuola passa dagli «addetti ai lavori» al Paese: il Pci, per primo, pone nel suo programma elettorale il problema della scuola; l'ADESSPI (Associazione per la difesa e lo sviluppo della scuola pubblica in Italia) che raggruppa le forze laiche-democratiche e socialiste, inizia una battaglia, attraverso convegni, comizi, pubblicazioni, contro il «piano decennale Fanfani», per l'attuazione di una scuola secondo i principi della Costituzione repubblicana[40].

Il Pci, nel gennaio 1959, presenta un progetto di legge (Donini-Luporini) decisamente radicale rispetto alle proposte e ipotesi precedenti sia per l'impostazione politico-sociale, sia per la proposta educativa. Eccone i punti essenziali: struttura unica per tutti come condizione per l'eliminazione delle discriminazioni sociali; eliminazione del latino come fattore discriminante, demistificazione della funzione delle applicazioni tecniche come orientative; innalzamento del livello culturale di base per «creare nuovi rapporti fra lavoro intellettuale e lavoro manuale»; spostamento dell'asse culturale formativo in direzione dello studio «della storia degli uomini e del mondo della natura» attraverso il potenziamento dello studio della storia, e l'introduzione dell'educazione civica e delle osservazioni scientifiche; indicazione di strumenti atti a far superare «le cause che impediscono a tanti ragazzi di seguire con ordine e profitto l'intero corso di studi»: gruppi di recupero, doposcuola, sussidi didattici, libri, ecc.[41].

In questo clima il ministro Giuseppe Medici, nell'agosto del 1959, presenta un progetto di scuola «unitaria» con quattro sezioni: umanistica, tecnica, artistica, normale; motivando l'esigenza della sezione umanistica con la solita retorica per il latino come unico strumento di formazione delle «idee liberali» e quindi riservata ad una minoranza di contro alla massa a cui

[39] M. BARBAGLI, *Disoccupazione intellettuale e sistema scolastico in Italia*, cit., pp. 439-454.

[40] ADESSPI, *Scuola secondo costituzione*, Manduria, Lacaita, 1959; T. CODIGNOLA, *Nascita e morte di un piano*, Firenze, La Nuova Italia, 1962.

[41] AP, Senato della Repubblica, Legislatura III, *Disegni di legge e relazioni – Documenti: Istituzione della scuola obbligatoria statale dai 6 ai 14 anni*, d'iniziativa dei senatori Donini, Luporini ed altri, presentato il 21 gennaio 1959 (n. 359).

bastano le altre sezioni e in particolare la normale (leggi post-elementare)[42].

L'opposizione al progetto Medici fu massiccia; anche forze tradizionalmente contrarie alla scuola unica espressero il loro disaccordo. Perfino il Consiglio Superiore della P.I. espresse parere sfavorevole. Il ministro nel gennaio 1960 fu costretto a proporre un nuovo progetto. Esso prevedeva una struttura unitaria con tre opzioni: latino per l'accesso ai licei e all'istituto magistrale, osservazioni scientifiche e applicazioni tecniche per l'accesso agli istituti tecnici, educazione artistica per l'accesso alla scuola d'arte e al liceo artistico.

A partire da questo momento i termini della divergenza sono fra scuola media unica senza latino e unitaria con latino e applicazioni tecniche in alternativa. Ma ora le condizioni del cambiamento si erano ormai determinate nella realtà economica e sociale del paese e si erano espresse a livello politico, tanto da fare emergere una convergenza anche della borghesia industriale. La borghesia riteneva che per realizzare un riciclaggio più rapido della manodopera e, soprattutto, per realizzare un maggior consenso al loro modello sociale, da parte del proletariato urbano occorresse un più alto livello di scolarizzazione di base.

L'occasione politica, che affrettò i tempi della riforma, fu data dal mutamento degli schieramenti politici. Battuto sulle piazze il tentativo autoritario di Tambroni, si apre per la politica italiana quella nuova fase che va sotto il nome di «centro-sinistra»[43].

Giacinto Bosco, nuovo ministro della P.I., apporta degli emendamenti al progetto Medici, riducendo a due le opzioni – latino-applicazioni tecniche – ed eliminando il carattere discriminante delle stesse ai fini dell'accesso alle scuole secondarie. Istituisce inoltre trecento scuole medie unificate per sperimentare il modello proposto ed offrire all'opinione pubblica e al Parlamento dei dati probanti sull'ipotesi proposta. Nei fatti di sperimentale ci fu ben poco: mancarono strumenti di controllo oggettivo, criteri di composizione delle classi, classi parallele di verifica, interscambi controllati delle opzioni, nuovi programmi di insegnamento. Contemporaneamente furono istituiti dei posti di ascolto televisivi (PAT), in alcune località sprovviste di scuole dagli 11 ai 14 anni, sul modello della scuola unificata sperimentale, con l'intento di estendere l'obbligo scolastico[44].

[42] G. MEDICI, *Introduzione al piano di sviluppo della scuola*, Roma, Istituto Poligrafico dello Stato, 1959.

[43] L. BORGHI, *Scuola e comunità*, Firenze, La Nuova Italia, 1964, pp. 101-114.

[44] MINISTERO DELLA P.I., *L'esperimento di scuola media unificata. Anno scolastico 1960-61*, Città di Castello, IPSIA, 1961; MINISTERO DELLA P.I., *L'esperimento della scuola media unificata. Anno scolastico 1961-62*, Città di Castello, IPSIA, 1962; AAVV, *La scuola media unificata. Ragioni, ordinamento e commenti didattici*, Roma, Movimenti Circoli della Didattica, 1961.

Nel 1961, dal marzo al giugno, la VI Commissione del Senato, su delega del Parlamento, discute un nuovo testo di legge, avendo come base il progetto Donini-Luporini e il progetto Medici emendato dal ministro Bosco. Le conclusioni a cui giunse la Commissione, dopo interminabili sedute e aspri contrasti, furono veramente migliorative del progetto del governo. La proposta della VI Commissione del Senato sanciva il principio che la licenza di scuola media, indipendentemente dalla scelta delle materie facoltative, dovesse consentire l'accesso a tutte le scuole superiori.

Indicava il seguente piano di studio: gruppo storico-letterario (religione, italiano, educazione civica e storia, geografia); gruppo scientifico (matematica, fisica, scienze naturali, educazione e applicazioni tecniche); lingua straniera; educazione artistica; educazione musicale; educazione fisica. Le applicazioni tecniche cessavano di essere opzionali in alternativa al latino, per eliminare l'ambiguità sottostante alla fittizia distinzione fra intelligenza «teorica» e «pratica». Il latino veniva introdotto come opzionale rispetto ad una seconda lingua straniera. Il relatore Moneti, a questo proposito, pur affermando «il valore formativo del latino» dichiarava che «tale identico valore si debba riconoscere ad ogni altra materia seriamente e amorosamente studiata»[45]. Sembrava, ormai, che si fosse giunti alla conclusione quando il nuovo ministro Gui presentò degli emendamenti alla proposta della VI Commissione tali da riportare la situazione al secondo progetto Medici. L'opposizione delle sinistre fu generale. L'on. Tristano Codignola, responsabile della Commissione scuola del Psi, intervenendo su questo problema, denunciò l'atteggiamento del ministro, dichiarando che «recentemente un rovesciamento dei rapporti interni (alla Dc) fra correnti democratiche e correnti tradizionaliste ha indotto l'on. Gui alla presentazione, sotto forma di emendamenti, di un nuovo progetto che, sotto false spoglie di una facoltà di scelta del latino nella seconda media, torna di fatto a sancire l'obbligatorietà di una discriminazione sociale del tutto inaccettabile»[46]. A queste prese di posizioni seguirono una serie di emendamenti, tendenti ad eliminare le opzioni, a reintrodurre il doposcuola obbligatorio, ad attribuire agli insegnanti, come consiglio di classe, il compito di elaborare i piani didattici.

Il 4 ottobre 1962, con rettifiche e emendamenti, si conclude la discussione al Senato con un disegno di legge che, approvato senza variazioni dalla Camera, diventa legge il 31 dicembre 1962, con il n. 1859[47].

---

[45] AP, Senato della Repubblica, III Legislatura, *Relazione della VI Commissione permanente (relatore MONETI) sui disegni di legge N. 359 (21 gennaio 1959) e N. 904 (9 gennaio 1960)*.

[46] L. BORGHI, *Scuola e comunità*, cit., pp. 118-121.

[47] *Gazzetta ufficiale*, n. 27, 30 gennaio 1963: Legge 31 dicembre 1962, n. 1859 – *Istituzione e ordinamento della scuola media statale*.

Si conclude così la vicenda legislativa della scuola media che per la quantità di proposte, dibattiti, posizioni, rettifiche, emendamenti può perfino apparire noiosa.

La nuova legge

La nuova legge, se quanto a sistema scolastico elimina la discriminazione sociale fondamentale, resta sempre il risultato di un compromesso fra concezioni ideologiche e pedagogiche diverse, che, espresse o sottintese attraverso la formulazione degli articoli e dei provvedimenti che ne hanno assicurato l'applicazione, si ripercuoteranno negativamente su quelle classi per le quali, o in nome delle quali, la legge è stata voluta.

Vediamo più da vicino la struttura della riforma soffermandoci su gli aspetti innovativi più importanti. Innanzitutto unificazione della struttura scolastica, anche se il latino resta condizionante in terza media per l'accesso al liceo classico. Si sottolinea quindi il concetto relativo alla riorganizzazione degli studi attraverso un gruppo di discipline comuni in funzione dell'innalzamento culturale di base, realizzato attraverso l'inserimento e la rivalutazione di alcuni insegnamenti. Oltre la religione, gli insegnamenti previsti sono: italiano, storia ed educazione civica, geografia, matematica, osservazioni ed elementi di scienze naturali, lingua straniera, educazione artistica, educazione fisica.

Ancora: il riconoscimento che il processo formativo si sviluppi a partire dal livello di formazione ricevuto nella scuola elementare significa mettere per la prima volta in discussione la funzione esclusivamente «propedeutica» della scuola media rispetto alla scuola secondaria superiore e non anche all'immissione nel mondo del lavoro.

Conseguente a questo principio il riconoscimento dell'esistenza di un problema metodologico didattico specifico di questa fascia di età, di contro al concetto gentiliano del «sapere» considerato come unico criterio di riferimento. La individuazione, quindi, di uno strumento, il consiglio di classe, previsto dalla legge, per il raggiungimento di tali obiettivi.

Se questi sono gli aspetti positivi (e innovatori) della legge istitutiva della nuova scuola media, i limiti e i modi contraddittori in cui essa si è realizzata compromettono in parte il senso dei suoi principi ispiratori. Anzitutto il mantenimento del latino come obbligatorio in terza per l'accesso al liceo classico è stato il primo criterio esplicito di discriminazione le cui conseguenze si attenueranno solo con la liberalizzazione degli accessi universitari del 1969. Ma la funzione maggiormente discriminante del latino si è manifestata fino al 1969 nella formazione delle classi che veniva realizzata in maniera esplicita o subdola assegnando gli allievi nelle diverse sezioni in relazione ai voti riportati in quinta elementare e utilizzati in funzione predittiva o le intenzioni degli alunni che in terza avrebbero optato per il latino e riproponendo quindi, sia pure con alcune limitazioni, quella discriminazione che prima era realizzata attraverso tipi di scuole diverse. Con la stessa funzione furono utilizzate le classi di aggiornamento e le classi differenziali. Dai comunisti e dai socialisti i «gruppi» di aggiornamento e il doposcuola erano stati ipotizzati, a fianco di un'altra serie di strumenti, come momenti flessibili all'interno della struttura e tendenti a fornire delle occasioni più adeguate al recupero e all'arricchimento della preparazione di base degli alunni appartenenti alle classi sociali disagiate.

Ma le classi di aggiornamento in I e III (in terza perché si pensava ai ripetenti) e le classi differenziali, con la normativa che ne seguì per la loro organizzazione, diventarono dei comodi «ghetti» in cui collocare i ragazzi comunque «scomodi». Ad un primo sostanziale rifiuto degli insegnanti ad accettare le classi differenziali seguì, dopo alcuni anni di applicazione della legge, il fenomeno della loro proliferazione, anche perché affidate a giovani supplenti o incaricati.

Ma il punto in cui maggiormente si è operata la chiusura verso le istanze di rinnovamento è da ricercarsi nei programmi e nella distribuzione quantitativa delle ore assegnate ad ogni singola disciplina[48].

La premessa ai programmi è un esempio di quel compromesso ideologico e pedagogico a cui si faceva riferimento in precedenza. Si sottolineano il rapporto con il mondo di esperienza degli alunni, l'osservazione dei fatti e dei fenomeni della realtà come criteri unificanti per la formazione culturale e sociale degli allievi per affermare immediatamente dopo la secondarietà della scuola e quindi l'esigenza dello studio organico delle singole discipline. Si parla di abitudine a vivere insieme mentre si propone come strumento formativo per la coscienza democratica lo studio teorico dell'educazione civica.

Si auspica l'introduzione di moderne metodologie didattiche ma si sottolinea l'inventiva didattica degli insegnanti come unica metodologia favorita dallo Stato. La lettura dei programmi delle singole materie, se si eccettuano quelle non presenti nella vecchia scuola media, non è altro che la riproposizione dei contenuti di questa ultima. Ma un'analisi dettagliata degli stessi richiederebbe uno spazio ben più ampio di quello a disposizione. Gli aspetti sui quali i rilievi critici emergono più evidenti sono costituiti per esempio, dalla confusione fra gli obiettivi educativi generali di ciascuna

---

[48] D.M. 24 aprile 1963: *Programmi di insegnamento della scuola media statale (legge 31 dicembre 1962, n. 1859).*

disciplina e quelli particolari, tra gli obiettivi educativi e gli strumenti, intesi come contenuti culturali per altro rimasti sostanzialmente inalterati. L'insegnamento fondato sulla quantità e gradualità delle nozioni da apprendere. L'apprendimento della lingua da realizzare attraverso lo studio della grammatica e dei classici. La prima, dopo un accenno al metodo induttivo, continua ad articolarsi attraverso la fonologia, la morfologia e la sintassi; i secondi rappresentano ancora l'unico modello di lingua e per di più ancora l'unico punto da cui partire per apprenderla. Quanto ai poemi classici si dichiara di non nominarli per non condizionare la scelta e immediatamente dopo li si elenca, riferendosi a quelli che in passato avrebbero sollecitato la fantasia e l'interesse degli allievi, che è un modo indiretto per riproporli. Si passa quindi ad analizzare il rapporto fra l'italiano e il latino previsto per tutti in seconda. La lingua straniera ha come base per il suo insegnamento la grammatica, da rapportarsi con quella italiana. In sostanza, il latino non come esercizi, traduzioni ed eccezioni, ma come modo nozionistico, astratto e normativo di apprendere resta come fondamento degli insegnamenti linguistici nella misura in cui utilizza la grammatica italiana di tipo normativo (funzionale allo studio del latino). L'insegnamento della storia, contro ogni affermazione generale di rapportarsi ai bisogni degli allievi, alla realtà sociale circostante e alla psicologia del preadolescente, inizia dal primo giorno di scuola con la cosiddetta preistoria e continua fino alla conclusione della terza media con gli accenni di storia contemporanea. L'educazione civica, invece, la si «studia» a parte, attraverso un inserto di «diritti e doveri del cittadino».

Non diversa è la situazione per gli altri insegnamenti. I contenuti culturali proposti non solo sono arretrati rispetto alle istanze e al rinnovamento in atto nel paese all'epoca della stesura dei programmi, ma sono stati anche formulati in modo così dettagliato, e rigido nella ripartizione per anni, da impedire, di fatto, anche ogni eventuale spinta autonoma di rinnovamento.

In complesso i contenuti culturali proposti si muovono ancora all'interno di una concezione enciclopedica del sapere, realizzato attraverso discipline fra loro separate e avulse dalla realtà sociale.

Ma il compromesso è più stridente nella scelta delle materie opzionali e/o obbligatorie (latino e applicazioni tecniche-educazione musicale), su cui ci siamo già soffermati in precedenza. Per quanto si sia insistito con tutta una teorizzazione pedagogica sulla loro funzione di «orientamento», il modo in cui sono state organizzate (applicazioni tecniche e educazione musicale obbligatorie in I e facoltative in II e III in alternativa al latino in III, surrettiziamente presente in II, con ben 4 ore, sotto la dicitura «italiano ed elementari conoscenze di latino») non è altro che la legittimazione scolastica, attraverso la distinzione di intelligenza «teorica» e «pratica», della divisione fra lavoro intellettuale e lavoro manuale. Il latino, escluso dalla prima classe, ricompare in II e III, a rappresentare l'asse su cui ruota il gruppo letterario-storico, per un totale di 13 ore (a cui bisognerebbe aggiungere le 2 o 3 della lingua straniera per le ragioni esposte in precedenza) contro le 5 o 6 ore di matematica e osservazioni ed elementi di scienze naturali (a cui è difficile collegare le 2 o 3 ore di applicazioni tecniche perché ancora oggi stentano a trovare una loro definizione in quanto oscillano fra una manualità imprecisata e una dimensione tecnologica non meglio definita).

Tre questioni invece, per quanto fossero state lungamente dibattute e indicate come nodali per la effettiva realizzazione degli obiettivi della nuova scuola media, furono del tutto accantonate: edilizia, aggiornamento degli insegnanti, doposcuola.

I primi anni dell'applicazione della legge, a parte tutte le difficoltà logistiche e organizzative, furono contrassegnati da una forte selezione proprio di quelle classi sociali per le quali era stata ipotizzata la nuova scuola media. Gli anni 1966 e '67, considerati di verifica della scuola media (in quanto compimento del primo ciclo di esperienza) furono contrassegnati da una generale denuncia della sua inefficienza e selettività.

Ma una volta rilevata l'incidenza di una mancata politica dell'edilizia nelle disfunzioni organizzative e l'incidenza della mancata politica di formazione degli insegnanti, circa la selezione scolastica bisogna dire che la ragione più profonda dello stato di grave disagio della scuola è da ricercarsi in un problema che rivela una implicazione assai più rilevante: l'immissione di tutti, provenienti da classi sociali diverse in una scuola «pensata» per pochi.

Per quanto fosse stato ipotizzato il significato della presenza massiccia di una scolarità proveniente da classi sociali subalterne non ci si era resi conto della portata reale della loro presenza nella scuola: il patrimonio culturale di partenza, le motivazioni, i livelli di aspirazione. Tutto questo ha significato la messa in discussione e quindi in crisi di tutta una impostazione della comunicazione pedagogica ormai consolidata: il «voto» non era più una ragione motivante, la «comunicazione verbale» era un «filtro», perché esprimeva contenuti lontani dai bisogni e dalla realtà di cui erano portatori i nuovi allievi, per giunta espressi con un linguaggio molto spesso ad essi incomprensibile.

Si capisce come l'atteggiamento degli insegnanti sia stato di difesa ad oltranza del loro modello di scuola, della loro funzione di socializzazione attraverso una selezione durissima, essendo stato messo in crisi il loro quadro di riferimento.

La contestazione studentesca, attraverso le denunce sulla scuola come strumento della classe dominante, e, soprattutto, alcune ricerche e denunce condotte in quegli anni, hanno posto in rilievo la perdurante natura classista della scuola media. Si è capito che i contenuti, i metodi di insegnamento e i criteri di valutazione, anziché essere organizzati in direzione delle classi subalterne, continuano a rimanere meccanismi per selezionarle, legittimando ed aggravando le differenze di partenza rispetto alle classi sociali abbienti.

Si capisce come disagio e malessere conseguenti assumano connotati politici precisi: si delineano nuove proposte di intervento non più limitate alle innovazioni didattiche e metodologiche, al rinnovamento dei contenuti sulla base dei risultati della cultura contemporanea. La categoria degli insegnanti si divide, si definiscono i campi, c'è una presa di coscienza più generale dei problemi della scuola, da parte del paese nel suo complesso.

Dopo una serie di esperienze di doposcuola alternativi, di controscuola, per creare la consapevolezza della crisi della scuola si va delineando una politica di intervento da parte degli schieramenti più avanzati e democratici tendente a modificare l'istituzione dall'interno per renderla più adeguata e rispondente alle esigenze delle classi subalterne.

Ma affinché il diritto allo studio non sia un fatto formale occorre affrontare alcuni problemi nodali: si tratta, per esempio, di chiarire il significato della provenienza sociale rispetto alle finalità della scuola realizzando una struttura interna flessibile, articolata, capace di intervenire in modo diseguale per offrire realmente e non solo formalmente a tutti eguali opportunità educative; ma si tratta anche di ridefinire i contenuti culturali in rapporto alle istanze ed alle esigenze delle classi subalterne; di commisurare la validità dell'organizzazione della scuola non con una astratta valutazione «oggettiva» ma con la realtà sociale, con le forze sociali perché essa risulti effettivamente democratica.

2. La scuola media è cambiata con i nuovi programmi?

Valutare la portata innovativa dei nuovi programmi[1] per la scuola media dell'obbligo a quasi due anni di distanza dalla loro promulgazione e dei «Ritocchi»[2] alla legge istitutiva della scuola media del 1962 a tre anni dalla loro entrata in funzione, significa correre il rischio di esprimere opinioni scontate e/o approssimative. Scontate, se si considera il cambiamento da un punto di vista istituzionale, perché una valutazione, da questo punto di vista, è già avvenuta, attraverso numerosi scritti che hanno accompagnato sia la fase di preparazione sia la fase di promulgazione dei due provvedimenti[3]. Approssimate, se invece si considera il cambiamento come mutamento effettivo della vita della scuola – innalzamento dei livelli di apprendimento di tutti gli allievi, revisione dei criteri e degli aspetti formativi, mutate condizioni di lavoro e di competenza dei docenti – perché mancano, per questo aspetto, istituzioni centrali e periferiche che attraverso l'uso di strumenti di verifica diano conto dei mutamenti intervenuti.

È proprio questo secondo aspetto che giustifica, a mio parere, una riflessione, sia pure a posteriori e sintetica, sul significato complessivo dei «Ritocchi» e dei nuovi programmi.

---

[1] Decr. Minist. del 9-2-79 – Gazz. Uff. n. 50-2-79, suppl.

[2] Legge n. 348 del 16-6-77. *Modifiche di alcune norme della legge 31-12-62, n. 1859.*

[3] Numerosi sono gli articoli comparsi su riviste specializzate e quotidiani. Ci limitiamo a indicare solo i volumi: AAVV, *I nuovi programmi della scuola media*, Brescia, La Scuola, 1979; AAVV, *Scuola media e nuovi programmi*, Firenze, La Nuova Italia, 1979; AAVV, *La scuola che cambia*, Torino, Loescher, 1979; AAVV, *Linee innovative per i programmi della media*, Firenze, Libreria Editrice Fiorentina, 1978; AAVV, *Scuola media: insegnare con i nuovi programmi*, Milano, Ed. Scolastiche Bruno Mondadori, 1979; CIDI, *I nuovi programmi per la scuola media*, Supp. al n. 6 «Quaderni» CIDI, s.a.; T. DE MAURO-L. LOMBARDO-RADICE (a cura di), *I nuovi programmi della media inferiore*, Roma, Editori Riuniti, 1979; G. GOZZER, *I nuovi programmi della scuola media*, Firenze, Giunti-Marzocco, 1979; R. LAPORTA-U. MARGIOTTA, *I nuovi programmi della scuola media*, Padova, Marsilio, 1979; UCIIM, *Un volto nuovo per la scuola media*, Roma, Ed. Uciim, 1979; C. VENTURI, *Programmi e programmazione: scuola media anni 80*, Bologna, Zanichelli, 1979.

La quasi totalità degli scritti comparsi soprattutto in occasione della promulgazione dei programmi, hanno considerato l'avvenimento come un intervento di politica scolastica fra i più importanti di questo ultimo periodo. Ma ciò che più conta è il giudizio sostanzialmente positivo su di essi espresso – sia pure con rilievi critici interni al testo e ad alcune parti di esso – e la fiducia sulla loro funzione di rinnovamento del livello culturale della scuola media.

Se consideriamo il ruolo determinante che dal corpo docente della scuola italiana viene attribuito ai programmi ministeriali, soprattutto per quanto attiene ai contenuti culturali espressi dai programmi per le singole discipline, la nuova stesura è senza dubbio un avvenimento senza precedenti. Se invece consideriamo i programmi come strumenti funzionali al raggiungimento degli obiettivi, la valutazione su di essi come elemento determinante del rinnovamento della scuola si sposta per includere altri fattori: la struttura e l'organizzazione interna della scuola media (tempo pieno o parziale, struttura edilizia, scelta delle discipline e del loro peso nella educazione e formazione dell'allievo, attrezzature didattiche, ecc.); la scuola media come fascia scolastica condizionata e condizionante del sistema scolastico (in particolare la scuola elementare che viene prima e la scuola secondaria superiore che viene dopo); gli interventi organizzativi e finanziari programmati per rendere esecutivi i provvedimenti legislativi.

Da questo punto di vista è l'istituzione della scuola media unica e obbligatoria del 1962 la modifica di struttura del nostro sistema scolastico più importante, perché innalza il livello di scolarizzazione fino a quattordici anni per tutti; elimina, attraverso la unicità della scuola, la discriminazione sociale palese, determinata da più scuole di diverso indirizzo per la stessa fascia di età; individua, in una formazione culturale e sociale comune a tutti i cittadini, il compito della scuola di base. Permanevano però, all'interno di questa struttura, alcuni fattori discriminanti, legati ai precedenti modelli di scuola dagli 11 ai 14 anni: la distinzione fra materie facoltative ed obbligatorie; l'opzionalità fra latino e applicazioni tecniche per il proseguimento degli studi; la gerarchizzazione delle discipline; la facoltatività del doposcuola, ecc.

Gli interventi legislativi del 1977[4], a parte la convergenza politica che li ha resi possibili, modificano la legge istitutiva della scuola media accogliendo alcune proposte già emerse nel dibattito politico-pedagogico che caratterizzò la legge del 1962 e alcune delle proposte che sono emerse in questi anni di applicazione della legge. Essi eliminano, infatti, l'opzionalità fra latino e applicazioni tecniche, abolendo il latino e rendendo obbligatorie

---

[4] Legge 348 del 16-6-67, cit. e Legge n. 517 del 4-8-77.

queste ultime che, non considerate secondo il sesso degli allievi, assumeranno la denominazione di educazione tecnica; rendendo obbligatoria l'educazione musicale; ridefiniscono l'insieme delle discipline, accentuandone la funzione educativa; eliminano, anche attraverso una ridistribuzione delle ore di insegnamento, la gerarchia fra le discipline; eliminano alcuni aspetti della legge precedente, giudicati dal legislatore innovativi, ma che in fase di applicazione sono risultati discriminanti – come le classi di aggiornamento e differenziali – pur riconoscendo la esigenza dell'inserimento degli handicappati; eliminano i voti e gli esami di riparazione, sostituendoli con le schede di valutazione e le attività di recupero e di sostegno; mettono in discussione il principio della classe rigida, introducendo le attività interclasse, sia pure destinando ad esse 160 ore; introducono la programmazione educativa.

Su questi provvedimenti legislativi si è inserito l'intervento della Commissione preposta alla modifica dei programmi che, non accettando il mandato ministeriale di rivedere solo i programmi di quelle discipline modificate dalla legge dei «ritocchi», ha riformulato l'intero Programma, introducendo alcuni aspetti, decisamente innovativi rispetto ai programmi del 1963, che alla genericità e astrattezza della premessa generale univano contenuti vecchi e nozionistici per le singole discipline.

La Premessa generale, accostando due articoli della Costituzione, riconosce l'esistenza di una disuguaglianza di partenza dei cittadini di origine economico-sociale e l'obbligo della Repubblica di contribuire a rimuovere quegli ostacoli che impediscono una effettiva partecipazione alla organizzazione politica, economica e sociale del Paese, per affermare che compito della scuola è attuare il «principio democratico di elevare il livello di educazione e di istruzione personale di ciascun cittadino e generale di tutto il popolo italiano»[5]. Il richiamo alla Costituzione – e soprattutto l'accostamento dei due articoli 3 e 34 – vogliono rendere meno astratti gli obiettivi della scuola, anche se poi il resto della prima parte, dedicata ai fini della scuola (espressi all'indicativo), non cessano di esprimere astrattezza propria di una pedagogia del «dover essere»[6].

Ma subito dopo le indicazioni si sostanziano di concretezza attraverso alcune proposte pedagogiche e metodologiche precise, in parte patrimonio delle esperienze educative più avanzate di questi ultimi dieci anni e in parte interne al dibattito pedagogico più teorico, ma sempre tendenti a contestualizzare socialmente l'intervento educativo ed a richiedere un impegno

---

[5] *Decr. Minist.* del 9-2-79, cit., *Premessa Generale*, parte 3, cap. 1.
[6] Cfr. M.A. MANACORDA, *Un quadro in gran parte nuovo*, in «Riforma della scuola», nn. 8-9, 1979, pp. 4 e 5.

civile e professionale agli operatori scolastici. È difficile dar conto di tutti gli aspetti portanti dell'impostazione pedagogica, anche perché sono fra loro così concatenati e interdipendenti che si rischia, in poco spazio, di banalizzarli. Ci sembra più opportuno rilevare l'impegno, quasi costante, di sottolineare la dimensione sociale, culturale e politica degli interventi educativi e non solo individuali. In questo quadro il richiamo alla psicologia dell'adolescente non si riferisce ad un ipotetico fanciullo, ma a degli alunni che hanno un retroterra culturale e sociale differenziato, di cui bisogna tener conto nel processo educativo, senza per questo rinunciare al raggiungimento degli obiettivi propri della scuola media.

È in questa ottica che vengono proposte metodologie quali l'insegnamento individualizzato e il lavoro di gruppo che richiedono la programmazione a livello di consiglio di classe attraverso una continua verifica dei livelli raggiunti. Aspetto, quest'ultimo, che deve caratterizzare anche la metodologia della ricerca, considerata centrale e quindi sostitutiva della lezione formale. Anche il concetto di ambiente perde la connotazione psicologica, per riferirsi al «territorio» inteso anche come potenziale fonte di risorse educative. Le stesse discipline, sui cui contenuti e metodologie si è sviluppato particolarmente il dibattito che ha accompagnato il lavoro della Commissione, vengono considerate non fine a se stesse e per tutto ciò che esprimono dal punto di vista conoscitivo, ma intese come strumento per la formazione unitaria. I diversi insegnamenti, pur conservando una loro specificità conoscitiva e metodologica, devono interagire fra loro attraverso una unità metodologica – di cui l'operatività e le varie forme di linguaggio ne sono il filo conduttore – finalizzata all'acquisizione di un sapere unitario. Questi aspetti, che non esauriscono certo la problematica pedagogica di riferimento, vengono continuamente scanditi ed intersecati da richieste di verifica e controllo intese come momenti interni al processo educativo e ad esso finalizzate.

Ma se dovessi indicare l'aspetto più ricorrente, espresso sia come esigenza che obbligatorietà, è la programmazione formulata nelle sue varie accezioni: pedagogica, didattica e curricolare. Comparsa per la prima volta, in modo surrettizio, nella legge 517 relativa alle norme sulla valutazione, viene qui scandita e precisata nelle sue varie fasi e soprattutto continuamente richiamata.

Non è questa la sede per un esame interno ai contenuti culturali delle singole materie di insegnamento: richiederebbe spazio e competenze diverse. Un elemento comune emerge con chiarezza: una organizzazione dei contenuti culturali che, rifiutando il principio sinora praticato e considerato inevitabile della distinzione fra «cultura» e «cultura scolastica»[7], considera

---

[7] A. GRANESE, *Non bastano generose dichiarazioni*, in «Riforma della scuola», cit., p. 9.

ed utilizza il patrimonio conoscitivo e metodologico raggiunto da ciascuna disciplina nell'attuale stadio del suo sviluppo; una utilizzazione delle esperienze educative più avanzate, che in questi anni sono state realizzate nell'ambito di ciascuna disciplina da Associazioni di insegnanti in esperienze di avanguardia. Conseguente a questa scelta, senz'altro positiva, è, forse, un certo squilibrio metodologico dell'organizzazione fra le discipline: si passa dalla organicità e completezza dei programmi di educazione linguistica, all'enciclopedismo di quelli di scienze, all'ambiguità di quelli di educazione tecnica che oscillano fra la loro origine di applicazioni tecniche che aveva come fine e mezzo «il fare» ed una educazione tecnica o tecnologica che abbia chiaro il suo specifico culturale, il suo statuto disciplinare. Una tendenza comune a tutti i programmi, anche se si esprime in forme più o meno evidenti, è la centralità formativa e quindi conoscitiva che ogni disciplina ha attribuito a se stessa, forse perché tesa a mostrare la propria dimensione interdisciplinare.

Un altro aspetto che emerge e che è stato rilevato da alcuni interventi sui programmi (generali e specifici) è la mancanza di omogeneità culturale e quindi il tipo di compromessi raggiunti fra le diverse posizioni politiche e culturali presenti nella Commissione e che si sono espressi o con giustapposizioni di linguaggio o con una compresenza di concetti diversi attraverso l'uso di connettivi linguistici o con l'accentuazione degli aspetti formativi rispetto alla specifica conoscenza di informazioni e viceversa[8]. Anche questo è un dato che riflette la situazione esistente nella scuola e che trova nei programmi una legittimazione ufficiale. L'alternativa sarebbe stata una omogeneità ideologica a scapito di una delle parti come per il passato.

Un limite, invece, che mi sembra opportuno rilevare, per le implicazioni operative che inevitabilmente avrà sugli effettivi cambiamenti, è l'organicità fra le due parti del programma. Un programma scolastico può limitarsi a dettare gli obiettivi formativi (abilità, comportamenti, ecc.) lasciando al corpo docente il compito di individuare i contenuti attraverso cui raggiungere gli obiettivi, o può determinare i contenuti generali e specifici considerandoli in sé formativi, com'è stato nella nostra tradizione. La Commissione, anche sulla base delle teorie e delle esperienze straniere sul curricolo, ha, correttamente, considerato le due istanze. Solo che non sempre la scansione della programmazione curricolare richiesta e considerata nella premessa fondamentale per gli insegnanti viene seguita ed utilizzata nella stesura dei programmi delle singole discipline. Sembra quasi che la premessa generale

---

[8] Cfr. M.A. MANACORDA, *Un quadro in gran parte nuovo*, in «Riforma della scuola», cit., pp. 4 e 5; G. GALASSO, *Compromesso da discutere per la nuova media*, in «La Stampa», del 30-8-78.

sia stata elaborata indipendentemente da quella dei programmi per le singole discipline.

Non si vuole qui stabilire un primato della pedagogia rispetto ai contenuti disciplinari. Si vuole solo rilevare che la tematica del curricolo, nell'attuale stadio teorico e pratico, va considerata più come un obiettivo da raggiungere che un dato di partenza da applicare. Se è stato corretto considerare la programmazione curricolare un dato della premessa, visto che i programmi hanno una funzione prospettica, non è pensabile però che la soluzione del problema non risolto in sede di Commissione, possa essere demandata agli insegnanti e per certi aspetti agli autori dei libri di testo. È necessario, perché diventi un patrimonio effettivo della scuola, da un lato approfondire, tenendo conto della situazione italiana, la tematica teorica e dall'altro avviare un lavoro organico e sistematico di sperimentazione. Ma questo è un problema che introduce la questione della praticabilità dei programmi, di cui tenteremo di riferire più avanti.

Sostenere, quindi, che l'insieme dei provvedimenti, fin qui richiamati, rendono la scuola media più democratica ed adeguata alle esigenze sociali e culturali del Paese non ha più bisogno di ulteriori conferme. Per capire, invece, se e in che misura risolvono o tentano di risolvere le esigenze ed i problemi di quelle classi sociali alle quali proprio l'istituzione della scuola media unica ha consentito l'accesso all'istruzione, bisognerebbe analizzarli alla luce di quei meccanismi interni ed esterni al sistema scolastico che anche in questi anni hanno continuato a funzionare in termini selettivi. Dalla «Lettera ad una professoressa» in poi esiste ormai anche in Italia tutta una letteratura che ha analizzato i livelli e i modi in cui il fattore sociale si ripercuote sui processi di apprendimento[9], ha esaminato l'andamento del fenomeno attraverso i dati della selezione, che è stata la risposta prevalente del sistema scolastico italiano al problema[10]. Anche se in questi quindici anni è possibile individuare una linea di tendenza del fenomeno selettivo, dalla forma «rigida» dei primi anni ad una forma «morbida» in questi ultimi anni, tendente a rinviare il problema alla fascia scolastica superiore o al mondo del lavoro. Gli ultimi dati forniti dal XII Rapporto Censis[11] rilevano che i tassi di ripetenza e di abbandono sono ancora alti e che analizzati per regioni sono più alti a Sud che nel resto del Paese. Ma ciò che emerge ai fini

---

[9] Per una bibliografia sull'argomento: O. ANDREANI, *Classe sociale, intelligenza e personalità*, Bologna, Il Mulino, 1974.

[10] Per una bibliografia sull'argomento: G. BINI, *La relazione di classe nella scuola di base*, in «Riforma della scuola», n. 6-7, 1977.

[11] *La situazione educativa del paese*, Censis, «Quindicinale di note e commenti», n. 283-284, 1978.

del problema che stiamo analizzando è l'andamento del fenomeno delle ripetenze: nel 1974-75 si passa dal 5,9 della 1ª elementare al 2,2 della 5ª elementare per salire al 9,8 della 1ª media e scende al 4,0 della 3ª media; gli abbandoni nulli nella scuola elementare permangono nella media con il solito andamento decrescente (1ª-6,2; 2ª-4,5; 3ª-2,0).

Il dibattito sui condizionamenti sociali, se tralasciamo i fattori esterni, ha indicato con chiarezza due fattori interni al sistema scolastico e di tipo strutturale da risolvere: la riorganizzazione della scuola di base, intesa come processo unitario della formazione degli allievi dai 6 ai 14 anni e quindi ridefinita e unificata in rapporto alla sua struttura, alla sua organizzazione interna e ai suoi contenuti; una scuola di base che, accogliendo il presupposto che alla differenza di partenza degli allievi deve corrispondere un intervento educativo differenziato e diversificato, ampli e renda più flessibile la sua organizzazione interna.

Ma i provvedimenti del 1977 hanno eluso il problema per muoversi secondo la solita logica settoriale e per «ritoccare» problemi già in parte risolti: il latino in terza media, in alternativa alle applicazioni tecniche, aveva cessato la sua funzione discriminante con la liberalizzazione degli accessi all'Università; la denuncia contro le classi differenziali aveva già trovato una parziale soluzione con l'istituzione delle classi «sperimentali» del 1971 e la loro proliferazione si era in questi anni andata attenuando; il voto e gli esami di riparazione, che nella vecchia scuola media avevano contemporaneamente una funzione «motivante» e «selettiva», non sono stati mai vissuti come «motivanti» dalle classi sociali subalterne e hanno funzionato solo come «selezione», mostrando l'inadeguatezza pedagogica della scuola ad adempiere i suoi doveri costituzionali.

L'unico fatto veramente nuovo sono i programmi che non a caso la Commissione ha elaborato forzando la volontà del legislatore. Diventa quindi urgente almeno la revisione dei programmi delle scuole elementari che, nati vecchi nel 1955, risultarono inadeguati nel 1963 con i programmi della scuola media e lo sono maggiormente oggi con i nuovi programmi. Ma forse bisognerà attendere che il passaggio dalle elementari alla media nei prossimi anni alzi il tasso attuale delle ripetenze e degli abbandoni perché si intervenga! Se consideriamo il livello di formazione e istruzione, espresso dalla scuola elementare e richiesto dai suoi programmi, l'impatto con la scuola media non potrà che essere più selettivo. Se si analizzano i contenuti culturali espressi dai due programmi emerge con chiarezza sia la differente concezione sia il diverso livello culturale. Né, a mio avviso, l'esplicita richiesta, della premessa ai programmi della scuola media, di adeguare il lavoro educativo ai livelli di partenza degli allievi risolverà il problema. Quindi oltre alle carenze strutturali a cui si faceva riferimento prima, adeguare i programmi alle condizioni di partenza senza perdere di vista gli obiettivi finali, è possibile solo se si attua correttamente la programmazione didattica e curricolare. Ma esistono le condizioni, oggi, nella organizzazione scolastica centrale e periferica per attuare un simile intervento?

Un provvedimento legislativo, specie nel settore educativo, per raggiungere gli obiettivi che si è prefissato, ha bisogno di interventi organizzativi ed economici che lo rendano operativo.

Anche rispetto a questi problemi non ci resta che registrare la solita assenza o l'occasionalità e settorialità degli interventi: il mancato intervento di una seria e organica politica di riciclaggio degli insegnanti; un potenziamento delle strutture edilizie che registrano ancora doppi turni o situazioni precarie proprio in quelle zone che hanno maggiore bisogno di interventi educativi differenziati ed ampliati nell'arco della giornata (vedi tempo pieno); la carenza di attrezzature didattiche per rendere effettiva quella operatività che dovrebbe caratterizzare tutti gli insegnamenti nonché consentire una prassi didattica fondata su metodologie rinnovate.

Valutare poi le innovazioni legislative in termini di cambiamenti effettivi del processo di apprendimento degli allievi presupporrebbe l'esistenza di strumenti di controllo che, utilizzati prima, valgano come indicatori per confrontare la nuova situazione. Ma questo come si diceva all'inizio è pressoché impossibile per la mancanza di istituzioni centrali e periferiche destinate allo scopo; bisognerà che gli Istituti Regionali di ricerca e di sperimentazione entrino in funzione! Gli unici punti di riferimento restano, come per il passato, gli insegnanti, i libri di testo ed i resoconti di esperienza. Ma, a parte i limiti interni ad una valutazione che si basi su questi fattori, anche in questo caso il problema si complica: la situazione scolastica oggi è così variegata che consente al massimo di individuare qualche linea di tendenza.

Il problema degli insegnanti ne è un esempio. Proprio i «Ritocchi» ed i nuovi programmi riflettono le esperienze e le proposte che gruppi di insegnanti, in questi anni, hanno elaborato nelle scuole di cui certe Associazioni (MCE, CIDI, Lend, ecc.), Sindacati, Seminari Didattici Universitari, ne sono l'espressione. Se invece rispetto a questi gruppi minoritari assumiamo come riferimento l'insieme della categoria non possiamo non riferirci agli interventi adottati dai Governi che dal 1963 si sono avvicendati al Dicastero della P.I. Anche a questo livello emerge un intervento occasionale e limitato rispetto alle dimensioni ed alla complessità del problema che rivela una concezione «volontaristica» dell'aggiornamento come se fosse un fatto privato di ciascun insegnante. È cambiata la modalità: si è passati dai Centri Didattici Nazionali, come unica struttura di riferimento per l'aggiornamento, ai corsi gestiti o autogestiti dalle singole scuole o distretti, che su autonoma richiesta ottengono o non ottengono irrisori finanziamenti per l'orga-

nizzazione. Esiste ormai tutta una letteratura sugli insegnanti e sulle proposte di formazione di una nuova figura di docente della scuola dell'obbligo.
La stessa categoria, tramite Convegni promossi da Associazioni, o tramite
proposte sindacali, ha espresso questa esigenza. Manca solo la volontà politica dell'Amministrazione.

Anche per i libri di testo non si può più generalizzare, Specie dopo le
polemiche dei primi anni settanta, nella scuola media, il mercato editoriale
si è diversificato. Certo, permangono ancora larghi strati dell'editoria che
producono libri sia di testo e sia per le biblioteche di classe vecchi per
contenuti e concezione didattica. Ma se guardiamo il problema da un altro
punto di vista ritorniamo alla scuola ed alla sua organizzazione. Se consideriamo l'attività editoriale come una impresa ne consegue che gli editori non
fanno altro che fornire un prodotto sulla base di una domanda. Quando
cambierà la domanda da parte degli insegnanti gli editori, se vogliono sopravvivere come impresa, dovranno cambiare il prodotto. Certo, l'editore ha
anche il ruolo pubblico che si contraddistingue per una funzione politico-
culturale. Prendiamo in considerazione i testi «migliori» perché aggiornati
rispetto ai programmi. Alcuni di questi sono stati indicati come esemplari
dal punto di vista culturale e dell'adeguamento alle esigenze metodologiche
e didattiche. Ma anche in questo caso, in assenza di studi e di ricerche,
restano due problemi non risolti: l'adeguamento dei contenuti, o, per essere
più precisi, del testo ai fini di una programmazione curricolare; l'adeguamento
del testo al patrimonio linguistico degli allievi, che resta l'aspetto più importante di un libro di testo, perché possa essere usato direttamente dagli
allievi senza la mediazione degli insegnanti. Anche in questo caso, ferma
restando la responsabilità di certa editoria, il problema ripropone carenze di
tipo istituzionale o dovute ad altri settori pubblici che operano nel settore
scolastico.

A conclusione di questo scritto resta la domanda di partenza: la scuola
media, con i nuovi programmi, è cambiata? Chi scrive non aveva l'ambizio-
ne di rispondere esaurientemente al quesito, voleva solo mostrare la complessità del problema. Ma c'è una conclusione a cui si può giungere anche
se non esplicitamente dichiarata. In questi anni abbiamo assistito ad un
rapido consumarsi di proposte pedagogiche. L'interdisciplinarità, la ricerca,
le tecnologie educative, il tempo pieno, la valutazione e così via, sono state
assunte, a volta a volta, come la soluzione di tutti i mali, per poi negarne
l'utilità, quando non si è giunti a negarne la validità. Oggi gli argomenti
dominanti sono la programmazione e il curricolo; non vorremmo che si
giungesse alle stesse conclusioni. Se fra qualche anno si affermerà che la
programmazione e il curricolo non hanno cambiato la situazione scolastica,
per legittimare così un ritorno al passato, non sarà certo per l'inadeguatezza

della proposta pedagogica. Non basta introdurre uno o più aspetti innovativi all'interno di un programma, anche quando vengono usati correttamente, per modificare una situazione che ha delle carenze strutturali addirittura storiche.

3. I bienni sperimentali in Italia

La «sperimentazione» in educazione, oggi, per l'importanza che ha assunto nel processo educativo, sembra la condizione indispensabile per essere considerati degli educatori e per una Nazione, la misura dell'interesse verso i problemi della scuola, la testimonianza della sua istanza «democratica» e del suo costante atteggiamento verso il «nuovo».

In Italia, per quanto da parte di specialisti e di uomini di scuola ci sia una costante richiesta in questa direzione, a livello «ufficiale» la sperimentazione educativa è stata considerata un fatto privato degli insegnanti e non un problema nazionale da istituzionalizzare, con appositi organismi, entro un quadro di programmazione scolastica generale come sta avvenendo in altri paesi d'Europa[1].

Se si esclude la sperimentazione della «scuola media unificata», attuata a livello nazionale negli anni immediatamente precedenti alla istituzione della scuola media unica obbligatoria del 1962, le iniziative promosse in questa direzione sono state sempre episodiche, limitate a singoli insegnanti o a gruppi di insegnanti e all'interno delle strutture scolastiche esistenti.

Nella scuola secondaria superiore, che è il settore scolastico meno coinvolto da queste iniziative, l'unica sperimentazione «ufficiale» è quella dei «corsi-pilota» istituiti nel 1962 per il rinnovamento dei contenuti e dei metodi di alcune discipline[2].

Perciò l'istituzione dei «bienni» sperimentali del 1970[3] – con l'intento

---

[1] E. Becchi, *Problemi di sperimentalismo educativo*, Roma, Armando, 1969; A. Visalberghi, *Problemi della ricerca pedagogica*, Firenze, La Nuova Italia, 1965.

[2] Sono chiamate «classi pilota» quelle classi che, per la prima volta in Italia, con l'anno scolastico 1962-63 iniziarono una sperimentazione di insegnamento delle discipline scientifiche con il metodo sperimentale, affidate a insegnanti volontari e opportunamente preparati attraverso corsi di aggiornamento.

[3] *Aosta*, Decreto Ministeriale 31 luglio 1970; *Milano*, Decreto Ministeriale del 6 luglio 1970; *Roma*, Decreto Ministeriale del 14 gennaio 1971; *Rovereto*, Decreto Ministeriale del 12 ottobre 1970. Da *Gli esperimenti di biennio unitario – Quaderni Gialli*, n. 5, a cura dell'Ufficio Studi e Programmazione del Ministero P.I., Roma, 1971, pp. 81-87.

di verificare alcune «nuove» ipotesi di «struttura» attraverso l'unificazione dei diversi indirizzi scolastici in un unico corso di studi – segnano l'inizio di una sperimentazione, nell'ambito della scuola secondaria superiore.

Poiché la sperimentazione educativa «non si svolge neutra (...) ma (...) in un contesto socialmente, tecnologicamente, economicamente caratterizzabile, da cui assume motivi, criteri, finalità»[4], ci sembra opportuno indicare, a grandi linee, il contesto e le motivazioni che hanno determinato l'istituzione dei «bienni» sperimentali in Italia.

La sperimentazione si situa all'interno di una situazione di crisi della scuola secondaria superiore, caratterizzata da fattori politici, sociali, istituzionali, quantitativi e pedagogici[5].

La necessità di un riordinamento della scuola secondaria superiore in questi ultimi anni si è fatta sempre più pressante, per la domanda sociale di istruzione, connessa alla difficoltà di inserimento professionale per i diplomati della scuola secondaria superiore.

In questi anni «sono stati formulati numerosi progetti di riforma dell'istruzione secondaria, elaborati da organi ufficiali, quali la Commissione d'indagine e il Ministero della P.I.; dai partiti politici; da associazioni di insegnanti, da pedagogisti ed esperti della scuola; nessuno di essi però ha trovato finora concreta attuazione legislativa o sperimentale»[6]. Questo perché i progetti di riforma si differenziano per contenuto, quando non esprimono posizioni contrastanti. Se esiste un sostanziale accordo, fra le diverse posizioni, su un biennio obbligatorio (sia pure nelle diverse formulazioni di «unico» e «unitario») le divergenze emergono rispetto al triennio successivo. Permane in molti la volontà di conservare le attuali differenze fra i diversi indirizzi, in contrasto con la tendenza ad unificarli verso cui si orientano le società a capitalismo avanzato; ma il motivo di maggiore contrasto è da ricercarsi nel rifiuto ad inserire nell'ambito della secondaria superiore l'istruzione professionale[7].

---

[4] E. BECCHI, *Problemi di sperimentazione educativa*, cit., da G.M. BERTIN, *Educazione e alienazione*, Firenze, La Nuova Italia, 1973, p. 25.

[5] Cfr. G.M. BERTIN, *Crisi della scuola secondaria superiore*, in G.M. BERTIN-S. VALITUTTI-A. VISALBERGHI, *La scuola secondaria superiore in Italia*, Roma, Armando, 1971, pp. 11-22.

[6] A.L. FADIGA ZANATTA, *Il sistema scolastico italiano*, Bologna, Il Mulino, 1971, p. 143.

[7] Cfr. A.L. FADIGA ZANATTA, *Il sistema scolastico italiano*, cit., pp. 144-145. Per un approfondimento del problema anche in prospettiva storica e per la ricchezza di informazioni bibliografiche, confronta: V. TELMON, *Riforma dei licei e scuola dell'adolescente*, Firenze, La Nuova Italia, 1970; G. GOZZER, *Rapporto sulla secondaria*, Roma, Coines Edizioni, 1973; G.M. BERTIN-S. VALITUTTI-A. VISALBERGHI, *La scuola secondaria superiore in Italia*, Roma, Armando, 1971. Per il problema del biennio in particolare, confronta anche: VARII, *Struttura e ordinamenti del biennio 14-16 anni*, Quaderno monografico di «Formazione e Lavoro», n. 30, 1968.

Il governo, nell'attesa di trovare un accordo con le di verse forze politiche, dal 1969 in poi, ha adottato una serie di provvedimenti legislativi parziali, tendenti a sanare alcune situazioni abnormi, ad apportare alcune modifiche agli attuali indirizzi; a contenere attraverso una serie di «facilitazioni» la difficoltà occupazionale dei diplomati[8].

Questi provvedimenti, che non rispondono certo alla richiesta dal basso di una sostanziale modifica dell'istruzione superiore, sono stati dei veri e propri «ritocchi» all'attuale struttura scolastica, ma definiti «sperimentali» solo per superare le difficoltà di quanti si opponevano alle modifiche parziali.

Il Convegno Internazionale di Frascati, organizzato dal CERI-OCSE e dal Ministero della P.I., nel dare attualità ad una prospettiva di riforma molto più radicale di quelle precedentemente formulate in sede ufficiale, pone come esigenza fondamentale la sperimentazione graduale del «modello» proposto[9].

In particolare, per la sperimentazione nel documento conclusivo è detto: «A livello nazionale gli orientamenti programmatici generali e il controllo della sperimentazione sono disposti esclusivamente da un organo misto, dove si affiancano ai delegati del parlamento, e ad esperti da questi nominati, rappresentanti delle componenti scolastiche. Un istituto di ricerca pedagogica è incaricato dei controlli e delle sperimentazioni di più stretto carattere scientifico e si avvale della collaborazione universitaria a livello regionale e locale»[10].

In questa occasione, il Ministro della P.I. R. Misasi, a conclusione dei lavori, accoglie la proposta emessa dal Convegno, dichiarando «che la sperimentazione deve essere largamente introdotta e applicata» e che «la

---

[8] Vedi a questo proposito i seguenti provvedimenti: *circolare ministeriale* sull'opportunità di considerare ciclo unico le prime due classi della scuola secondaria superiore (maggio '70); *quinquennalizzazione* degli istituti professionali (legge 754 dell'ottobre 1969); *anno integrativo* per gli istituti non a durata quinquennale per consentire l'accesso a tutte le facoltà (secondo la legge 910 del dicembre 1969); modifica degli esami di stato (decreto legge del febbraio '69, approvati con una leggina dell'aprile '71); liberalizzazione degli accessi universitari (già citata) da *Documenti sulla Scuola*, vol. I-II (raccolti e introdotti a cura di) M. GATTULLO, Bologna, CLUEB, 1972.

[9] Nel maggio 1970 si è tenuto a Frascati presso il Centro europeo dell'educazione un convegno internazionale sui problemi della scuola secondaria superiore, promosso dal CERI (Centro per la ricerca e l'innovazione educativa dell'OCSE) dal Ministero della P.I. e dalla Direzione generale degli scambi culturali e con la partecipazione di studiosi italiani e stranieri. Cfr. CERI-OCSE, *Conceptions nouvelles en matière d'enseignement secondaire*, Paris, OCDE, 1971.

[10] *Ibidem*, p. 75.

scuola unificata è la direzione lungo cui avviarsi prima che diminuiscano paurosamente i margini per fornire soluzioni non più rinviabili»[11].

Su questa base l'Ufficio Studi e Programmazione del Ministero della P.I., promuove la sperimentazione, con l'obiettivo di compiere un primo passo in direzione di un processo riformatore e realizzare alcune verifiche fra le ipotesi prospettate.

Questi propositi però registrarono una immediata battuta di arresto appena fu affrontato il problema della natura e dell'oggetto dell'esperimento: fu immediatamente accantonata l'ipotesi di una sperimentazione del modello «omnicomprensivo» e si opta per la sperimentazione a livello di «biennio».

La scelta fu giustificata, dal responsabile dell'Ufficio Studi e Programmazione del Ministero della P.I., con la impossibilità di precostituire soluzioni alternative alle attuali; con la esigenza di realizzare delle proposte compatibili con la realtà normativa e con la legislazione esistente; con la necessità di garantire agli allievi impegnati con l'esperimento esiti scolastici tali da non pregiudicare l'accesso agli anni di corso tradizionali corrispondenti a quelli frequentati nei corsi sperimentali. Inoltre da parte del Ministero si ritenne «che la scelta del più modesto esperimento a livello biennale, lo sforzo di modificare il meno che fosse possibile le strutture esistenti, l'impegno di convogliare l'esperienza "su linee interne" piuttosto che su complesse, dispendiose e non sempre sufficientemente predisposte ipotesi trasformazionali, insieme con il fatto che nelle iniziative in oggetto si coinvolgevano le amministrazioni periferiche desse migliori garanzie di arrivare a qualche effettivo risultato»[12].

In verità la scelta della sperimentazione a livello di biennio, più che nelle giustificazioni poc'anzi esposte, va forse ricercata nella opportunità politica di muoversi entro i limiti condivisi dalla maggioranza e questo per le seguenti ragioni:

1) la «carenza legislativa» più che una giustificazione è la testimonianza di un'amministrazione statale così sclerotizzata da impedire ai suoi massimi responsabili di adottare dei provvedimenti tali da avviare le esperienze da loro patrocinate (in verità non si capisce come sia stato utilizzato l'art. 9 della legge n. 2038 del 21.9.1938 per istituire nel 1971-72 all'Umanitaria di Milano un istituto sperimentale ad indirizzo tecnico-professionale e non sia stato possibile utilizzarlo per le esperienze di tipo «comprensivo»);

2) la «dispendiosità» dell'esperienza ci sembra insostenibile se si pensa allo «spreco» del «capitale umano» nell'attuale sistema scolastico;

[11] *Ibidem*, pp. 7-8.
[12] G. GOZZER, *Rapporto sulla secondaria*, cit., pp. 234-285.

3) quanto alle «ipotesi» non «sufficientemente predisposte» la interpretazione può essere duplice: se è riferita alle ipotesi teoriche esistono tanti
progetti di legge, analisi e indagini che non resta l'imbarazzo della scelta; se
è riferita alle situazioni scolastiche e ambientali in cui realizzare la sperimentazione esiste tutto un movimento di rinnovamento nella scuola che,
anche se non sempre organico e coerente, testimonia una condizione di
disagio per la situazione scolastica esistente e una presa di coscienza della
necessità di una trasformazione radicale tale da consentire qualsiasi
sperimentazione.

In verità si è preferito optare per la vecchia soluzione del *biennio-
triennio*, istituendo un biennio già condizionato in partenza (si pensi solo
alle materie «opzionali» di fatto condizionanti per l'accesso ai trienni), perché esiste a livello ufficiale una sostanziale riserva verso l'ipotesi comprensiva. Ciò spiega perché la sperimentazione, a livello ufficiale, è intesa non
come la verifica di ipotesi «diverse» e «nuove» ma come conferma di ciò
che è già acquisito a livello «istituzionale».

Una conferma delle affermazioni sopra esposte è data dalla formulazione di un *articolo*, che di seguito riportiamo, presente in tutti e quattro i
decreti istitutivi e vincolante per gli esperimenti: «Salvi restando i diritti
degli allievi a godere un trattamento che non pregiudichi comunque le loro
possibilità di carriera scolastica nei confronti degli studenti che frequentano
analoghi tipi di istituzioni scolastiche, l'esperimento potrà avviare tutte quelle
iniziative di integrazione, di orientamento, di utilizzazione delle nuove tecnologie didattiche, di introduzione dei nuovi sistemi per l'accertamento del
profitto, di ristrutturazione dei programmi, di adozione dei metodi didattici
che verranno riconosciuti idonei dal Comitato Tecnico.

Gli allievi delle classi sperimentali che abbiano ottenuto esito positivo
potranno proseguire gli studi alla fine del periodo biennale con passaggio
automatico alle classi corrispondenti degli istituti tecnici e professionali; per
gli istituti classici, scientifici e magistrali il passaggio alla classe corrispondente è subordinato a una prova integrativa nelle materie caratterizzanti dei
rispettivi corsi di studi (latino, greco, pedagogia e psicologia); a meno che
tali materie siano state seguite, con esito positivo, come opzioni regolari
nell'ambito del periodo scolastico predetto»[13].

Se questo, a grandi linee, è il contesto politico e pedagogico in cui è
stata avviata la sperimentazione dei bienni, le condizioni di partenza, le

---

[13] Questo articolo è presente nei quattro decreti istitutivi, in *Quaderni gialli – Gli esperimenti di biennio unitario*, cit., pp. 81-87.

motivazioni e gli obiettivi di chi ha proposto le esperienze come la loro realizzazione sono «diversi» e «differenziati»[14].

Gli obiettivi di partenza

A Milano la sperimentazione del biennio, nell'anno scolastico 1970/71, era stata anticipata da una fase orientativa nell'anno precedente, realizzata secondo l'ipotesi pedagogico-didattica contenuta nel volume di C. Perucci, *Il Biennio*, Firenze, 1969, a cui l'autorizzazione ministeriale faceva esplicito riferimento.

L'esperimento si colloca all'interno delle iniziative promosse dall'Amministrazione Provinciale, con l'intento di adempiere all'*impegno-obiettivo* assunto dagli Enti Locali, nell'ambito del Comitato Regionale per la Programmazione Lombarda, di realizzare il «diritto allo studio» e l'estensione dell'obbligo scolastico fino al 16° anno di età[15].

Se il volume di C. Perucci rappresenta il complesso di orientamenti pedagogico-operativi e il Piano del CRPL l'obiettivo di politica scolastica, i presupposti generali su cui si fonda l'esperienza sono ampiamente esplicitati e definiti nel capitolo introduttivo al volume *Il Biennio di Milano*, che riassumiamo brevemente:

a) nella società attuale l'edificio delle informazioni cresce rapidamente per cui occorre essere sempre più informati e competenti; le informazioni

---

[14] Per l'analisi sulla esperienza dei bienni ci siamo serviti anche della seguente documentazione:

Quaderni gialli (a cura dell'Uff. Studi e Programmazione del Ministero della P.I.), *Gli esperimenti di biennio unitario*, Roma, 1971, n. 5; G. PROVERBIO, *La sperimentazione del primo ciclo unitario nella secondaria superiore*, in «Orientamenti pedagogici», 1971, n. 1. Per *Milano*: Amministrazione Provinciale di Milano, *Il biennio di Milano – per una scuola orientativa, formativa, unitaria*, Milano, 1971; M.T. MIGNONE, *Il biennio sperimentale di Milano*, in «Scuola viva», Aprile 1971, n. 4. R. CALZECCHI ONESTI, *Intervento* al Convegno su «Libro e biblioteca nelle scuole secondarie», Bologna 5-6-7 aprile 1973 (nello stesso convegno sono state presentate relazioni dattiloscritte sull'esperimento di Aosta e Roma a cui ci siamo riferiti). Gli atti del Convegno sono in corso di stampa a cura del Provveditorato agli Studi di Bologna. Per *Aosta*: un *volume ciclostilato* che raccoglie una ricca documentazione (relazioni del Comitato di coordinamento, relazioni dei singoli plessi, verbali di riunioni, programmi dettagliati, indagini sulla popolazione scolastica) reperibile presso la segreteria del biennio di Aosta; Per *Rovereto*: *Atti del convegno sul biennio unitario di Rovereto* (Pinzolo 30 agosto-6 settembre 1971), Rovereto, Tipografia Mercurio, 1972; Per *Roma*: M. PERRONE, *Aspetti salienti della sperimentazione* (dattiloscritto presentato al Ministero della P.I.), Roma, 7.4.1973.

[15] E. PERACCHI, *L'esperienza di prolungamento dell'obbligo scolastico in provincia di Milano*, in «Formazione e Lavoro», n. 27, 1969, pp. 70-75.

pervengono sempre più per canali diversi dalla scuola per cui, se non si vuole perdere la propria funzione e stare al passo con il sistema, è necessario che la scuola accresca la produttività del suo insegnamento;

b) esiste una spinta dal basso di richiesta di istruzione che anche in Italia, «nonostante l'emorragia dovuta alle perdite e agli abbandoni, la scolarità del biennio è in continuo aumento» e ciò lascia prevedere che, «nella misura in cui andrà normalizzandosi la scolarità dell'obbligo, si avranno tutte le premesse per un proseguimento di fatto dell'obbligo stesso dopo il quattordicesimo anno; in altri termini sarà lo stesso comportamento del corpo sociale che in effetti realizzerà il biennio secondario superiore come prolungamento della scuola dell'obbligo»;

c) il carattere della preparazione e qualificazione professionale, a seguito delle mutate richieste da parte del mondo del lavoro, esige capacità di ordine personale generale (maturità, ampiezza di prospettive) e capacità di adattamento alle trasformazioni (produttive e di vita). Ciò implica una particolare attenzione per quegli stadi dell'istruzione che stanno in mezzo fra la scuola elementare e l'Università e quindi per la scuola media, che richiede un avanzamento verso gli standard della scuola superiore[16].

L'analisi prosegue, poi, attraverso un esame psicosociologico della crisi adolescenziale, intesa come crisi intergenerazionale e di identità nell'attuale società, per ipotizzare un biennio con finalità educative autonome, che rispondano a questa particolare età e intese come «stadio pedagogico» (con una formula scolastica di 3 + 2 cioè scuola media più biennio, considerata molto più aderente ai ritmi dello sviluppo tanto biopsichico che spirituale) che consideri come «asse portante» la funzione di orientamento.

Mentre gli scopi della sperimentazione milanese sono stati specificati e chiariti, in una tavola Rotonda tenutasi presso l'Amministrazione Provinciale, nel modo seguente:

«1) L'esigenza di erogare una *formazione di base* a tutti gli allievi che abbiano superato l'attuale periodo di scuola dell'obbligo e che non siano orientati con chiarezza a proseguire gli studi superiori, avuto riguardo, nel contempo, anche alla possibilità di maggiore espansione della personalità giovanile e allo sviluppo armonico e continuo della nostra società;

2) attraverso tale formazione si vuole di fatto assicurare al giovane una più viva coscienza della propria personalità e una più esatta conoscenza del proprio ambiente: la consapevolezza, cioè, della propria «dimensione» psicofisica e spirituale nonché la possibilità di impegnarle in un ruolo professionale avente un proprio rilievo anche sotto l'aspetto sociale;

---

[16] Cfr. Amministrazione Provinciale di Milano, *Il biennio di Milano – per una scuola orientativa, formativa, unitaria,* cit., pp. 17-62.

3) la società, per parte sua, dovrà avere assicurato un capitale umano adeguato ai suoi ritmi di sviluppo e maturo per affrontare le conseguenze di un processo di crescita che rende sempre più complesse e dinamiche la vita e le relazioni sociali»[17].

L'analisi, articolata e interessante, ritiene che l'attuale situazione di crisi della scuola derivi: dalla arretratezza dei contenuti e dei metodi rispetto alla realtà in movimento; dalla carenza di strutture rispetto alla domanda di istruzione da parte della «scolarità dell'obbligo»; dalla inadeguatezza della formazione di base, per nulla in grado di rendere il lavoratore capace di esercitare le proprie mansioni e di adeguarsi ai progressi della tecnologia. Ma questi non sono gli unici motivi di crisi della situazione scolastica italiana. A monte ve ne sono altri riguardanti la natura di classe della nostra scuola: l'inadempienza del diritto allo studio; la funzione selettiva ancora largamente presente nella scuola dell'obbligo; la divisione fra scuola secondaria superiore e istruzione professionale strettamente correlata alla condizione socio-economica; la funzione di educazione al «consenso».

L'esperienza milanese, quindi, pur ponendo il problema di un rinnovamento delle strutture dei contenuti e dei metodi si muove all'interno di una concezione della scuola che risponda alle esigenze di una società industriale avanzata. Per queste ragioni il «modello» proposto, unico nella struttura, è più attento al momento «psicologico» e alla funzione di «orientamento» nel rispetto delle «attitudini dei soggetti» che non all'esigenza di una formazione, «pre-professionale a vari livelli» e alla realizzazione di «forme democratiche, di autogestione coordinata» dalle diverse componenti sociali, così come è auspicato dal Convegno di Frascati[18].

Ad Aosta, l'Amministrazione Regionale, grazie anche allo *Statuto Autonomo*, si è posta come obiettivo l'attuazione di una scuola di base «veramente» per tutti, attraverso la rimozione di quegli ostacoli a monte e interni alla scuola, che di fatto la rendono selettiva, e l'inserimento della stessa nella comunità sociale ed economica della Valle, attraverso una presenza diretta delle diverse componenti sociali.

Su questa base gli Aostani identificano come obiettivi a monte dell'esperimento i seguenti:

«1) graduale elevazione dell'età dell'obbligo almeno fino al 16° anno, che comporti una scuola per tutti (nel senso sopra indicato) e aperta a tutti non tanto in forza di legge quanto piuttosto in forza di una revisione dei contenuti e della metodologia della formazione;

2) tentativo concreto di realizzare il «diritto allo studio» come diritto-

---

[17] *Ibidem*, p. 66.
[18] Cfr. *Documento conclusivo dei Lavori dell'incontro di Frascati*, in G.M. BERTIN-S. VALITUTTI-A. VISALBERGHI, *La scuola secondaria superiore*, cit., pp. 170-171.

dovere per ogni cittadino di avere dalla scuola e nella scuola i mezzi per realizzare le proprie potenzialità di sviluppo e le capacità di servire la comunità. Vista l'attuale situazione scolastica è chiaro che il «diritto allo studio» non sarà attuato se la scuola non si adoperi per colmare i ritardi scolastici, per mettersi soprattutto al servizio di quelli che riescono più difficilmente, per tentare di rimediare a tutte le disuguaglianze sociali che pesano sulla rinascita sociale;

3) creazione di strutture scolastiche capaci di dare una formazione connessa con i ritmi personali di apprendimento, con la maturazione degli allievi e le esigenze della vita comunitaria. Tali strutture devono essere prevalentemente orientative e non professionalizzanti in maniera precoce;

4) connessione fra la struttura scolastica e la comunità locale, possibile solo se la struttura è aperta, decentrata, atta a recepire gli stimoli dell'ambiente. Ovviamente tale connessione non deve essere intesa come asservimento della scuola alle attuali strutture sociali, ma come rapporto dialettico che permetta alla scuola di svolgere una funzione critica propulsiva al fine di una crescente umanizzazione e democratizzazione della società»[19].

Si ritiene, a questo proposito, che i fini sopra indicati non sono raggiungibili attraverso l'esperienza del biennio e che la loro stessa identificazione è da ritenersi una esigenza di lavoro, tesa a individuare i problemi sopra accennati e ad avviare una prima verifica delle ipotesi di una «scuola comprensiva» da estendere al «quinquennio».

L'esperienza viene pertanto estesa a tutti gli allievi iscritti al primo anno delle scuole medie superiori e a due corsi serali per studenti lavoratori con l'impegno di estenderla, nell'anno successivo, agli allievi iscritti alle scuole professionali. Questa scelta, connessa al coinvolgimento di tutte le componenti sociali della Regione, crea le condizioni per una prima verifica anche di quel *comprensorio scolastico*, posto come esigenza dal Convegno di Frascati e che nella relazione Biasini si specificherà meglio come *Distretto Scolastico*, chiave di volta dell'intero sistema scolastico. Esso, nelle intenzioni degli ideatori, rappresenta il livello ottimale per realizzare forme concrete e democratiche di gestione sociale della scuola, assicura la massima eterogeneità di sfondi socio-culturali, consente un effettivo e non burocratico intervento in direzione di tutti quei servizi (centri culturali, servizi socio-pedagogici e di orientamento, iniziative di educazione permanente oltre che mense, trasporti, libri gratuiti) che vanno molto al di là della scuola tradizionalmente intesa[20].

[19] *Gli esperimenti del biennio unitario – Quaderni gialli*, n. 5, cit., p. 15.

[20] O. Biasini, *Scuola secondaria superiore, ipotesi di riforma*, Roma, Edizione della Voce, 1972, pp. 179-181.

A Rovereto, l'esperimento del biennio nasce su iniziativa dei presidi degli Istituti Superiori della città, in collaborazione con l'Amministrazione Provinciale di Trento e il Provveditorato agli Studi.

Il preside Tomazzoni, responsabile dell'esperimento, nel Convegno di Pinzolo, identifica gli obiettivi del biennio con il contenuto dell'art. 7 del Decreto Ministeriale che afferma: «Salvi restando i diritti degli allievi a godere un trattamento che non pregiudichi comunque la loro possibilità di carriera nei confronti degli studenti che frequentano analoghi tipi di istituzioni scolastiche, l'esperimento potrà avviare tutte quelle iniziative di integrazione, di orientamento di utilizzazione delle nuove tecnologie didattiche, di introduzione di nuovi sistemi per l'accertamento del profitto, di ristrutturazione dei programmi, di adozione di metodi didattici che verranno riconosciuti idonei dal comitato tecnico»[21]. E, con i seguenti, gli obiettivi educativi:

a) sviluppare, con tutta libertà, l'autonomia e la personalità dell'alunno;
b) realizzare una cultura di base comune per tutti gli indirizzi;
c) promuovere una partecipazione degli allievi alla vita della scuola;
d) prolungare nel tempo la scelta professionale dell'alunno.

Pertanto a Rovereto l'esperienza si fonda su un «biennio unitario» (così è stato definito dai suoi promotori), che pur accogliendo l'esigenza di rendere la fascia biennale più omogenea, non si pone particolari ipotesi di modifiche strutturali, ma preferisce aprirsi alle innovazioni di carattere metodologico e didattico senza rotture brusche con il passato.

Anche l'esperienza romana non si pone particolari problemi di modifiche strutturali: nasce all'interno degli indirizzi facenti capo all'istruzione classica, scientifica e magistrale e si definisce «liceo unitario», prefigurando, attraverso le opzioni, una prospettiva di triennio che si ispira a quella indicata dalla Commissione di Indagine[22] più che a quella emersa da Frascati.

La sperimentazione, sollecitata da un gruppo di famiglie, nasce per volontà dei dirigenti della sezione romana dell'Opera Montessori, che, con l'appoggio del Provveditore agli Studi di Roma, propongono un «progetto» di biennio che trova, nei seguenti, i motivi di fondo dell'esperienza:

1) gli alunni, che attualmente dalla scuola media passano alle scuole superiori, subiscono un «trauma» e/o un lungo periodo di disadattamento, derivante dalla impostazione ancora tradizionale di questa. E ciò in una fase di sviluppo molto delicata come è quella degli adolescenti;

---

[21] *Atti del Convegno sul biennio unitario sperimentale di Rovereto*, cit., p. 9.
[22] Cfr., MINISTERO DELLA P.I. (a cura di), *Relazione della commissione di indagine sullo stato e sullo sviluppo della pubblica istruzione in Italia*, Roma, Palombi, 1963, vol. I.

2) la scelta precoce dell'indirizzo scolastico risulta, dagli studi psicologici, sociologici e pedagogici, essere controindicata in questa fase di maturazione;

3) risulta ormai largamente condivisa la necessità di una riforma delle scuole medie superiori ispirata ai principi della moderna pedagogia e psicosociologia dell'educazione.

Gli obiettivi dell'esperimento si ispirano ai principi del *metodo non direttivo*[23] e della partecipazione dello studente alla vita della scuola, così formulati nella ipotesi di esperimento:

1) la non direttività è un metodo educativo di carattere eminentemente democratico: essa aiuta i ragazzi a divenire uomini capaci di iniziativa personale; responsabili delle proprie azioni e disponibili a collaborare e adattarsi a nuove situazioni di vita;

2) la non direttività è ispirata ad un atteggiamento positivo di rispetto, di comprensione, di calore;

3) la situazione formativa è imperniata intorno a una ipotesi fondamentale: l'individuo ha la capacità, almeno potenziale, di individuare gli aspetti della sua vita che gli causano felicità o infelicità, gioia o pena, ed ha la tendenza a riorganizzarsi per realizzare una più piena attualizzazione di sé e quindi la sua crescita personale;

4) un clima scolastico non direttivo ha bisogno di un insegnante disponibile, capace di immergersi nel mondo soggettivo del ragazzo e quindi di comprendere il suo «quadro interno di riferimento», perché l'alunno scopra in sé la forza e la capacità di sviluppare la sua personalità e si autopercepisca come persona inserita in un gruppo[24].

Organi di gestione e struttura operativa

I decreti istitutivi dei quattro bienni prevedono la costituzione di un *Comitato Tecnico*, a cui è affidata la direzione dell'esperimento, e di un *Comitato di Coordinamento scientifico*, composto da un gruppo ristretto di membri del Comitato Tecnico, a cui è affidata la responsabilità di proporre il piano di attività, le norme di conduzione dell'esperimento, di redigere, a fine anno, una relazione sui risultati ottenuti e di nominare al suo interno le persone (o la persona) incaricate di assumere la direzione didattica del-

---

[23] Per un esame del metodo e della scuola non direttiva confronta G.M. BERTIN, *Educazione e alienazione*, cit., pp. 99-123.

[24] Cfr. M. PERRONE, *Aspetti salienti della sperimentazione*, cit.

l'esperimento, in modo da poter esercitare «collegialmente le funzioni e le attribuzioni spettanti ad un capo d'Istituto»[25].

Se questa è la struttura gestionale prevista dai decreti, nei fatti l'interpretazione, ma soprattutto la loro applicazione, è stata realizzata in senso restrittivo (cioè con un accentramento della gestione) o in un senso più ampio (cioè attraverso la partecipazione alla gestione di altre componenti della scuola anche non previste dai decreti) a seconda delle specifiche finalità e motivazioni che hanno determinato l'esperimento.

Non è questa la sede per affrontare il problema della gestione scolastica, l'argomento è così complesso che richiederebbe un'analisi ben più vasta e approfondita di quella che lo spazio a nostra disposizione e l'argomento specifico che stiamo trattando ci consentono. Ciò che ci preme sottolineare è che la scuola, oggi, e i tentativi di sperimentazione in particolare non possono ignorare il problema della «gestione scolastica» – sia pure nelle diverse forme in cui essa si esprime: «comunità scolastica», «cogestione», «gestione sociale» – se non si vuole dare alle esperienze una funzione di semplice rinnovamento contenutistico e metodologico. Il non aver considerato, a livello istitutivo il problema, come uno degli obiettivi della sperimentazione, è da considerarsi un'occasione mancata. Invece il Convegno di Frascati aveva espresso chiaramente questa esigenza affermando: «Il governo della scuola deve realizzarsi in forme democratiche, di autogestione coordinata a livello comunale, provinciale e regionale ed aperta alla partecipazione studentesca, delle famiglie e della società civile organizzata...»[26].

A Rovereto il Comitato Tecnico è stato costituito, oltre che dalle autorità della scuola e degli enti locali, dai presidi degli istituti superiori della città, che sono anche gli unici membri del Comitato di Coordinamento. A questo proposito nella relazione conclusiva, al termine del primo anno di esperienza, si legge: «Abbiamo ridotto al minimo tutti i problemi della gestione coscienti che un esperimento il quale deve servire di prova per noi e soprattutto per molti altri, non deve presentarsi con strutture macchinose, complicate e allargate ad un numero considerevole di esperti, sottoesperti, di assistenti, di consiglieri»[27]. Più avanti il documento, a proposito della scelta dei presidi, come unici membri del Comitato di Coordinamento, prosegue: «Il loro parere è stato determinante nel proporre i piani di studio, soprattutto quelli delle materie vocazionali, e lo sarà molto di più, quando si

[25] Cfr. I decreti istitutivi, in «Quaderni gialli», cit., pp. 81-87.

[26] Documento conclusivo dei lavori dell'incontro di Frascati, in G.M. BERTIN-S. VALITUTTI-A. VISALBERGHI, La scuola secondaria superiore, cit., p. 171.

[27] Atti del Convegno sul biennio unitario sperimentale di Rovereto, cit., p. 15.

saranno esaminati i punti di arrivo e le esperienze fatte nel primo anno, i risultati raggiunti e quando si tratterrà di riesaminare i piani di studi per le materie vocazionali. Anche davanti a queste scelte si è pensato che gli uomini che operano nella scuola (i presidi), sono dal punto di vista della preparazione e della tecnica, più validi di qualsiasi tecnico astratto e generico»[28]. La presenza degli insegnanti è stata prevista a livello di consiglio generale dei professori (che si riuniva una volta alla settimana) e sostitutivo del consiglio di classe. In tale consiglio, gli insegnanti, oltre ad assolvere le normali attribuzioni previste per legge, affrontavano anche i problemi relativi ai programmi e al comportamento e rendimento degli allievi (compiti specifici del consiglio di classe).

Quanto alla partecipazione degli allievi la relazione prosegue, chiarendo: «Non abbiamo escluso, in questa complessa gestione, l'intervento degli alunni: ma non abbiamo lasciato che si effettuasse in assemblee tumultuose e caotiche, governate da alcuni giovani più o meno strumentalizzati da gente estranea alla scuola. Gli interventi si sono effettuati in libere discussioni all'interno dei gruppi, guidate e più spesso provocate dagli insegnanti, che poi comunicavano contenuti ed atteggiamenti nei consigli settimanali dei professori»[29].

In breve l'esperienza di Rovereto, a questo proposito, è sostanzialmente identica a quella di una qualsiasi scuola media superiore italiana in quanto non ha tenuto conto neanche delle indicazioni del ministero della P.I. relative alla partecipazione degli allievi alla vita della scuola e, per i genitori, di quelle relative alla possibilità di costituirsi in comitato.

A Milano il Comitato Tecnico è composto, oltre che da autorità scolastiche statali e degli Enti Locali, da tre docenti universitari (psicologo, sociologo e pedagogista), da un docente di scuola media superiore e da un docente di scuola media. Questi sono anche i membri del Comitato di Coordinamento Scientifico. La struttura del Comitato di Coordinamento ha tenuto conto delle indicazioni contenute, a questo proposito, nel volume di C. Perucci, *Il biennio*, che considera l'*équipe* organo «propulsore» e di «assistenza» del Consiglio di classe (partecipando a questo con pari diritti) che a sua volta è considerato «un caposaldo metodologico».

I compiti dell'*équipe*, in sintesi, erano i seguenti:
– studio della personalità degli allievi, della dinamica interattiva del gruppo scolastico e assistenza psicologica individuale degli allievi;
– consulenza ai singoli insegnanti e al consiglio di classe;
– assistenza e consulenza psicologica alle famiglie;

[28] *Ibidem*, p. 16.
[29] *Ibidem*, p. 17.

– studio e continua discussione e revisione dell'impostazione pedagogica dell'esperimento;
– studio e realizzazione di una didattica individualizzata e socializzante;
– realizzazione dell'orientamento attraverso l'individuazione degli interessi e delle attitudini anche attraverso la scelta delle materie vocazionali.

Nei fatti questa impostazione ha presentato difficoltà e problemi, presi in considerazione dalla stessa équipe in sede di consuntivo, per i seguenti motivi:
– l'accentuazione degli interventi specialistici (diagnostico o terapeutico) hanno creato negli allievi e negli insegnanti uno stato «ansiogeno»;
– il lavoro di orientamento, sia pure corretto sul piano scientifico, è risultato eterodiretto non garantendo agli allievi la possibilità di scegliere con maggiore libertà, sul modello della «vocational guidance»;
– l'équipe, di fatto, è diventata l'organo di gestione dell'esperimento e fattore condizionante del Consiglio di classe.

In verità, proprio dall'esame dei documenti sull'esperimento, questi problemi non sono causati solo dalla prevalenza del momento «tecnico-scientifico», rappresentato dalla équipe, ma da una precisa scelta fatta dai suoi membri, che ha privilegiato il momento di «efficienza» dell'esperimento anziché quello della «gestione».

A questo proposito appare significativo aver considerato come problema disciplinare la richiesta degli allievi di partecipare alla vita dell'istituto ospitante (l'Istituto Verri), soprattutto durante lo svolgimento delle assemblee (sono gli anni della contestazione degli studenti medi). Si legge da un verbale di un consiglio di classe:

«*Argomento centrale del giorno: la disciplina*
Il problema della disciplina si pone in modo particolarmente accentuato per una serie di ragioni, già tratteggiate in precedenti consigli di classe o nei discorsi dei professori che ora si ricapitolano:
–́ l'esperimento è cominciato tardi e con una serie di disagi: nei primi tempi i ragazzi sono stati accolti da una situazione precaria e provvisoria, che ha dato loro insicurezza;
– l'esperimento è inserito in una struttura scolastica del tutto diversa ed ha poco spazio, promiscuo per giunta;
– le tensioni esistenti fra professori e fra studenti (i vari gruppi "politici" degli studenti, le divisioni didattiche e metodologiche tra insegnanti) ripercuotendosi sul giudizio che si dà dell'esperimento, creano una certa ostilità che i ragazzi avvertono istintivamente e in forma oggettiva (sgridate, colpe attribuite al di là di quelle che hanno ecc.). La stessa partecipazione alla vita studentesca del Verri è problematica, perché ci sono molti gruppi

collocati alle due estreme: ci sarebbe il rischio che i ragazzi venissero ulteriormente frastornati e disorientati: del resto, nelle ricreazioni comuni, qualcosa filtra in mezzo a loro;

– c'è poi la novità della situazione (stare a scuola a mangiare, fare la ricreazione insieme), l'aspettativa vaga di una scuola "diversa", "libera", dove avrebbero fatto quello che volevano»[30].

Problemi, questi, non superabili con la giustificazione che la partecipazione alle assemblee sottraggono tempo allo svolgimento del programma, né limitando la partecipazione alle assemblee riguardanti argomenti generali, ad avvenimenti mondiali, con la considerazione «della diversa natura dei problemi della sperimentazione e della scuola tradizionale». Tantomeno sono contenibili trasformando la *riunione settimanale di bilancio* (che avrebbe dovuto affrontare l'andamento della settimana, facendo valutazioni e proposte) in una riunione «di verifica obiettiva dell'appreso...» perché la componente «studenti dimostrò la tendenza a trasformare la riunione in una assemblea e ad accaparrarla».

L'avvio alla soluzione di questi problemi è stata data attraverso un tentativo di «cogestione», realizzato nel secondo anno di esperienza, tendente a stabilire una corresponsabilizzazione degli allievi attraverso la partecipazione ai consigli di classe, la possibilità di indire assemblee regolamentate, la costituzione di gruppi di studio autonomi. Tutto questo minuziosamente previsto, organizzato e formalizzato da un «regolamento» interno, che rappresenta la base di riferimento per tutto ciò che attiene alla vita interna dell'Istituto, dai problemi logistici a quelli disciplinari, da quelli partecipativi a quelli decisionali. Il «regolamento»[31], – alla cui lettura si rinvia – per quanto stipulato con la partecipazione degli studenti, è più un esempio di un organismo «democratico-formale-rappresentativo» che lo strumento funzionale di una comunità scolastica impostata sul principio dell'*autogoverno* in direzione *etico-sociale*[32].

Di qui, a nostro avviso, il limite e l'inefficacia della linea seguita dalla sperimentazione in questa direzione.

Non è questa la sede per riaprire il dibattito sul valore formativo ed educativo in direzione *etico-sociale* della trasposizione a livello scolastico dei moduli organizzativi della società adulta. Ciò che ci preme sottolineare

---

[30] Amministrazione provinciale di Milano, *Il biennio di Milano – per una scuola orientativa, formativa, unitaria*, cit., p. 88.

[31] *Ibidem*, pp. 225-249.

[32] G.M. BERTIN, *Educazione alla ragione*, Roma, Armando, 1973, Terza edizione riveduta ed ampliata, pp. 206-234.

è la possibile efficacia sul piano educativo di proporre come rimedio (un regolamento democratico-partecipativo) la causa stessa della contestazione studentesca, che, non si dimentichi, è stata caratterizzata, tra l'altro, dalla messa in discussione della struttura democratico-partecipativa.

A Roma l'esperimento aveva come obiettivo – richiamandosi alle teorie ed esperienze del Rogers – la realizzazione di un modello di scuola *non direttiva*. A questo scopo sono stati individuati i seguenti strumenti:

1) un'*assemblea* di genitori, alunni e professori;

2) un *comitato* più ristretto con rappresentanti di famiglie, alunni e professori aventi la funzione di decidere intorno ai problemi emersi dall'assemblea;

3) un *Comitato Tecnico* di esperti del Ministero, del Provveditorato e di uomini della scuola ricchi di esperienza e disponibili psicologicamente verso questo tipo di lavoro che, volta per volta, avrebbe vagliato l'esperimento e puntualizzato i problemi più importanti da affrontare.

Dalle relazioni conclusive dell'esperimento se si sottolinea come positiva l'esperienza associativa degli allievi e la validità del metodo non direttivo anche rispetto all'apprendimento, si lamenta altresì il mancato coinvolgimento delle famiglie. L'esperienza romana se mostra l'efficacia di alcuni obiettivi della «scuola non direttiva», soprattutto per il clima di comprensione e di collaborazione che si instaura fra gli insegnanti e gli allievi, ne mostra anche i limiti. Questo per due ragioni:

– la spontaneità dell'adolescente è solo un «mito»; dietro un comportamento apparentemente libero si celano condizionamenti ideologici e culturali ben più pressanti e precisi;

– il mancato coinvolgimento dei genitori e soprattutto delle altre forze sociali di fatto chiudono l'esperienza al mondo esterno, limitandola ad una dinamica interpersonale di carattere «psicologico» e da «isola felice».

Ad Aosta il documento programmatico identifica, come scopo non secondario della sperimentazione, «la partecipazione alla gestione sociale dell'esperimento dei gruppi sociali interessati...».

Su questa base sono state istituite assemblee e consigli a diversi livelli di competenza:

a) un primo livello di carattere collegiale:

– *Assemblea di esperimento* con funzioni di dibattere e valutare gli obiettivi generali e le relative ipotesi dell'esperimento. I componenti di tale organo sono: gli allievi, gli insegnanti, i genitori, gli esperti, i sindacati confederali dei lavoratori e le associazioni dei datori di lavoro, i rappresentanti degli Enti Locali territoriali e i rappresentanti delle associazioni culturali.

– *Assemblea interclasse o di Plesso* avente la funzione di dibattere i problemi inerenti a ciascun filone, i problemi dell'organizzazione didattica del plesso e i problemi della valutazione. Ne fanno parte gli allievi, gli insegnanti, i genitori e gli esperti.

– *Assemblea di classe* avente la funzione di esaminare e dibattere tutti i problemi inerenti la classe. Ne fanno parte gli allievi, gli insegnanti e i genitori della classe.

b) un secondo livello di carattere esecutivo:

– *Consiglio di esperimento* avente la funzione di eseguire, sulla base delle indicazioni emerse dall'assemblea di esperimento e in stretto raccordo con il Comitato Tecnico che è il responsabile della sperimentazione. Ne fanno parte i rappresentanti delle diverse componenti l'assemblea di esperimento, l'organismo ha carattere elettivo.

– *Consiglio interclasse o di plesso*, costituito da insegnanti, rappresentanti degli allievi e delle famiglie, avente la funzione di decidere sui problemi didattici e operativi, nel quadro delle direttive generali fissate dal Comitato Tecnico e sulla base delle indicazioni emerse dall'assemblea interclasse o di plesso.

– *Consiglio di classe* che, oltre alle normali attribuzioni, ha il compito di realizzare le istanze espresse dall'assemblea di classe.

Il problema della gestione è forse il più importante di tutti quelli relativi all'esperimento Aostano, o almeno quello più caratterizzante, in quanto ne doveva determinare, e così è stato, il taglio, sia in senso positivo che negativo. Ci sembra pertanto opportuno vedere il problema più da vicino, anche perché l'insieme degli organi gestionali previsti appaiono piuttosto macchinosi. Se l'aspetto fondamentale della gestione è la collegialità, il ruolo dei vari organismi e in particolare le loro competenze e la loro possibilità di influire sulle decisioni di fondo sembrano più confusi.

Riassumendo, i momenti caratterizzanti la gestione possono essere schematizzati nel modo seguente:

– *una gestione sociale* attraverso la quale le forze più significative della società, cioè quelle interessate al problema della scuola, definiscono le scelte di fondo, esercitano un continuo controllo per il raggiungimento degli obiettivi, realizzano la necessaria continuità fra scuola e lavoro, cultura scolastica e cultura;

– *una gestione interna* che deve realizzare, in stretto collegamento con gli organi di gestione sociale, le indicazioni generali. Quindi cura i rapporti interni fra le varie componenti, affronta tutti i problemi organizzativi e i problemi didattici.

Prima però di esaminare i vari momenti della gestione, è importante tener conto di due fattori: uno positivo, la democratizzazione, nel secondo anno di esperienza, dei due organismi di gestione previsti dal decreto istitutivo

(Comitato Tecnico e Comitato di Coordinamento Scientifico) attraverso l'immissione di tutte quelle componenti previste dallo schema di gestione (Assemblea di esperimento, di plesso, di classe e Consiglio di esperimento, di plesso, di classe); l'altro, ne*gativo*, la decisione delle autorità centrali e periferiche, per il secondo anno, di ripristinare, anche a livello di biennio, gli istituti tradizionali, cosa che ha dimezzato il numero degli iscritti al biennio. Questa scelta ha significato: la riduzione quantitativa della componente genitori (in particolare di quelli appartenenti alla classe borghese) che ha preferito reimmettere i figli nelle scuole a indirizzo tradizionale; la diminuzione di interesse da parte della intera comunità all'esperienza, in quanto non più coinvolta globalmente; l'insicurezza sugli sbocchi per chi ha continuato l'esperienza del biennio, aggravata dalla decisione di ripristinare i primi due anni degli indirizzi tradizionali.

Per queste ragioni ci sembra più opportuno analizzare gli organi previsti, considerata anche la loro varietà, non in base al loro funzionamento ma in rapporto alla partecipazione e al processo di maturazione delle diverse componenti.

Lo strumento principale attraverso cui gli allievi hanno preso coscienza dei loro problemi e hanno partecipato alle scelte dell'esperimento è stata l'assemblea di classe e di plesso. In queste assemblee gli allievi hanno avuto modo di intervenire sui seguenti problemi: analisi dei piani di lavoro annuali per ogni disciplina; determinazione di alcune norme di convivenza, come autodisciplina; raggiungimento di un «livello» comune all'interno della classe; recupero; piani individuali di lavoro; criteri di valutazione quadrimestrali, studiati con gli insegnanti per definire il «comportamento» e «l'interesse», correlandoli alla valutazione proposta dal Comitato Tecnico; istituzione di commissioni per lo studio dei problemi relativi al rinnovamento della scuola e alla realtà sociale in cui essa opera; discussione su tutti i problemi relativi al lavoro scolastico: orario, lavoro individualizzato e di gruppo, riesame dell'attività didattica svolta e da svolgere, attività sportive; problemi connessi alle scelte scolastiche e professionali, con particolare attenzione ai «trienni» successivi non modificati.

Nell'insieme, pur nella diversità di livello e di difficoltà che si riscontrano tra i diversi plessi, la partecipazione degli studenti è stata positiva, in quanto ha consentito: un continuo confronto dialettico fra gli allievi e le diverse componenti; un'analisi critica dei problemi; l'abitudine al rispetto delle maggioranze e delle minoranze; la possibilità di assumere le responsabilità conseguenti alle scelte fatte e di trovarne le soluzioni operative e pratiche.

La partecipazione dei genitori, prevista a tutti i livelli di gestione, considerata determinante per l'apertura verso l'esterno e componente importante – con gli studenti e gli insegnanti – per la strutturazione dell'attività didattica, è mancata quasi totalmente a livello generale mentre è risultata limitata, a livello di assemblee di classe e di plesso. Anche a questo livello, più che un aggancio con l'esterno, i genitori hanno mostrato interesse per i problemi della valutazione e del dopo-biennio degli allievi. In sostanza la posizione dei genitori, pur appoggiando l'esperienza, non è andata oltre un impegno di tipo tradizionale, demandando agli insegnanti la maggior parte delle responsabilità.

Diversa è stata la partecipazione degli insegnanti alla gestione. Essa si è manifestata ai diversi livelli: consiglio di classe, riunioni per materie o di «filone», assemblee di plesso, comitato di coordinamento scientifico. Questa attività, oltre a quella strettamente scolastica, si è configurata nel modo seguente:

– preparazione del materiale didattico (dispense, prove di verifica, esperienze di laboratorio, ecc.) a livello delle *riunioni per materia o di «filone»*;

– strutturazione del quadro organizzativo in cui operare e ricerca di soluzioni di ordine didattico a livello di *consiglio di classe*;

– definizione degli obiettivi generali di carattere politico-sociale da perseguire, e degli strumenti operativi da adottare, durante le *assemblee degli insegnanti*;

– confronto di opinioni con le altre componenti durante le *assemblee di classe o di plesso*;

– lavoro di coordinamento fra i plessi a livello del *consiglio di coordinamento scientifico*.

Tenendo conto che questo impegno anche in termini quantitativi è stato espletato al di fuori del normale lavoro di classe, la partecipazione degli insegnanti all'esperienza è stata positiva, sia dal punto di vista quantitativo che qualitativo. E in particolare: per la ricerca comune di una impostazione didattica, superando l'abitudine a risolvere individualmente i problemi della classe; per l'intervento degli insegnanti nelle decisioni più generali a livello di comitato di coordinamento scientifico come portatori delle istanze e dei problemi del plesso rappresentato.

In sostanza si può concludere che la *gestione interna* ha dato dei risultati positivi, pur tenendo conto delle difficoltà insite in ogni struttura nuova, aggravate dalla necessità di sopperire a tutto il non risolto a livello di *gestione sociale*. Ma se gli organismi di gestione interna (consigli di classe, di plesso, di filone e comitato di coordinamento scientifico) hanno mostrato la loro validità riuscendo a trovare, collegialmente, soluzioni ai vari problemi, gli organi previsti per la gestione sociale sono risultati nei fatti inoperanti. In particolare i partiti, i sindacati, gli enti locali, le associazioni culturali e professionali non sono riusciti ad inserirsi organicamente e ad assumere quelle responsabilità indispensabili per portare avanti un progetto di rinnovamento che andasse oltre l'esperienza specifica del biennio[33].

La popolazione scolastica

Le informazioni a disposizione e la non omogeneità dei criteri usati per la campionatura e l'analisi della popolazione scolastica, nelle situazioni in cui ci si è posti il problema, non consentono un esame comparato. Pur tuttavia ci sembra opportuno esaminare il problema. Gli allievi accolti nei bienni sono stati nel primo anno 596 (così ripartiti: Milano 90, Rovereto 60, Roma 46, Aosta 400, cioè tutta la popolazione scolastica iscritta al primo anno dei corsi superiori). Nel secondo anno i dati sono incompleti; da quelli a disposizione si suppone un incremento del 30%, e, se si tiene conto della riduzione del 50% di Aosta, il totale globale non muta sostanzialmente. Questo significa che nell'anno scolastico 1970/71, su 479.473 alunni iscritti al primo anno di corso delle scuole medie superiori in Italia, solo 596 o poco più sono stati coinvolti nella sperimentazione indetta dal Ministero della P.I.

A Roma, dai documenti a disposizione, non risulta che sia stato affrontato il problema. Gli allievi, almeno nel primo anno, provengono dalla scuola media gestita dall'Ente «Opera Montessori» e dal liceo *ospitante* le due classi di biennio; nel secondo anno il biennio si è dato una sede in un quartiere semiperiferico della città per accoglierne gli studenti ed assumere così una sua fisionomia socio-economica.

A Rovereto su 120 domande ne sono state accolte 60 per il primo anno, scelte a caso, con un criterio di rappresentatività degli allievi iscritti ai sei istituti superiori della città, e di proporzionalità rispetto al numero globale degli iscritti a ciascun istituto. Con questo criterio è stato possibile stabilire che rispetto alla scuola di provenienza, gli allievi, alla fine dell'anno, hanno optato per un indirizzo scolastico diverso da quello iniziale (il 18%, rispetto al numero degli iscritti all'inizio dell'anno, si è orientato verso il liceo scientifico). Queste preferenze pare non siano state rispettate dai responsabili dell'esperienza. Nella relazione finale, si sostiene che la scelta degli allievi era stata operata in base «al valore sociale ed economico di una professione» e non su «una chiara coscienza delle [loro] attitudini» per cui si è ritenuto opportuno «... richiamare alcune famiglie sulla incertezza dell'opzione scelta dal figlio, sulla mancanza di una aderenza delle attitudini del figlio all'opzione scelta»[34]. A questo proposito, ci sembra opportuno

---

[33] Cfr. Il volume *ciclostilato* sull'esperienza negli anni 1970/71 e 71/72, cit.

[34] *Atti del Convegno sul biennio unitario sperimentale di Rovereto*, cit., pp. 25-26.

rilevare che non sono stati chiariti i criteri usati per stabilire le «attitudini», se mai il problema è ancora da porsi in questi termini.

Dell'esperienza di Milano non sono noti i criteri di scelta dei 90 allievi iscritti al biennio; ma è stata realizzata un'indagine sulla popolazione scolastica per stabilire la provenienza socio-economica, l'iter scolastico, i motivi di scelta del biennio, i livelli di aspirazione. Dall'analisi risulta che la maggioranza degli allievi proviene da un ceto sociale medio-alto; che i 2/3 degli allievi, alla fine della scuola media non era in grado di operare una scelta scolastica definitiva e che la quasi totalità si è orientata verso il biennio per evadere la scuola tradizionale.

Dalle relazioni di Aosta non risultano indagini relative alla popolazione scolastica nel primo anno di esperienza mentre ne sono state condotte per il secondo anno. Dall'indagine risulta che l'aver reso facoltativa la frequenza del biennio ha mutato la fisionomia della popolazione scolastica, rendendola quasi omogenea, ma a livelli socio-economici bassi. Dei 400 alunni del primo anno la metà è rifluita negli istituti tradizionali; di questi hanno abbandonato il biennio tutti gli alunni iscritti all'opzione classica (tranne tre che hanno cambiato opzione) e la quasi totalità degli iscritti all'opzione scientifica. I duecento allievi rimasti hanno scelto le opzioni sulla base del Decreto Ministeriale, ricostituendo di fatto la fisionomia degli istituti tradizionali (3 classi «orientative» verso l'Istituto Magistrale, 3 verso l'Istituto Tecnico per Geometri, 3 verso l'Istituto Tecnico per Ragionieri, un piccolo nucleo verso il Liceo Scientifico).

Inoltre risulta che il 36% di questi allievi frequenta la classe corrispondente all'età e che dei rimanenti il 27,5% ha avuto più di una ripetenza. Questa fisionomia della popolazione scolastica sembra accentuata nei nuovi iscritti al primo anno (84 allievi). Inoltre alla maggior parte di questi era stata sconsigliata la prosecuzione degli studi dopo la licenza media o era stata invitata a scegliere tipi di scuola «poco impegnativi». Da questa analisi si può rilevare che il biennio, dove ha accentuato il carattere unitario della formazione, è stato vissuto come una scuola dequalificata o non in grado di garantire il successo scolastico nel triennio.

Sarebbe stato interessante e per una sperimentazione doveroso stabilire dei criteri per l'iscrizione, analizzare il campione scolastico scelto, confrontarlo, almeno dopo i due anni di esperienza, con i dati relativi alla popolazione scolastica frequentante gli indirizzi tradizionali o con un campione di questi, per poter esprimere un giudizio meno generico sulla sperimentazione.

Strumenti ed organizzazione dell'attività educativa

Se gli obiettivi e le strutture gestionali dei quattro esperimenti si collocano in contesti politico-pedagogici diversi, sul piano di una riorganizzazione del processo educativo hanno mostrato – pur con tanti limiti e a diversi livelli di approfondimento – le possibilità di rinnovamento esistenti nella realtà scolastica.

In questo senso la sperimentazione, sia pure puntando sul rinnovamento dei contenuti e dei metodi – anche se gli strumenti e l'organizzazione della vita educativa non sono separabili dagli obiettivi – testimonia una volontà di rinnovamento, che evidenzia maggiormente le condizioni di disagio e di insoddisfazione degli allievi e di parte del corpo insegnante verso l'attuale struttura della scuola.

In tutte le esperienze ci si è orientati verso il rifiuto delle forme tradizionali ed autoritarie di svolgimento della vita scolastica (i programmi, la lezione, i compiti in classe; le interrogazioni, i registri, i voti, gli esami nozionistici). Si è introdotto il pieno tempo, il lavoro interdisciplinare, il lavoro autonomo degli studenti (mettendo in discussione la struttura «per classi» della scuola), il lavoro di gruppo e la ricerca per evitare l'isolamento delle diverse componenti scolastiche.

I contenuti dell'insegnamento, almeno nelle linee generali, si richiamano ai criteri emersi dal Convegno di Frascati, che li distingue in tre momenti:

1) Un gruppo di discipline comuni a tutti gli allievi, considerate per la loro natura formativa preliminari alle altre e fondamentali per lo sviluppo delle diverse direzioni della vita educativa (linguistico-letteraria, socio-economica, artistica, scientifica e tecnologica);

2) Diverse discipline opzionali che, pur muovendosi nell'ambito delle direzioni della vita educativa, approfondiscano una direzione specifica;

3) Libere attività, su iniziativa degli studenti, indipendenti dalle opzioni di provenienza.

Queste indicazioni hanno però subito, all'interno di ciascuna esperienza, diverse modifiche (v. prospetto n. 1) perché tutte condizionate, nella scelta delle opzioni, a quei contenuti stabiliti per legge ai fini del proseguimento degli studi nel «triennio» non riformato. Infatti a Rovereto i contenuti, ad eccezione di alcune materie facoltative (filologia, recitazione e archeologia, per solo due ore settimanali), ripropongono gli attuali programmi previsti nei bienni dai diversi indirizzi delle scuole superiori, riunendo, sotto la dicitura di «materie obbligatorie», tutte quelle comuni ai diversi indirizzi (conservando tra l'altro lo stesso numero di ore) e, sotto la dicitura di «materie opzionali», le altre (sempre con lo stesso numero di ore). Ad Aosta, pur nell'ambito dei condizionamenti già espressi, si è fatto un tentativo di riduzione e di omogeneizzazione delle materie intorno ad alcune direzioni fondamentali della vita educativa. A Roma, grazie anche alla natura «liceale» del biennio, è stato possibile non appesantire il curriculum con molte materie opzionali e renderlo quindi più simile alle indicazioni del Convegno di Frascati, potenziando, tra l'altro, la direzione espressivo-estetica. Più interessante sembra la proposta di Milano, che configura i contenuti programmatici in termini globali, secondo la seguente sequenza:

1) definizione di un «programma quadro» precisante i livelli minimi da raggiungersi nell'arco di un anno, nonché le modalità di «verifica» degli stessi, definiti ed elaborati dal Comitato Tecnico.

2) Definizione di «piani di studio annuali» e relative modalità di verifica, per ogni singola materia, dedotti dal programma quadro e precisanti i livelli minimi da raggiungersi, rispettivamente, a conclusione del «periodo propedeutico» ed a conclusione del «periodo intensivo». Ciascun «piano annuale» prevede tutti i possibili punti di confluenza interdisciplinare con le altre materie, anzi si vuole che queste vengano organizzate per «linee», ciascuna delle quali volte a sviluppare una particolare direzione della vita educativa (espressivo-estetico, scientifico-tecnologico, storico-sociale (v. prospetto n. 1).

3) I «Progetti» costituiscono una parte dell'attività prevista durante il «periodo intensivo» e pianificati dagli insegnanti e dagli studenti. Essi consistono in piani opzionali di ricerca che si innestano nel programma basilare obbligatorio ma ne approfondiscono alcuni aspetti particolari, come dimostrazione di concreta e produttiva applicazione. A questi è affidato il compito di fornire agli allievi l'occasione di una immediata applicazione degli apprendimenti dei «piani annuali» e di fornire elementi di scelte attitudinali.

Si è ritenuto inoltre necessario per la realizzazione dei contenuti sopra esposti modificare tanto il calendario scolastico annuale quanto la stessa distribuzione oraria. Su questa base l'anno scolastico è stato diviso in tre periodi: un *periodo trimestrale propedeutico* (da ottobre a dicembre) destinato a rilevare la situazione di partenza dell'alunno, e a dotarlo di un bagaglio conoscitivo prevalentemente metodologico, fornendogli quei metodi e «strumenti» di lavoro, indispensabili per lo studio e per organizzare il lavoro-studio individuale; un *periodo intensivo semestrale* (da dicembre a tutto giugno) per lo svolgimento dei «piani annuali» e dei «progetti»; un *periodo di recupero* (dall'ultima decade di agosto a ottobre) sostitutivo degli esami di settembre, criterio ormai entrato nella prassi scolastica normale. L'orario settimanale di 36 ore comprende 15 «ore classe» che potremmo chiamare di lezione nel senso comunemente inteso, nelle quali si svolgono i programmi relativi ai «piani annuali»; 15 «ore scuola» nelle quali si svolgono i «progetti» di ricerca e tutte quelle attività non di lezione, come le visite, le esplorazioni, le interviste, le tavole rotonde, ecc.; 6 «ore-studio» per l'approfondimento individuale, da parte dell'allievo, con l'assistenza dell'insegnante, dei settori inerenti ai precedenti campi di lavoro.

Non è possibile in questa sede riportare o esaminare analiticamente i programmi relativi agli insegnamenti o «materie» prescelte. In tutti, o quasi, emerge l'esigenza di un aggiornamento culturale delle singole discipline e il tentativo di superare la divisione per «materie» attraverso una impostazione di tipo «interdisciplinare». A questo proposito però, per quanto si tratti di un campo di ricerca ancora aperto, non sembra che ci sia omogeneità di criteri, anzi questi spesso divergono fra loro. Alcuni hanno inteso individuare in una «materia» tradizionale quella capace di fare da matrice o da centro di riferimento per il lavoro interdisciplinare (la matematica, la filosofia, la geografia, la storia, ecc.). Altri hanno negato a qualsiasi disciplina questa prerogativa, ponendo come principio organizzatore l'unità di metodo o argomenti considerati portanti: le «proprietà della materia», la «conflittualità», la «funzione degli intellettuali», ecc. Manca, in realtà, un principio o criterio unificatore capace di superare l'eventuale parcellizzazione del «sapere». Per l'individuazione di questo «criterio», G.M. Bertin ritiene che la ricerca strutturalista «in quanto consapevolezza critico-epistemologica della natura del sapere e del suo processo», può apportare un notevole contributo, purché dia rilievo al rapporto reciproco fra le differenti discipline e tra le differenti strutture concettuali[35].

In realtà si nota, anche nella ripartizione delle ore, una preminenza delle materie «umanistiche» a scapito di quelle «scientifiche», che è un retaggio culturale, di stampo idealistico, ancora presente nella nostra scuola, attraverso una sottovalutazione del valore culturale e formativo della conoscenza e della pratica scientifica.

Un altro aspetto, tra quelli considerati, ma non sufficientemente chiarito, è la «tecnologia». A questo proposito le interpretazioni sono state diverse: la si è considerata, o integrativa delle materie scientifiche, o di quelle storico-sociali, quando non è servita come etichetta per raggruppare le materie opzionali di carattere professionale.

Queste considerazioni credo trovino ampia conferma nella recente indagine Iea-Cnr[36] dalla quale si rileva che la scuola secondaria superiore, nonostante duri un anno in più che negli altri paesi, sembra fornire un

---

[35] G.M. Bertin, *Educazione e alienazione*, cit., p. 131.

[36] Cfr. Aavv, *Il profilo scolastico in Italia e nel mondo*, in «La ricerca», del 15 novembre 1973, Torino, Loescher Editore, pp. 6-13; M. Corda Costa, *Qualche precisazione sui risultati di un'inchiesta*, in «La ricerca» del 15 dicembre 1973, Torino, Loescher Editore, pp. 7-12.

prodotto culturale «assai scadente non solo nelle scienze ma anche nella comprensione della lettura e nella letteratura». In particolare, schematizzando i punti principali emersi dall'indagine, risulta:

a) l'Italia tra i paesi sviluppati è quello che realizza il progresso minimo tra la fine della scuola media e quella della secondaria superiore, sia nelle *scienze*, sia nella *letteratura*, sia nella *comprensione della lettura*;

b) questa situazione si fa più preoccupante passando dal Nord al Sud, tanto che quest'ultimo si colloca al di sotto dei paesi cosiddetti «in via di sviluppo»;

c) per le scienze «questo andamento a frana» è particolarmente accentuato proprio per i licei scientifici, mentre gli istituti tecnici industriali sono caratterizzati da una media generale più alta e da un minore dislivello regionale (forse perché meno condizionati dalla cultura umanistica e più forniti di laboratori);

d) quanto alla informazione scientifica, gli studenti italiani sono al di sopra della media dei paesi «sviluppati», mentre nella «comprensione», nella «applicazione» e nei «processi intellettuali superiori» essi registrano un arretramento.

La valutazione

In tutte e quattro le esperienze, richiamandosi agli obiettivi di partenza o all'esigenza di un rinnovamento metodologico, è stato messo in discussione il modo tradizionale di valutare gli allievi e soprattutto i criteri a cui si ispira.

In una scuola che mette al centro l'attività di apprendimento dell'allievo, la sua crescita personale sul piano culturale e sociale, la valutazione non può essere intesa come strumento fiscale dell'appreso, in modo uniforme per tutti gli allievi. Deve soprattutto servire a misurare la maturità che l'allievo va progressivamente acquistando. Quindi è necessario conoscere a fondo gli allievi, individuare le sue attitudini, i suoi bisogni, aiutarlo a crescere e a fare le sue scelte, valutare i progressi che compie sul piano delle conoscenze e delle capacità.

Questi, in sintesi, i principi ispiratori della valutazione, anche se i modi e l'uso che ne è stato fatto sono diversi.

Ad Aosta i mezzi di osservazione, di indagine e di verifica sono stati offerti nel corso della sperimentazione dalle stesse tecniche di apprendimento: il dialogo, la discussione, il lavoro di gruppo, il lavoro individuale, la ricerca, le esercitazioni scritte e le relazioni integrate da questionari e prove oggettive effettuate nell'ambito delle singole discipline. Va inoltre ricordato che le prove sono state elaborate collegialmente dagli insegnanti della stessa materia e che i criteri di valutazione sono stati stabiliti dagli insegnanti in accordo con gli allievi, per ridurre il margine di soggettività sempre presente nella valutazione.

A Rovereto si è sostituito il voto con un giudizio che tenesse conto soprattutto dei progressi compiuti, dello sviluppo della personalità, del tipo di intelligenza, dell'atteggiamento personale dell'alunno nell'apprendere e valutare i problemi. Si è tentato di risolvere l'aspetto soggettivo della valutazione con la discussione collettiva dei giudizi, da parte degli insegnanti, nelle riunioni di Consiglio dei professori.

Molto più elaborato è il sistema di valutazione introdotto a Milano. Esso consiste in un triplice quadro valutativo (del comportamento, del rendimento scolastico e delle attitudini) di tipo descrittivo e traducibile in punteggio. Questi tre momenti si specificano ulteriormente al loro interno attraverso ulteriori classificazioni, tutte traducibili in punteggio.

Anche in questo caso, a nostro avviso, l'estrema «raffinatezza» scientifica del procedimento adottato non sfugge al pericolo di essere «discriminante», se non tiene conto delle «disuguaglianze di partenza» e se la valutazione non viene utilizzata in direzione modificante dell'impostazione didattica anziché giudicante.

A Roma coerenti con gli obiettivi di partenza (una scuola non direttiva) si è ritenuto inaccettabile qualsiasi valutazione, intesa come controllo esercitato dall'insegnante in virtù della sua funzione e della sua autorità. Quindi è stata intesa solo come strumento di informazione che non compare solo allo scadere del quadrimestre. Proprio perché il ragazzo partecipa alla vita della scuola, la valutazione viene discussa, ogni volta che se ne presenta l'occasione, fra i compagni e gli insegnanti. La funzione è educativa: consentire all'allievo di formarsi una coscienza critica e di emendarsi quando è necessario.

Considerazioni conclusive

Nelle condizioni in cui si sono svolte le esperienze, non riteniamo possibile trarre delle indicazioni particolarmente «nuove», e suscettibili d'essere tradotte in una «proposta» di biennio estensibile ad altre situazioni e realizzabile su «larga scala».

La sperimentazione, in un settore scolastico come la scuola secondaria superiore, così differenziato al suo interno quanto ad obiettivi, strutture e livelli e che deve rispondere a domande sociali ed economiche diversissime, non può limitarsi ad esperienze tanto particolari sia per «qualità» che per «quantità».

Dal punto di vista qualitativo la prima obiezione è di carattere metodologico. Una sperimentazione per essere estensibile ha bisogno di un controllo: al suo interno, attraverso una verifica degli strumenti adoperati per il raggiungimento degli obiettivi; all'esterno, confrontandola con altre esperienze simili e con la situazione all'interno della quale la sperimentazione ha preso le mosse. La seconda obiezione riguarda il «modello» di partenza: una sperimentazione, nell'attuale situazione della scuola secondaria superiore, non può muoversi per «linee interne» agli indirizzi esistenti, ma deve verificare dei «modelli» diversi, per struttura, contenuti e metodi e dentro un corso «globale», altrimenti si rifluisce verso una «razionalizzazione» dei bienni attuali, anziché affrontare un'ipotesi realmente unitaria-comprensiva[37].

Infatti una delle pesanti ipoteche all'esperimento è stata determinata dall'aver condizionato il biennio allo sbocco nei trienni tradizionali. Questa scelta ha messo in dubbio la validità dell'esperienza, anche rispetto agli obiettivi di partenza di ciascun biennio, per le seguenti ragioni: le materie opzionali sono state scelte nell'ambito delle materie caratterizzanti i trienni successivi esistenti; il numero delle materie opzionali ha di fatto appesantito l'orario scolastico, riducendo al minimo le possibilità di iniziative diverse (contenuti extra curriculari, indagini di ambiente, incontri e dibattiti promossi dagli studenti, ore da dedicare allo studio, ecc.); nei casi in cui si è dato più spazio ad attività diverse si è limitato il numero delle opzioni e quindi le possibilità di accesso ai trienni (es. a Roma le possibilità di accesso sono limitate ai licei e all'Istituto Magistrale); la scelta dei contenuti non può non aver risentito di questi condizionamenti essendo richiesta agli allievi, per l'accesso al triennio successivo, una preparazione tradizionale (es. Matematica, Latino e Greco, Pedagogia, le materie caratterizzanti i diversi indirizzi dell'Istituto Tecnico, ecc.); la fase di orientamento si riduce al minimo essendo il tempo utilizzato per una preparazione specifica, secondo i programmi vigenti, nelle materie opzionali prescelte ma condizionanti ai fini del proseguimento degli studi[38].

Ma a questi, che potremmo definire motivi interni alla sperimentazione, se ne aggiungono altri riguardanti la natura della nostra scuola: la divisione, fra scuola secondaria formativa generale e istruzione professionale – che sottende la distinzione fra scuola obbligatoria e scuola facoltativa – è regolata dal principio che distingue gli individui sulla base dei «meriti» e delle «capacità».

---

[37] Queste riserve furono espresse da T. CODIGNOLA e A. VISALBERGHI in un'intervista a «Panorama» (novembre 1970).

[38] Le critiche sono condivise anche da molti insegnanti e responsabili delle quattro esperienze dei bienni e in particolare da quelli di Aosta (confronta le relazioni ciclostilate indicate nella nota n. 14).

Numerose indagini sociologiche hanno dimostrato come questa distinzione fra gli individui è strettamente legata alla loro provenienza socio-economica. Ma ciò che risulta rilevante, ai fini del rendimento scolastico, è il modo come questi «meriti» e «capacità» si trasmettono. «I privilegi e gli svantaggi socio-economici della famiglia di origine vengono trasmessi ai figli, nel processo di socializzazione primaria, sotto forma di "capitale culturale", cioè sotto forma di codice linguistico, di valori, di atteggiamenti, di informazioni. È infatti al codice linguistico appreso dalla famiglia che dobbiamo rifarci se vogliamo predire il rendimento scolastico dell'allievo. Così pure, è ai suoi orientamenti di valore verso il mondo e la vita, alle sue aspirazioni scolastiche e occupazionali e al suo livello di informazioni sul sistema scolastico che dobbiamo rifarci se vogliamo predire la sua carriera scolastica»[39].

L'attuale sistema scolastico, ancora fortemente selettivo a livello di scuola dell'obbligo e fondamentalmente dualistico a livello di scuola media superiore (indirizzi pressoché formativi generali con accesso all'Università e istruzione professionale), di fatto «legittima» ed «accentua» queste differenze, perpetrando così una «divisione» che è «sociale».

Se il Convegno di Frascati rispetto a questi problemi indica una soluzione intermedia, proponendo l'estensione dell'obbligo fino a sedici anni e rinviando l'istruzione professionale a dopo il suo adempimento[40], i bienni sperimentali presi in esame eludono il problema. Il giudizio di A. Visalberghi, uno dei promotori del Convegno di Frascati, è molto preciso a questo proposito. «Un principio generale dovrebbe infatti essere quello di scartare ogni "modello" che sacrifichi il momento professionale nei suoi vari aspetti. Saranno da evitarsi, ad esempio, sperimentazioni di bienni più o meno unitari, ma che escludono l'indirizzo professionale (come purtroppo è accaduto finora nelle poche esperienze del genere tentate). Saranno da incoraggiarsi invece combinazioni anche limitate di indirizzi tecnici e professionali affini. E in tali combinazioni saranno da porsi a confronto, se possibile, soluzioni diverse: itinerari diversi, ma alla lunga equivalenti, e itinerari identici, salvo la possibilità di uscita al terz'anno con una pre-qualifica professionale»[41].

Dal punto di vista quantitativo, l'aver coinvolto nell'esperienza del biennio 596 studenti su 479.473 iscritti al primo anno di corso delle scuole

---

[39] M. BARBAGLI-M. DEI, *Le vestali della classe media*, Bologna, Il Mulino, 1969, pp. 117-118.

[40] *Documento conclusivo dei lavori dell'incontro di Frascati*, in G.M. BERTIN-S. VALITUTTI-A. VISALBERGHI, *La scuola secondaria superiore*, cit., p. 170.

[41] A. VISALBERGHI, *Per una impostazione nuova del problema*, in G.M. BERTIN-S. VALITUTTI-A. VISALBERGHI, *La scuola secondaria superiore*, cit., p. 161.

medie superiori nell'anno scolastico 1970/71, credo sia un indice troppo basso per qualsiasi tipo di analisi. Ma se le sperimentazioni furono limitate ai quattro bienni presi in esame ed a qualche altro caso particolare[42] le richieste di sperimentazione negli anni 1970/71 e 1971/72 furono numerose da parte di Istituti di Scuole Secondarie e di Amministrazioni Locali[43]. La condizione di disagio per lo stato di arretratezza della scuola superiore resa più macroscopica dalla «esplosione scolastica» e più evidente nella sua complessità dalla «contestazione studentesca», ha spinto, sia pure in modi e forme diverse, a trovare delle soluzioni dal basso in attesa di un intervento di riforma dall'alto. Queste iniziative, nel chiedere l'autorizzazione alla sperimentazione, coglievano quella che sembrava una volontà del Ministro Misasi, tra l'altro confermata con la nomina di una Commissione per la sperimentazione alla fine del 1971.

Nei fatti, questa commissione, per ragioni a noi ignote, è stata inoperante per tre anni, se solo a partire dall'anno scolastico 1973/74 sono state autorizzate 25 sperimentazioni nei bienni ed è stata concessa la sperimentazione nei «trienni» a tre delle esperienze qui esaminate (escluso Aosta)[44].

---

[42] Negli stessi anni fu autorizzata la sperimentazione del biennio all'Istituto privato «Leone XIII» di Milano, all'Istituto «L'Assunzione» di Roma e la sperimentazione dell'Istituto tecnico-professionale (quinquennale) presso la Società Umanitaria di Milano.

[43] La Commissione per la sperimentazione (Commissione Prini) esaminò molte proposte di sperimentazione ma senza autorizzarle, da G. GOZZER, *Rapporto sulla secondaria*, cit., p. 225.

[44] Diamo di seguito l'elenco delle scuole:

Liceo scientifico Panzini	Roma
Liceo ginnasio Virgilio	Roma
Liceo ginnasio G. Cesare	Roma
Liceo ginnasio Visconti	Roma
Liceo classico Pio XII	Roma
Liceo scientifico Castelnuovo	Roma
Liceo ginnasio Lucilio	Roma
Istituto magistrale Oriani	Roma
Istituto Tecnico Comm. Verri	Milano
Istituto Tecnico ad Ordinamento speciale	Milano
Liceo scientifico Volta	Milano
Istituto Tecnico Commerciale «Mattei»	Rho (Milano)
Tutti gli Istituti superiori	Aosta
Liceo ginnasio Sacro Cuore	Catania
Liceo ginnasio Michelangelo	Firenze
Liceo scientifico Castelnuovo	Firenze
Liceo scientifico	Pordenone
Liceo ginnasio Properzio	Assisi (Perugia)

Invece è risultata operante, proprio in quegli anni, una repressione «amministrativa», che in alcuni casi è diventata anche «giudiziaria», contro studenti, insegnanti e presidi che senza attendere autorizzazioni «ufficiali» per sperimentare hanno deciso, singolarmente o a gruppi, di «lavorare ed operare nella scuola in un modo diverso»[45].

Queste iniziative trovano origine in *Lettera ad una professoressa* della Scuola di Barbiana e nelle analisi sulla scuola e sulla società iniziate con la «contestazione studentesca»; perciò, anche quando si propongono degli obiettivi arretrati o assumono delle posizioni discutibili, hanno una qualità di tipo «politico» che fa scattare i timori e le contraddizioni delle autorità. L'esempio più clamoroso è rappresentato dal Liceo «Castelnuovo» di Roma. In occasione dei provvedimenti a carico di quegli insegnanti la rivista *Scuola e Città*, in un editoriale dal titolo *Repressione e sperimentazione*, riporta il testo di un documento di protesta sottoscritto da numerosi uomini di scuola in cui si afferma: «Questi docenti compiono una ricerca difficile perché finora unicamente affidata al loro coraggio e alla loro iniziativa. È perfino doloroso constatare come coloro che offrono l'esempio di maggiore impegno siano oggi, negli anni 70, colpiti come eversori e quasi criminali. – ... Ma repressione è anche il silenzio dei responsabili politici della Pubblica Istruzione, che non sono tempestivamente intervenuti a chiarire quale sia la direzione giusta per un docente della scuola pubblica dei nostri giorni e a bloccare doverosamente i rigurgiti squadristici. Un sistema centralistico come il nostro che pretende di muoversi come un suggeritore illuminato, è invece soltanto spento: pretende di promuovere e controllare la vita delle scuole ma sopporta che sussistano in agguato concezioni e regole ereditate dal periodo più squallido della storia italiana»[46].

In sostanza l'attuale situazione scolastica è caratterizzata da un appara-

Liceo ginnasio Baldessano	Carmagnola (Torino)
Istituto magistrale Vitt. Emanuele 3°	Aquila
Istituto Tecnico Ind. Masi	Foggia
Istituto Tecnico Ind. Olivetti	Ivrea (Torino)
Istituto Tecnico Naut. Cappellini	Livorno
Istituto Tecnico commerciale	Senigallia (Ancona)
Istituto Superiore	Fornovo (Parma)
Istituto Superiore	S. Secondo (Parma)
Istituto Superiore	Langhirano (Parma).

[45] Cfr. *Chi insegna a chi? – cronache della repressione nella scuola*, Torino, Einaudi, 1972; G. COLABRIA-G. MONTI, *La pelle dei professori*, Milano, Feltrinelli, 1972; G. COLABRIA, *La scuola in tribunale*, Firenze, Guaraldi, 1973.

[46] A. SANTONI-RUGIU, *Repressione e sperimentazione*, in «Scuola e città», n. 1, gennaio 1972, Anno XXIII, p. 1.

to governativo-burocratico che: da un lato conduce indagini, formula ipotesi, propone riforme, in direzione di una scuola di massa unitaria, efficiente, partecipativa, senza mai attuarla, e, dall'altro, fa si che le condizioni di vita e di attività all'interno della scuola siano sempre più arretrate, autoritarie, burocratiche, fatiscenti.

Non si vuole qui fare una analisi della politica scolastica, ma una sperimentazione non può essere valutata al di fuori di questo contesto. Riteniamo che la validità di una sperimentazione è da ricercarsi proprio nella capacità di situarsi, nell'attuazione, come esperienza dal basso in risposta all'immobilismo riformatore governativo e al suo apparato chiuso a qualsiasi innovazione.

Perciò ben vengano le sperimentazioni «ufficiali» e «scomode» se si muovono come esperienze scolastiche radicalmente rinnovate dal basso ma con l'aiuto di quelle forze sociali che sino ad oggi sono state escluse dalle scelte di politica scolastica.

Prospetto 1. Orario settimanale delle lezioni

AOSTA — 40 unità settimanali (di 50')

Tronco comune (27)

Linguistico-espressivo (10)		
Italiano	4
Francese	4
Ed. artistica	2

Storico-sociale (7)	
Storia	4
Ed. religiosa	1
Ed. fisica	2

Matematico-scientifico (10)	
Matematica	4
Fisica	3
Chimica	3

Materie opzionali (8)

Latino e Pedagogia	4 + 4
Latino e inglese	4 + 4
Latino e grego	4 + 4

LAVORO INDIVIDUALIZZATO (5)
LAVORO INDIVIDUALE (6)

MILANO — 36 ore settimanali

(15 + 15)

Linguistico-espressivo
- Italiano
- Lingua straniera
- Ed. musicale
- Ed. artistica

Matematico-sperimentale-operativo
- Matematica
- Fisica
- Biologia
- Chimica
- Tecnologia

Storico-sociale
- Storia
- Geografia
- Scienze umane
- Religione
- Ed. fisica

N.B. 15 ore sono dedicate ai **Piani annuali** (vedi materie obbligatorie) e 15 ore sono dedicate ai **Progetti** interdisciplinari (vedi materie opzionali).

ROVERETO — 35 ore settimanali

Materie comuni obbligatorie (25)

Religione	1
Italiano	5
1ª lingua straniera	4
Storia e Geografia	6
Ed. civica e Economia matematica	4
Storia naturale e chimica	3
Ed. fisica	2

Materie vocazionali — Per 10 ore complessive

Latino e greco	8
Latino	4
2ª lingua straniera	4
Psicopedagogia	4
Tecnologia	4
Appl. al lavoro	2
Disegno tecnico	2
Disegno libero	2
Fisica (laboratorio)	2

Materie facoltative

Ed. musicale	2
Filmologia	2
Recitazione	2
Dattilografia	2
Statistica	2
Archeologia	2

ROMA — 43 unità settimanali (di 50')

Tronco comune (30)

Linguistico
- Italiano
- Latino
- Inglese

Sociale
- Religione
- Storia e Ed. civica
- Geografia
- Ed. fisica

Scientifico
- Matematica
- Fisica
- Scienze
- Tecnologia

Artistico
- Ed. musicale
- Disegno e Storia dell'arte
- Teatro

Materie opzionali — Per 13 ore complessive
- Matematica moderna
- Biofisica
- Disegno tecnico
- Greco
- Filosofia
- Pedagogia
- Psicologia

Materie facoltative
- Psicologia religiosa
- Teatro
- Strumento musicale
- Istografia
- Francese e tedesco

4. L'estensione dell'obbligo scolastico fino a 16 anni: un problema ancora aperto

Sono trascorsi, ormai, venticinque anni da quando, nel 1970, vennero autorizzate le prime «sperimentazioni» dei bienni unitari, di cui abbiamo riferito nel precedente scritto, nell'attesa di approntare una legge di estensione dell'obbligo scolastico fino a sedici anni, considerata anche dall'allora ministro della Pubblica Istruzione Riccardo Misasi «ormai non più procrastinabile», invece, a tutt'oggi, il Governo e la classe politica nel suo insieme (Parlamento, Partiti, ecc.), non solo non hanno ancora provveduto a promulgarla ma non sembrano in alcun modo preoccupati di questo grave ritardo. Analizzare le ragioni di questo che si configura come un vero e proprio inadempimento significa, per il modo come è stato affrontato il problema, ripercorrere la storia del dibattito sulla riforma della secondaria di questo ultimo trentennio, evidenziare le contraddizioni e le incongruenze delle forze politiche al governo del paese e soprattutto la loro incapacità di elaborare un progetto educativo, credibile e accettabile, intorno a cui galvanizzare e far convergere i diversi soggetti scolastici e le diverse forze in campo che, inevitabilmente e giustamente, hanno partecipato al dibattito e sono intervenute, pro o contro, le posizioni assunte dai Governi e dalle forze politiche in questi anni. Di queste vicende mi limiterò, invece, a richiamare solo quegli aspetti che ineriscono o interferiscono con il problema dell'estensione dell'obbligo fino a sedici anni perché la cronistoria dei progetti di riforma non aiuta a far crescere il dibattito, quanto piuttosto ad evidenziare le responsabilità e le inadempienze, appunto, della classe dirigente nel suo complesso[1].

---

[1] La letteratura sulla riforma della scuola secondaria nel dopoguerra è molto vasta. Per una ricostruzione del problema, fra cronaca e storia, vedi: L. Ambrosoli, *La scuola in Italia dal dopoguerra ad oggi*, Bologna, Il Mulino, 1982; L. Benadusi (a cura di), *La non-decisione politica*, Firenze, La Nuova Italia, 1989; G. Bertagna, *La riforma necessaria*, Brescia, Editrice La Scuola, 1993; G. Bertagna-C. Checcacci, *Penelope e gli indovini. La riforma della secondaria tra passato e futuro*, Roma, Uciim, 1992; Cirmes, *La riforma secondaria (1948-1990)*, vol. I, Roma, Tipi della Servizi Editoriali, 1990; G. Franchi, *La riforma della scuola secondaria superiore e della formazione professionale*, Milano, Feltrinelli, 1976; G. Gozzer, *Rapporto sulla secondaria*, Roma, Coines Edizioni, 1973; G. Gozzer-S. Valitutti, *La riforma assurda della scuola secondaria superiore*, Roma, Armando, 1982; V. Magni, *Vent'anni di politica*

Mi sembra più utile rilevare, se e come, la realtà scolastica intesa in senso ampio (insegnanti, associazioni professionali, sindacati, l'apparato scolastico amministrativo), proprio a partire dalle prime «sperimentazioni» sui bienni, abbia tentato di rispondere a quella domanda sociale di estensione dell'obbligo che invece si è sviluppata in questi anni nel paese indipendentemente dall'assenza di un provvedimento politico legislativo di riforma. Per comodità espositiva, pur nell'inevitabile imprecisione che caratterizza ogni tentativo di periodizzazione, ritengo che si possano distinguere tre fasi di questo lungo periodo: la prima va dal 1962 al 1967; la seconda dal 1968 al 1979; la terza dal 1980 al 1992.

2. *Prima fase: dal 1962 al 1967.* La «questione del biennio», così come venne definita in quegli anni, si pose contestualmente alla riforma della scuola media del 1962. In particolare, ponendosi il problema degli allievi della nuova scuola media che alla fine del ciclo, nel 1966, si sarebbero iscritti ad una scuola secondaria superiore non riformata, alcuni sottolineavano il rischio di selezionare proprio quelle fasce sociali che per la prima volta si sarebbero affacciate alla scuola superiore, altri invece temevano il rischio di uno snaturamento delle finalità educative della secondaria, derivante proprio dall'immissione di allievi provenienti da condizioni culturali e sociali estranee alla tradizione scolastica della secondaria. Anche la risposta a questi problemi rifletteva modi diversi di concepire la funzione della scuola: alcuni proponevano una semplice revisione dei programmi del biennio delle superiori per raccordarli ai nuovi programmi della scuola media; altri, più radicali, interpretando più correttamente il modello educativo che aveva ispirato la riforma della media, sia pure risolta in sede legislativa con un compromesso, ponevano la «questione del biennio» in un quadro più ampio di revisione della secondaria, articolata in una fascia biennale unitaria, formativa e orientativa e un triennio terminale di specializzazione.

In questi anni il primo documento importante di analisi e di proposte di riforma della scuola italiana è senza alcun dubbio costituito dalla *Relazione della Commissione d'indagine sullo stato e sullo sviluppo della pubblica istruzione in Italia*, pubblicata nel 1964 che, pur nei limiti che rileveremo più avanti, sarà un punto di riferimento del dibattito di politica scolastica degli anni sessanta e per alcuni problemi (la riforma dell'università) anche dopo. La proposta di istituire una Commissione parlamentare sui problemi

scolastica 1969-1989, in «Critica marxista» n. 4-5, 1991, pp. 47-78; M.A. MANACORDA, *La scuola degli adolescenti*, Roma, Editori Riuniti, 1979; O. NICEFORO, *L'innovazione difficile*, Pisa, Tacchi Editore, 1990; V. TELMON, *Riforma dei licei e scuola dell'adolescente*, Firenze, La Nuova Italia, 1970; V. TELMON, *La scuola secondaria superiore*, Firenze, La Nuova Italia, 1975.

della scuola nasce con la prima collaborazione fra socialisti e democristiani all'interno di quella politica delle «riforme» che avrebbe dovuto caratterizzare la nuova coalizione di governo. La legge istitutiva della Commissione, equamente rappresentativa delle diverse forze politiche e di esperti di problemi della scuola anch'essi rappresentativi di diversi orientamenti politico-ideologici, indicava come compito quello di elaborare, a partire da un indagine sullo stato della scuola, un piano di sviluppo della scuola in rapporto allo sviluppo economico del paese. La Commissione, se ebbe il merito, a partire dallo «stato» della scuola italiana, testimoniato da una ampia documentazione contenuta nel secondo volume della Relazione, di legare l'ipotesi di sviluppo della scuola alla programmazione economica ne fu però anche condizionata. Di quest'ultima, preferì cogliere gli aspetti più immediatamente quantitativi e funzionali anziché quelli prospettici. In sostanza, rispetto alla riforma della scuola secondaria, non ha affrontato il problema di un nuovo modello educativo e culturale connesso allo sviluppo scientifico e tecnologico che era alla base della crescita economica del paese; non ha inteso affrontare il nodo «storico» del rapporto fra cultura umanistica e cultura scientifica, fra formazione intellettuale e formazione tecnico-professionale[2]. Problema, tra l'altro, già presente nel dibattito primo novecentesco con il primo sviluppo industriale, a cui la Commissione Reale, nel 1905, intese dare una risposta prevedendo, oltre alle scuole professionali e all'istituto tecnico, l'istituzione di tre licei: classico, scientifico, e moderno[3]. Invece, proprio negli anni sessanta, in cui la società italiana stava subendo la trasformazione più importante della sua storia perché da società prevalentemente agricola si stava trasformando in società prevalentemente industriale, veniva formulata un'ipotesi sostanzialmente non dissimile alla precedente. La Commissione, assumendo da un lato le previsioni di sviluppo economico formulate dall'Indagine della Svimez di fabbisogno di manodopera ai diversi livelli e dall'altro la tradizione della nostra scuola secondaria, riconferma la tripartizione esistente (scuola classica, scuola tecnica e scuola professionale) al cui interno propone di attenuare i meccanismi di divisione e separazione[4]. Pur riconoscendo che con l'estensione dell'obbligo scolastico fino a quattordici anni «tutti i problemi di orientamento e di scelta» si concentrano «ai livelli successivi» propone che siano «ridotte le barriere tra tipo e tipo di

---

[2] Cfr. MINISTERO DELLA P.I., Relazione della commissione di indagine sullo stato e sullo sviluppo della pubblica istruzione in Italia, vol. I e II, Roma, Palombi, 1963.

[3] Cfr. MINISTERO DELLA P.I., Commissione reale per l'ordinamento degli studi secondari in Italia, Relazione, Roma, Cecchini, 1909.

[4] MINISTERO DELLA P.I., Relazione della commissione di indagine sullo stato e sullo sviluppo della pubblica istruzione in Italia, cit., pp. 192-204.

scuola», accantonando così ipotesi avanzate da alcuni membri della Commissione di «una strutturazione più unitaria, esemplata sul modello della High-school americana o della scuola politecnica russa» in nome di una tradizione consolidata della nostra scuola, che si esprimeva soprattutto nel ginnasio-liceo, a cui veniva riconosciuto da tutti uno «*status sui generis*», per la cui integrità non era possibile unificare il biennio ginnasiale con quelli delle altre scuole di cui se ne auspicava l'istituzione. Infatti, la Commissione proponeva l'istituzione di un liceo moderno, con un biennio comune ai tre indirizzi ipotizzati: scientifico, linguistico e di scienze umane e sociali; quest'ultimo, sostitutivo dell'istituto magistrale, trovava in disaccordo la Commissione fra chi riteneva che il quinquennio dovesse essere conclusivo anche della formazione professionale e chi riteneva che quest'ultima dovesse svolgersi dopo con un biennio universitario[5]. L'istruzione tecnica, sostanzialmente invariata doveva articolarsi in «un biennio comune di formazione generale per tutti i diversi tipi di istituto» e in un triennio di specializzazione tecnica. Tutta l'Istruzione Tecnica, secondo la Commissione, avrebbe adempiuto meglio alla sua funzione formativa e professionale «in rapporto all'alleggerimento di compiti che deriverà dal nuovo sviluppo e dalla nuova formazione degli istituti professionali». Per quest'ultima la Commissione ipotizzava, richiamandosi esplicitamente alla proposta Svimez, una formazione professionale da svolgersi in parte nelle aziende e in parte nella scuola. Si tratta di una prospettiva di razionalizzazione dell'esistente, sia pure aggiornata nei suoi programmi, perché ipotizza un scuola tecnica biennale post-obbligatoria di orientamento professionale prima dell'immissione nel mondo del lavoro e di un corso triennale per la formazione dei quadri intermedi, sempre dopo la scuola dell'obbligo, considerando così conclusa, per gli allievi dell'istruzione professionale, con la media unica, la loro formazione culturale generale[6]. A partire da questi confini la Commissione propone una revisione delle discipline e dei contenuti tendente a riavvicinare sempre di più la formazione culturale generale nei bienni e a prevedere, attraverso esami su singole discipline, il passaggio da un biennio ad un altro. Mentre più in generale formula una serie di proposte metodologiche didattiche che riflettevano il dibattito pedagogico sviluppatosi in quegli anni. In particolare propone l'introduzione di nuovi metodi di valutazione sostituendo i voti con prove oggettive, *tests*, giudizi specifici e globali; la riorganizzazione del lavoro scolastico attraverso una interazione fra le discipline e una maggiore flessibilità nell'applicazione dei programmi; l'uso del principio dialogico come strumento di comunicazione e parte-

[5] *Ibidem*, pp. 327-358.
[6] *Ibidem*, pp. 171-224.

cipazione degli allievi rispetto all'uso della lezione trasmissiva e unidirezionale; l'individualizzazione dei processi formativi attraverso la formazione di «gruppi omogenei», favorendo la libera e spontanea ricerca, introducendo nuove tecnologie e strumentazioni didattiche, fino a prevedere l'abolizione degli esami di riparazione con corsi di recupero[7].

Sarà il ministro Luigi Gui ad ottemperare alla legge, istitutiva della Commissione, che prevedeva la elaborazione sulla base delle risultanze dei lavori, di formulare una proposta di riforma della scuola. Nel 1965, poco dopo la pubblicazione della *Relazione della Commissione di indagine*, il ministro presenta le sue *Linee direttive del piano di sviluppo pluriennale della scuola* in cui, partendo dalle proposte non sempre univoche della Commissione, delinea una riforma della secondaria più conservatrice di quella prospettata da quest'ultima[8]. In particolare per il problema di cui ci stiamo occupando considera la legge sulla nuova scuola media una conquista che va soprattutto resa effettiva, per cui «Non è pensabile, dunque, che, mentre si provvede a questa già così difficile impresa, se ne possa sovrapporre un'altra ancora più impegnativa, quale potrebbe essere quella di un ulteriore prolungamento della durata dell'obbligo scolastico». Questo però non esclude che pur nella distinzione dei diversi tipi di scuola non si possa prevedere « anche l'introduzione di possibilità di passaggio dall'un ordine all'altro sconosciute nel passato[9]». Quanto poi alla funzione di orientamento considera sufficiente quella svolta dalla scuola media che potrebbe prolungarsi anche nel biennio proprio attraverso la presenza, in esso, delle discipline caratterizzanti gli ordini scolastici successivi. Questi ordini, come per la Commissione d'Indagine, sono l'istruzione professionale, l'istruzione tecnica e il liceo. Il Ministro concorda con la Commissione d'Indagine quando ipotizza un'istruzione professionale della durata di due o tre anni come pure l'identificazione di un primo biennio dell'Istituto professionale più orientato verso una «cultura generale» che lo avvicini agli altri bienni della secondaria ma non condivide l'espansione ipotizzata perché contrasterebbe con l'assetto e la funzione dei corsi di addestramento, di qualificazione e di riqualificazione gestiti da Enti, Associazioni, Consorzi provinciali e altri Ministeri, in vista di un loro passaggio alle Regioni, in applicazione del dettato costituzionale[10]. Si delinea così uno dei motivi di scontro fra i ministri al governo, sempre democristiani e le altre forze politiche, fino alla recente proposta

---

[7] *Ibidem*, pp. 159-169 e pp. 348-355.

[8] Cfr. MINISTERO DELLA P.I., *Linee direttive del piano di sviluppo pluriennale della scuola per il periodo successivo al 30 giugno 1965*, Roma, Eredi Bardi, 1964.

[9] *Ibidem*, p. 40.

[10] *Ibidem*, pp. 41-45.

di Legge Mezzapesa del 1991, come vedremo più avanti, perché il problema prima di essere ideologico riguarda il destino di un settore scolastico come la formazione professionale controllato dai privati e da Enti e Associazioni cattoliche. Mentre per l'istruzione tecnica non si propongono variazioni di rilievo, le modifiche più consistenti vengono ipotizzate per il liceo. Il Ministro riprendendo le motivazioni e le proposte della Commissione d'Indagine ne accentua la distinzione ipotizzando più licei: classico, scientifico, linguistico, magistrale e artistico. Per quanto la proposta prevedesse, nel biennio, programmi di studio affini per favorire il passaggio da un indirizzo all'altro, la presentazione di disegni di legge separati fra i diversi tipi di scuola fu uno dei motivi principali di discussione e di opposizione alla proposta di secondaria e quindi di biennio prospettata da Gui, proprio perché non affrontava il problema in un progetto globale di riforma[11]. Tanto che, in occasione della presentazione dei diversi disegni di legge per il riordinamento degli istituti secondari superiori da parte del ministro Gui, Giovanni Gozzer direttore del Centro Studi del Ministero della P.I. «Villa Falconieri» di Frascati, in un interessante studio sull'argomento, li definisce «una specie di testo unico con qualche variante delle situazioni esistenti, dando per scontato che istituti e ordinamenti secolari o pluridecennali tengano con opportune correzioni, anche per il prossimo futuro»[12].

In questa fase però gli attori principali della «questione del biennio» sono stati soprattutto le Associazioni professionali degli insegnanti e, attraverso alcune riviste pedagogiche e convegni, quegli esperti di politica scolastica, parlamentari e non, che avevano partecipato attivamente al dibattito sulla riforma della scuola media che con le loro posizioni contribuirono a bloccare il «pacchetto» dei disegni di legge Gui che non giunse mai alla discussione parlamentare. Si tratta di elaborazioni dalle quali non emergono ancora posizioni definite su come realizzare l'estensione dell'obbligo con un biennio unico o più bienni, ma hanno il merito di aver posto la «questione» e di averne analizzati i problemi dal punto di vista sociologico, psicologico e pedagogico. Per lo schieramento cattolico l'occasione per un confronto fra le diverse associazioni viene fornita dal Movimento Circoli della Didattica (MCD) che indice a Frascati un Convegno nel marzo del 1966, allo scadere del primo triennio di applicazione della legge sulla nuova scuola media, con l'intento di analizzare i problemi connessi al dopo obbligo. Durante il Convegno, come si rileva dagli atti pubblicati dalla rivista «Ricerche didattiche», emergono, sia pure mitigate da una volontà unitaria,

---

[11] *Ibidem*, pp. 46-50.
[12] G. GOZZER, Nuovi *atteggiamenti sulla scuola secondaria. Riforma o ristrutturazione?*, in «Quaderni di Azione Sociale», n. 1, 1969, pp. 5-37.

posizioni differenziate, tra l'altro già emerse nelle analisi che le associazioni, singolarmente, nei loro convegni e sui loro organi di stampa stavano conducendo. Da quella espressa dagli organizzatori, preoccupati di una revisione dei programmi degli istituti tecnici e dei licei in vista del passaggio dalla media alle superiori ma aperta a prospettive più unitarie, a quella dei rappresentanti dell'Unione Cattolica Italiana Insegnanti Medi (UCIIM) che, soprattutto attraverso alcuni suoi membri che avevano partecipato attivamente al dibattito sulla nuova legge per la scuola media, come Tamborlini, ponevano il problema di un biennio in funzione orientativa e propedeutica al triennio, in cui veniva ampliata la formazione perseguita dalla scuola media e venivano ipotizzati obiettivi formativi comuni per l'intero ciclo del quinquennio. Posizione, quest'ultima in contrasto con quella sostenuta, già dai primi anni sessanta dal Centro Didattico Nazionale per i Licei, il quale attraverso un suo rappresentante, il professor Modestino, sosteneva che dopo la scuola dell'obbligo, la secondaria superiore, in quanto non obbligatoria e destinata alla formazione culturale necessaria al proseguimento degli studi universitari, doveva essere selettiva. Questa formazione poteva avvenire solo in un liceo del quale si ipotizzava una quadripartizione (classico, scientifico, magistrale e linguistico) in cui il primo biennio, non ancora specialistico poteva avere un carattere più unitario ma propedeutico ai trienni successivi più specialistici e differenziati[13]. Per lo schieramento laico e comunista, l'occasione di un confronto è data da un numero speciale di «Scuola e città» del 1965, dedicato a «La scuola dell'adolescente: una scelta decisiva» e da una Tavola Rotonda a Bologna nel 1967 nell'ambito del 6° Febbraio Pedagogico Bolognese su «La riforma della scuola secondaria superiore». Visalberghi nel presentare il numero speciale della rivista motiva la scelta dell'argomento sottolineando che i termini del dibattito erano noti e che invece il problema era fare il «punto» della situazione e approfondirlo. Per questo la preparazione del numero della rivista era stato preceduto da uno schema di discussione sottoposto ai collaboratori, prima di affrontare con dei contributi specifici l'approfondimento di tematiche relative al problema che in questo caso non voleva essere una risposta alla proposta di riforma del ministro Gui quanto l'elaborazione di un progetto di cambiamento del modello educativo e scolastico della secondaria a partire dall'adolescente. Non è questa la sede per un esame dei diversi aspetti di carattere psicologico, pedagogico, culturale e sociale attraverso cui viene considerato e analizzato il problema. Per l'argomento che ci interessa, Visalberghi, pur condividendo la proposta emersa in sede di Commissione

---

[13] Cfr.: *I problemi del biennio*, in «Ricerche didattiche», aprile-maggio, numero monografico, n. 4, 1967.

di Indagine di dividere la secondaria in settore liceale, tecnico e professionale, respinge l'ipotesi di Gui dei molti licei e soprattutto la gerarchizzazione e la subordinazione degli indirizzi ai fini dell'accesso all'università, proponendo pari dignità a tutti i licenziati, compresi quelli provenienti dagli istituti professionali. In questa prospettiva il biennio assume un ruolo importante, in quanto luogo di autonoma formazione culturale generale e di orientamento per le scelte successive nel triennio, attraverso l'introduzione di un gruppo di materie comuni e di poche materie opzionali corrispondenti ai diversi tipi di scuole. Si propone invece «la predisposizione tempestiva» delle strutture necessarie ad estendere l'obbligo fino a sedici anni[14]. L'approfondimento di questo problema viene affidato ai contributi di Laporta e di Santoni Rugiu. Il primo, dopo aver affermato che «Il biennio di studi che segue la nuova scuola media unica si propone oggi, più che qualunque altro problema scolastico, come la cartina di tornasole dell'atteggiamento progressivo o meno della nostra società e dei suoi legislatori», analizza il problema nei suoi diversi aspetti, fino a formulare delle proposte concrete di discipline e di orari. A un «tronco comune», per i licei e l'istituto tecnico, costituito da italiano, storia e educazione civica, geografia, matematica, fisica, chimica e altre scienze naturali, lingua straniera, educazione fisica, religione e educazione artistica, si aggiungerebbero le materie caratterizzanti le diverse scelte: *classica*, latino e greco; *moderna*, latino e laboratorio scientifico; *tecnica*, disegno tecnico, economia politica, esercitazioni tecniche. Perché l'obiettivo fondamentale di questa fascia scolastica per Laporta deve consistere «oltre che nel mantenere la formazione civica e culturale dei suoi alunni (iniziata nella scuola media), nel riuscire a far trovare loro la strada più giusta nella vita»[15]. Ma per queste finalità, continua Santoni Rugiu, è necessario un rapporto nuovo fra scuola e società, fra scuola e scuola, fra le diverse esperienze formative. Quindi propone l'istituzione di una fascia biennale «come centro scolastico unitario e autonomo, non strutturalmente inserito nello sviluppo verticale tradizionale» perché altrimenti sarebbe da quest'ultimo sempre condizionato; come centro scolastico ricco di iniziative e attività fruibili anche dai ragazzi della media e dei trienni successivi[16]. La Tavola Rotonda bolognese, a cui hanno partecipato anche alcuni dei collaboratori del numero «speciale» di «Scuola e Città», è, invece, l'occasione per Manacorda, direttore di «Riforma della Scuola», di esporre il punto di

[14] A. VISALBERGHI, *La scuola dell'adolescente: problemi e prospettive*, in *La scuola dell'adolescente: una scelta decisiva*, numero speciale di «Scuola e città», n. 6-7, 1965, pp. 345-356.

[15] R. LAPORTA, *Il biennio in una prospettiva aperta al futuro, ibidem*, pp. 364-367.

[16] A. SANTONI RUGIU, *Concentrazione e localizzazione del biennio, ibidem*, pp. 374-378.

vista del periodico in cui oltre a seguire attentamente il dibattito in corso sulle proposte di riforma della secondaria si era andata delineando la proposta comunista sull'argomento. Manacorda nella sua relazione introduttiva, attraverso un'analisi del rapporto scuola-società, auspicando una nuova unità fra teoria e pratica, tra lavoro intellettuale e lavoro manuale, storicizza il problema per rilevare come la «nostra scuola è palesemente arretrata in confronto a tutto il movimento della scienza, della tecnica, della produzione, della società e dei rapporti in cui gli uomini vivono in essa tendendo sempre più a superare discriminazioni antiche». Da cui fa scaturire la funzione che essa deve avere in una società moderna e democratica: «La scuola deve servire non tanto a trasmettere un patrimonio culturale ereditato da lungo tempo (che non è certo cosa da sottovalutare o buttar via), quanto a formare l'uomo e con lui tutta la società umana, fare di lui il produttore e il cittadino di domani». Trasferendo poi questi concetti sul piano dell'ordinamento, egli, pur riconoscendo necessaria la riforma dei licei per adeguarli alla realtà culturale e sociale del nostro tempo, ritiene che la riforma più importante, per rispondere ai problemi sopra analizzati è l'istruzione tecnica e professionale di cui propone l'unificazione, richiamandosi alla proposta di legge presentata dal gruppo comunista alla Camera dei Deputati nel 1964. Quindi, per Manacorda, due tipi di scuola una liceale e l'altra tecnico-professionale entrambe basate su una cultura generale fondamentalmente unica e con diverse culture speciali. Il liceo, unitario ed opzionale, dopo il biennio si dovrebbe articolare in tre indirizzi: classico, scientifico e di scienze umane e sociali. L'istituto tecnico-professionale dopo un primo sbocco di due tre anni dovrebbe prevedere un secondo sbocco al quinto anno, con libero accesso a tutte le facoltà universitarie e, eventualmente, dando alle università la possibilità di stabilire le modalità di orientare la scelta del corso di laurea. In questo ambito il biennio, che va ipotizzato come prolungamento dell'obbligo fino a sedici anni, può essere *unico con opzioni, oppure duplice*. In entrambi i casi va prevista una «*sostanziale identità della cultura generale nei vari curricula*» e una cultura speciale differenziata per i diversi indirizzi[17]. Per i comunisti il problema centrale è la definizione di cultura generale che non può più essere quella consolidata nella tradizione scolastica italiana; essa va intesa, come si legge su *Riforma della scuola*, «come un complesso di metodi, di forme di pensiero, di *strutture portanti* senza cui non si comprendono la natura, la società e la storia»[18]. Come si può notare, è in

[17] M.A. Manacorda, *Lineamenti generali della riforma della scuola secondaria superiore*, in 6° Febbraio Pedagogico Bolognese, *La riforma della scuola secondaria superiore*, Bologna 22-23 aprile 1967, Bologna, Istituto Aldini Valeriani, 1968, pp. 56-76.

[18] *Unità delle sinistre per una riforma innovatrice*, in «Riforma della scuola», Numero Speciale su *L'istruzione secondaria superiore*, n. 5-6, 1967, p. 3.

questo periodo che emergono, dal punto di vista del modello educativo di riferimento, le tre posizioni principali, su cui si articolerà il dibattito successivo, che per comodità possiamo definire *cattolica, laico-socialista e comunista* anche se nella prassi politica non sempre si specificheranno in modo così netto e univoco. Si vuole, in sostanza, rilevare che se è vero che a partire dai primi anni settanta il dibattito sulla secondaria subirà una forte accelerazione in senso innovativo, il progetto educativo e didattico del biennio ha avuto una sua fondamentale elaborazione proprio in questa prima fase. I cattolici, per quanto legati alla tradizione culturale e scolastica italiana e sostanzialmente favorevoli ad una «via gradualistica alle riforme», sono andati elaborando una propria posizione pedagogica e didattica, non sempre in sintonia con quella dei ministri in carica, che contribuirà, soprattutto attraverso le loro Associazioni e i Centri Didattici, a dare un assetto culturale e didattico, ai bienni esistenti – non ancora definiti dal punto di vista istituzionale da quando, portata a tre anni la scuola media con la legge Bottai ci fu un automatico slittamento del quarto anno della scuola secondaria inferiore della legge Gentile alla scuola secondaria superiore[19] – e alle «sperimentazioni» che si svilupperanno successivamente. Lo schieramento laico-socialista e comunista accomunato nel respingere la funzione discriminante della scuola e il modello di organizzazione tradizionale degli studi contribuirà, sia pure esprimendo posizioni diverse, alla ridefinizione del concetto di cultura generale e speciale e alla ridefinizione dei contenuti e dei metodi di insegnamento. I primi, richiamandosi alla pedagogia deweyana, affermeranno la continuità del processo educativo dal preadolescente all'adolescente per sottolineare l'importanza per quest'ultimo di una scuola che consenta la realizzazione di se e quindi del proprio progetto di vita connessa alla formazione del cittadino in un'organizzazione scolastica intesa come comunità. I secondi invece, si richiameranno a Gramsci, per porre al centro del loro modello educativo il problema di un nuovo «asse culturale» basato su un diverso rapporto fra scuola e società. Ma negli stessi anni, sia pure all'interno dell'ordinamento esistente e limitatamente ai contenuti delle materie scientifiche, verrà realizzata la prima «sperimentazione» nella secondaria superiore, chiamata dei «Corsi Pilota», che per le modalità organizzative e per il tipo di rinnovamento dei contenuti e dei metodi nell'insegnamento scientifico, resta una delle esperienze più incisive dal dopoguerra ad oggi. Il Ministero della P.I., accogliendo una sollecitazione dell'Ocse a favore del potenziamento della cultura scientifica nelle scuole, autorizza in alcuni licei classici e scientifici, in alcuni istituti magistrali e in

---

[19] Cfr. A.L. Fadiga Zanatta, *Il sistema scolastico italiano*, Bologna, Il Mulino, 1976, pp. 207-270.

seguito in alcuni istituti tecnici la sperimentare di nuovi contenuti negli insegnamenti scientifici. Le sperimentazioni, seguite prevalentemente da Seminari Didattici Universitari, da Associazioni scientifiche degli insegnanti (Associazione dei matematici (Mathesis), Associazione Italiana di Fisica (AIF), Società Chimica Italiana (SCI, ecc.), Centri Didattici, Movimento Circoli della didattica, hanno utilizzato per la matematica dei programmi e del materiale didattico approntati da una Commissione nazionale, per le altre discipline sono stati utilizzati i *Progetti* elaborati negli Stati Uniti e in Inghilterra a seguito della Conferenza di Woods Hole del 1959, organizzata da J.S. Bruner[20]. In particolare per la fisica il *Physical Science Study Committee* (PSSC), per la biologia il *Biological Sciences Curriculum Study* (BSCS), per la chimica il *Chem Study* e per la fisico-chimica l'*Introductory Physical Science* (IPS). I *Progetti* erano costituiti da un testo per gli allievi, una guida per gli insegnanti, una guida di laboratorio, perché gli esperimenti erano alla base dei corsi, films e tests di profitto[21]. I *Progetti* oltre ad aver contribuito in maniera decisiva al rinnovamento dei contenuti e dei metodi dell'insegnamento scientifico in Italia sono stati il primo veicolo di diffusione della tematica del *curriculum*, iniziata con Bruner, che ha costituito e continua a costituire uno dei punti centrali della tematica educativa del secondo dopoguerra.

In questa fase il fenomeno più importante si verifica, invece, sul piano della domanda di istruzione con una crescita «vertiginosa» della popolazione scolastica. Dall'analisi dei dati sugli iscritti alla secondaria, condotta da Marcello Dei, risulta che dal 10,3% del 1951, si passa al 21,3% del 1961, al 35,2% del 1966, fino al 48,7% del 1972; si tratta di una crescita in percentuale che per quanto mitigata da una bassa scolarizzazione iniziale testimonia l'accresciuto interesse degli strati sociali medio bassi verso l'istruzione. Se si analizza poi il tasso di passaggio dalla media inferiore alla superiore, sempre secondo i dati di Marcello Dei, risulta che esso, negli anni cinquanta oscilla fra il 70% e il 75 % mentre nel 1963 giunge all'86,6% per assestarsi

[20] Per una conoscenza dell'entità dell'innovazione e per una valutazione di sintesi: S. AVVEDUTO (a cura di), *La politica della scienza e dell'istruzione in Italia*, Roma, Bulzoni Editore, 1972; G. DOMENICI, *Sperimentazione didattica: le classi pilota per l'insegnamento scientifico*, in «Riforma della scuola», n. 2, 1975, pp. 18-20; A. LIBERTI (a cura di), *L'esperimento delle classi pilota per l'insegnamento della chimica*, Roma, Edizioni Ricerche, 1968; MINISTERO DELLA P.I., *L'esperimento delle classi pilota per l'insegnamento delle discipline scientifiche*, Roma, Ministero della Pubblica Istruzione, s.d.; MINISTERO DELLA P.I., *L'esperimento delle classi pilota per l'insegnamento della fisica*, Bologna, CLUEB, 1970; MINISTERO DELLA P.I., *L'esperimento delle classi pilota per l'insegnamento della matematica*, Roma, Ministero della Pubblica Istruzione, s.d..

[21] I *Progetti* sono stati pubblicati dalla Casa Editrice Zanichelli di Bologna.

in seguito intorno all'80%[22]. Questo significa che se l'estensione dell'obbligo fino a 14 anni è il fattore determinante per lo sviluppo della secondaria è anche l'indicatore più importante per valutare la richiesta proveniente dal basso di innalzamento dei livelli di istruzione ma sarà anche, in mancanza di un adeguamento del sistema scolastico, il fattore dirompente, come vedremo in seguito, per il primo biennio delle scuole secondarie superiori sia dal punto di vista quantitativo che qualitativo.

In questa situazione, nel luglio del 1967, il senatore Donati, presenta un disegno di legge di riforma dei bienni, che fu definita anche dei «quindici bienni» perché la proposta prevedeva la semplice riorganizzazione dei primi due anni degli istituti e degli indirizzi esistenti, con l'intento di trovare una soluzione alla sistemazione del personale insegnante, soprattutto quello degli istituti professionali. In quegli anni, i numerosi sindacati di categoria, poco interessati ai problemi della riforma della scuola, premevano sul governo per ottenere la soluzione all'annoso problema di un ampliamento dell'organico e di una rapida immissione in ruolo degli insegnanti. La proposta Donati, sfruttando l'esigenza avvertita da tutti di affrontare la «questione del biennio», sperava di far passare un provvedimento, a suo parere non pregiudicante una riforma futura ma che intanto avrebbe permesso di risolvere i problemi rivendicati dalla categoria[23]. Si trattava però di una proposta così estranea al dibattito in corso che non oltrepassò l'aula della Commissione del Senato[24]. Si chiude così la quarta legislatura senza aver affrontato il problema considerato da tutti importante di estendere l'obbligo scolastico fino a sedici anni.

3. *Seconda fase: dal 1968 al 1979.* Il Convegno Internazionale di Frascati, del maggio 1970, viene ormai considerato, da tutti coloro i quali si occupano dei problemi della scuola secondaria, come il punto di partenza di ogni ipotesi di riforma della secondaria. Se consideriamo il Convegno di Frascati come momento di elaborazione di un progetto, politico-pedagogico, di riforma della secondaria è senza dubbio un momento di svolta del dibattito sino ad allora sviluppatosi in Italia. Se invece consideriamo le condizioni politico-sociali in cui è maturato il Convegno e che hanno, quindi, amplificato e consentito un largo consenso alle tesi elaborate dal Conve-

[22] M. DEI, *Cambiamento senza riforma: la scuola secondaria superiore negli ultimi trent'anni*, in S. SOLDANI-G. TURI, *Fare gli italiani. Scuola e cultura nell'Italia contemporanea*, vol. II, Bologna, Il Mulino, 1993, pp. 88-90.

[23] L. AMBROSOLI, *La scuola in Italia dal dopoguerra ad oggi*, cit., pp. 247-269.

[24] G. AQUAVIVA, *La legge Donati: un passo falso nella riforma scolastica*, in «Quaderni di azione sociale», n. 1, 1968, pp. 5-29.

gno, bisogna risalire alle agitazioni studentesche iniziate nell'autunno del 1968. Penso che gli stessi organizzatori e partecipanti al Convegno non abbiano mai pensato che le loro elaborazioni e conclusioni nei quattro giorni di lavoro (4-8 maggio 1970) sarebbero diventate la «pietra miliare» del dibattito sulla secondaria. La stessa diffusione dei lavori, fatta eccezione per il documento conclusivo – i «dieci punti» di Frascati –, avvenne più attraverso i resoconti e i commenti dei partecipanti con scritti comparsi su quotidiani e riviste specializzate che direttamente attraverso gli atti, perché questi ultimi vennero pubblicati molto più tardi, da una tipografia (Tipografia Laziale di Frascati) con scarsa diffusione sul mercato librario nazionale. A distanza di anni, Giovanni Gozzer, all'epoca direttore del Centro Europeo dell'Educazione di Frascati, rianalizzando l'avvenimento ritiene di «poter collocare lo *spirito di Frascati* in una convinzione mai esplicitamente enunciata, ma sostanzialmente sottesa a tutto il movimento di idee e di proposte che ebbe inizio con le agitazioni del '68»[25]. Questa idea era costituita dalla convinzione che si «andasse verso una scolarizzazione generalizzata e comune fino al 18° anno», mentre l'estensione dell'obbligo fino a 16 anni veniva considerata come inevitabile (come negli altri paesi della CEE) e attraverso un biennio comune prima del triennio differenziato[26]. Infatti sono gli avvenimenti politico-sociali sviluppatisi a partire dall'autunno del 1968 che produrranno, rispetto alla linea gradualistica e riformistica sino ad allora seguita, un'accelerazione del processo di cambiamento. Anche se verranno condotti in modo contraddittorio e non sempre propositivo esprimevano, come dice Ricuperati, «una nuova coscienza sociale e politica»[27]. Paul Ginsborg nella sua *Storia d'Italia dal dopoguerra a oggi*, titola il capitolo dedicato al periodo 1968-73 «L'epoca dell'azione collettiva», per sottolineare che «Dal 1968 in avanti l'inerzia dei vertici fu sostituita dall'attività della base. Quello che seguì fu un periodo di straordinario fermento sociale, la più grande stagione di azione collettiva nella storia della Repubblica. Durante questi anni l'organizzazione della società italiana fu messa in discussione a quasi tutti i livelli»[28]. La rivolta studentesca è stata un movimento troppo complesso perché lo si possa analizzare all'interno del problema di cui ci stiamo occupando. Di certo si è trattato di un fenomeno che ha evidenziato le forti contraddizioni esistenti nel nostro paese fra uno sviluppo capitalisti-

---

[25] S. VALITUTTI-G. GOZZER, *La riforma assurda della scuola secondaria superiore*, Roma, Armando, 1982, p. 38.

[26] *Ibidem*, p. 38.

[27] G. CANESTRI-G. RICUPERATI, *La scuola in Italia dalla legge Casati a oggi*, Torino, Loescher, 1976, p. 277.

[28] P. GINSBORG, *Storia d'Italia dal dopoguerra a oggi*, vol. II, Torino, Einaudi, 1989, p. 404.

co da società «avanzata» e una realtà delle istituzioni sociali e quindi scolastiche, specie per le superiori e l'università, ancora ancorata a vecchi modelli. In questa sede ci interessa richiamare solo quegli aspetti che più direttamente hanno avuto dei riflessi sul problemi della scuola. Il movimento degli studenti, partito per opporsi al provvedimento di riforma dell'università, proposto dal ministro Gui, estende le sue critiche all'autoritarismo della scuola e dei docenti per giungere alla denuncia non solo del ruolo discriminante della cultura ma anche del suo uso come strumento finalizzato alla divisione del lavoro e alla interiorizzazione dei valori, dei modelli di vita della società capitalistica. Quindi una scuola che oltre ad avere delle disfunzioni ormai endemiche (aule, attrezzature, servizi, corpo docente, ecc.) seleziona le classi sociali subalterne e trasmette un sapere falsamente obiettivo, cioè una scuola di classe[29]. Tematiche, tra l'altro, già affrontate, in un quadro ideologico diverso e all'interno di un'esperienza educativa dal libro, *Lettera ad una professoressa*, dei ragazzi di Barbiana e di don Milani, che, pubblicato nel 1967, diventerà il «libretto rosso» degli studenti[30]. Il suo successo però non va inscritto solo alla sua analisi sulla scuola di classe, alla bruciante rilevazione dei meccanismi di selezione e alla denuncia delle disfunzioni della scuola ma anche alla testimonianza di una esperienza educatica effettivamente realizzata a cui quella parte del movimento studentesco, che aveva scelto di continuare ad occuparsi della scuola, si è richiamata per le proprie esperienze scolastiche; come pure si richiameranno in seguito il movimento degli studenti medi e gli insegnati che condivisero le analisi del movimento studentesco e di don Milani.

Ciò che emergeva con forza, in quegli anni, anche attraverso indagini condotte in ambiti diversi dal movimento degli studenti, è «Il carattere fortemente selettivo del nostro sistema scolastico [che] si rivela anche nell'abnorme consistenza delle ripetenze, dei ritardi e degli abbandoni[31]». Abbandoni e ritardi che colpiscono proprio le classi sociali di modeste condizioni economiche e culturali. Fadiga Zanatta, analizzando il problema, rileva come in quegli anni il numero degli studenti che hanno abbandonato la scuola al primo anno di corso è stato del 15,7% degli iscritti e che questo fenomeno ha riguardato soprattutto gli alunni degli istituti professionali e tecnici; la percentuale dei ripetenti al primo anno ha riguardato il 9,1% degli alunni mentre quella complessiva era del 39,1%. Disaggregando i dati per aree geografiche e per tipi di scuola risulta che i maggiori ritardi riguardano le

---

[29] G. Canestri-G. Ricuperati, *La scuola in Italia dalla legge Casati a oggi*, cit., p. 277.

[30] Cfr. Scuola di Barbiana, *Lettera a una professoressa*, Firenze, Libreria editrice fiorentina, 1967.

[31] A.L. Fadiga Zanatta, *Il sistema scolastico italiano*, Bologna, Il Mulino, 1976, p. 274.

aree del paese meno sviluppate dal punto di vista socio-economiche e che «Le scuole più selettive appaiono essere gli istituti tecnici, seguiti dagli istituti magistrali; la meno selettiva di tutte è il liceo classico». La minore selettività degli istituti professionali si spiega con il forte tasso di abbandono che si verifica tra il I e il II anno (il 25%), segno evidente che gli allievi preferiscono abbandonare la scuola anziché subire una bocciatura[32]. Questo significa che quella domanda di istruzione verificatasi in quegli anni come effetto dell'estensione dell'obbligo fino a 14 anni, soprattutto nei primi due anni della scuola secondaria, è stata fermata o espulsa dal nostro sistema scolastico. In sostanza la funzione di selezione e di dirottamento che il nostro sistema scolastico aveva attribuito alle scuole dagli 11 ai 14 anni, fino alla istituzione della scuola media unica obbligatoria del 1962, di cui abbiamo gia riferito in questo volume, viene attribuita ai primi due anni dei molti istituti e indirizzi in cui si articola la scuola secondaria superiore e che verrà in parte mitigata con la liberalizzazione degli accessi all'università nel 1969.

In risposta a questi problemi il Parlamento e il Governo varano con una inconsueta rapidità alcuni provvedimenti, considerati di emergenza e provvisori, ma ancora in vigore, che incideranno profondamente sull'andamento dello sviluppo della popolazione scolastica e sul processo di deprofessionalizzazione della scuola secondaria: *Nuovi criteri di svolgimento degli esami di maturità* (Legge 5 aprile 1969, n. 119); *Sperimentazione negli istituti professionali* (Legge 27 ottobre 1969, n. 754); *Provvedimenti urgenti per l'università* (Legge 11 dicembre 1969, n. 9109; *Anno «integrativo» per i diplomati dell'istituto magistrale* (C.M. del 6 dicembre 1969, n. 408). In particolare, sotto l'apparente autorizzazione ad una «sperimentazione» di «corsi speciali tesi ad accentuare la componente culturale nel primo biennio professionale» e di corsi annuali o biennali integrativi degli esistenti per consentire lo svolgimento di una scuola di durata quinquennale, gli istituti professionali venivano, senza una legge di riforma, trasformati in istituti superiori analoghi ai tecnici. In una legge riguardante alcuni «Provvedimenti urgenti per l'università», veniva autorizzata la «liberalizzazione» degli accessi a tutte le facoltà universitarie ai diplomati provenienti da scuole con cinque anni di corso; di qui la circolare che autorizza il corso integrativo ai quattro anni previsti dall'istituto magistrale. Ma i provvedimenti urgenti per l'università prevedono anche la liberalizzazione dei piani di studio per consentire allo studente di poter scegliere, all'interno delle discipline previste dai Corsi di laurea, un proprio curriculum. Come si può notare si tratta di provvedimenti nati in risposta alle critiche del movimento studentesco e alle

---

[32] *Ibidem*, pp. 274-289.

denuncie sulla funzione discriminante e selettiva della scuola, già presenti nel dibattito precedente ma all'interno di una proposta di riforma complessiva. In particolare la proposta di «liberalizzare» gli accessi all'università, all'interno di un'ipotesi di riforma della secondaria, era presente nella *Relazione della Commissione di Indagine*, nelle proposte dell'area socialista e in particolare in quella dell'area comunista. I sostenitori del provvedimento erano convinti che la liberalizzazione degli accessi all'università avrebbe accelerato l'iter della riforma della secondaria, perché avrebbe coinvolto anche coloro i quali, in Parlamento, contrari alla riforma, tendevano con tutti i mezzi di procrastinare qualsiasi decisione. Invece, la mancata riforma della secondaria ha reso la «liberalizzazione» degli accessi all'università l'unico provvedimento di «deprofessionalizzazione» della secondaria, con tutte le conseguenze che esso ha comportato e comporta soprattutto a livello universitario. Negli istituti professionali l'ipotesi di un biennio orientativo a carattere unitario in continuità con la scuola media ma potenziato culturalmente e un triennio che pur conservando un approccio metodologico che a partire dal concreto, – le attività di laboratorio, che ne caratterizzavano lo specifico professionale –, procedesse verso l'acquisizione di capacità formali proprie di una cultura generale anch'essa potenziata, accosta sempre di più il curriculum dei professionali a quello dei tecnici, ispirandosi al disegno di legge comunista che già nel 1964 proponeva l'unificazione dei due settori, anche in questo caso in un quadro di riferimento teorico diverso. L'ipotesi di sperimentare un percorso formativo considerato più motivante e adeguato agli allievi di quelle classi sociali che invece venivano espulsi dalla scuola secondaria superiore in attesa di una riforma della secondaria, poteva essere una scelta politica corretta se «il metodo della sperimentazione e della valutazione fossero» stati alla base della innovazione. Invece non solo non è stata condotta una «sperimentazione» controllata prima di estenderla a tutti gli istituti ma, in assenza di una riforma più generale della secondaria, questa riorganizzazione venne progressivamente estesa a tutti gli istituti che intanto avranno, con gli istituti commerciali, la più consistente espansione. Luciano Benadusi ponendosi a difesa della politica del centro-sinistra di quegli anni rispetto al giudizio piuttosto severo emergente da più parti, razionalizza i provvedimenti legislativi di quegli anni, riconducendoli ad una volontà politica di riforma della secondaria ispirata ad una linea «di *riassetto, integrazione, arricchimento* delle strutture esistenti, piuttosto che di *rimpiazzo*», accogliendo così «anche in Italia l'approccio *empirico, sperimentale e gradualistico* alle riforme educative da tempo in auge nelle altre democrazie europee[33]». Invece il principio della sperimentazione-

---

[33] L. BENADUSI, *La non-decisione politica*, cit., p. 148.

innovazione che verrà enunciato e sviluppato dal Convegno di Frascati come uno dei punti fondamentali di una riforma della secondaria che debba «realizzarsi per tappe successive accuratamente predisposte» dovrebbe essere considerato parte integrante di una riforma della secondaria che si rivolge ad una fascia di età come l'adolescenza in una società in continuo sviluppo. In particolare per la secondaria, fatta eccezione forse per i Corsi Pilota, la «sperimentazione» è stata sempre adoperata, dal Parlamento e dall'Amministrazione della Pubblica Istruzione, come modalità per introdurre modifiche agli ordinamenti esistenti in attesa o nella incapacità di un provvedimento legislativo, come si verificherà sistematicamente a partire dall'inizio degli anni ottanta e che sarebbe più corretto chiamare «innovazioni».

Nel clima politico sociale poc'anzi esposto e con i provvedimenti legislativi prima analizzati gli esperti italiani ed europei si riunivano a Frascati per elaborare una ipotesi di riforma della secondaria che venne espressa e sintetizzata nei famosi «dieci punti». In essi veniva ipotizzato un modello di scuola unitaria e *comprensiva*, articolata al suo interno attraverso un insieme di discipline o attività comuni, opzionali e elettive tali da consentire un orientamento culturale progressivo e con un asse educativo comune, ma non rigido, basato su una preparazione linguistico-logico-matematica e tecnologico-scientifica e con un'apertura critica sui problemi storico sociali. Dopo un periodo iniziale di formazione unitaria per consentire la maturazione delle attitudini e degli interessi si realizza progressivamente la differenziazione, favorendo però attività comuni e interscambio di esperienze. La scuola secondaria non ha di per se finalità professionali. Essa offre opportunità di formazione preprofessionale e uscite laterali, perché la formazione professionale vera e propria si svolge dopo tali uscite ed è gestita dalle Regioni. Inoltre introduce il principio del comprensorio scolastico (vedi Distretto) in cui la scuola secondaria «onnicomprensiva» (struttura di cinque indirizzi: letterario-linguistico, sociale, scientifico, tecnologico, artistico) doveva operare per consentire veramente a tutti il diritto allo studio; l'istituzione di un servizio psico-pedagogico interno alla scuola; una gestione democratica della scuola e coordinata ai diversi livelli (comune, provincia, regione) con la partecipazione degli studenti, dei genitori e della società civile organizzata; una continua qualificazione degli insegnanti realizzata fra l'università e appositi istituti regionali; la sperimentazione-innovazione come strumento costante di controllo e di rinnovamento da realizzarsi con l'istituzione di apposite strutture[34]. Come si può rilevare, si tratta di una proposta veramente innovativa, non tanto per il principio di unitarietà della secondaria, perché

---

[34] Cfr. Centro Europeo dell'Educazione, *Nuovi indirizzi dell'istruzione secondaria superiore*, Frascati, Tipografia Laziale, 1970.

anche questo era stato avanzato nella prima fase del dibattito, quanto per il progetto educativo di riferimento che, per la prima volta, non si limita a delineare un modello educativo e curricolare tutto interno alla scuola secondaria, considerata come istituzione autosufficiente ma ipotizza altre istituzioni educative che in un rapporto di interazione con essa si configura come «scuola aperta» alla società e ai suoi mutamenti. Anche se alcune proposte, in seguito, verranno riprese e realizzate (come gli Istituti regionali di aggiornamento e sperimentazione, i Distretti, la Partecipazione dei genitori alla vita della scuola) per il modo come verranno realizzate perderanno il significato educativo che era stato loro attribuito, perché sono state istituzionalizzate secondo un modello di democrazia parlamentare (Organi collegiali), burocratizzate come un Ministero (Irrsae) e funzionanti come corpi separati secondo una antica tradizione scolastica italiana[35]. Invece il dibattito sui risultati del Convegno di Frascati, ad incominciare dalla Commissione Biasini, privilegiò soprattutto il problema istituzionale e politico e non il progetto educativo che ne è il presupposto.

Il ministro Misasi, dopo il Convegno, nomina una Commissione, presieduta dal sottosegretario Biasini, con lo scopo di fissare, a partire dalle conclusioni di Frascati, le linee fondamentali del nuovo ordinamento della secondaria da tradurre poi in disegno di legge. La Commissione insediatasi nel gennaio del 1971 concluse i suoi lavori nel novembre dello stesso anno ma gli atti vennero pubblicati solo nel 1972 quando ormai si era già in fase elettorale. Infatti il Governo solo nel 1973, in un quadro politico completamente mutato (un governo centrista presieduto dall'on. Andreotti con l'on. Scalfaro al Ministero della P.I.), presenta il suo disegno di legge. La Commissione Biasini si era soffermata su un'ipotesi di scuola *pluricomprensiva* intendendo con questo termine Istituti che dopo un biennio *onnicomprensivo* si articolasse in un triennio in cui fossero presenti solo alcuni indirizzi e non tutti quelli previsti dai «dieci punti». Inoltre introduceva un irrigidimento del modello attraverso gruppi di opzioni chiamati indirizzi, variamente differenziati e prefiguranti tipologie diverse ruotanti su un'area comune di formazione generale, che doveva, nell'arco dei cinque anni di corso, progressivamente diminuire per far posto agli indirizzi. Questa ipotesi doveva attuarsi per via sperimentale con un biennio unitario per tutti e un triennio con indirizzi. La soluzione però lasciava invariata la scuola esistente in attesa di una verifica sperimentale, nel triennio, con tre ipotesi: una scuola onnicomprensiva con tutti gli indirizzi; una scuola pluricomprensiva con due indirizzi (classico-moderno e tecnico-professionale); una scuola pluricomprensiva con tre indirizzi (linguistico-storico, scientifico-antropo-

---

[35] L. Ambrosoli, *La scuola in Italia dal dopoguerra ad oggi*, cit., pp. 335-359.

logico, scientifico-tecnologico)[36]. L'ambiguità del testo, a questo proposito, e i tempi lunghi, circa dieci anni, della sperimentazione proiettavano nel tempo ogni possibile cambiamento, mentre continuava a consolidarsi la divisione fondamentale della struttura esistente. Questa critica veniva mossa soprattutto dal partito comunista (ma anche dal Partito Liberale) che, contemporaneamente alla conclusione dei lavori della Commissione Biasini nel novembre del 1971, presentava una sua proposta di legge a firma di Raicich in cui optava decisamente per una «scuola secondaria unica» e che rimarrà alla base anche dei due progetti successivi presentati nel 1972 e nel 1977[37]. Per quanto la proposta comunista sia stata da alcuni accusata di «centralismo» o di «totalitarismo» perché, rifiutando il meccanismo dilatatorio della sperimentazione introdotto dalla Commissione Biasini, proponeva la promulgazione di una legge generale di riforma da parte degli organi di governo, è stata unanimemente giudicata come la più organica e coerente, tra i numerosissimi progetti presentati, tanto da costituire, nelle annose discussioni parlamentari, il punto costante di confronto del dibattito. I momenti qualificanti della proposta, come si legge da alcuni interventi esplicativi e di commento critico di Manacorda, ispiratore dei progetti di legge comunista e punto di riferimento e di continuità dell'elaborazione pedagogica del partito, sono l'unitarietà, senza alcuna limitazione, e la cui sperimentazione non deve riguardare la validità, perché questa corrisponde ad una scelta politico pedagogica acquisita ma il come realizzarla. «L'attuale differenziazione scolastica, dice Manacorda, è *funzionale* non ai fini di un'efficienza produttiva, che non è affatto in grado di garantire, ma solo ai fini di un'esigenza politica di discriminazione e di disponibilità di forze di lavoro non qualificate a basso costo». Nessuno, continua Manacorda, pensa che l'attuale professionalità conseguita con la scuola corrisponda alle esigenze professionali richieste dal mondo del lavoro e per un altro verso non più del venti per cento dei diplomati trova un lavoro corrispondente al titolo conseguito. Ecco perché il modello unitario di tipo onnicomprensivo è il più idoneo alla formazione completa di un uomo moderno secondo un modello educativo basato non su una enciclopedia del sapere ma su un «nocciolo culturale e didattico di tipo *generativo*». Una trasformazione della scuola in senso unitario è possibile solo se è accompagnata da una radicale trasformazione dell'intero processo formativo. Quindi la soluzione proposta a Frascati e adottata anche dalla Commissione Biasini di attività comuni, opzionali e

[36] Cfr. O. BIASINI, *Scuola secondaria superiore. Ipotesi di riforma*, Roma, Edizioni della Voce, 1972.

[37] Cfr. M. RAICICH, *La riforma della scuola media superiore*, Roma, Editori Riuniti, 1973 e M.A. MANACORDA, *Per la riforma della secondaria*, Roma, Editori Riuniti, 1976.

facoltative, organizzate secondo un principio di campi di sapere e non di singole discipline o di somme di queste è la via corretta ma che richiede maggiore chiarezza. Per Manacorda nel primo biennio, per lo più basato sull'area comune, le discipline opzionali devono essere intese solo come orientative e propedeutiche alle scelte che invece verranno fatte solo nel triennio successivo, mentre per la «preparazione comune si suggerisce una tripartizione di attività, valida per tutto il quinquennio: a) *possesso degli strumenti* di analisi, comunicazione e espressione; b) *conoscenza critica della società*, nella storia e nell'attualità; c) *conoscenza scientifica* della natura e delle attività umane che lo trasformano attraverso la tecnologia e il lavoro». Infine questa ipotesi va concepita all'interno di un rapporto, più funzionale e non casuale, tra scuola e società, «nel quale siano fatti salvi i diritti dei singoli a una formazione integrale»[38]. Un progetto che, conservando il principio educativo di origine gramsciana elaborato per la secondaria a partire dal 1966 ma in continuità con il progetto Donini-Luporini per la scuola media del 1959, si ridefinisce dal punto di vista politico ideologico nel periodo della contestazione studentesca, di cui riflette alcune istanze e utilizza sul piano strutturale alcune proposte del Convegno di Frascati come la «onnicomprensività» e la distinzione fra area comune, di indirizzo e elettiva. Il Governo, solo nel 1973, in un quadro politico completamente mutato (da un governo di centro sinistra si era passati ad un governo centrista presieduto da Andreotti e con Scalfaro al ministero della P.I.), stretto fra il disegno di legge comunista e la proposta della Commissione Biasini di quest'ultima accoglie l'ipotesi più conservativa in essa contenuta. Infatti pur accettando lo schema biennio triennio, non propone un biennio unitario obbligatorio, perché all'area comune viene affiancata l'area opzionale con discipline di indirizzo tra loro coerenti e prefiguranti le tre sezioni in cui si articola il triennio (umanistica, scientifica e politecnica), prevedendo possibili passaggi interni fra le sezioni; accantona qualsiasi ipotesi di scuola onnicomprensiva o pluricomprensiva[39]. È inutile dire che le reazioni contro il progetto da parte comunista, socialista e repubblicana furono di dura opposizione ma non mancarono anche quelle più conservatrici che avrebbero voluto una scelta più decisa in senso tradizionale della sezione tecnologica a favore del settore tecnico-professionale. Vale per tutti la stroncatura di Visalberghi, ideatore e organizzatore del Convegno di Frascati e considerato, con la

---

[38] 6° FEBBRAIO PEDAGOGICO BOLOGNESE, *La riforma della scuola secondaria superiore*, Bologna, Istituto Aldini-Valeriani, 1967, pp. 70-76; ora anche nella raccolta di scritti dell'autore sull'argomento: M.A. MANACORDA, *La scuola degli adolescenti. Dieci anni di ricerche e dibattiti sulla riforma dell'istruzione secondaria*, Roma, Editori Riuniti, 1979.

[39] Cfr. CIRMES, *La riforma secondaria*, cit., pp. 97-98.

Checcacci dell'Uciim, il coordinatore dei lavori della Commissione Biasini, il quale così giudica la proposta: «Anzitutto essa ci colpisce come un capolavoro di spirito gattopardesco: questo progetto sembra che voglia cambiare tutto, proprio per non cambiare nulla. Al lettore distratto può infatti dare addirittura l'impressione di voler tradurre in norme legislative la relazione presentata nel novembre 1971, sotto il governo di centro sinistra, dal repubblicano Oddo Biasini, allora presidente della Commissione per la scuola secondaria superiore»[40]. Queste reazioni spinsero il Governo a far slittare la discussione in Parlamento delle due proposte esistenti (quella comunista e quella Scalfaro) e a dare la precedenza all'approvazione della legge sul nuovo stato giuridico degli insegnanti e sugli organi collegiali. Si trattava però di un impegno assunto dall'allora Presidente del Consiglio Andreotti per scongiurare lo sciopero generale indetto per il 12 maggio 1973 dalle tre grandi confederazioni sindacali, a sostegno dei «lavoratori del mondo della scuola». A partire dai provvedimenti legislativi del 1969, mentre il dibattito sui problemi della scuola, a livello politico parlamentare, si stava concentrando sulla riforma della secondaria, il mondo della scuola (sindacati, insegnanti, associazioni di categoria, studenti, genitori, ecc.) si poneva sempre più come membro attivo del processo di cambiamento. In particolare, mentre il movimento studentesco spostava i sui interessi dalla scuola alla fabbrica, alle carceri, ai manicomi, ecc. e si frantumava nella formazione dei diversi gruppi extraparlamentari, la cui storia è sin troppo nota, la sua eredità veniva accolta dagli studenti medi. Ma il dato più significativo di questo periodo è la crisi del sindacalismo scolastico e la nascita del Sindacato scuola Cgil, unico per tutti i tipi di docenti di ogni ordine e grado, a cui fece seguito la costituzione di una medesima struttura nelle altre due Confederazioni, Cisl e Uil[41]. Secondo Recuperati, soprattutto il Sindacato Scuola Cgil, «finiva per raccogliere quasi tutte le esperienze «spontanee» di didattica e di politica, che avevano accompagnato (talvolta con notevole creatività, come nel caso del Movimento di Cooperazione Educativa) il Movimento degli studenti. Fra il 1969 e il 1970 le Confederazioni (entrando sempre di più nel merito delle vertenze sulla scuola) diventavano anche il punto di riferimento di una categoria come quella degli insegnanti, altrimenti percorsa contraddittoriamente dal radicalismo del Movimento studentesco (con l'implicito rischio di un'acritica identificazione) o dalla tentazione regressiva di ritornale «vestali» della classe media, inseguendo il sogno di una scuola che non

[40] S. Valitutti-G. Gozzer, *La riforma assurda della scuola secondaria superiore*, cit., p. 52.

[41] G. Ricuperati, *La scuola e il movimento degli studenti*, in V. Castronuovo, *L'Italia contemporanea 1945-1975*, Torino, Einaudi, 1976, pp. 435-460.

ci sarebbe più stata»[42]. Si deve, appunto, all'accresciuta consapevolezza da parte del movimento operaio e quindi delle sue organizzazioni sul ruolo centrale dell'istruzione come strumento per appropriarsi di un sapere negato, per chiedere un controllo sulla formazione che porterà a rivendicare il «diritto allo studio» anche per i lavoratori che si concluderà con il riconoscimento delle «150 ore» per l'istruzione dei lavoratori nel 1973; con un apporto decisivo al passaggio delle competenze alle Regioni dell'istruzione professionale ed artigiana con il decreto presidenziale del 1972. Ma anche una consapevolezza più generale verso il ruolo centrale della scuola per lo sviluppo economico, culturale e sociale del paese che porterà le tre Confederazioni sindacali ad appoggiare la lotta dei «lavoratori» della scuola che rivendicava un nuovo Stato Giuridico, una partecipazione come soggetti alle scelte scolastiche, un rinnovamento del proprio insegnamento, senza incorrere in sanzioni, una apertura della scuola alla realtà sociale. Questi i principali temi che vedevano impegnati, in quegli anni, i Sindacati scuola e che porteranno poi il Governo ad affrontare la discussione sulla Legge Delega, approvata poi il 30 luglio 1973, n. 477, anche se poi solo nel 1974 verranno approvati, snaturati rispetto allo spirito originario, i Decreti Delegati. Ma la consapevolezza dell'importanza della scuola in quegli anni era un fenomeno diffuso e con essa il desiderio di conoscere e di partecipare più direttamente ai diversi livelli del sistema formativo. I problemi della scuola e dell'educazione acquistano spazio presso editori molto importanti che attivano nuove collane, nascono nuovi editori su queste tematiche: periodici e quotidiani si occupano di scuola non solo all'inizio dell'anno scolastico e per gli esami di maturità, vengono promossi convegni, tavole rotonde, mostre. I soggetti di molte iniziative scolastiche non sono solo gli insegnanti ma gli stessi studenti, i genitori, i Consigli di fabbrica e di Quartiere, i Comuni, le Province e Associazioni varie. Le iniziative sono rivolte all'organizzazione di «doposcuola», di «controscuola», di attività parascolastiche che porteranno poi lo Stato a legiferare sui doposcuola, sul tempo pieno, su altri provvedimenti nell'ambito del diritto allo studio[43]. Il periodo che dalla fine del 1969 (quan-

---

[42] *Ibidem*, p. 451.

[43] La letteratura sull'argomento è molto vasta. Mi limito ad alcuni titoli: AAVV, *Studenti e composizione di classe*, Milano, Edizioni Aut Aut, 1977; AAVV, *Movimento operaio e cultura alternativa*, Milano, Mazzotta, 1977; L. AGUZZI, *Scuola, studenti e lotta di classe*, Milano, Edizioni Emme, 1976; *Il Sindacato nella scuola*, Quaderno di «Rassegna sindacale», Anno XIII, nn. 52-53, 1975; G. CHIOSSO, *Movimento operaio, sindacati e scuola*, Brescia, La Scuola, 1978; G. CHIOSSO, *Scuola e partiti tra contestazione e decreti delegati*, Brescia, La Scuola, 1977; M. ORECCHIA, *Sei anni di controscuola*, Milano, Sapere Edizioni, 1974; L. PAGNONCELLI, *Le 150 ore*, Firenze, La Nuova Italia, 1977; *Scuola, sviluppo capitalistico, alternativa operaia e studentesca*, Atti del convegno promosso dal «Manifesto», Roma, 23-24 maggio, 1970; G. STATERA, *Storia di un'utopia*, Milano, Rizzoli, 1973; M.P. TANGREDI-TORELLI, *La scuola a tempo pieno*, Firenze, Guaraldi, 1976.

do il movimento studentesco orientò i suoi interessi altrove) va al 1974 (entrata in funzione dei Decreti Delegati) è estremamente importante e andrebbe analizzato con più attenzione, non solo perché è considerato «l'epoca dell'azione collettiva» ma perché dal punto di vista educativo si verifica un passaggio molto importante: il tentativo di superare la fase della denuncia a quella più propositiva per rendere effettivo il «diritto alla studio» a tutti. Oltre all'obiettivo del «tempo pieno» e a rendere effettivamente «gratuita» la scuola dell'obbligo, si pone il problema di rinnovare le metodologie dell'insegnamento, di ridefinire nuovi contenuti, di costruire dal punto di vista educativo il rapporto fra la scuola e l'extra-scuola. I punti di riferimento di questo processo, certamente contraddittorio e disorganico, ma non per questo meno interessante dal punto di vista pedagogico, sono *La lettera ad una professoressa* di don Milani, come si è detto, e il Movimento di Cooperazione Educativa (MCE) che, a differenza di molte Associazioni di categoria e di rinnovamento educativo sorte nel dopoguerra, è sopravvissuto alla «ventata» del sessantotto ridefinendosi ma conservando la forte tradizione di rinnovamento metodologico e di contenuti che aveva caratterizzato la sua attività. Anche in questo ambito, come in quello sindacale, alcune Associazioni scompaiono, altre si ridefiniscono o perdono incidenza a favore di nuove modalità di aggregazione come: I Seminari di Didattica collegati ad alcune università, le Associazioni professionali come l'AIF, la SCI costituiscono una sezione interna di didattica; si costruisce, in questi anni, il Centro di Iniziativa Democratica degli Insegnanti (CIDI) e il gruppo Lingua e Nuova Didattica (Lend). Nell'area cattolica, i diversi Centri Didattici sopravviveranno grazie al loro legame misteriale fino all'entrata in funzione degli IRRSAE, mentre l'UCIIM, pur conservando la propria tradizione riesce ad interpretare il disagio e il bisogno di cambiamento che in quegli anni si manifestava anche nello schieramento cattolico. È significativo, a questo proposito, il ruolo assunto dall'UCIIM, a partire da quello propositivo assunto in seno alla Commissione Biasini, a favore della riforma della secondaria e dell'estensione dell'obbligo fino a 16 anni anche se espresso in linea con l'esigenza di conservare la struttura di base della secondaria.

Il ministro Misasi, attento al clima politico-pedagogico di quegli anni e interpretando lo «spirito» di Frascati, da un lato costituisce la Commissione Biasini, di cui abbiamo già riferito, e dall'altro, nell'attesa dei risultati, prova ad anticipare alcune indicazioni contenute nei famosi «dieci punti». Appronta una legge-ponte, in attesa della riforma, in cui propone i quadrimestri, l'abolizione degli esami di riparazione con l'attivazione dei corsi integrativi, il riconoscimento del ciclo didattico, rispetto al tradizionale anno, il diritto del consiglio di classe di poter sperimentare nuove didattiche. Fallito il tentativo di far approvare la legge-ponte, il Ministro autorizza con una Circolare (giugno 1970, n. 375) la sperimentazione degli Organi Collegiali scolastici, mentre con una seconda Circolare (3 giugno 1970, n. 193) autorizza le prime sperimentazioni dei «bienni unitari». Istituisce, inoltre, un Comitato Tecnico Scientifico Nazionale (composto da docenti universitari, di scuola secondaria, di ispettori e di presidi) con il compito di esprimere un parere sulle proposte di sperimentazione inoltrate al ministero. Affida al neo costituito Ufficio Studi e Programmazione, diretto da Giovanni Gozzer, che per molti aspetti è stato ispiratore e consigliere pedagogico delle iniziative del ministro in questo ambito, il compito di seguire e documentare le sperimentazioni[44]. Delle sperimentazioni nei primi anni di realizzazione e in particolare delle prime quattro ci siamo occupati nello scritto precedente. A partire dall'anno scolastico 1974-75 si determina una svolta nelle sperimentazioni sia perché il nuovo ministro Malfatti, dopo la parentesi Scalfaro, tenta di estendere le sperimentazioni, sia perché l'approvazione dei Decreti Delegati fornisce un riferimento tecnico-formale ai richiedenti più completo e articolato di quanto fosse contenuto nella precedente circolare[45]. Nell'anno scolastico 1974-75 le sperimentazioni autorizzate passano a 71 con un distribuzione più equilibrata fra l'ordine classico-scientifico e magistrale e l'ordine tecnico professionale (34 e 37 scuole) e fra Nord e Sud. L'Ufficio Studi e Programmazione, sulla base delle esperienze degli anni precedenti, appronta un proprio progetto di biennio come base di riferimento per le scuole richiedenti, e diventano 17 le sperimentazioni per l'intero ciclo. Dall'indagine condotta dal Centro per l'Innovazione e la Sperimentazione Educativa di Milano (CISEM) che è con la nostra precedente indagine l'unica, in assenza di indagini ministeriali ufficiali, condotta con un certo impegno di completezza, è possibile stabilire che nell'anno scolastico 1975-1976 le sperimentazioni diventano 115. Di queste 25 sono soltanto bienni e le atre 90 si muovono nella prospettiva del quinquennio e in alcuni casi prossimi al termine del ciclo. La distribuzione per tipi di scuole è di 63 per l'ordine classico-scientifico e magistrale e di 43 per l'ordine tecnico-professionale, a cui vanno aggiunte le dieci sperimentazioni presso istituti privati di cui non si conosce la tipologia scolastica. Dal punto di vista geografico la sperimentazione è presente con: 47 al Nord, 43 al Centro, 25 al Sud e nelle Isole. Dal punto di vista istituzionale tranne 3 costituite come istituti autonomi tutte le altre sono sezioni staccate di istituti esistenti o sezioni all'interno di questi ultimi. Nell'anno scolastico 1978-1979 le sperimentazioni riguardano 197 istituti. Di queste 170 riguardano le scuole statali, 26 le

    [44] G. GOZZER, *Rapporto sulla secondaria*, cit., pp. 204-309.
    [45] D.P.R. 31 maggio 1974, n. 419, *Sperimentazione e ricerca educativa, aggiornamento culturale e professionale e istituzione dei relativi istituti.*

scuole non statali e una il biennio autonomo di Aosta. Con una distribuzione di tipologia scolastica e geografica che rispecchia, pressappoco, le proporzioni riferite in precedenza[46]. A partire dall'ultimo anno, di cui abbiamo fornito i dati, le informazioni diventano sempre più scarse ma anche le sperimentazioni perdono lo slancio e la vitalità iniziale. Nate, sia pure con molti limiti, con l'intento di verificare una ipotesi di biennio, quella elaborata a Frascati e dalla Commissione Biasini, rivitalizzate e estese da Malfatti, quando ormai le speranze di una riforma della secondaria diventavano sempre più flebili, hanno finito per perdere ogni connotazione di tipo sperimentale. A proposito della documentazione, che è una spia di come l'Amministrazione fosse interessata, o meglio, non fosse interessata, al problema, quando alcuni insegnanti, lettori della rivista «Il biennio», – voluta da un gruppo molto nutrito di membri della Commissione Biasini tra cui lo stesso Biasini e Raicich e diretta da Gozzer –, si ponevano il problema di come reperire informazioni sulle sperimentazioni e come mai la rivista era così parca di notizie, il direttore così risponde: «Materiale per fornire risposta non sembra ce ne sia molto: dal Ministero, sospettoso e portato a burocratizzare e a interiorizzare tutto, filtra assai poco, è già molto che si riesca a carpire, più per complicità amichevoli che per flussi spontanei di informazione, l'elenco delle scuole in cui si sperimentano nuove modalità di corsi biennali e triennali, di esami conclusivi, di integrazioni curricolari e disciplinari»[47]. In realtà, se non è sempre possibile, attraverso il periodico, rilevare dei prospetti analitici e delle valutazioni critiche sulla sperimentazioni, è invece possibile attraverso i resoconti di singole esperienze, seguire il dibattito condotto sui problemi di contenuto e di metodo delle sperimentazioni stesse. Quando nel 1980, la rivista, nata nel 1975, cambia titolo (si chiamerà «Scuola e professionalità») e direttore, Gozzer nell'editoriale di commiato motiva le sue dimissioni proprio con il fallimento delle ragioni che l'avevano fatta nascere: «quella di accompagnare quel nuovo ciclo di assestamento delle istituzioni scolastiche che, attraverso la strategia dei bienni (unitari, unificati, ravvicinati, onnicomprensivi che fossero) sviluppava il quadro programmatico e progettuale dal quale era uscita la scuola media dell'obbligo del 1962»[48]. Dalla ricerca CISEM emerge che le sperimentazioni organizzate su una struttura biennio-triennio, con una ipotesi di estensione dell'ob-

---

[46] QUADERNI CISEM 2, *La sperimentazione nella scuola media superiore in Italia: 1970-1975*, Milano, Provincia di Milano, s.a., pp. 25-49.

[47] G. GOZZER, *Ai lettori di SEP*, in «Il Biennio - Scuola e professionalità», n. 2, febbraio 1978, p. 1.

[48] G. GOZZER, *Ai lettori di SEP*, in «Il Biennio - Scuola e professionalità», n. 12, dicembre 1980, p. 1.

bligo fino a 16 anni, sono le più organiche. Con una impostazione di biennio «unitario» hanno cercato di superare la separazione iniziale che caratterizza gli attuali indirizzi e hanno offerto agli allievi una formazione culturale più ampia e omogenea e la possibilità di orientarsi meglio nella scelta successiva dei diversi indirizzi. La loro struttura è stata caratterizzata, sul modello della proposta della Commissione Biasini, da un'area comune a tutti di 2/3 dell'orario complessivo, da un gruppo di materie opzionali, finalizzate alla scelta scolastica e professionale successiva, con un ampio ventaglio di discipline e da un'area elettiva volta a soddisfare interessi individuali degli allievi. Le discipline dell'area opzionale sono state in alcuni casi utilizzate a scopo orientativo e in altri in modo più rigido rispetto alla scelta triennale successiva mentre l'area elettiva si presenta con un ventaglio di attività non sempre catalogabile. Anche nell'area comune, così definita perché relativa alle discipline obbligatorie per tutti «ci sono sperimentazioni con dodici discipline..., mentre altre hanno solo cinque discipline. La media si aggira sulle dieci. Considerando che mediamente l'area comune ha un carico orario di circa 28 ore settimanali, ogni materia ha a disposizione in media circa tre ore la settimana». Le discipline attivate nell'area comune sono in tutti i casi esaminati: lingua italiana, lingua straniera, matematica, storia, scienze naturali, fisica, educazione fisica e religione. Invece l'educazione artistico-espressiva è presente in quasi tutti i bienni, le scienze sociali risultano presenti ma con un ventaglio di discipline molto vario, mentre l'educazione tecnologica è presente in metà delle sperimentazioni[49]. Come si può notare ne emerge un quadro molto variegato e complesso specie se da questi dati si passa all'analisi dei contenuti dell'insegnamento. Dal loro esame, ad una prima approssimazione, emerge da un lato la tendenza a rivedere e aggiornare i vecchi programmi ministeriali e dall'altro il tentativo dei collegi dei docenti di elaborare un proprio progetto culturale e didattico. L'analisi dei contenuti, sia pure con la contraddittorietà di cui si è accennato, meriterebbe un maggiore approfondimento di quanto non si possa fare nell'economia di questo scritto, non fosse altro per mostrare come i programmi approntati dalla Commissione Brocca riflettono le esperienze e il dibattito sviluppatosi proprio in questo periodo su due temi centrali: rinnovamento dei contenuti culturali dell'insegnamento e programmazione e curriculum. Sempre nel 1980 la rivista «Il biennio» pubblica una sintesi del dossier elaborato dal Censis per conto del ministero (*Organizzazione curricolare di alcuni indirizzi sperimentali in Italia*, Roma 1980) sulla sperimentazione di tre indirizzi (di scienze umane e sociali, economico-giuridico e informatico), ma mai

---

[49] Quaderni Cisem 2, *La sperimentazione nella scuola media superiore in Italia*, cit., pp. 51-55.

diffuso, dal quale emerge una valutazione sostanzialmente analoga a quella già espressa dall'indagine CISEM: un quadro orario complessivo molto omogeneo nei bienni tale da consentire una unificazione della fascia biennale dei tre indirizzi presi in considerazione dall'indagine. Rispetto agli istituti esistenti le differenze più rilevanti riguardano: la riduzione delle materie letterarie, derivante dall'abolizione del latino; l'introduzione di discipline mai insegnate nei bienni tradizionali come le scienze sociali, le discipline giuridiche e economiche, l'educazione tecnologica; il potenziamento dell'area matematico-scientifica-tecnologica a scapito di quella letteraria. Tanto da far concludere agli estensori del *dossier* che: «Questi bienni possono essere una buona base di riferimento per costruire un'ipotesi curriculare comune». Molto più frastagliata e discutibile l'area di indirizzo perché sembra più un'area opzionale, nel senso che si tratta di un gruppo di discipline a scelta degli alunni e più o meno vincolanti della scelta successiva del triennio. Ma il giudizio complessivo che ne emerge, pur con le cautele dovute ad un centro di ricerca come il CENSIS, è che la sperimentazione sembra più una Babele alla quale porre rimedio con uno sforzo di razionalizzazione anche se, da questo punto di vista, il problema non è di facile soluzione perché mancano gli Organi di coordinamento: gli IRRSAE non sono ancora decollati e il Comitato Tecnico Scientifico per la Sperimentazione non ha né mezzi né potere[50]. Problema, quest'ultimo, già sollevato da più parti, con un taglio più politico in cui si afferma: «Non si capisce, davvero, a che sia servita l'istituzione, in seno all'Ufficio Studi e Programmazione, di un Ufficio Centrale per la Sperimentazione se poi in ogni Direzione Generale operano (a ruota libera) uffici e servizi che muovono problemi di sperimentazione»[51]. Ma sulla «sperimentazione» penso si possano condividere le conclusioni di Feola e Magni che nel loro volume su *Sperimentazione e scuola* rilevano come dal punto di vista organizzativo ci sia stato un vero e proprio abbandono da parte dell'Amministrazione sia sul piano di un supporto materiale minimo sia sul piano di una seria verifica del lavoro svolto. Quando non sono stati frapposti ostacoli di varia natura a quelle esperienze che tendevano ad allargare l'ambito di coinvolgimento della realtà territoriale, come gli Enti Locali ma anche gli stessi Distretti scolastici e i Consigli d'istituto. Gli insegnanti, che in molti casi sono stati lasciati arbitri di decidere ma anche abbandonati a se stessi, sulla distanza, dopo l'entusiasmo dei primi anni, hanno maturato «atteggiamenti contraddittori: o di frustrazione, di rifiuto puro e semplice della sperimentazione, o, al contrario, atteggiamenti di stampo

---

[50] P. CASCIOLI, *Il labirinto delle sperimentazioni*, in «Scuola e professionalità», n. 3, 1981, pp. 10-11.

[51] P. SCIRPA, *Sperimentazione anno sesto*, in «Il biennio», n. 10-11, 1975, p. 9.

élitario»[52]. Gli autori analizzando, poi, le sperimentazioni dal punto di vista più scientifico evidenziano, come del resto in molti in ambito pedagogico hanno sostenuto in questi anni, la mancanza di una metodologia della ricerca sperimentale[53]. Ma questo non è un problema nuovo. In Italia tranne qualche caso isolato la sperimentazione, intesa come norma legislativa, è stata sempre utilizzata per anticipare delle innovazioni o per confermare delle scelte di politica scolastica prospettate come ipotesi da verificare. Solo che a partire dai primi anni ottanta, in assenza di una politica di riforma della secondaria, l'Amministrazione scolastica ha utilizzato la «sperimentazione» per modificare l'ordinamento esistente, come vedremo più avanti.

Dopo l'approvazione dei Decreti Delegati il Ministro Malfatti di fronte al problema di portare in discussione come proposta di governo il disegno di legge Scalfaro, che non rientrava nelle sue scelte di politica scolastica, prende tempo. A rompere gli indugi fu il Psi che presenta un proprio progetto, per testimoniare all'alleato di governo, la Dc, quanto fosse in disaccordo con la proposta Scalfaro. Questo provocò «una prima cascata di progetti» come, con una felice espressione Giovanni Gozzer ha definito la reazione degli altri partiti che, quasi tutti, presentarono fra il 1975 e il 1976 un proprio progetto. Tra questi quello che, secondo Benadusi, risulta «più vicino allo *spirito di Frascati* era indubbiamente il progetto del Psi»[54]. Anche Ambrosoli è della stessa opinione sottolineando che il progetto era il frutto di una lunga elaborazione di studiosi, in cui traspare il riferimento al ruolo decisivo di Codignola e Visalberghi, e che voleva sottolineare una inversione di tendenza rispetto alle «approssimazioni e compromessi» che stavano caratterizzando il dibattito sulla riforma della secondaria. «Ma il Psi, egli dice, al quale il progetto era stato affidato, non seppe gestirlo secondo tale impostazione, travolto ancora una volta dal tatticismo politico e dalle preoccupazioni elettoralistiche. Il progetto rimase, comunque, come lo sforzo intellettuale più significativo della sinistra italiana per ritrovare il perduto rapporto fra politica e cultura»[55]. Intanto il ministro, oltre a rilanciare i bienni sperimentali, come si è detto, indice a Venezia un convegno che nelle sue intenzioni desiderava che fosse un secondo Frascati. Malgrado la presenza di autorevoli esperti internazionali e di rappresentanti di tutti i partiti italiani i risultati di esso non solo non aiutarono al riavvicinamento delle posizioni ma non servirono neanche a rilanciare il dibattito. Alla Camera la

---

[52] M. FEOLA-V. MAGNI, *Sperimentazione e scuola*, Firenze, La Nuova Italia, 1980, p. 105.
[53] *Ibidem*, pp. 106-107.
[54] L. BENADUSI, *La non-decisione politica*, cit., p. 157.
[55] L. AMBROSOLI, *La scuola in Italia dal dopoguerra ad oggi*, cit., p. 422.

Commissione istruzione aveva iniziato la discussione sui diversi progetti di legge affidando ad un comitato ristretto il compito, com'è prassi, di «collazionare» i diversi progetti il cui risultato non venne accettato da molti componenti la Commissione stessa. La fine anticipata della legislatura interruppe l'*iter* e si concluse così, ancora una volta, con un nulla di fatto per la riforma della secondaria. Intanto, il ministro Malfatti presenta un suo disegno di legge che, pur non sconvolgendo la struttura unitaria, accentua la dimensione professionalizzante, proponendo un primo anno unitario e obbligatorio (che verrà chiamato *monoennio*) seguito da un quadriennio di cui i primi tre con dieci indirizzi e l'ultimo con molti più indirizzi ma marcatamente professionalizzanti[56]. Con la nuova legislatura tutti i partiti ripresentarono una loro proposta, cioè la «seconda cascata di progetti», che verrà trasformata, anche in questo caso dalla Commissione senatoriale, in un «testo di mediazione» (chiamato Di Giesi dal nome del relatore) e che verrà approvato dalla Camera nel 1978. Esso prospetta una secondaria unitaria in cui i primi quattro anni hanno carattere culturale e sviluppano, attraverso le scelte di indirizzo una preparazione professionale di base mentre l'ultimo anno è dedicato alla specializzazione. Il testo approvato dalla Camera «passa» al Senato nella convinzione che non avrebbe incontrato ostacoli per l'approvazione. Invece, la decisione, legittima, della Commissione VII del Senato di voler apportare alcuni «miglioramenti» a quanto approvato dalla Camera ritarda le conclusioni[57]. Intanto, sul testo approvato alla Camera, si verificano alcune prese di posizione da parte di Associazioni professionali e di categoria, di cui due molto importanti. Le tre Confederazioni sindacali in un convegno a Montecatini (3-5 maggio 1978) su «Scuola, sviluppo e diritto allo studio» nel prospettare la loro concezione di diritto allo studio rivendicano, da un lato, un proprio ruolo, rispetto a quello dei partiti e del parlamento, quando affermano che: «Una legge di riforma, che sia più o meno avanzata, non è mai un punto di arrivo, è piuttosto il punto di partenza di un processo il cui itinerario e i cui esiti sono legati al rapporto tra le forze che si muovono in campo, alla qualità delle energie e delle esperienze che vengono attivate nella gestione del processo riformatore» e dall'altro, pur apprezzando lo sforzo di mediazione raggiunto, ritengono che «Una tale impostazione corre il rischio di essere seriamente contraddetta sia da soluzioni non chiare sul prolungamento dell'obbligo sia da una forte riduzione progressiva dell'incidenza dell'area comune, finalizzata alla formazione culturale generale, contestuale all'accentuazione della formazione specifica lega-

---

[56] S. Valitutti-G. Gozzer, *La riforma assurda della scuola secondaria superiore*, cit., pp. 62-63.

[57] *Ibidem*, pp. 67-73.

ta ai singoli indirizzi»[58]. La Confindustria, dal canto suo, rilevando che il mondo della produzione richiederà sempre di più una maggiore adattabilità a nuovi ruoli, ritiene che il grado di cultura di base necessario per queste nuove funzioni non può essere fornito né dalla scuola media né dagli attuali corsi di formazione professionale. Ritiene, inoltre, che è compito della scuola fornire una preparazione di base insieme ad una capacità tecnica operativa. Per queste ragioni si dichiara favorevole alle proposte di riforma che prevedono uscite laterali che si raccordano al sistema regionale di formazione professionale[59]. Ma ancora una volta la crisi di governo e lo scioglimento anticipato delle Camere, nella primavera del 1979, bloccano qualsiasi decisione. Come si può notare, a partire dalla «prima cascata di progetti», fatta qualche eccezione, incomincia quella fase di «ingegneria scolastica», come è stata definita, in cui l'attenzione è più rivolta agli accordi o disaccordi fra i partiti che al significato politico culturale della riforma. «All'*immagine positiva* che si era formata durante gli anni '60 e che aveva ispirato la progettualità riformatrice all'inizio degli anni '70, era ormai subentrata un'*immagine negativa* o quantomeno, *scettica* sul ruolo dell'istruzione... La scuola esce sempre di più dal *fuoco di interesse* delle forze politiche e dell'opinione pubblica»[60]. Ma anche dovuta all'incapacità delle forze politiche di interpretare i cambiamenti sociali e culturali della società italiana e quindi di definire, in risposta a questi, un modello educativo adeguato prima di tradurlo in progetto di riforma. I risultati delle sperimentazioni, pur nei limiti sopra accennati, hanno evidenziato come nei primi due anni sia fondamentale una formazione culturale generale, come quest'ultima, pur in una caratterizzazione professionale debba essere anche la costante del triennio se le prospettive indicate dalle Confederazioni sindacali e dalla Confindustria hanno un significato.

Inoltre l'andamento della popolazione scolastica nel decennio, sempre secondo le elaborazioni di Marcello Dei, ha avuto un notevole incremento. In particolare il tasso di passaggio dalla media alle superiori dal 77,8% del 1971 è salito all'86,5% del 1982. La crescente domanda di istruzione, nel decennio 1971-1981, si è indirizzata verso gli istituti tecnici (dal 41,6% al 44,4%) e verso gli istituti professionali (dal 15,9% al 18,9%, che saranno in costante aumento anche in seguito, il ginnasio-liceo risulta in declino (dall'11,8% all'8,4%), così pure l'istituto magistrale (dal 12% al 9,9%). Il liceo scientifico, dopo una lieve flessione nel 1980 sarà in costante aumento

---

[58] E. CREA, *Scuola, sviluppo e diritto allo studio*, in «Rassegna sindacale», Supplemento al n. 20, 18 maggio 1978 (Atti del Convegno di Montecatini, 3-4-5 maggio 1978), pp. 8-9.

[59] Cfr. CONFINDUSTRIA, *Riforma della scuola secondaria superiore*, Roma, SIPI, 1977.

[60] L. BENADUSI, *La non-decisione politica*, cit., p. 158.

per tutto il periodo[61]. Questo significa che l'estensione dell'obbligo fino a 16 anni è già nei fatti ma vi sono ancora alcune forze politiche che proponendo, un solo anno (il monoennio) di fatto limitano qualsiasi funzione formativa. Il calo del ginnasio liceo (nel 1951 costituiva il 28,8% della popolazione scolastica delle superiori) e la conseguente stabilizzazione intorno all'8% – a seguito della liberalizzazione degli accessi all'università – significa che non è più il tramite per l'università e quindi non è più al centro dello scontro degli anni '50 e '60. L'incremento poi degli istituti tecnici e professionali è sì la testimonianza di un'esigenza di professionalità ma è soprattutto la via «possibile» all'istruzione delle classi sociali medio-basse. Basti pensare all'aumento vertiginoso degli iscritti all'università. Queste analisi se ripropongono in modo più evidente il rapporto fra cultura generale e formazione professionale indicano anche che la soluzione non va trovata tutta all'interno della struttura della secondaria attraverso un allargamento delle «maglie selettive» e con un aggiornamento dell'esistente ma ripensando al problema innanzitutto dell'adolescente e quindi della sua formazione culturale e professionale in un quadro di ridefinizione delle funzioni formative e quindi delle funzioni che le diverse istituzioni devono avere in una concezione di sistema formativo allargato e/o integrato.

4. *Terza fase: dal 1980 al 1992.* Gli anni '80 ereditano dagli ultimi anni della fase precedente non solo una caduta di interesse verso la funzione della riforma della scuola ma anche una «ripresa della *ideologia della professionalizzazione*». Se la prima si esprimerà con un atteggiamento diffuso di delusione e scetticismo da parte delle forze sociali che nel decennio precedente avevano partecipato così attivamente al rinnovamento scolastico verso le forze politiche (Parlamento e Partiti) che non erano state capaci di tradurre le istanze di rinnovamento emerse nei primi anni '70 in una nuova legge di riforma, queste ultime, o almeno una parte di esse, fanno fatica ad accettare e, soprattutto, a rielaborare un progetto di riforma consono alle nuove tendenze di riprofessionalizzazione del sistema scolastico. Secondo Benadusi, con un'analisi politico-sociologica molto interessante, si mostra come «dietro la riemergente ideologia della professionalizzazione stavano anche interessi materiali tutt'altro che trascurabili»[62]. In particolare egli evidenzia come l'industria, in una fase di crisi, alle prese con una interna ristrutturazione, tenti di trasferire l'onere finanziario della formazione sul sistema scolastico ed extra-scolastico pubblico. Come nella stessa direzione

---

[61] M. DEI, *Cambiamento senza riforma: la scuola secondaria superiore negli ultimi trent'anni*, cit., pp. 90-94.

[62] L. BENADUSI, *La non-decisione politica*, cit., p. 161.

si muovevano le Regioni e, soprattutto, gli Enti gestori della formazione professionale regionale. Entrambi, sia pure con accentuazioni diverse erano contrari all'introduzione di un «ciclo corto» interno alla scuola ma a favore di un «ciclo corto», inteso come completamento dell'obbligo fino a 16 anni, nel sistema di formazione professionale. Il problema del ciclo corto compare, ufficialmente, per la prima volta, nel testo di legge del 1981, chiamato Casati dal nome del suo estensore e approvato da un nuovo comitato ristretto che sulle ceneri del testo del 1978 accantona il «monoennio» e ripropone il biennio comune obbligatorio con indirizzi e introduce sia pure in via «sperimentale» e per un periodo di sei anni un «ciclo corto». Riferito ad un corso di studi breve, rispetto al quinquennio della secondaria, per quanti debbono o vogliono concludere la loro formazione in tempi brevi per immettersi nel mondo del lavoro o nei corsi di formazione professionale. Questo «ciclo», concepito anche come modo per recuperare all'istruzione quanti l'abbandonavano o ne venivano espulsi, veniva considerato «aperto» nel senso che consentiva il passaggio al biennio unitario della secondaria. Inoltre venivano stabilite, per l'area comune le stesse discipline, previste dal biennio unitario. Si tratta di una proposta che trovava in disaccordo da un lato il Pci che, per quanto fosse interessato ad una soluzione legislativa della riforma e intravedesse nell'accettazione del biennio unitario un primo passo in avanti verso una soluzione biennio più triennio ipotizzata nel decennio precedente, non si sentiva rassicurato dalla soluzione posta all'introduzione del ciclo corto, dall'altro vi era una parte della Dc che puntava ad ottenere anche il «ciclo corto» nell'ambito della formazione professionale regionale[63]. L'idea di un ciclo breve di studi si inseriva all'interno o trovava la sua giustificazione nel dibattito sulla crisi della scuola secondaria, come unico canale formativo a favore di un *sistema formativo allargato*, in cui varie modalità e istituzioni educative possano consentire a ciascuno di individuare un proprio percorso, sempre con la possibilità di passaggio da una struttura all'altra oppure un *sistema formativo integrato*, sostenuto dai comunisti, in cui la centralità veniva comunque attribuita alla scuola secondaria e in particolare al biennio unitario perché costituiva l'unica garanzia di innalzamento del livello culturale di base. L'altro problema che si inseriva nel dibattito e che per alcuni giustificava il ciclo corto era il tasso di ripetenze e di abbandoni che ancora si verificava nei primi due anni di secondaria. Dalle rilevazioni Censis (*Rapporto Censis 1987-XXI*) risulta che in quegli anni, i tassi di abbandono nella secondaria, per quanto siano in diminuzione, pur tuttavia sono ancora al livello del 17,4% nella prima classe e del 7,6% nella seconda classe mentre i tassi di ripetenza, «si presentano sempre più

---

[63] Cfr. *Ibidem*, pp. 160-162; Cirmes, *La riforma secondaria*, cit., pp. 136-153.

crescenti» passando, in prima classe dal 10,2% del 1982/83 all'11,5% del 1985/86. Per i sostenitori del doppio «ciclo corto», la pluralità di percorsi per completare l'obbligo, avrebbe consentito un recupero dei soggetti interessati a questo fenomeno perché non avrebbero subito l'impatto con una scuola superiore ancora molto rigida nella sua impostazione e troppo incentrata su apprendimenti formali rispetto ai percorsi della formazione professionale più basati sul momento operativo e più legati alla realtà sociale e produttiva. Senza entrare nel merito delle diverse argomentazione rileggendo, a distanza di qualche anno, il dibattito sull'argomento, ci si meraviglia come un problema così importante e decisivo non sia stato affrontato, proprio nell'ambito del sistema formativo allargato e/o integrato, e a partire dalla scuola di base perché le vere cause dei bassi livelli formativi o del disinteresse verso la scuola degli allievi, vanno sempre ricercati nei fattori che li hanno determinati. Dal punto di vista scolastico è la scuola media la fascia scolastica immediatamente precedente che dovrebbe affrontare il problema. Invece da quando sono stati apportati i «ritocchi» del 1979 e promulgati i nuovi programmi non c'è stata alcuna seria verifica dal punto di vista della qualità dei risultati. Si ha l'impressione, invece, che se i nuovi programmi hanno fatto compiere un salto qualitativo alla organizzazione dei contenuti disciplinari non sembra che abbiano affrontato con lo stesso impegno il problema pedagogico e metodologico connesso ad un effettivo recupero e/o integrazione scolastica ed educativa di quelle fasce sociali più esposte al fenomeno della «dispersione scolastica», come si vuol definire oggi la fascia dei bocciati, ripetenti, ecc. In sostanza dalla «prima cascata di progetti», fra approvazioni di uno solo dei due rami del Parlamento e rimessa in discussione da parte dell'altro, veti incrociati, rinvii, accordi trasversali, nuovi testi unificati si giunge al 1985 quando sembra che la ripresa del cammino parlamentare, dopo quasi tre anni di interruzione, voglia concludersi con l'approvazione di una legge di riforma. Per una ricostruzione puntuale di tutti questi momenti e passaggi si rinvia allo scrupoloso lavoro di Gozzer[64] perché di fatto risultano inincidenti rispetto all'argomento di cui ci stiamo occupando, mentre gli avvenimenti dell'85, anche se non si concluderanno con l'approvazione di una legge, sono importanti, se non altro, per verifica-

---

[64] Cirmes, *La riforma secondaria*, cit., pp. 127-166. Per un quadro completo delle idee, delle posizioni associative e sindacali, del dibattito sul problema di nuovi contenuti e metodi, bisogna riferirsi ai seguenti periodici: «Nuova Secondaria», di ispirazione cattolica, sorta nel 1982, segue con molta attenzione il dibattito ed è ricca di documenti; «Riforma della Scuola», espressione del Pci e poi Pds, fino alla cessazione del 1993, ha seguito con molto interesse e partecipazione il dibattito sulla secondaria; «La scuola e l'uomo», organo dell'Uciim e «Valore Scuola», bollettino della Cgil-Scuola, consentono di conoscere le posizioni dei rispettivi organismi.

re, a distanza di anni, le posizioni dei gruppi politici sull'argomento in questione. Quando nel marzo 1985 il Senato invia alla Camera la proposta di riforma di recente approvazione, la Commissione della Camera si rendeva conto dalla lettura del testo che molti problemi erano rimasti irrisolti e in particolare: la definizione delle materie comuni ai vari indirizzi della secondaria perché con una generalissima affermazione sulle «finalità» si demandava ad un decreto delegato l'articolazione pratica delle discipline e dei suoi contenuti; la soluzione del biennio iniziale rimaneva aperta fra un biennio in continuità con la media, ma estraneo al triennio successivo e un biennio orientativo ma organico al triennio; il rapporto con la formazione professionale e quindi fra Stato e Regione[65]. Rispetto alla mancata soluzione di questi problemi, malgrado tutti i tentativi di mediazione, emergeva con chiarezza l'impossibilità o l'incapacità di affrontare il problema di una riforma globale e centralistica. Per quanto ci siano stati diversi tentativi per modificare il modello educativo dei primi anni settanta, a parte il tentativo di includere il sistema di formazione professionale nel processo formativo, allargato o integrato che sia, non sembra che sia emerso un nuovo modello educativo in grado di rispondere alle esigenze scolastiche della nuova realtà socio-economica. Anzi, si ha l'impressione che la pedagogia rifletta e razionalizzi, a volta a volta, le proposte di politica scolastica e non viceversa, né risulta esserne l'ispiratrice sia pure in un rapporto dialettico. Nella situazione scolastica incandescente di quell'anno, con la protesta degli studenti che si diffondeva a macchia d'olio, il senatore Covatta del Psi, responsabile del settore scolastico del suo partito, nel denunciare l'incapacità del Parlamento a realizzare un progetto di riforma generale e per dare delle risposte alle richieste degli studenti e della società in generale propone di percorre la via «gradualistica» attraverso provvedimenti «parziali» ad incominciare dall'estensione dell'obbligo e quindi del biennio[66]. Una proposta che viene accolta da tutte le forze politiche ormai consapevoli della perdita di credibilità verso l'opinione pubblica e desiderose di riacquistarla sia pure attraverso la soluzione di un problema ormai annoso: l'estensione dell'obbligo scolastico. Fra il 1985 e 1987 di nuovo tutti i partiti rappresentano un proprio progetto di legge di estensione dell'obbligo e quindi di riforma del biennio. In particolare il Psi nel suo progetto ribadisce l'obbligo fino a sedici anni, afferma che il corso di studi deve essere costituito da tre quarti di materie comuni e di un quarto di materie di indirizzo ma lascia in sospeso il problema della formazione professionale. Il Pci riafferma il principio di un biennio obbligatorio con funzione culturale e orientativa, articolato con un orario,

---

[65] *Ibidem*, pp. 166-171.
[66] Cfr. *Ibidem*, pp. 171-173; L. BENADUSI, *La non-decisione politica*, cit., pp. 167-169.

come quello del Psi, in cui tre quarti delle ore sono dedicate a discipline comuni e il resto ad una formazione di orientamento organizzata però per «moduli didattici» che possono «articolarsi in serie con la formazione professionale post-obbligatoria. La Dc propone tre diversi itinerari per adempiere all'obbligo scolastico: due anni negli istituti secondari o dei corsi regionali di formazione professionale; corsi integrativi per chi si orienta verso il lavoro secondo un principio di alternanza scuola-lavoro; corsi di ricupero per tutti quelli che a causa di abbandoni, ritardi, interruzioni non hanno adempito all'obbligo[67]. Come si può notare, sia pure ridefinite in un contesto diverso le posizioni di partenza non sembrano modificate. Invece è interessante rilevare, a parte le differenze sopra esposte, che in tutte le proposte sono riemerse indicazioni riguardanti il curricolo del quale non si parla più in termini di cultura generale ma di discipline comuni, di problemi pedagogici e metodologici relativi a questa fascia di età, di sistemi di valutazione, di strumenti che rendono possibile l'attuazione del provvedimento come la formazione degli insegnanti, dell'edilizia, di nuovi strumenti didattici. Si tratta di un primo tentativo di superare quella lunga fase definita di «ingegneria scolastica» caratterizzata da una logica che aveva di fatto accantonato un modello educativo di riferimento per far posto a quella degli accordi e dei compromessi su uno o più aspetti specifici. Ma quando da questa fase si passò a quella più operativa, la Commissione si rese conto che la soluzione non era meno impegnativa della precedente. Di fronte alla nuova situazione di stallo l'allora ministro della Pubblica Istruzione sen. Falcucci decide, nell'ottobre del 1986, di percorrere quella che è stata definita la «via amministrativa» alla riforma e cioè, in assenza di una legge di riforma dell'obbligo scolastico cambiare, con un decreto del Presidente della Repubblica, i programmi e gli orari dei primi due anni della scuola secondaria. Le reazioni a questa decisione furono molto dure e all'insegna di un «esproprio» delle funzioni del Parlamento[68]. In verità, il vuoto decisionale del Parlamento era nei fatti, nella sua incapacità a trovare una soluzione al problema o, come è stato felicemente definito da Benadusi, di «non-decisione politica». A riempire questo vuoto prima della Falcucci avevano iniziato le diverse Direzioni generali del Ministero della P.I. e in particolare quella tecnica che in risposta alla mancata riforma nei primi anni ottanta avvia un aggiornamento dei programmi del triennio per rispondere alle nuove esigenze professionali. Per questo obbiettivo viene utilizzato, ancora una volta, lo strumento della sperimentazione. Approfittando della crisi delle sperimentazioni maturate dal «basso» nel decennio precedente e delle critiche ormai

---

[67] Cfr. CIRMES, *La riforma secondaria*, cit., pp. 172-175.
[68] Cfr. *Ibidem*, pp. 175-180; L. BENADUSI, *La non-decisione politica*, cit., pp. 169-171.

diffuse sulla «varietà» delle iniziative sperimentali che richiedevano un coordinamento, le Direzioni generali del ministero, attraverso appositi comitati tecnici, elaborano una revisione dei programmi, dei diversi indirizzi, che vengono poi proposti alle scuole che ne fanno oggetto delle loro sperimentazioni: «I Progetti assistiti». Certo le iniziative della Falcucci, a cui accenneremo più avanti, daranno una forte accelerazione a questo processo ma il suo inizio va fatto risalire ai primi anni '80. Se la via alla riforma è «amministrativa» il processo è invece politico. Di fronte all'emergere dei problemi e in assenza dei soggetti a cui compete il compito di decidere, il Parlamento, ne emergono altri che li sostituiscono, l'apparato Amministrativo della Pubblica Istruzione. Per quanto l'allora direttore generale dell'Istruzione Tecnica Emanuele Caruso, in una pubblicazione dedicata allo stato della «sperimentazione» sottolinei che nell'iniziativa non vi era alcuna volontà di sostituirsi alla riforma mancata ma solo intervenire per rispondere rapidamente alle esigenze di una nuova professionalità, giustificando così anche la natura parziale degli interventi[69]. Ma per l'estensione e per la crescita quantitativa che i «progetti assistiti» hanno avuto, si tratta di una vera e propria modifica dell'indirizzo tecnico. Che non vi fosse una volontà politica in questa direzione emerge anche dallo scritto di Maria Grazia Nardiello in cui viene compiuto a distanza di anni un'analisi dell'esperienza, In esso si sottolinea da un lato la volontà di intervenire per dare una maggiore omogeneità e organicità alle sperimentazioni esistenti e sviluppatisi nel decennio precedente e dall'altro per rivitalizzarle a seguito della crisi da esse attraversate alla fine degli anni settanta per la mancanza di un sostegno alle scuole sperimentanti e per la delusione degli insegnanti coinvolti per il mancato sbocco riformatore. Infatti, il vero cambiamento delle sperimentazioni rispetto alla fase precedente, a mio parere, sta nel fatto che quelle nate negli anni '70 si muovevano entro un progetto di riforma già delineato di cui veniva verificata la praticabilità operativa. Le sperimentazioni degli anni '80 invece nascono in risposta alla mancata riforma e per aggiornare l'esistente. I «Progetti assistiti» nati, come dice la Nardiello, «come una metodologia della *manutenzione* degli ordinamenti per rinnovare i curricoli formativi, hanno lentamente innescato un processo di cambiamento continuo, di cui sono prova le numerose stesure succedutesi nel tempo»[70]. Infatti i *curricula*, limitati nei primi anni solo ai trienni e alle discipline più strettamente professionali, subiranno, nel tempo progressivi e continui cambiamenti, ma soprattutto è l'estensione progressiva a tutti gli indirizzi del-

[69] Cfr. E. Caruso, *Presentazione*, in «Studi e Documenti degli Annali della Pubblica Istruzione», n. 58, 1991.

[70] M.G. Nardiello, *L'innovazione di processo, ibidem*, p. 20.

l'Istruzione tecnica e l'espansione quantitativa che in alcuni casi ha raggiunto il 100% degli Istituti, come si evidenzia dalla tabella riportata in nota[71] che testimonia l'esigenza di un provvedimento riformatore. Mi pare significativo il commento del CENSIS che nell'analizzare il fenomeno, dice: «Viene però spontaneo domandarsi come, nel prossimo futuro, l'inevitabile adozione della riforma complessiva della secondaria superiore andrà a coniugarsi – nei suoi contenuti – con quanto fino ad oggi prodotto con logiche interne»[72]. Per il problema di cui ci stiamo occupando, si tratta comunque di una sperimentazione che se nei primi anni non affronterà il problema della revisione dei programmi del biennio, sarà coinvolta successivamente, come vedremo più avanti, con l'introduzione del «Piano Nazionale per l'Informatica» e con la sperimentazione dei «Programmi dei primi due anni» elaborati dalla Commissione Brocca. Nella premessa generale del Piano Nazionale per l'Informatica, – presentato dal ministro Falcucci in un convegno organizzato dal ministero in occasione della Fiera del libro per ragazzi di Bologna nell'aprile del 1985, – dopo che si sono sottolineati gli effetti, in tutti gli ambiti derivanti dalla «rivoluzione microelettronica, si legge: «L'informatica, nata come feconda sintesi tra la ricerca del settore logico-matematico e le avanzate tecnologie elettroniche, si configura come una scienza in rapida espansione che induce rilevanti mutamenti di carattere culturale e professionale rendendo improrogabile una sostanziale ridefinizione degli obiettivi formativi, delle metodologie e dei contenuti dell'insegnamento»[73]. Il progetto si pone come obiettivo quello di utilizzare l'informatica non solo come contenuto ma anche come nuovo strumento metodologico utile a far acquisire un diverso modo di definire, analizzare e risolvere i problemi. Inoltre per la sua pervasività consente di interagire con le altre discipline. A questi obiettivi di carattere culturale se ne aggiungono altri più legati alla prepara-

---

[71] CENSIS, *26° Rapporto sulla situazione sociale del paese*, Milano, Angeli, 1992, p. 101:

Settore	Denominazione Progetto	Anno 1992/93
Agrari	Cerere90	100%
Aeronautici	Alfa	100%
Nautici	Nautilus	85%
Commerciali	Igea	75%
Geometri	Cinque	79%
Periti Aziendali	Erica	45%
Programmatori	Mercurio	30%

[72] *Ibidem*, pp. 102.

[73] «Studi e Documenti degli Annali della Pubblica Istruzione», n. 55, 1991, p. 5. Per una documentazione oltre al numero monografico del periodico qui citato, vedi: *Piano generale per l'introduzione dell'informatica nelle scuole secondarie superiori*, in «La scuola e l'uomo», n. 6, pp. 192-193 e n. 7-8, pp. 218-219, 1985.

zione professionale dei giovani e che sono legati all'uso dello strumento e dei suoi linguaggi. Per il raggiungimento di questi obiettivi, il piano prevede un potenziamento dell'insegnamento della matematica e della fisica per fornire le basi teoriche dell'informatica, l'insegnamento dell'informatica e l'uso dell'elaboratore come strumento didattico e quindi finalizzato all'attività didattica in tutte le altre discipline. Ma la novità più importante è sul piano dell'attuazione del progetto. Dopo l'esperienza dei «Corsi Pilota» e contrariamente a quello che è avvenuto per i «Progetti Assistiti» il Ministero ha organizzato l'innovazione ispirandosi alla metodologia della ricerca-azione e con un impegno organizzativo e economico rilevante. Nel primo anno sono stati organizzati dei corsi di preparazione per i formatori che in seguito hanno formato gli insegnanti che avrebbero poi svolto l'attività di sperimentazione nelle classi. Prima di procedere ad una espansione delle sperimentazioni sono stati costituiti dei «Poli per l'informatica», nelle scuole interessate all'esperimento e collocati sul territorio nazionale, come punti di riferimento per l'area geografica scolastica circostante. Questa impostazione organizzativa è stata accompagnata da un'attività di aggiornamento continua, prima, durante e a conclusione di ciascun anno scolastico. L'aggiornamento è stato orientato verso l'acquisizione di conoscenze e verso l'acquisizione di competenze didattiche e di valutazione dell'apprendimento degli allievi e delle procedure di analisi dei risultati. Gli stessi contenuti sono stati definiti nei corsi per formatori, ridefiniti nei corsi per gli insegnanti e successivamente precisati e aggiornati in itinere. Rivolti inizialmente soprattutto ai bienni dell'Istruzione tecnica si sono progressivamente estesi agli altri ordini scolastici e a partire dall'anno scolastico 1990/91 sono stati gradualmente introdotti anche nei trienni. L'insieme del Progetto, nell'arco di questi anni di realizzazione è stato oggetto di indagine e di valutazione da parte della Doxa, della Biblioteca di Documentazione Pedagogica (BDP) di Firenze e da parte dello stesso ministero e i suoi risultati sono stati documentati anche in un numero speciale (n. 55, anno 1991) di «Studi e Documenti degli Annali della Pubblica Istruzione», dal quale abbiamo principalmente tratto le informazioni. Dalle indagini e in particolare da quella svolta dalla BDP, ci sembra opportuno rilevare che gli insegnati intervistati abbiano rivolto le loro preferenze, più che alle attrezzature e al materiale didattico, alle «tematiche generali di tipo trasversale quali metodi e tecniche dell'insegnamento della matematica, informatica e logica, programmazione curricolare in relazione ai nuovi programmi di matematica e programmi applicativi di tipo generale»[74]. Dal punto di vista quantitativo nell'anno

[74] G. BIONDI, *Analisi del fabbisogno formativo dei docenti di matematica e fisica del Piano Nazionale Informatica*, in «Informazione e innovazione», n. 23, 1991, pp. 36-37.

scolastico 1990/91 il numero delle scuole interessate è stato di 2562 nei bienni e di 170 nei trienni, prevalentemente, in ordine decrescente, negli Istituti tecnici, negli Istituti professionali e nei Licei Scientifici. Si tratta di una innovazione che, a parte i possibili limiti organizzativi e attuativi, senza sconvolgimenti strutturali e senza aver avuto particolari attenzioni anche da parte della stampa specializzata, che si è costituita come una innovazione di un certo rilievo nell'ambito del biennio della secondaria. Non solo per l'introduzione dell'informatica ma soprattutto per aver contribuito alla revisione dei programmi di matematica e di fisica, tradizionalmente deboli, completamente assenti come la nel caso della fisica nei bienni. Infatti Giovanni Prodi in un suo intervento sui programmi di matematica per il biennio all'XI convegno sull'insegnamento della matematica dell'Unione Matematica Italiana (Salsomaggiore, 16, 17, 18 ottobre 1986) rileva, ironicamente, che occorreva «Il potere carismatico dell'informatica» perché le autorità ministeriali si rendessero conto che «non si poteva introdurre in modo sensato l'informatica senza una profonda riforma dei programmi di matematica e fisica». Ma egli sottolinea, nello stesso tempo, il contributo dell'informatica all'insegnamento della matematica, quando scrive che «... vi sono profonde ragioni di carattere culturale che legano l'informatica ai capitoli più tradizionali della matematica» in particolare verso due direzioni: «quella di «matematizzazione della realtà» e «una più accentuata ed esigente formalizzazione». Invece l'iter della seconda iniziativa assunta dalla Falcucci – la revisione dei programmi per i bienni – è stato molto più lungo, faticoso e controverso. Nell'economia del nostro scritto non ci è consentito di ricostruire gli avvenimenti che hanno accompagnato la stesura dei programmi per il biennio dalla Falcucci a Brocca, anche perché è stato compiuto da alcuni membri della stessa commissione, da alcuni periodici specializzati e per alcuni aspetti particolari dallo scrivente in altre occasioni[75]. Il progetto elaborato dalla commissione Falcucci prevedeva, per i primi due anni della scuola secondaria, un orario di 36 ore settimanali ripartito fra 26 ore dell'area comune e 10 per quella di indirizzo. Le discipline dell'area comune proposte erano: italiano, lingua straniera, storia, educazione civica, fisica,

[75] Cfr. G. Bertagna, *La riforma necessaria*, cit.; G. Bertagna-C. Checcacci, *Penelope e gli indovini. La riforma della secondaria tra passato e futuro*, cit.; F. Bochicchio (a cura di), *L'insegnamento della Biologia nelle scuole secondarie superiori*, Bologna, Zanichelli, 1992; Id., *L'insegnamento di Fisica-Chimica nei bienni*, Bologna, Zanichelli, 1994; O. Niceforo, *L'innovazione difficile*, cit.; *Piano di studio della scuola secondaria superiore e programmi dei primi due anni. Le proposte della Commissione Brocca*, in «Studi e Documenti degli Annali della Pubblica Istruzione», n. 56, 1991; C. Venturi, *Programmazione, verifica e valutazione nel biennio*, Bologna, Zanichelli, 1993; G.C. Zuccon, *Il progetto della commissione Brocca*, Brescia, Editrice La Scuola, 1991.

biologia, chimica, scienza della terra, educazione fisica e religione. Rispetto a questa proposta il Consiglio Nazionale della Pubblica Istruzione (CNPI), nel 1987, pur condividendo la struttura oraria, rileva come dato positivo il potenziamento degli insegnamenti scientifici, il rafforzamento degli insegnamenti linguistici, l'introduzione dell'informatica nei programmi di matematica e l'autonomia data all'educazione civica arricchita di elementi di diritto e di economia e eccepisce la scarsa attenzione alla dimensione artistica, visuale e musicale. Inoltre, il CNPI, pur rilevando l'obiettiva difficoltà di predisporre dei programmi per il biennio in assenza di un quadro legislativo, rileva la mancanza di una introduzione generale ai programmi in cui fossero espressi: i criteri con i quali era stata determinata la scelta delle discipline in rapporto alle finalità e agli obiettivi assunti per il biennio ipotizzato; il valore pedagogico dei criteri stessi in rapporto ai contenuti delle discipline prescelte; l'adeguatezza delle scelte operate in rapporto all'età degli allievi; la necessità di rivedere, coordinandoli e potenziandoli, i contenuti delle discipline proposte. Con questo parere il CNPI rinviava al ministro i programmi invitandolo a rivederli[76]. Intanto l'esperienza era servita a verificare la quasi impraticabilità di una modifica dei programmi per «via amministrativa», la difficoltà di conciliare, in termini di pura e semplice organizzazione disciplinare, la doppia funzione del biennio, quella di proseguimento degli studi e di completamento dell'obbligo. Il dibattito che provocò sulla stampa la scelta operata per il programma di storia di limitarne lo studio al periodo contemporaneo, tralasciando la storia antica fu una spia interessante in questa direzione. Va detto che le polemiche in quel periodo erano rivolte più che al riconoscimento della legittimità da parte del ministro di intervenire amministrativamente, problema a cui invece si erano dimostrati sensibili i politici, alla scelta delle discipline e dei contenuti a cui, invece, si dimostrarono sensibili, uomini di cultura, Associazioni professionali, Corporazioni disciplinari. Ciascuno per rivendicare il valore culturale e educativo della disciplina che rappresentava e quindi per rivendicarne l'inclusione nel piano di studi. A seguito della crisi e delle elezioni, in nuovo ministro, l'on. Galloni, continua il lavoro iniziato dalla Falcucci, affidando all'on. Brocca, sottosegretario alla P.I., la presidenza della Commissione che viene potenziata secondo un doppio equilibrio: di rappresentanza politico-culturale e disciplinare-associativa, della cultura e delle scienze, del mondo industriale e dell'università. La Commissione detta dei 35 – immediatamente portati a 40 – pare che abbia raggiunto, a livello di sottocommissione per la stesura dei singoli programmi disciplinari il numero di 200 esperti (questo quanto

[76] Cfr. *Rapporto di fine anno del Consiglio Nazionale della P.I. nel periodo 1983-1988*, in «Studi e documenti degli Annali della Pubblica Istruzione», n. 48, 1989, pp. 28-33 e 90-122.

impegnò i suoi componenti alla stesura dei programmi per il triennio). La Commissione al suo interno nominò un «comitato ristretto» con il compito, molto importante e delicato, di definire il piano di studi e la struttura oraria, demandando alle sottocommissioni la definizione dei contenuti delle singole discipline[77]. Intanto la Commissione Istruzione del Senato nominava, a sua volta, un proprio comitato ristretto, con il compito di predisporre una «bozza» di disegno di legge per l'estensione dell'obbligo fino a 16 anni tenendo conto delle proposte dei partiti che intanto erano state ripresentate. L'on. Brocca che, rispetto all'avvicendamento dei ministri, rappresenterà l'elemento di continuità dell'intera questione perché come sottosegretario alla P.I., in carica fino alle ultime elezioni, presiedeva la Commissione per i programmi e partecipava, per il Governo, al comitato ristretto della Commissione istruzione del Senato incaricata di stendere la bozza di lavoro per la Commissione. In questa doppia veste in più occasioni l'on. Brocca dichiarò che il lavoro della Commissione sarebbe proceduto di pari passo con quello parlamentare per avere una omogeneità nei criteri scelta degli aspetti fondamentali al fine di anticipare, una volta approvata la legge, le procedure attuative del nuovo biennio della secondaria[78]. A ben vedere, con qualche anno di distanza, la possibilità, per l'on. Brocca di veder realizzata l'attuazione dei programmi del biennio non avverrà per la via da lui ipotizzata, per l'ennesima mancata approvazione del provvedimento da parte del Parlamento, ma, ancora una volta, per «via sperimentale». Questa indicazione, sia pure con motivazioni diverse, veniva proposta dal CNPI, quando, chiamato ad esprimere il parere sui programmi elaborati dalla commissione Brocca, così si esprimeva sulla situazione della scuola secondaria superiore e sulla possibilità di introdurre nel biennio i nuovi programmi: «La lunghissima gestazione parlamentare e la non meno travagliata vicenda dell'iniziativa amministrativa e della revisione dei programmi, hanno fino ad oggi impedito che il cambiamento venisse governato in modo univoco e secondo impostazioni organiche e coerenti. Il quadro generale che ne è derivato è caratterizzato dalla estrema disomogeneità delle situazioni addebitabili in primo luogo alla maggiore o minore disponibilità al cambiamento dei collegi dei docenti delle singole scuole ed al maggiore o minore attivismo delle Direzioni Generali, che stanno promuovendo massicce sperimentazioni di cui non si riconoscono orientamenti e risultati. Le conseguenze più gravi sono lo stato di frustrazione degli insegnanti più interessati e consapevoli, la progressiva disgregazione del corpo docente impegnato su progetti assai

---

[77] Confronta i testi citati alla nota 75.

[78] B. BROCCA, *Rapporto sulle iniziative di ammodernamento della scuola secondaria*, in «Nuova Secondaria», n. 2, 1990, pp. 7-11.

diversi a seconda dei diversi ordini di Scuola Secondaria Superiore, la perdita di identità di molti indirizzi scolastici, la contraddittorietà del diluvio di ricette e terapie che vengono estemporaneamente suggerite da tutte le parti, anche le meno esperte dell'argomento». Quindi prosegue proponendo che: «i programmi andrebbero opportunamente verificati tramite un'organica sperimentazione anche ai fini di ridurre i possibili elementi di dubbio e di offrire alla Scuola più sistematici fattori di stimolo. Il riferimento ai programmi potrebbe anche dare un carattere più unitario alle diverse sperimentazioni in atto»[79]. Sarà appunto la «via sperimentale», non intesa secondo i criteri indicati dal CNPI, ma come modalità diffusa e univoca, a rendere operativi i programmi della «Commissione Brocca». Nella primavera del 1989 i programmi vennero pubblicati da più parti e ufficialmente, dopo un secondo parere del CNPI, diffusi attraverso un numero speciale, ad essi dedicato, dal periodico «Studi e Documenti degli Annali della Pubblica Istruzione» con la presentazione del nuovo ministro che in questo periodo è di nuovo l'on. Riccardo Misasi. Il quale, senza nemmeno interrogarsi sulle responsabilità del ritardo ventennale dice: «Sin dall'inizio degli anni '70 si è ravvisata la necessità di riformare con urgenza le scuole secondarie superiori... A distanza di vent'anni queste ragioni restano intatte e anzi si fanno più pressanti e ineludibili»[80]. È molto difficile contenere in pochi righe le proposte della Commissione Brocca, senza correre il rischio di schematizzazioni e approssimazioni. Pur tuttavia, nell'economia dello scritto, appare inevitabile fare alcuni cenni. Per intendere il Progetto elaborato dalla Commissione bisogna richiamare, schematicamente, le scelte operate dal Disegno di legge presentato al Senato a firma dell'on. Mezzapesa (n. 2343, 3 luglio 1990) ma elaborato con il Sottosegretario Brocca in sintonia con i lavori della Commissione. Lo stesso Brocca, in un suo scritto su «Nuova Secondaria», precisa che la decisione di elaborare prima i contenuti e i metodi e poi la struttura è stata una scelta voluta. «La novità sta proprio nel capovolgimento della procedura: mentre prima si dava la precedenza al *contenitore*, ora si parte dai *piani di studio*, sollecitando così, le forze politiche a progettare e costruire l'ordinamento più congruo». Forse è a partire da questa procedura che la Commissione di fronte alla difficile scelta di decidere quali discipline considerare comuni a tutti e quali di indirizzo, rimanendo nel tetto di 35 ore, ha escogitato un articolazione, accolta nel

[79] MINISTERO DELLA P.I.-CNPI, *Parere - in sede istruttoria in ordine alla proposta di modifiche ai programmi del biennio iniziale della Scuola Secondaria Superiore*, Adunanza del 6 luglio 1989, p. 5.

[80] *Piani di Studio della Scuola Secondaria Superiore e programmi dei primi due anni. Le proposte della Commissione Brocca*, cit. (Presentazione del Ministro della P.I. Riccardo Misasi, p. VII).

disegno di legge Mezzapesa, volta ad individuare tre livelli di differenziazione dei raggruppamenti disciplinari rispetto alla distinzione ormai classica: comuni e di indirizzo. Infatti i piani di studio comprendono: insegnamenti *comuni a tutti* gli ambiti; insegnamenti *comuni a più* ambiti o a più indirizzi; insegnamenti *specifici dei singoli* indirizzi. Questa struttura si comprende meglio nel quadro dell'articolazione del triennio, che prevede i seguenti ambiti: umanistico, scientifico, economico, tecnologico, artistico, professionale. Al cui interno sono compresi più indirizzi, dei quali però riduce drasticamente l'attuale varietà. Gli insegnamenti comuni a tutti sono: italiano, lingua straniera, storia, diritto-economia, matematica, scienze della terra, biologia, religione ed educazione fisica. Quelli di indirizzo variano a seconda del livello di professionalizzazione dell'indirizzo stesso[81]. Ma vi è un problema che non si poteva risolvere a partire dai piani di studio perché riguardava l'annosa questione se considerare i corsi di formazione professionale come un dei canale abilitati ad espletare il completamento dell'obbligo scolastico. Questa infatti è una questione di scelta politica che nel disegno di legge Mezzapesa viene risolta a favore dell'utilizzo della formazione professionale per il completamento dell'obbligo ma che, invece, incontrava l'opposizione delle sinistre. Legare le sorti dei programmi elaborati dalla Commissione Brocca all'approvazione del disegno di legge Mezzapesa invece poteva significare il vanificarsi di un lavoro che al di là del giudizio che si può dare è la testimonianza di un impegno culturale e educativo che ha pochi riscontri nella storia della Repubblica. L'allora ministro alla P.I., on. Mattarella, nella Commissione VII del Senato propone invece di utilizzare la proposta dei programmi Brocca in «via sperimentale» in attesa dell'approvazione della legge sull'obbligo[82]. La stesura dei programmi, è stata articolata in due parti: la prima prospetta il quadro generale (il progetto, i piani di studio e il quadro orario, le linee del sistema formativo post-secondario ma non universitario); la seconda parte dedicata alle finalità educative generali, agli obiettivi di apprendimento delle singole discipline, alle indicazioni didattiche. Si ha l'impressione, da una lettura di insieme, che vi sia una disomogeneità fra la parte dedicata alle finalità generali e i contenuti disciplinari specifici anche se nella stesura sono organizzati secondo lo schema: finalità, obiettivi di apprendimento e contenuti, indicazioni didattiche Sembra quasi che il gruppo di lavoro preposto all'esame dei problemi pedagogici e didattici abbia lavorato separatamente dai gruppi disciplinari che a loro volta hanno elaborato, singolarmente, i loro programmi disciplinari. I contenuti disciplinari, se esprimono al meglio lo stato raggiunto dalla disciplina

---

[81] Cfr. *Ibidem.*
[82] Confronta i testi citati alla nota 75.

in questi ultimi anni, superando la dicotomia fra «cultura scolastica» e cultura tout court, pur tuttavia non si sottraggono al rischio di contenere una «piccola enciclopedia del sapere». Questo per sottolineare che i problemi sopra esposi e non affrontati dalla Commissione invece in sede di attuazione dei programmi dovrebbero essere affrontati e «verificati» dagli insegnanti. Nel luglio del '90 i Programmi Brocca vengono proposti per la «sperimentazione» a 250 scuole per l'anno scolastico 1991/92 che diventeranno 745 nel successivo anno scolastico. Ma la vera espansione dei programmi incomincerà a verificarsi proprio nell'anno scolastico 1992/93 quando si completa il primo ciclo triennale di uno dei più importanti progetti assistiti: il «Progetto 92». Si tratta dell'intervento innovativo più importante, perché riorganizza un settore, l'istruzione professionale, che nelle diverse trasformazioni, fino alla quinquennalizzazione, non aveva subito, dal punto di vista culturale, dei rinnovamenti sostanziali. Il primo intervento, grazie al Progetto 92, è stata la drastica riduzione e riorganizzazione delle qualifiche che da 130 sono diventate 18, più qualcuna aggiuntiva definita atipica, inserite in 10 indirizzi. Questa scelta, di per se, ripropone il problema di una riorganizzazione della formazione che, rispetto alla frantumazione precedente, diventa inevitabilmente più spostata sugli aspetti tecnologici anziché sulle tecniche specifiche. Ma come si diceva prima l'intervento più importante è stato operato nel settore della cultura generale. Nell'articolazione triennale del corso professionale i primi due sono diventati più vicini al biennio unitario con un'area comune di 23 ore e una di indirizzo di 13 ore. Nel terzo anno invece prevale l'area di indirizzo, perché la scuola conserva la struttura triennio (con diploma di qualifica) e biennio aggiuntivo per chi vuole conseguire un diploma di maturità. Ed è questa l'altra ragione che ha spinto la direzione generale dell'istruzione professionale a realizzare un Progetto Assistito[83]. Da una ricerca CENSIS risulta che, sia pure nella bassa percentuale di diplomati iscritti all'università, solo l'7% dei laureati in un anno proviene dall'istruzione professionale. Quando, dopo il primo triennio di sperimentazione, si è deciso di continuarla, si sono riorganizzati i programmi e per la cultura generale è stato deciso di utilizzare, per le materie comuni, i Programmi Brocca. Come si può notare siamo di fronte ad un processo innovativo, giustificato da punto di vista giuridico con il Decreto Delegato sulla sperimentazione, che si va sempre più sostituendo all'attuale ordinamento, del quale i protagonisti sono le Direzioni Generali del Ministero e non il potere politico. Questo non per una riaffermazione dei ruoli ma, se consideriamo, almeno in parte, il giudizio sulla scuola secondaria

---

[83] Cfr. MINISTERO DELLA P.I., DIREZ. GEN. ISTRUZIONE PROFESSIONALE, *L'istruzione professionale nel decennio 1988-98*, Roma, 1993.

italiana espresso da un organo certamente non sospetto come il Cnpi, prima citato, allora le parole di Stuart Maclure, al Convegno di Frascati, risultano premonitrici: «... in ultima analisi, la riforma dell'istruzione è una responsabilità politica; senza la spinta di una decisa volontà politica, in una società democratica, i cambiamenti nei sistemi e nelle strutture della scuola non potranno che essere lenti»[84].

---

[84] S. Maclure, *Nuovi indirizzi dell'istruzione secondaria superiore in Italia*, in Centro Europeo dell'Educazione, *Nuovi indirizzi dell'istruzione secondaria superiore*, cit., p. 18.

III

Una istituzione scolastica «separata»:
l'istruzione professionale

1. L'istruzione tecnico-professionale nel nuovo Stato unitario: la scuola di arti e mestieri Aldini-Valeriani di Bologna e la formazione del «buon Artiere»

«Alla educazione del giovane operaio, non bastano ormai le semplici pratiche religiose che gli furono instillate nella prima infanzia, come alla sua mente non bastano più le elementari nozioni del leggere e dello scrivere che ha apprese nella scuole primarie. Giunto a quella età della vita in cui un nuovo mondo gli si affaccia, nel quale ha doveri a compiere e diritti a far valere, al pari di ogni altro cittadino, e nel quale ha dunque una parte da sostenere, il giovanetto operaio ha d'uopo di una guida che lo sorregga e gli indichi, almeno per sommi capi, e popolarmente, quali grandi problemi egli vedrà agitarsi in seno a quella società che lo accoglie, quale nesso abbiano con quei problemi i principi morali e religiosi che apprese da fanciullo, quali siano gli errori che deve schivare, quali siano infine la genesi e lo sviluppo di tutti quei fatti sociali ed economici, che costituiscono la vita del popolo, che si muovono e si succedono nel tempo»[1].

Sono questi i termini e i problemi che l'avvocato Achille Gennari intende affrontare nel *Manuale educativo e istruttivo per l'operaio italiano*, scritto per gli allievi delle scuole di arti e mestieri, nel 1882 e la cui pubblicazione è una testimonianza, molto significativa, del mutato quadro di riferimento istituzionale e ideologico maturato nella realtà economico-sociale italiana agli inizi degli anni Ottanta, rispetto alle tematiche comunemente allora designate come «educazione del popolo».

L'autore, professore di scienze economiche nella scuola superiore di commercio di Trieste, pubblica il volume, come vincitore di un concorso indetto da una Camera di commercio, quella di Bologna, la quale, in occasione della istituzione della scuola di arti e mestieri comunale, aveva inteso contribuire alla sua organizzazione didattica, attivando a proprie spese un insegnamento di *economia e morale*, per l'educazione del futuro «artiere»[2].

---

[1] A. Gennari, *Manuale educativo ed istruttivo per l'operaio italiano*, Bologna, Zanichelli, 1882, p. 12.

[2] Archivio di Stato di Bologna (Asb), *Atti della Camera di Commercio ed Arti (1863-*

Il volume si colloca, per il destinatario e per il contenuto, alla confluenza di due tematiche che avevano caratterizzato il dibattito sull'educazione del popolo a partire dall'Unità d'Italia. Da un lato si inserisce nella tematica istituzionale, in quanto proprio in quegli anni, dopo un lungo dibattito, le scuole di arti e mestieri, sia pure attraverso due circolari, e non dunque per legge, venivano riconosciute e regolamentate dalla Stato, sotto l'egida del Ministero dell'Agricoltura, Industria e Commercio (MAIC)[3]; all'altro tiene conto della tematica ideologica diffusa da opere come quella di S. Smiles, di M. Lessona ed altri del *self-help* che hanno caratterizzato la costruzione della ideologia della borghesia industriale dall'unità in poi e che trova, ridefinita in un quadro di valori e di contenuti diversi, una sua collocazione istituzionale nel curriculum delle scuole di arti e mestieri[4].

La legge Casati e l'istruzione tecnico-professionale

Ma per intendere il significato di testimonianza del momento storico che il Manuale del Gennari ci pare abbia è necessario un breve richiamo alle caratteristiche che sono proprie della legge Casati in relazione al problema dell'istruzione tecnico-professionale.

È ormai acquisito, attraverso studi più o meno recenti di storia della scuola, che la classe dominante del neo Stato unitario, interessata a conservare la propria egemonia, istituisce con la legge Casati un Ginnasio-Liceo come via maestra per l'accesso all'università e quindi come canale privilegiato per la formazione della classe dirigente, usando la formazione letterario-umanistica come modello culturale e, insieme, filtro per la selezione sociale. Proprio per questo la legge configura la Scuola tecnica-Istituto tec-

1927), *Adunanze della Camera*, 12; e in A. GENNARI, *Manuale educativo ed istruttivo per l'operaio italiano*, cit., pp. 3-6.

[3] Cfr. A. TONELLI, *L'istruzione tecnica e professionale di Stato nelle strutture e nei programmi da Casati ai giorni nostri*, Milano, Giuffrè, 1964, pp. 3-85; E. MORPURGO, *L'istruzione tecnica in Italia. Studi presentati a S.E. il Ministro Finali*, Roma, Eredi Botta, 1875, pp. 155-173; G. CASTELLI, *L'istruzione professionale in Italia*, Milano, Vallardi, 1915, pp. 1-81.

[4] M. BERRA, *L'etica del lavoro nella cultura italiana dalla unità a Giolitti*, Milano, Angeli, 1981; D. BERTONI JOVINE, *Storia dell'educazione popolare in Italia*, Bari, Laterza, 1965, pp. 297-325; G. BAGLIONI, *L'ideologia della borghesia industriale nell'Italia liberale*, Torino, Einaudi, 1974, pp. 309-365; S. LANARO, *Nazione e lavoro. Saggio sulla cultura borghese in Italia 1870-1925*, Venezia, Marsilio, 1879, pp. 89-162; A. SANTONI RUGIU, *Ideologia politico-educativa in alcuni libri di lettura dell'Ottocento italiano*, in E. BECCHI (a cura di), *Storia dell'educazione*, Firenze, La Nuova Italia, 1987, pp. 231-261; G. VERUCCI, *L'Italia laica prima e dopo l'Unità 1848-1876*, Bari, Laterza, 1981, pp. 65-178.

nico come un canale parallelo, ma subalterno al primo: come meccanismo di dirottamento ma anche strumento di formazione di un ceto medio, con funzione di «filtro» tra la classe dirigente e il popolo, e ciò prefigurando una formazione culturale mai ritagliata sul modello umanistico e una istruzione professionale che, come solevano sostenere i critici dell'epoca di «tecnico-professionale aveva solo il nome». La legge, che istituisce una scuola elementare che si svilupperà a fatica, perché a carico dei Comuni, non affronta il problema di una reale istruzione professionale per la classe lavoratrice, in quanto non ridefinisce il ruolo e le figure professionali dei nuovi settori produttivi, rispetto al modello prevalentemente artigiano, perché considera l'intera questione un problema estraneo all'istruzione e quindi ai compiti istituzionali e sociali dello Stato. In pratica la legge ipotizza una organizzazione scolastica funzionale ad una società sostanzialmente agricola, con una classe dirigente ristrettissima, che al massimo tende a formare un apparato intermedio per le funzioni amministrative dello Stato, ma che non affronta, assumendolo a proprio carico, il settore della scuola elementare e della istruzione professionale che riguardano invece la stragrande maggioranza dei cittadini[5].

Rispetto a questi obiettivi, se è vero che si svilupparono posizioni critiche, anche all'interno della classe dirigente, di tipo industrialista[6], è anche vero che esse faranno fatica a maturare come vero e proprio progetto di cambiamento del sistema scolastico casatiano in generale e a favore di una scuola elementare per tutti e di una istruzione professionale rivolta alla qualificazione e alla specializzazione operaia della nascente industria.

Se assumiamo, infatti, l'espressione *tecnico-professionale* così come viene utilizzata nel dibattito politico istituzionale di quel periodo, e non nel significato ampio usato nella letteratura pedagogica, essa è sempre riferita alla istruzione tecnica per i livelli medio alti prevista dalla legge Casati, che individuava un iter (dopo la scuola elementare quadriennale) che attraverso la scuola tecnica triennale e l'Istituto tecnico, anch'esso triennale, poteva,

---

[5] Sulla legge Casati esiste ormai una vasta letteratura. Per la nostra analisi, oltre alle pubblicazioni già citate, ci siamo riferiti a: AAVV, numero speciale di «I problemi della pedagogia» dedicato alla legge Casati, I, 1959; M. BARBAGLI, *Disoccupazione intellettuale e sistema scolastico in Italia*, Bologna, Il Mulino, 1974; D. BERTONI JOVINE, *La scuola italiana dal 1870 ai giorni nostri*, Roma, Editori Riuniti, 1976; G. CANESTRI-G. RICUPERATI, *La scuola in Italia dalla legge Casati ad oggi*, Torino, Loescher, 1976; G. TALAMO, *La scuola. Dalla legge Casati all'inchiesta del 1864*, Milano, Giuffrè., 1960; AAVV, *L'istruzione popolare nell'Italia liberale: le alternative delle correnti di opposizione*, Atti del II Convegno del CIRSE, Milano, Angeli, 1982.

[6] G. ARE, *Il problema dello sviluppo industriale nell'età della Destra*, Pisa, Nistri Lischi, 1965, pp. 253-303.

grazie alla sezione fisico-matematica di quest'ultimo, giungere fino all'Università. Un percorso scolastico che, se si tiene conto dello stato di analfabetismo in cui si trovava la stragrande maggioranza della popolazione, rimarrà per lungo tempo estraneo ai ceti operai, i quali, al massimo, come avverrà in epoca giolittiana, dopo la scuola elementare, accederanno alle scuole di arti e mestieri.

Questi limiti appaiono con maggiore chiarezza quando si analizzano le modifiche istituzionali che, tra l'altro, riguardano solo l'istituto tecnico. A partire dal *Regolamento* Mamiani del 1860, applicativo della legge Casati e che istituiva quattro sezioni interne all'istituto tecnico, fino al riordinamento Coppino del 1885, che riconfermava quello già avvenuto nel 1876, il quale ridava agli istituti tecnici la vecchia patina casatiana, si passerà da un'istruzione tecnico-professionale concepita, attraverso una miriade di sezioni, in funzione delle diverse attività produttive, ma che non verranno tutte attivate, al ripristino, attraverso modifiche e aggiustamenti, delle quattro sezioni iniziali (fisico-matematica, agrimensura, commercio-ragioneria, meccanica). Quest'ultimo riassetto, che rimarrà invariato fino alla legge Gentile, se sul piano concettuale continuerà a conservare quel carattere «ibrido» di scuola generale e speciale insieme, che i critici, sia pure con sfumature diverse, avevano rilevato, sul piano sociale, sarà l'unico indirizzo che avrà il maggiore incremento in termini di iscritti, proprio a partire dagli anni Ottanta. E questo perché il suo «ibridismo» rispecchiava una realtà sociale caratterizzata da un'economia in cui occorrevano più agrimensori e computisti che periti meccanici e chimici, più impiegati di basso e medio livello che quadri intermedi e dirigenti per le industrie. Il ritorno quindi al vecchio modello casatiano non è altro che un riconoscimento di un modello di istruzione tecnico-professionale, che, con tutti i limiti, si era andato affermando nella realtà sociale e scolastica[7].

Anche gli Organismi industriali dell'epoca, come le Camere di com-

---

[7] Se si escludono alcune monografie su singole scuole, non esistono studi recenti sull'istruzione professionale, analizzata in modo autonomo rispetto all'istruzione tecnica, che fino al secondo dopoguerra avranno due storie diverse e autonome. Per il presente lavoro abbiamo utilizzato: E. MORPURGO, *L'istruzione tecnica in Italia. Studi presentati a S.E. il Ministro Finali*, cit.; A. TONELLI, *L'istruzione tecnica e professionale di Stato nelle strutture e nei programmi da Casati ai giorni nostri*, cit.; G. LIMITI, *L'istruzione tecnica nella legge Casati in rapporto allo sviluppo industriale del tempo e alla situazione politica*, in «I problemi della pedagogia», cit.; A.G. ARE, *Il problema dello sviluppo industriale nell'età della Destra*, cit.; C.G. LACAITA, *Istruzione e sviluppo industriale in Italia 1859-1915*, Firenze, Giunti, 1973; S. SOLDANI, *L'istruzione tecnica nell'Italia liberale*, in «Studi storici», 1, 1981; F. BOCHICCHIO, *Formazione professionale, apprendistato e scuola*, in «Bollettino CIRSE. Centro Italiano per la Ricerca Storico-Educativa», 1987, p. 15.

mercio o altre Associazioni di categoria, per quanto sostenessero l'importanza dell'istruzione tecnico-professionale, fecero fatica ad elaborare un proprio progetto di cambiamento. Le posizioni degli imprenditori, che emergono dall'*Inchiesta industriale* del 1870-74, se esprimono un parere unanime sull'esigenza di disporre di una manodopera, per i livelli intermedi dell'organizzazione del lavoro, più qualificata, si differenziano al loro interno, sui modi e le forme in cui tale qualificazione avrebbe dovuto realizzarsi[8].

Il primo momento di chiarificazione si avrà con il II Congresso delle Camere di commercio del 1869, quando una commissione, su sollecitazione del Governo, affronterà il problema dell'istruzione tecnico-professionale nei suoi aspetti economici e istituzionali. La relazione, per quanto presenti un quadro completo delle istituzioni scolastiche allora esistenti – dalle scuole di arti e mestieri alle scuole superiori di ingegneria –, delle quali individua ed indica possibili funzioni e proposte di modifica, pur tuttavia non è in grado di formulare una risposta definita al quesito che il Ministro aveva posto ai congressisti, chiedendo loro di precisare la natura e i modi in cui ritenevano potesse essere affrontato il problema dell'istruzione tecnico-professionale. Soprattutto rispetto al rapporto fra scuola e officina, ossia fra formazione teorica e pratica, per il quale si indicarono come possibili entrambe le condizioni – la scuola nell'officina e l'officina nella scuola – e al rapporto fra Stato, Enti Pubblici, Aziende e Associazioni private. Anche in questo caso, pur chiedendo l'intervento dello Stato per razionalizzare le iniziative già esistenti sul territorio nazionale e per contribuire economicamente alla gestione delle scuole, permaneva la convinzione che dovessero essere le Aziende a gestire il settore: di qui la richiesta di un'autonomia gestionale e didattica delle singole scuole[9].

Ma l'indicazione più importante che emerge dal Congresso è il riconoscimento del ruolo che avrebbero potuto avere le scuole di arti e mestieri già esistenti, ridefinite e riorganizzate, per la formazione professionale del settore industriale. Su queste posizioni si dichiarò in seguito anche il Congresso degli amministratori provinciali nel 1877, accogliendo la proposta di A. Rossi, ormai considerato punto di riferimento del dibattito sui problemi della formazione tecnico-professionale, e auspicando l'istituzione di «Scuole tecniche speciali» teorico-pratiche per l'industria da parte degli Enti Locali e in collaborazione con Associazioni ed Istituzioni territoriali, accanto-

---

[8] G. MORPURGO, *L'istruzione tecnica in Italia. Studi presentati a S.E. il Ministro Finali*, cit., pp. 387-391; C.G. LACAITA, *Istruzione e sviluppo industriale in Italia 1859-1915*, cit., p. 70.

[9] G. MORPURGO, *L'istruzione tecnica in Italia. Studi presentati a S.E. il Ministro Finali*, cit., pp. 159-160; G. ARE, *Il problema dello sviluppo industriale nell'età della Destra*, cit., 276-277; C.G. LACAITA, *Istruzione e sviluppo industriale in Italia 1859-1915*, cit., p. 69.

nando definitivamente il problema di una trasformazione a questo fine della Scuola tecnica e dell'Istituto tecnico esistenti e che aveva caratterizzato le posizioni di coloro i quali richiedevano una riforma dell'istruzione tecnico-professionale in rapporto alle esigenze industriali[10].

L'istituzione delle scuole di arti e mestieri

Sono queste le posizioni che contribuirono a far maturare la decisione, da parte del Ministro dell'Agricoltura, Industria e Commercio di istituire scuole di tipo speciale per il settore industriale e di riconoscere, attraverso un contributo finanziario, le scuole di arti e mestieri esistenti: le sole, in effetti, che miravano alla formazione professionale di livello operaio e fino a quel momento del tutto trascurate. È significativo a questo proposito che quando il Ministro decide di intervenire nel settore non è in grado di farlo per mancanza di dati conoscitivi. Da una prima sommaria ricognizione risultarono però 154 scuole di arti e mestieri la cui esistenza era legata a Comuni, Sodalizi di carità, Associazioni private, ecc. e con una organizzazione didattica molto differenziata al loro interno per anni di corso, per obiettivi e soprattutto per il modo di intendere le attività pratico-operative. È in questa situazione che si inserirà l'intervento del Ministero dell'Agricoltura, Industria e Commercio, da cui a quell'epoca dipendevano anche gli istituti tecnici, e che, dal 1868 al 1874, contribuì all'attivazione di trentuno scuole[11].

Proprio a partire da questo periodo, in occasione della elaborazione dei progetti istitutivi delle scuole stesse, si va elaborando una proposta di organizzazione del curriculum, riferendosi a modelli francesi e tedeschi, per superare il modello artigiano che caratterizzava le preesistenti scuole di arti e mestieri, rivolte a far acquisire semplici capacità tecnico-operative[12].

[10] C.G. LACAITA, *Istruzione e sviluppo industriale in Italia 1859-1915*, cit., pp. 70-71 e A. ROSSI, *Proposta per la istituzione di una scuola industriale a Vicenza. Lettera del senatore... ai suoi colleghi del Consiglio Provinciale*, Padova, Stabilimento Prosperini, 1877.

[11] G. MORPURGO, *L'istruzione tecnica in Italia. Studi presentati a S.E. il Ministro Finali*, cit., pp. 159-160.

[12] *Ibidem*; G. CASTELLI, *L'istruzione professionale in Italia*, cit.; D. CARINA, *Della istruzione primaria e industriale considerata nelle sue relazioni colla pubblica economia. Nuovi studi comparativi*, Firenze, Felice Poggi, 1869; E. CELESIA, *Le scuole professionali femminili*, Genova, Regia Tipografia di Emilio Ferrando, 1869; C. MORBELLI, *Sull'ordinamento delle scuole di arti e mestieri*, Fabriano, Tip. Crocetti, 1874; A. ROMANELLI, *Relazione sull'ordinamento delle scuole industriali popolari*, XI Congresso pedagogico italiano, Roma, Tip. Sinimberghi, 1880; G.G. ARNAUDON, *Considerazioni sulla istruzione industriale e scuole di arti e mestieri*, Torino, Tipografia Editrice Candeletti, 1893; I. GOLFARELLI, *Sulla istruzione professionale*, Firenze, Tipografia di M. Ricci, 1897.

Nel 1879 e nel 1880, con due circolari, lo Stato estende a tutti i Comuni la possibilità di istituire scuole di arti e mestieri, con un proprio contributo, soprattutto se l'intervento è orientato verso i lavoratori adulti, già inseriti nel processo produttivo e per i quali si ipotizzava l'istituzione di corsi serali e festivi. Sono questi i primi documenti ufficiali dello Stato sui problemi dell'istruzione professionale e a cui si farà riferimento per l'istituzione, l'organizzazione didattica e le sovvenzioni fino al 1912, quando verrà promulgata la prima legge sulla Istruzione professionale italiana[13].

Ma se le due circolari (Cairoli del '79 e Miceli del '80), segnano l'inizio della presenza dello Stato nel settore dell'istruzione professionale, esse determinano anche la sua separazione dal sistema scolastico. Lo Stato non solo non coglie con la legge Casati l'occasione per riconoscere le scuole preesistenti, per ridefinirle e riorganizzarle all'interno del sistema scolastico, ma, quando le riconosce ne affida la gestione al Ministero dell'Agricoltura, Industria e Commercio e proprio nel momento in cui gli Istituti Tecnici vengono definitivamente affidati al Ministero della Istruzione Pubblica. Le scuole di Arti e mestieri, anziché rientrare quindi a far parte di un unico settore, l'istruzione tecnico-professionale, insieme alla Scuola tecnica e all'Istituto tecnico, per costituire un canale, sia pure articolato al suo interno, parallelo a quello classico, nella prospettiva di uno sviluppo di una cultura scientifica e tecnica, vengono formalmente escluse. La loro istituzione e gestione, in analogia con la scuola elementare, che è l'altra istituzione scolastica per il popolo, viene affidata ai Comuni e separata anche da quest'ultima, che dipendeva dal Ministero della Pubblica Istruzione[14].

Queste scelte rispecchiano una concezione politico-sociale che quando, in ritardo, riconosce l'importanza di una istruzione professionale per il popolo, non va al di là di una concezione funzionale all'attività produttiva. Così si sviluppa il quadro istituzionale facendo posto nel sistema di tutta l'istruzione professionale, sia pure collocandole all'esterno del sistema stesso, alle scuole di arti e mestieri, cioè alle scuole che mirano alla formazione degli operai.

Eppure, bisogna dire, già nel primo decennio del nuovo Stato non erano mancate posizioni che in seguito ispireranno e per molti versi contribuiranno alla ridefinizione e al riassetto delle scuole di Arti e mestieri.

[13] A. TONELLI, L'istruzione tecnica e professionale di Stato nelle strutture e nei programmi da Casati ai giorni nostri, cit.; MAIC, Annali dell'Industria e del Commercio, Roma, Tip. Botta, 1883, p. 13; MAIC, Istruzione professionale (Legge 14 luglio 1912, n. 854), Roma, Tipografia Nazionale di G. Bertero, 1913.
[14] MINISTERO DELLA P.I., Commissione Reale per gli studi secondari in Italia. Relazione, I, Roma, Cecchini, 1909; G. CASTELLI, L'istruzione professionale in Italia, cit.

Industrializzazione e educazione del popolo

Vi è ormai un'ampia letteratura che ha evidenziato come, in età liberale, all'interno della classe dirigente, la borghesia industriale, insieme interprete ed attore del processo di industrializzazione del paese, abbia maturato e sviluppato un interesse verso l'educazione del popolo in generale e l'istituzione tecnico-professionale in particolare, che ha considerato fattori importanti per lo sviluppo economico del paese e per l'espansione della nascente industria.

Queste posizioni, che riflettevano il dibattito e le esperienze che avevano accompagnato il processo di industrializzazione di alcuni paesi europei (Inghilterra, Francia e Germania), diventarono anche in Italia patrimonio di alcuni strati della borghesia dell'epoca, definiti nella letteratura relativa «industrialisti». Ed è da dire che queste posizioni non risultano isolate. Sono le posizioni, le cui prime formulazioni si indicano a partire dalla pubblicazione quasi contemporanea di due scritti: *L'industria italiana nei suoi rapporti con l'esposizione internazionale di Parigi*, 1867, di Alessandro Rossi e *Chi si aiuta Dio l'aiuta*, di Samuele Smiles, 1865.

Questi scritti, è però da dire, per quanto siano accomunati dalla convinzione che alla base dei problemi relativi all'educazione del popolo ed alla sua educazione professionale e al suo riscatto civile e morale vi siano sempre delle difficoltà di tipo soggettivo, che come scriveva il Rossi «stanno nel nostro carattere, nella nostra istruzione, nella nostra volontà»[15], si differenziano tra loro in quanto mentre il Rossi è consapevole del fatto che la coscienza soggettiva può svilupparsi attraverso l'efficacia dell'intervento delle istituzioni (Stato, Parlamento, Comuni, Province, Camere di commercio e fondamentalmente la Scuola), lo Smiles, così dando luogo ad una ideologia retorica ed astratta, ritiene che i singoli individui debbano trovare nella loro forza interiore la molla del loro progresso e della costituzione del loro destino così sviluppando se stessi e coinvolgendo ma mediatamente le istituzioni.

E della posizione più critica e concreta del Rossi fa fede già la genesi della sua *lettera*, che nasce come appello conseguente allo *choc* da lui subito alla esposizione universale di Parigi nel constatare il progresso degli altri paesi nel settore industriale, e che conseguentemente si rivolge alla classe dirigente nel suo complesso affinché si renda consapevole del fatto che «l'industria è la vita delle nazioni moderne», per cui è necessario mettere in opera tutta una serie di interventi di natura economica ed educativa, per

---

[15] A. Rossi, *L'industria italiana nei suoi rapporti con l'esposizione internazionale di Parigi*, Firenze, Tip. G. Barbera, 1867, p. 17.

consentire al Paese di mettersi al pari con le altre Nazioni. Così, per il problema che stiamo analizzando, l'industriale di Schio rileva come la carenza in Italia di istituzioni rivolte alla formazione professionale della classe popolare ma anche dei quadri tecnici, alti e intermedi, non solo non consente alle industrie di ammodernare gli impianti ma costituisce anche un motivo di disincentivazione ad investire nel settore, perché spesso le industrie esistenti sono costrette a rivolgersi all'estero per trovare personale qualificato.

E nel dibattito c'è anche chi riflette ancor più concretamente le esperienze che avevano accompagnato il processo di industrializzazione di alcuni paesi europei ed è sensibile a cogliere i nessi fra sviluppo economico ed esigenze nuove sul piano della educazione professionale. Così Dino Carina, professore di Economia Politica nel R. Istituto Tecnico di Firenze, nel suo volume edito nel 1869, dal titolo assai significativo, *Della istruzione primaria e industriale considerata nelle sue relazioni colla pubblica economia. Nuovi studi comparativi*, coglie l'importanza dell'educazione di base e professionale del popolo, sia in funzione del problema dello sviluppo produttivo, sia in funzione della crescita civile e democratica della società. Per il Carina, infatti, se l'istruzione è la condizione perché l'operaio possa essere meglio retribuito, perché possa compiere lavori più qualificati, perché diventi più «prudente», amministrando meglio i propri guadagni, utilizzando le Casse di risparmio, le Società di mutuo soccorso, le Cooperative di consumo, è anche principalmente la condizione per il proprio riscatto morale: è importante che il popolo acquisti fiducia in se stesso, nelle proprie capacità e possibilità, perché non c'è miseria peggiore dell'angoscia di pensare di vivere e morire nelle stesse condizioni in cui si è nati e si è stati allevati. Solo soddisfacendo tali istanze, afferma il Carina, è possibile, in un paese che si fonda sul principio della libertà, avere dei cittadini in grado di capire i propri diritti e doveri, in grado di non farsi coinvolgere in scelte sbagliate, autoritarie e distruttive della società stessa.

La scuola di arti e mestieri «Aldini-Valeriani»

In questo contesto nasce e si sviluppa a Bologna la scuola di Arti e Mestieri dell'Aldini-Valeriani, che dà un contributo alla elaborazione di quel programma volto a favorire l'educazione generale e professionale del lavoratore, in funzione dello sviluppo industriale del paese[16].

[16] Le notizie e i dati sulla storia e l'organizzazione degli studi della scuola «Aldini-Valeriani» sono state ricavate da: COMUNE DI BOLOGNA, *Macchine, Scuola, Industria: dal mestiere alla professionalità operaia*, Bologna, Il Mulino, 1980; ID., *Istituto Aldini-Valeriani. Re-*

L'istituzione a Bologna della scuola di arti e mestieri «Aldini-Valeriani», nel 1878, se coincide, infatti, come periodo, con i primi provvedimenti ufficiali che incentivano e regolamentano l'apertura di scuole professionali in Italia è, invece, la realizzazione di un progetto che l'Amministrazione comunale aveva incominciato ad elaborare già nel 1839 e che, attraverso lunghe e faticose discussioni, aveva approvato definitivamente nel 1874.

L'idea di istituire a Bologna delle scuole per «maestranze» se da un lato rifletteva il dibattito, a cui abbiamo accennato in precedenza sviluppatosi in quel periodo, dall'altro rispondeva all'esigenza, da parte dell'Amministrazione comunale, di ottemperare alla volontà testamentaria di due suoi illustri cittadini: Giovanni Aldini e Luigi Valeriani.

Per volontà dei testatori, l'Amministrazione comunale istituisce, nel periodo 1842-44, una scuola di disegno, una scuola di chimica applicata, una scuola di fisico-matematica applicata e un *Gabinetto* scientifico, sulla base del lascito Aldini, costituito da strumenti e apparecchi scientifici e tecnici, da modelli di macchine e da disegni tecnico-artistici, anche in funzione degli insegnamenti impartiti nelle tre scuole, che costituiranno il nucleo delle *Scuole tecniche bolognesi*.

Queste scuole, sulla base di un progetto culturale e didattico, elaborato da una apposita Commissione, voluta per testamento dallo stesso Aldini, avevano come scopo quello di fornire un insegnamento funzionale all'acquisizione delle conoscenze scientifiche di base che potevano servire nell'esercizio professionale degli «artieri». Sul piano didattico utilizzavano il *Gabinetto*, che con i suoi apparecchi e modelli avrebbe consentito lo svolgimento di lezioni dimostrative agli artigiani che costituivano la quasi totalità dell'utenza delle scuole stesse.

Di queste scuole, agli inizi degli anni Sessanta, proprio mentre si stava realizzando il maggiore impegno per attuare l'apparato scolastico previsto dalla legge Casati, sopravviverà la scuola di «disegno» che verrà annessa, in

lazione pubblicata in occasione della Mostra didattica delle scuole industriali e commerciali, Bologna, Regia Tipografia Merloni, 1907; ID., *Istituto Aldini-Valeriani. Programmi degli insegnamenti*, Bologna, Aldini-Valeriani, 1898; ID., *Istituto Aldini-Valeriani. Programmi degli insegnamenti*, Bologna, Aldini-Valeriani, 1907; ID., *Rapporto della Commissione incaricata dal Consiglio Comunale di Bologna di studiare e proporre il modo più acconcio a dare all'istituto Aldini un utile ordinamento*, Bologna, Aldini-Valeriani, 1868; MUNICIPIO DI BOLOGNA, *Progetto di riordinamento dell'istituto Aldini*, Bologna, Regia Tipografia, 1874; ASSOCIAZIONE FRA I LICENZIATI DALL'ISTITUTO ALDINI-VALERIANI, *Cenni storici e statistici dell'istituto Aldini-Valeriani e dei suoi allievi dalla sua istituzione ad oggi*, Bologna, Aldini-Valeriani, 1928; I. ZANNI ROSIELLO, *L'archivio della scuola professionale di arti e mestieri Aldini-Valeriani*, Bologna, Comune di Bologna, 1980; F. BOCHICCHIO, *I precedenti storici dell'istruzione tecnico-professionale nell'area bolognese dalla legge Casati alla Carta della scuola*, in AAVV, *Manutenzione e sostituzione. L'artigianato i suoi modelli culturali la città storica*, Bologna, CLUEB, 1983.

continuità, con le scuole elementari serali comunali e il *Gabinetto* Aldini, che proprio a partire da questo periodo si arricchirà di nuovi strumenti e di nuovi modelli. Non è questa la sede per ripercorrere le vicende che, fra difficoltà e battute di arresto, hanno caratterizzato la vita delle scuole tecniche bolognesi; basta fermarsi su alcuni dati essenziali.

Nel 1874, il Consiglio comunale approva il *Progetto di ordinamento* della scuola elaborato dall'Ing. Gaetano Sacchetti; ad esso fece seguito l'approvazione di un *Regolamento* applicativo. La sua impostazione utilizza le esperienze e le elaborazioni precedenti, e riflette le nuove esigenze tecnico-produttive e le tematiche dell'educazione del popolo e della istruzione professionale sviluppatesi in quegli anni. In particolare il *Progetto di riordinamento* indicava nella formazione del «buon artiere» l'obiettivo della scuola ma riteneva che l'istruzione dell'operaio, affinché non fosse limitata a provvedere solo «ai bisogni della vita», dovesse contribuire con un proprio impegno al progresso morale e materiale del consorzio civile. Inoltre si affermava che «Una buona e completa istruzione elementare, che può oggi riguardarsi come un dovere indeclinabile di ognuno, è necessaria all'operaio non solo per le molteplici esigenze della moderna civiltà, ma ancora perché egli possa apprendere le basi scientifiche e le norme tecniche del mestiere o dell'arte che vuole esercitare, e trovare nella pratica illuminata dallo studio e dall'intelligenza i germi di un qualche perfezionamento da introdurre nel suo lavoro»[17]. Per il Sacchetti uno studio intellettuale da parte dell'operaio è necessario «se non vuolsi ch'egli rimanga in balia di un cieco empirismo e non solo si senta inetto a tentare qualche perfezionamento nell'arte sua, ma non valga neppure a discernere il vincolo razionale dei progressi compiuti»[18]. L'istruzione tecnica, quindi, doveva avvenire attraverso la conoscenza di nozioni scientifiche fondamentali «senza delle quali l'opera dell'artiere sarebbe ridotta ad un puro materialismo». A questo fine, nel *Regolamento*, verranno previsti, articolati nei tre anni, i seguenti insegnamenti: lingua italiana; aritmetica, geometria e algebra; fisica; chimica e tecnologia chimico-fisica; elementi di meccanica ed esercizi grafici di meccanica; disegno ornamentale; disegno applicato alle arti; lavoro nella *scuola-officina*.

A quest'ultimo insegnamento veniva dedicato più della metà del tempo scolastico che era di 42 ore in 1ª e di 48 ore in 2ª e 3ª classe. Questa caratteristica, sintetizzabile con l'espressione *scuola-officina*, è senza dubbio il tratto distintivo del *Progetto*. Per il Sacchetti, così come la sola pratica

[17] MUNICIPIO DI BOLOGNA, *Progetto di riordinamento dell'Istituto Aldini-Valeriani*, cit., p. 5.

[18] *Ibidem*, pp. 5 e 6.

avrebbe reso «inetto» il futuro artiere, la sola teoria non gli avrebbe consentito di tradurre in pratica le nozioni teoriche apprese, di superare le molteplici difficoltà che si incontrano nel lavoro, di sviluppare abilità di prontezza e precisione nell'esecuzione dei lavori. Si esige quindi che il futuro artiere venga posto «in qualche modo nella realtà delle corrispondenti condizioni»: l'officina intesa come scuola. Così come nelle scuole tecniche bolognesi il *Gabinetto* con i suoi strumenti, i suoi modelli di macchine, e i suoi fogli di disegni costituiva l'ambiente didattico in cui doveva avvenire la formazione del «buon artiere», parimenti, nel nuovo progetto di scuola, l'officina diventava il luogo in cui l'allievo, posto nelle condizioni di tradurre in pratica le norme apprese, potesse abituarsi a superare le molteplici difficoltà che si presentano nelle reali situazioni di lavoro. E poi, si badi, la centralità dell'officina non veniva intesa come riproposizione delle condizioni di lavoro in una officina vera e propria, ma come il luogo in cui sviluppare le capacità e le abilità che in seguito risulteranno funzionali ad affrontare specifiche situazioni di lavoro. L'officina, quindi, costituita da tre laboratori (aggiustatori, tornitori e fucinatori) non prevedeva ulteriori specializzazioni, perché l'obiettivo della scuola era la formazione di un artiere in grado, appunto, di affrontare diverse situazioni di lavoro: dalla bottega artigiana alla fabbrica; dal lavoro autonomo al lavoro dipendente. Quindi era molto importante imparare tutte le varie fasi di lavorazione di ciascun manufatto e per questo erano stati istituiti i «fogli di lavoro» che definivano tempi e modi di esecuzione, perché l'allievo acquisisse senso di responsabilità, disciplina, rigore: requisiti considerati fondamentali per il futuro «artiere».

Una scuola educativa per la formazione del «buon artiere»

Mentre all'interno della scuola si esprimevano tali esigenze, la locale Camera di Commercio, invitata dall'Amministrazione comunale a concorrere con un contributo all'attivazione e al mantenimento della scuola, rilevava, analizzando il *Progetto* e il *Regolamento*, che l'organizzazione del lavoro e della vita in officina non fosse sufficiente per assicurarsi da parte dell'allievo l'interiorizzazione di modelli di comportamento funzionali alla integrazione sociale del «buon artiere»: «non è bastevole – si affermava – l'istruzione scientifica e tecnica né la scuola officina per fare dei nostri giovani, degli operai sotto ogni rispetto stimabili e benemeriti». Così il cav. Pietro Ramponi, relatore della Commissione economico-industriale della Camera, affermava la necessità di includere nel piano di studi della scuola un insegnamento «economico-morale», in modo da affiancare alla istruzione anche la educazione dell'artiere: il *Progetto* del Comune con i suoi insegnamenti, mira a formare il «bravo» artiere, ma bisogna anche mirare ad educare dei «buoni» artieri. Perché, egli scrive, «Ormai tutto il mondo è minacciato da turbamenti gravissimi, poiché con i nuovi desideri che sorgono e non possono soddisfarsi, con nuovi pregiudizi sul capitale, sul lavoro, sui salari, che si vanno propagando, con gli esempi di scioperi talvolta fortunati, e nell'incertezze presenti dell'industrie, e per la sobbilazioni di tristi, e per mille errori vagano e confondendosi gli animi degl'Operai, si appassionano essi d'idee stravaganti»[19]. È necessario che all'operaio venga insegnato a farsi una giusta idea del lavoro, del capitale, dei salari; che gli vengano indicati gli scogli che incontrerà nel suo cammino e i mezzi per superarli; che gli venga infuso l'amore per lo studio e i grandi vantaggi che da esso ne derivano; che gli venga fatto conoscere «quale capitale» è il suo tempo rispetto ad una vita oziosa, causa invece di miseria; che gli vengano indicati i doveri di subordinato, di marito, di padre di famiglia, di cittadino. Inoltre è anche importante che il futuro operaio sappia come è organizzato il lavoro in una fabbrica, l'importanza delle macchine per il progresso ma anche per rendere meno oneroso il suo lavoro; sappia che ci sono diversi modi di lavorare: da solo, insieme ad altri, in fabbrica. Ma soprattutto, per il cav. Ramponi, la scuola deve far sì «che l'operaio faccia a sé precetto la fede delle promesse, e del loro esatto adempimento, e l'osservanza delle leggi, e intanto che gli è guida nella vita, interamente lo fa capace dei propri doveri, e dei propri diritti»[20].

Sono questi i contenuti e i modelli di comportamento che secondo la Camera di Commercio devono essere alla base di un nuovo insegnamento nel curriculum della scuola Aldini-Valeriani, al cui mantenimento intende provvedere a proprie spese; insegnamento che verrà chiamato, negli atti ufficiali, «scuola educativa» o insegnamento di «economia e morale».

La proposta della Camera di Commercio, che venne accolta dal Municipio, portò alla costituzione di una Commissione mista fra le due Istituzioni, con il compito di elaborare un programma per il nuovo insegnamento. Il 21 febbraio del 1879, sempre il cav. Pietro Ramponi, nel presentare al Consiglio della Camera il programma definitivo, informa che per l'elaborazione dei contenuti, in assenza nelle scuole italiane di un insegnamento così concepito, la Commissione mista si era ispirata per i principi pedagogici a G. Gierard, A. Frank, E. Levasseur, E. Pestalozzi ed altri e per i contenuti specifici alle esperienze scolastiche delle scuole industriali di Gand e di Bruxelles, della scuola degli adulti di Barbencon nell'Hainau, di quella

---

[19] Atti della Camera di Commercio ed Arti di Bologna, *Sunto dell'atto informativo della tornata del 28 aprile 1878*, in «Camera di Commercio ed Arti di Bologna», XV, 9, p. 1.

[20] *Ibidem*, p. 2.

professionale di Via Tournefort di Parigi, della scuola della Marinière di Lione.

L'insegnamento, diviso in tre corsi, doveva essere così organizzato: nel primo corso bisognava trattare nozioni di morale, di educazione e di igiene; nel secondo bisognava riprendere i principi di morale, sviluppando in particolare quelli relativi ai rapporti con i superiori, i pari e i subalterni e sollecitare l'acquisizione di «sentimenti» di dignità personale, di amore per il lavoro, attraverso esempi tratti da biografie significative di operai. Sempre nel secondo anno bisognava fornire le prime nozioni di economia industriale e di economia politica, relative «alla produzione e ai suoi agenti», con particolare riferimento ai diritti e ai doveri degli operai nei rapporti sociali in generale e verso la famiglia e la patria in particolare. Il terzo corso doveva completare la preparazione di economia industriale sviluppando temi quali il lavoro, il capitale, il rapporto fra capitale e lavoro, gli utili e la loro ripartizione, i salari, gli scioperi; ed ancora: la proprietà, la ricchezza, la previdenza, la miseria, le macchine; mentre l'economia politica doveva affrontare il tema relativo all'organizzazione dello Stato dal punto di vista politico, giuridico, amministrativo e militare. Si voleva che il corso concludesse riprendendo temi di igiene rivolti, questa volta, principalmente all'ambiente di lavoro e all'educazione dell'operaio inteso come capo famiglia[21].

Si tratta di un insegnamento, come si può notare, che a parte i riferimenti alle esperienze straniere, voleva considerare una serie di problemi e di argomenti che erano stati già affrontati nell'ambito del dibattito sulla educazione del popolo e dell'istruzione professionale ma che avevano trovato una loro collocazione in ambiti istituzionali diversi o che erano stati semplicemente enunciati in sede di elaborazione teorica. In particolare il problema di un'educazione morale, dell'insegnamento dell'igiene e dei diritti e doveri del cittadino si era sviluppato nell'ambito della scuola elementare con l'avvento al potere della sinistra storica e troverà una sua collocazione istituzionale nei programmi Gabelli del 1888; la tematica della formazione del carattere, della volontà, del lavoro e dell'affermazione individuale si era sviluppata nella letteratura del *self-help*; l'economia politica trovava posto negli Istituti Tecnici ad indirizzo commerciale, mentre l'economia industriale era tenuta presente nel dibattito degli «industrialisti».

Ma le vicende del programma della «scuola educativa» non erano terminate. Nella seduta del 7 marzo, sempre dello stesso anno, in cui il Consiglio della Camera deve deliberare sull'attivazione dell'insegnamento per il nuo-

---

[21] P. RAMPONI, *Scuola educativa nell'Istituto Aldini-Valeriani. Relazione*, in «Camera di Commercio ed Arti di Bologna», XVI, 4, pp. 1-4.

vo anno scolastico, 1879-80, e quindi procedere alla nomina del docente, si trova a dover affrontare un tema, allora molto scottante, che riguardava l'inserimento nel programma dei «Doveri dell'uomo verso Dio». Un tema, come fu rilevato nell'acceso dibattito che ne seguì, che non poteva essere limitato ad un'aggiunta di un paragrafo nel programma di morale, in quanto investiva l'interpretazione del fondamento laico o religioso dell'etica. Nell'ordine del giorno, conclusivo del dibattito, la Camera di Commercio dichiara di non introdurre variazioni al programma già approntato e lascia libero il docente di trattare le questioni inerenti alla educazione morale secondo la prospettiva più confacente alle proprie convinzioni ideologiche[22].

Così per l'anno scolastico 1879-'80 venne attivata presso l'Aldini-Valeriani la «scuola educativa», in seguito inserita nel curriculum regolare degli allievi, che la conservò fino all'applicazione della prima legge istitutiva delle scuole professionali nel 1912.

Inizialmente la scuola educativa funzionava come corso libero, con lezioni bisettimanali, e aperto a tutti gli allievi dei corsi diurni e serali dell'Aldini-Valeriani ma anche a persone estranee alla scuola, per lo più artigiani, impiegati, contabili, ecc.

A partire dall'anno scolastico 1882-'83, invece, il corso venne inserito come insegnamento regolare nella scuola diurna ma per non perdere la sua caratteristica iniziale, e anche per l'interesse che aveva suscitato all'esterno, rimase come corso festivo per operai adulti e si svolgeva «dal tocco alle due»[23].

L'avvocato Luigi D'Apel, che per dieci anni consecutivi sarà il docente di economia e morale della scuola Aldini-Valeriani, sottolinea così l'importanza della disciplina: «Di fatto, se un giovane coglie copioso frutto dalla

---

[22] ATTI DELLA CAMERA DI COMMERCIO ED ARTI DI BOLOGNA, *Tornata del 7 marzo 1879*, in «Camera di Commercio ed Arti di Bologna», XVI, 8, pp. 1-3.

[23] Le notizie sulle vicende della «Scuola educativa» sono state ricavate dagli Atti e dai Documenti indicati al punto 16 di queste *Note* e dalle *Relazioni finali* del docente, che verranno citate di seguito. Per altro la scuola organizzava ogni anno, a parte i Corsi diurni e serali della scuola di arti e mestieri, dei Corsi liberi su argomenti diversi in rapporto alle esigenze professionali e culturali del momento; Cicli di lezioni e di conferenze di chimica, di meccanica, ecc., organizzati in collaborazione con Enti e Associazioni cittadine; la scuola inoltre consentiva l'uso dei propri laboratori anche a non iscritti alla scuola, ai quali veniva concesso anche il prestito di modelli di macchine. Una scuola dunque intesa come centro propulsivo e punto di riferimento per il mondo del lavoro cittadino, che si muoveva nell'ambito della educazione del popolo e dell'istruzione professionale, secondo gli intenti che in quegli anni l'area industrialista della borghesia cittadina andava esprimendo. Queste scelte, sia pure mutate nei modi e nelle forme in cui si espressero, rimasero costanti nel tempo, facendo dell'Aldini-Valeriani un punto di riferimento importante per i lavoratori ma anche per i datori di lavoro della città.

scuola educativa, il cui precipuo scopo si è quello di avvivare la coscienza del dovere, lo si deve scorgere dal riuscire egli buono e studioso non solo in questa scuola, ma eziandio in tutte le altre»[24]. È perciò che anche i premi messi a disposizione degli allievi dalla Camera di Commercio a fine anno (che si concludeva con un esame sostenuto davanti ad una commissione mista, composta da membri della Camera e docenti della Scuola), venivano attribuiti tenendo conto, nel compilare la graduatoria dei vincitori, anche dei risultati ottenuti dagli allievi nelle altre discipline. Il programma del corso, almeno per gli anni in cui fu docente l'avv. D'Apel e per i quali sono disponibili le relazioni finali, rimane invariato rispetto a quello elaborato nel 1879 dalla Commissione mista, Camera di Commercio e Municipio; le uniche variazioni negli anni riguardano l'accentuazione di un argomento rispetto all'altro, all'interno del programma dato e a volte la modalità di esposizione, che non sempre avveniva attraverso la lezione formale, in quanto spesso venivano utilizzati esempi e in particolare la forma dialogica, specie con gli allievi di età maggiore a quella prevista formalmente dalla classe frequentata[25].

È opportuno rilevare, però, che l'avv. D'Apel, in una delle sue ultime relazioni finali, dopo aver rilevato il ruolo e l'importanza crescente della Scuola Aldini-Valeriani, esprime apprezzamento per quei genitori che, malgrado la severità con cui venivano valutati i titoli e condotte le prove di esame per l'ammissione alla scuola, continuavano a mandare i figli in una scuola professionale, e riprovazione per quei «genitori operai (che) nei tempi nostri sono generalmente indotti a spingere i loro figli nelle vie degli studi speculativi, preparando nuovi incrementi alla folla già grande degli spostati»[26].

Queste considerazioni dell'avv. D'Apel sono espressione di una ideologia che per quanto avvertita sulla utilità e opportunità dell'educazione del popolo, anche attraverso una qualificazione professionale, capace di consentire ad ogni allievo un innalzamento della sua posizione sociale, un miglioramento delle sue condizioni economiche e una maggiore presenza nella

[24] ASB, *Atti della Camera di Commercio ed Arti (1863-1927)*, I, p. 145, *Relazione finale, Anno scolastico 1882-83.*

[25] Tutte le notizie sull'insegnamento sono contenute nelle *Relazioni finali* presentate dall'Avv. Luigi D'Apel alla Camera di Commercio. Vedi: ASB, *Atti della Camera di Commercio ed Arti (1863-1927)*, pp. 145 e 146.

[26] ASB, *Atti della Camera di Commercio ed Arti (1863-1927)*, I, p. 145, *Relazione finale, Anno scolastico 1886-87.* Nelle relazioni, a proposito del *Manuale* del Gennari (distribuito gratuitamente dalla Camera di Commercio), l'Avv. L. D'Apel afferma: «Giovò molto al profitto degli allievi, come libro di lettura atto a ribadire alla memoria le cose trattate diffusamente nelle orali lezioni...».

vita politica del paese, pur tuttavia non riconosce legittime le aspirazioni ad una utilizzazione della scuola quale via di accesso ai più alti livelli della gerarchia sociale.

Il Concorso per il manuale della scuola educativa

Ma ecco il contributo che la Camera di Commercio dà per realizzare il proprio progetto. Il soggiorno in Francia, alla fine del 1878, del cav. Ramponi, se aveva consentito, attraverso la visita alle scuole, di cogliere spunti e indicazioni sul tipo di contenuti da inserire nel programma della scuola educativa, non aveva però risolto il problema di individuare un manuale adatto all'insegnamento di economia e morale così come era stato definito dalla Commissione mista fra la Camera di commercio e il Municipio.

La Camera di Commercio, per sopperire a questa carenza, nella adunanza del 5 maggio 1879, decide di indire un Concorso pubblico per la compilazione di un manuale, pensato e scritto, sulla base del programma già elaborato, per gli allievi della scuola educativa.

A questo scopo destina tremila lire di premio per il vincitore, indicendo un regolare concorso del quale affida l'espletamento al Regio Istituto Lombardo di Scienze e Lettere di Milano[27]. Contemporaneamente, con l'intento di aumentare il premio, considerato a quell'epoca già consistente, per invogliare a partecipare studiosi di grande rilievo, invita altri Enti cittadini a condividere la proposta, intervenendo con un contributo aggiuntivo. Ma né la Provincia, né il Comune, né la Cassa di Risparmio, che erano state interpellate, pur plaudendo alla iniziativa, sia pure con motivazioni diverse, aderirono all'invito[28].

Il Bando di Concorso, che venne diffuso con manifesti e inserzioni su alcune riviste nazionali, riportava le modalità di partecipazione e il programma predisposto per la scuola. Vennero introdotte solo alcune modifiche formali su suggerimento di Giuseppe Sacchi, che con Luigi Cossa e Gaetano Stromio era stato designato dal Regio Istituto Lombardo a far parte della commissione. Il Sacchi, nella lettera inviata alla Camera di Commercio,

[27] Asb, *Atti della Camera di Commercio ed Arti (1863-1927). Adunanze della Camera*, 12, del 5 maggio 1879.

[28] Asb, *Atti della Camera di Commercio ed Arti (1863-1927)*, I, p. 145. Dalla corrispondenza intercorsa fra gli Enti risulta che la Provincia e il Comune non potevano contribuire perché dovevano affrontare ingenti spese per l'attivazione delle scuole connesse all'applicazione della legge Casati mentre la Cassa di Risparmio, che sarebbe stata disponibile, non avrebbe potuto farlo perché vincolata dalle norme statutarie.

nella quale dichiarava la disponibilità dell'Istituto ad assumersi l'incarico, propone di organizzare gli argomenti in tre parti, tenendo conto della scansione triennale in cui si sarebbe dovuto svolgere l'insegnamento. La ripartizione proposta, che poi verrà seguita dagli estensori delle opere, era la seguente: *I parte*: Doveri generali dell'uomo e quindi, l'etica e il galateo dell'operaio; *II parte*: L'igiene, l'economia domestica e l'economia industriale; *III parte*: Economia sociale, nozioni di giurisprudenza e di politica in rapporto alle Istituzioni del Regno[29].

Entro il 31 dicembre 1881, termine ultimo di presentazione dei lavori, giunsero presso la Camera di Commercio quattro manoscritti. L'Istituto Lombardo, che aveva il compito di esprimere un giudizio sulle opere e di proporre una graduatoria, il 9 marzo del 1882, conclude i suoi lavori, inviando alla Camera di Commercio i manoscritti, gli atti connessi all'espletamento del Concorso e una relazione dettagliata sull'analisi dei manoscritti che per serietà e completezza è un documento molto importante, dal punto di vista storico, non solo per conoscere come, in passato, venivano svolti i concorsi, ma anche perché contribuisce a far capire meglio le posizioni ideologiche preminenti in quel momento[30].

La prima opera esaminata ha per titolo il *Piccolo letterato*, in due

---

[29] Asb, *Atti della Camera di Commercio ed Arti (1863-1927)*, I, p. 145, e anche in «Camera di Commercio ed Arti di Bologna», XVI, p. 21. La Camera di Commercio motiva la scelta del Regio Istituto Lombardo con il fatto che in Bologna non esisteva un Istituto che si occupasse di questi problemi. Il Regio Istituto Lombardo era un Ente molto attivo nella vita culturale del paese, presente con un proprio Bollettino, sul quale venne pubblicato il Bando di Concorso. Fra i membri della Commissione spicca il nome di Giuseppe Sacchi, educatore milanese, a cui è legato il dibattito pedagogico e scolastico dell'epoca: a parte le numerose pubblicazioni, basti ricordarlo come fondatore, nel 1860, dell'*Associazione Pedagogica* e del periodico «Patria e Famiglia» (vedi: A. Martinazzoli-L. Credaro, *Dizionario illustrato di pedagogia*, vol. III, Milano, Casa Editrice Vallardi, 1907-09, pp. 433-436) e quello di Luigi Cossa, economista e docente universitario a Pavia, il cui nome è legato al dibattito sviluppatosi in Italia, in quel periodo, fra «liberisti e non». Il suo nome risulta fra i soci fondatori della *Società italiana di Economia Politica* e tra i collaboratori del «Il Giornale degli economisti». (Su Luigi Cossa come pure sul ruolo di Gerolamo Boccardo e Luigi Luzzatti che costituiranno alcune delle fonti del *Manuale* del Gennari vedi: G. Are, *Il problema dello sviluppo industriale nell'età della Destra*, cit.).

[30] Tutti gli atti relativi al Concorso (buste contenenti i dati biografici degli autori e recanti anche il «motto» di riconoscimento, la Relazione della Commissione e i Manoscritti) sono contenuti in: Asb, *Atti della Camera di Commercio ed Arti (1863-1927)*. *Istituto Aldini-Valeriani di Arti e Mestieri*, p. 145. Per il nostro lavoro ci siamo riferiti a questo materiale e al *Manuale* a stampa del Gennari, edito dalla Casa Editrice Zanichelli nel 1882. A questo proposito, per completezza di informazione, nella relazione finale la Commissione aveva consigliato al Gennari di aggiungere nel manoscritto, prima della stampa, una introduzione e una conclusione, e di

volumi, presentato con il motto «L'educazione perfeziona il cuore; l'istruzione illumina la mente» di Lorenzo Trecco, istitutore emerito, di grado superiore, di Cuneo. Essa viene scartata perché sia per la forma sia per il contenuto non risulta rispondente ai requisiti richiesti dal Bando di Concorso. Si tratta, infatti, di un volume già stampato a Saluzzo nel 1872 e quindi non inedito, come richiesto dal Bando, e destinato alle scuole primarie e quindi non rispondente per contenuto agli argomenti indicati dal programma che accompagnava il bando di concorso: mancava tutta la parte relativa all'economia politica e all'economia industriale, considerati invece argomenti portanti per una scuola di Arti e Mestieri.

Il secondo manoscritto, dal titolo *Nozioni elementari educative per adolescenti di classe operaia*, indicato con il motto «Volere è potere», scritto da Alfredo Vitali, ex soprintendente scolastico di Bologna, viene scartato perché considerato un lavoro inadeguato agli scopi indicati dal Bando di Concorso. Si tratta, infatti, di cinquanta pagine manoscritte, in cui i problemi vengono solo enunciati e non sviluppati. Ci sembra corretto il giudizio della Commissione così espresso: «La brevità soverchia dello scritto, la sconnessione delle idee, l'erroneità delle definizioni, l'infelicità dello stile, che l'autore stesso chiama *volgare*, gli errori di lingua, il difetto quasi assoluto d'esemplificazione, la mancanza delle nozioni anche le più elementari sì giuridiche che politiche, sono tali mende che dispensano da un esame più minuto di questa Memoria, che certo non riesce a provare in modo convincente che il *Volere sia sempre potere*».

Invece il giudizio sul terzo manoscritto, dal titolo il *Salterio dell'operaio*, in tre fascicoli, presentato con il motto «Work is true nobility» di Roberto Moschitti, ufficiale di statistica presso la Camera di Commercio di Napoli, se risulta puntuale, scrupoloso e completo, lascia trasparire delle riserve di carattere ideologico verso il taglio con cui l'autore affronta l'analisi dei problemi che se non hanno condizionato il giudizio finale, quantomeno hanno influito sulla valutazione complessiva che si dà del lavoro. La Commissione ci pare infatti che abbia ragione quando rileva che vi è uno squilibrio di trattazione tra le tre parti, in quanto le ultime due sono svolte in modo sintetico; che a volte alcune parti del programma sono trattate «con qualche disinvoltura di stile che accenna a dimestichezza con la stampa quotidiana» e che rivela quindi un uso delle fonti non sempre scelte opportunamente. Certo i tre fascicoletti di circa 150 pagine manoscritte del *Salterio*

rivedere la parte relativa all'economia industriale per integrarla con altre notizie utili per gli operai. Dal confronto fra il manoscritto e il testo a stampa risulta l'aggiunta della introduzione e della conclusione ma non la integrazione di notizie e consigli agli operai nella parte relativa all'economia industriale.

dell'operaio, confrontati con la mole del lavoro del Gennari di circa 550 pagine manoscritte, dovevano apparire ai commissari piuttosto frettolosi e sintetici. Se invece li si valuta nell'ottica di un manuale ad uso delle scuole, per un insegnamento che dispone di due ore settimanali e rivolto a degli allievi provenienti dalla scuola elementare, allora forse una trattazione sintetica con uno stile più «giornalistico» non sarebbe stata da considerare caratteristica negativa. Resta valido il giudizio di fondo che rileva uno squilibrio quantitativo e quindi qualitativo fra le tre parti in cui è diviso il manoscritto. Ma la stessa Commissione rileva che il lavoro è «migliore, almeno *relativamente*, sia per l'estensione, sia per la forma e in parte pel contenuto».

Ma le ragioni per cui la Commissione ritiene che il manoscritto non risponda ai requisiti richiesti dal Bando di concorso vanno ricercate altrove nella convinzione, cioè, che nel Manoscritto «i principi della morale sono esposti in modo inesatto, sconnesso, confusi talora con quelli della politica». In verità, rileggendo oggi il manoscritto di R. Moschitti penso si possa sostenere che l'unione dei due argomenti, morale e politica, non è attribuibile a confusione ma ad una scelta precisa dell'autore, per il quale i principi morali non sono fondati in Dio ma scaturiscono da fattori storici. Tutti, in quanto uomini, siamo uguali per natura: i contadini, gli operai, gli studiosi e anche coloro che «abusando del lavoro degli *avi* che accumularono ricchezze consumano il tempo nell'ozio molle e fastoso». Perciò, secondo l'autore, l'eguaglianza naturale non basta a regolare la molteplicità degli avvenimenti, «poiché in tutti è il desiderio inestinguibile di conservare se stessi e di procurare la propria felicità». Di qui la necessità delle *leggi*, che nella nostra società scaturiscono dal principio che tutti gli uomini sono uguali, e quindi tendono a garantire i cittadini dagli abusi e dalle prepotenze. Questa uguaglianza, argomenta il nostro, nell'attuale organizzazione sociale, trova il suo fondamento nel lavoro che ha fatto si che tutti gli individui, operai compresi, hanno pari diritti e doveri verso la società e quindi devono essere messi in grado di concorrere «come gli altri cittadini al progresso morale e economico del proprio paese». Questo impone agli operai il dovere di rispettare le leggi ma anche il diritto di essere rispettati e tra questi ve ne è uno, sostiene Moschitti, rivolgendosi agli operai, sacrosanto: quello del voto, «perché dalla scelta degli uomini che voi chiamerete al governo della cosa pubblica, dipende il buon e il cattivo ordinamento di essa».

A partire da questi assunti il Moschitti analizza i vari aspetti attraverso cui il programma scandisce il problema della formazione morale: doveri verso se stessi, la famiglia, gli altri, l'ambiente di lavoro, lo Stato con le sue leggi e istituzioni. Una morale, quindi, basata su principi di ordine naturale e legale ma che ha il proprio fondamento nel lavoro. Il lavoro ha nella vita della società umana la stessa importanza del Capitale e della Terra; essi sono i tre fattori che se considerati con pari rilievo possono contribuire allo sviluppo economico e civile della società.

Ma per Moschitti una delle disuguaglianze difficili da eliminare nella nostra società è quella di tipo economico che nessuna legge può eliminare, né avrebbe senso tentarlo. È più ragionevole pensare invece ad una evoluzione della società che dovrebbe far scomparire «certe organizzazioni viziose e nocive al benessere di tutti». E questo attraverso un processo lento che trova nel lavoro, come nel capitale, il punto fondamentale del suo sviluppo. Per Moschitti l'evoluzione sociale può avvenire, non togliendo i beni a chi li possiede, ma regolando meglio la circolazione delle ricchezze, quando le tasse non toglieranno tutti i frutti del lavoro; quando verrà abolito l'esercito permanente, quando eliminando il monopolio dell'industria, si assicurerà ai lavoratori una parte del guadagno derivante dalla produzione.

Questa impostazione porterà il Moschitti a trattare anche l'economia domestica, quella industriale e quella sociale con un taglio unitario. Mostrando la interdipendenza dei diversi problemi, l'autore prospetta, attraverso l'uso democratico degli strumenti politici, la possibilità di poter intervenire per introdurre dei cambiamenti a favore di un progresso economico e sociale per tutti. Ma per la Commissione questa trattazione «unitaria» tradisce «la poca competenza dell'autore che ha convinzioni troppo deboli per combattere gli errori del socialismo, e usa non di rado tali espressioni, da far perfino dubitare ch'egli non sia del tutto libero da preoccupazioni che si connettono con quel sistema».

Anche la parte dedicata alle leggi e alle istituzioni dello Stato, alle forme di Governo in vigore e ad una loro possibile trasformazione in senso più democratico, trova la Commissione molto critica. A proposito di questa ultima parte si dice: «In essa si presenta al giovanetto operaio un ritratto poco fedele delle nostre Istituzioni, gli si lasciano intravedere come desiderabili e vicine altre Istituzioni affatto diverse che devono compiere la evoluzione sociale ed economica a cui l'autore accenna di continuo, con frasi che riescono assai trasparenti, malgrado alcune reticenze, suggerite da ragioni di opportunità, anche queste facilmente indovinate».

Si tratta, come si può notare anche attraverso queste brevi e frammentarie annotazioni, di un modo di trattare i problemi attraverso la loro genesi storica e la loro interdipendenza, e soprattutto di un modo di prospettare, sia pure attraverso una modifica dall'interno del sistema, un modello politico-economico-sociale che andava troppo oltre la volontà politica della Commissione e della Camera di Commercio che era interessata a far accettare le Istituzioni esistenti e non a farle cambiare.

Il «Manuale educativo ed istruttivo per l'operaio italiano» di A. Gennari

Per la Commissione il manoscritto, di gran lunga migliore degli altri e, degno di vincere il premio, è il *Manuale educativo ed istruttivo per l'operaio italiano* di Achille Gennari presentato con il motto «Vires unitae agunt»: «L'Autore, infatti, attingendo a buone fonti, da esso in parte indicate, ha saputo svolgere i vari temi, proposti dal programma del Concorso con molta saviezza di criterio, ed ha compilato un'operetta notevole per bontà di dottrina, ordine e proporzioni delle parti, opportunità di esempi, semplicità di stile, e l'ha scritta in lingua quasi sempre corretta e pienamente adatta ai lettori cui è specialmente destinata»[31].

Un giudizio, questo della Commissione, che per la serietà di analisi del manoscritto e per completezza di particolari non richiederebbe alcun commento se non fosse per l'esigenza di dare alcuni chiarimenti, sia pure schematici, su alcuni problemi legati al contesto storico ed ideologico in cui è maturato il lavoro del Gennari.

Va innanzitutto sottolineato che se è merito del cav. Pietro Ramponi e della Commissione mista, Camera di Commercio e Comune di Bologna, aver elaborato un programma che coordinava temi e problemi che nel dibattito culturale e educativo dell'epoca avevano trovato spazi, luoghi e destinatari diversi, in un unico insegnamento, per fornire all'operaio italiano una conoscenza ed una formazione rispondente alle esigenze dello sviluppo economico e sociale del paese, è merito dell'Avv. Achille Gennari aver affrontato il difficile problema di dare una unità concettuale e di obiettivi ai diversi argomenti.

Il lavoro, infatti, anche se dal punto di vista formale ha tutte le caratte-

---

[31] Un giudizio che ha un suo fondamento se si tiene conto che Achille Gennari non era alla sua prima esperienza editoriale. Prima del *Manuale educativo* aveva pubblicato alcuni lavori di carattere giuridico e di filosofia del diritto: *Appunti di storia del diritto giudiziario civile*, Milano, Guglielmini, 1872; *L'adozione. Studio comparativo sulle istituzioni di diritto romano*, Pavia, Sarchi e Morelli, 1874; *La legislazione statutaria italiana in generale e la milanese in specie*, Pavia, Sarchi e Morelli, 1874; *Lo Stato e la Chiesa secondo la filosofia del diritto*, Pavia, Tip. Fusi, 1875. Nelle stesso anno in cui partecipa al concorso indetto dalla Camera di Commercio di Bologna pubblica un volume importante per le affinità con gli argomenti trattati nel *Manuale educativo*: *Lezioni di economia politica*, Trieste, Balestra, 1882. In seguito, pubblicherà i seguenti volumi: *L'Istituto pensioni del Lloyd austro-ungarico. Studio critico*, Trieste, Schubart, 1884; *Lezioni di statistica dettate come manoscritto per uso esclusivo dei suoi studenti*, Trieste, Balestra, 1885. Per tornare al nostro argomento, il *Manuale educativo*, dopo l'edizione triestina, prevista dal bando di concorso, venne pubblicato, nello stesso anno, dall'editore Zanichelli di Bologna e in questa edizione acquistato dal Ministero dell'Agricoltura, Industria e Commercio per essere distribuito gratuitamente alle scuole di Arti e Mestiere d'Italia. In seguito, nel 1898, ebbe una seconda edizione con la Paravia di Torino.

ristiche di un manuale che, spesso, proprio per questo, non si sottrae ad uno stile a volte assertorio, trova la sua unità tematica nella figura dell'operaio, che nel suo iter di uomo, lavoratore e cittadino, deve affrontare i problemi morali, familiari, lavorativi, igienici, economici, aziendali e politico istituzionali e la sua unità ideale nella convinzione, da parte dell'autore, di svolgere una funzione educativa e sociale. Ciò si realizza da un lato analizzando i problemi con completezza e correttezza di informazione proprio da manuale e, dall'altro, attraverso un'analisi delle diverse posizioni ed esprimendo una propria opinione della quale viene dichiarata la matrice ideologica.

Dal punto di vista ideologico mi pare che il Gennari tenti di conciliare l'esigenza di uno sviluppo industriale della società, inteso non solo come un evento inevitabile dal punto di vista economico ma anche come portatore di progresso culturale e civile, con i principi morali religiosi e con i valori di una società come quella italiana che, costituitasi venti anni prima come Nazione, faceva fatica a consolidarsi come Stato moderno.

La letteratura del *self-help* in Italia, sulla scia del successo di Smiles, fondava il suo messaggio su una concezione laica che, proprio partendo dalla constatazione dei limiti della educazione cattolica, che per legittimare la stratificazione sociale esistente aveva contribuito a costruire nel popolo una mentalità caratterizzata da passività, abulia e rassegnazione, individuava nel lavoro lo strumento per il successo e l'affermazione personale, valorizzando l'impegno, la tenacia e la volontà.

Il Gennari, riaffermando l'origine divina della legge morale, in modo che il dovere risulti il principio regolatore della condotta umana, fa scaturire da questa legge sia i doveri generali dell'uomo, quelli verso Dio, verso se stesso e verso gli altri, sia quelli che egli definisce speciali, verso la famiglia, il lavoro e le istituzioni. Fra i doveri verso se stesso, richiamandosi esplicitamente a Smiles, il Gennari include la formazione del carattere, che è un aspetto fondamentale della formazione individuale, perché consente all'individuo di realizzarsi nei diversi modi di vita ed in particolare in quello relativo all'affermazione di sé che, regolato dalla legge morale, dovrebbe garantire anche la realizzazione degli altri.

Lo strumento fondamentale per la formazione del carattere è dato dal lavoro nel quale sono da distinguere due fattori: uno soggettivo e l'altro oggettivo. Il primo attiene alla volontà individuale, il secondo si esprime nel prodotto realizzato. Analizzando poi il problema del lavoro umano e dell'uso che ne è stato fatto nei secoli precedenti, il Gennari ritiene che nell'epoca presente «il lavoro ha raggiunto una propria indipendenza e dagli uomini e dalla stessa materia, e tale, che oggi si va nobilitando e spiritualizzando, perché, e lo sviluppo delle industrie, e le macchine e la diffusa istruzione, e tutto quell'imponente corredo che forma la civiltà moderna, tendono ad esonerare l'uomo dalla forza fisica, riservandogli l'uso soltanto della parte più nobile di lui, l'attività intellettuale». Per Gennari la civiltà di una società incomincia quando gli uomini comprendono che il lavoro è una necessità e un dovere. Con la civiltà incomincia il benessere perché l'impegno di tutti gli uomini, fra loro organizzati, tende a soddisfare i bisogni di tutti. Ma per Gennari se gli operai sono i principali artefici di questo processo produttivo essi non sono i soli a determinarlo, perché vi concorrono in vario modo e a diversi livelli altri soggetti: il prodotto finito, ad esempio un palazzo, è sempre il risultato dell'impegno e del lavoro del costruttore, del progettista, dei tecnici, degli artigiani e degli operai. In questo quadro, per Gennari, se è fondamentale rispettare e retribuire il lavoro di tutti è anche necessario accettare il proprio ruolo che non è statico, perché agli operai dovrebbe essere offerta la possibilità di poter migliorare la propria condizione cosa possibile con l'istruzione e l'educazione che, gradatamente, dovrebbero seguire la vita dell'operaio dalla infanzia all'età adulta. In questo il Gennari si differenzia da Smiles il quale astrattamente riteneva che «la migliore e più efficace di tutte le educazioni è quella, ripetiamo sempre, che ciascuno dà a se stesso». Anche il riferimento al riconoscimento dei ruoli sociali, mutabili attraverso l'impegno personale e l'istruzione, appare più realistico, in quanto al loro perseguimento non si ritiene – come si sosteneva nella letteratura del *self-help* – che basterebbero l'impegno e la volontà individuale per salire ai più alti gradi della scala sociale, in tutti i campi, purché lo si voglia.

La questione della mobilità sociale, che è nodale per definire le posizioni e gli schieramenti politico-ideologici dell'epoca, in Gennari si chiarisce meglio quando egli affronta uno dei problemi più controversi e scottanti di quel periodo: i criteri di definizione del salario e l'uso dello sciopero. Dopo aver fornito tutte le informazioni necessarie, all'interno della trattazione dell'economia familiare e industriale, il Gennari ritiene un diritto dell'operaio richiedere aumenti salariali in rapporto al costo della vita e al lavoro svolto ma mette in guardia dai rischi dello sciopero, rilevando che gli effetti possono ricadere negativamente non solo sugli interessi dell'imprenditore ma anche su quelli degli operai. Al di là della perdita contingente del salario, una richiesta sproporzionata di aumenti rispetto alla redditività aziendale secondo il Gennari provocherebbe l'aumento dei costi, con conseguente perdita di competitività del prodotto sul mercato caratterizzato dalla concorrenza, il che metterebbe l'imprenditore nelle condizioni o di fallire o, come spesso accade, di non investire i propri soldi nell'industria ma in altri settori più remunerativi. Questa posizione con l'ottica odierna potrebbe apparire conservatrice e opportunistica ma se riferita alla situazione dell'epoca sembra più realistica, anche se lascia aperti molti problemi.

Ma il richiamo a queste questioni, che nel contesto del presente lavoro vuole essere solo un esempio del modo completo e corretto col quale il Gennari elabora il *Manuale*, è d'obbligo se si vogliano conoscere le posizioni dell'autore rispetto alla possibilità dei lavoratori di migliorare le proprie condizioni anche «mettendosi in proprio».

Per Gennari i problemi dell'operaio non si risolvono solo con le rivendicazioni salariali all'interno della fabbrica in un rapporto con il datore di lavoro ma anche affrontando problemi sociali e istituzionali connessi con la realtà economica, politica e sociale complessiva. Egli sostiene che oltre all'istruzione, è importante per l'operaio il ruolo che possono svolgere le Società di Mutuo Soccorso, le Casse di quiescenza, le Cooperative di produzione e di consumo, le Banche popolari e i Prestiti d'onore per rendere più sicuro l'avvenire dei lavoratori, per aumentare il potere di acquisto del salario e anche per consentire una organizzazione del lavoro in autonomia. Anche a questo proposito egli ritiene che la formula possibile e migliore per operai senza capitali è la costituzione di cooperative, perché spesso «mettersi in proprio» può significare vivere una vita stentata e piena di debiti.

Come si può rilevare da queste brevi considerazioni, il Gennari, mentre si richiama alla letteratura del *self-help*, soprattutto per quanto attiene agli aspetti soggettivi per la formazione del carattere, per tutti gli altri aspetti, quelli di tipo oggettivo e istituzionale, si riferisce, a parte la matrice religiosa che lo contraddistingue da gran parte della letteratura «industrialista», ad economisti come Luigi Cossa, Gerolamo Boccardo e Luigi Luzzatti e per l'economia industriale ad alcuni trattati francesi che sono le fonti a cui si era riferito il Carina per il suo lavoro.

Da questo punto di vista, il lavoro del Gennari si stacca da tutta una letteratura apparsa dopo l'Unità, costituita da libri e opuscoli vari quali il *Libro dell'operaio* e *Il libro del soldato italiano* di Carlo Revel, il volume *In casa e fuori casa* di Augusto Alfani, il *Catechismo dell'operaio* di Ernesto Strini, il più noto *Portafoglio d'un operaio* di Cesare Cantù e quindi si stacca dalla letteratura del self-help già citata, non solo per l'ampiezza e la completezza della trattazione ma per aver tentato di dare una unità e una interdipendenza ai diversi problemi, sia pure non riuscendo sempre ad evitare la noiosità che a volte hanno i manuali scolastici, ma rimanendo immune da atteggiamenti paternalistici e demagogici[32].

---

[32] Questi alcuni fra i volumi dell'epoca presi in esame: per l'analisi e i giudizi sulle opere citate, oltre ai volumi indicati al punto 4 di queste *note*, abbiamo consultato: D. Marucco, *Come il paternalismo borghese cerca di formare il buon operaio*, in «Rivista di storia contemporanea», 1982, 2; C. Ossola, *Introduzione* a C. Cantù, *Portafoglio d'un operaio*, Milano, Bompiani, 1984; M. Berengo, *Cantù Cesare*, in *Dizionario Biografico degli Italiani*, vol. XVIII, Roma, Istituto dell'Enciclopedia Italiana, 1975.

Il suo può essere considerato un tentativo volto a diffondere tra gli operai una cultura che sino ad allora circolava solo nell'ambito di pochi specialisti, con l'intento di «additare all'operaio italiano la via onde possa trovare quel benessere che è compatibile col presente stato di cose, possa adoperarsi onestamente e civilmente alla propria emancipazione economica, sicché esso stesso, con quella persuasione che deriva dalla evidenza dei fatti, contribuisca a diminuire gli screzi che si manifestano altrove violentemente fra capitale e lavoro»[33].

Dal punto di vista ideologico il *Manuale*, senza togliere niente al peso che le convinzioni dell'autore hanno avuto nella trattazione, soprattutto nel rimarcare la validità e l'accettazione del modello sociale esistente, rappresenta un tentativo molto significativo di quella linea di pensiero politico che si svilupperà in seguito nella società italiana, tendente a raccordare le istanze religiose con lo sviluppo industriale e che in Gennari si esprime soprattutto attraverso il recupero dei valori morali dell'uomo, inteso come persona umana e come cittadino[34].

---

[33] A. GENNARI, *Manuale educativo e istruttivo per l'operaio italiano*, cit., p. 310.
[34] C. CARTIGLIA, *Il manuale per l'operaio, un documento poco noto sulla prima industrializzazione in Italia*, in «Rivista di storia contemporanea», 1983, 3, pp. 409-419.

2. I precedenti storici dell'istruzione tecnico-professionale nell'area bolognese dalla legge Casati alla Carta della scuola

Capire perché, a distanza di centoventi anni dalla promulgazione della prima «legge organica» sulla scuola del nuovo Stato unitario, l'istruzione tecnico-professionale non ha ancora trovato una sua collocazione soddisfacente all'interno del sistema scolastico italiano – basti pensare alle ultime vicende parlamentari sul progetto di riforma della scuola secondaria! – significa ripercorrere la storia della scuola italiana dalla legge Casati in poi in rapporto alla storia economica, sociale e politica del nostro paese.

Alla scuola, con la formazione dello Stato unitario e con l'organizzazione industriale del lavoro, almeno fino all'istituzione della scuola media unica del 1962, è stata sempre attribuita la funzione di distribuzione di status e privilegi.

In funzione di tali esigenze il sistema scolastico con la sua organizzazione interna rappresenta la struttura formale che opera la prima e più esplicita azione di contenimento e di regolazione della domanda d'istruzione. Nel nostro sistema scolastico si è attribuito alla scuola dagli 11 ai 14 anni il compito di selezionare la richiesta di scolarizzazione proveniente dal basso, attraverso l'istituzione di più scuole, corrispondenti alla stessa fascia di età, con funzione di dirottamento verso l'immissione precoce nel processo produttivo (post-elementare, scuola complementare, scuola di avviamento senza sbocchi verso la scuola secondaria); si è sempre considerata l'istruzione tecnica industriale e professionale (almeno fino alla liberizzazione degli accessi all'università) estranea alla struttura scolastica ma ad essa subordinata, affidandone la gestione al Ministero dell'Agricoltura, Industria e Commercio; si è utilizzato lo stesso titolo di studio, a seconda delle circostanze, per consentire l'accesso ad una o più facoltà universitarie (v. l'istituto tecnico e l'istituto magistrale) e per abilitare a una o più attività professionali (v. reclutamento del personale insegnante)[1].

---

[1] Per una storia dell'istruzione tecnico-professionale in Italia, oltre al precedente saggio, vedi: F. HAZON, *Storia della formazione tecnica e professionale in Italia*, Roma, Armando, 1991; A. TONELLI, *L'istruzione tecnica e professionale di Stato*, Milano, Giuffrè, 1964.

Connesso a questi meccanismi è il costo dell'istruzione. L'importanza o meno attribuita alla scuola va commisurata alla quota di bilancio destinata dallo Stato all'istruzione rispetto ad altri settori e ai criteri di ripartizione interna delle spese scolastiche: fino al primo decennio di questo secolo è stata sempre privilegiata l'erogazione di fondi a favore dell'istruzione secondaria classica e dell'Università a scapito della scuola elementare che è stata a totale carico dei Comuni fino al 1911. Parimenti l'istruzione tecnico-professionale è stata a carico degli Enti Locali provinciali o di Istituzioni private fino al 1930 e, in seguito, a parziale carico dello Stato, attraverso un sistema misto e differenziato per tipi e ordini di scuole. I costi da considerare per gli utenti, a parte l'improduttività derivante dalla permanenza a scuola per molti anni cosa che per le classi sociali disagiate significa la sottrazione di una quota parte del bilancio familiare, sono quelli dovuti a libri, trasporti e tasse scolastiche che nella scuola professionale hanno costituito, per un cinquantennio, una fonte importante degli esigui bilanci scolastici.

Un altro aspetto molto importante da tener presente è quello relativo alla organizzazione degli studi in quanto, pur assolvendo alla sua funzione primaria di fornire una formazione culturale e/o una competenza professionale a diversi livelli e a seconda dei tipi di scuole, ha anche una funzione selettiva interna allo stesso indirizzo. Al meccanismo delle promozioni e bocciature, rimasto pressoché costante, anche se adoperato in modi diversi, se ne sono aggiunti altri che hanno subito variazioni a seconda degli obiettivi che si volevano raggiungere: esami di ammissione, di passaggio, di fine ciclo ed esami con commissioni interne o esterne. Ma è attraverso la scelta degli insegnamenti, la loro gerarchizzazione interna e il tipo di contenuti culturali ad essi attribuiti che si è operata la differenziazione dei processi formativi e dei modelli di comportamento: si è sottovalutata la cultura scientifica e tecnica a favore di quella classica e letteraria; si è privilegiato un sapere parcellizzato, attraverso la logica delle discipline separate, a discapito di una conoscenza e comprensione unitarie del sapere, inteso come processo di comprensione del «reale»; si sono privilegiati il nozionismo e il formalismo a scapito del «capire» e del «saper fare».

Sono proprio la molteplicità dei fattori intervenienti sul funzionamento del sistema scolastico e la diversità dei compiti ad esso attribuiti che nel rapporto dialettico fra le forze sociali interessate all'istruzione, specie nel secondo dopoguerra, hanno determinato sfasature, squilibri e battute di arresto allo sviluppo della scuola. Tutti problemi questi che risultano preminenti quando si affronta l'istruzione tecnico-professionale che con la scuola elementare costituisce il settore in cui la correlazione con lo sviluppo economico è più stretta.

Ma delineare, sia pure attraverso un quadro d'insieme, la storia dell'istruzione tecnico-professionale nell'area bolognese, si scontra anche con la mancanza di ricerche specifiche di storia dell'istruzione tecnico-professionale in Italia, a cui riferirsi per analizzare il particolare atteggiarsi del fenomeno in sede locale. Soprattutto rispetto alla risposta quantitativa e qualitativa della struttura sociale alle scelte di politica scolastica e allo sviluppo economico del paese. Il problema si complica ulteriormente quando dal livello nazionale si passa a quello provinciale. A parte alcuni contributi che analizzano la storia di singole scuole e limitatamente a determinati periodi storici, manca perfino una ricostruzione dello stesso apparato scolastico[2].

In questa sede, ci limiteremo, utilizzando i primi risultati di una ricerca in corso, a ricostruire, attraverso l'individuazione di alcuni aspetti del problema, lo sviluppo delle istituzioni scolastiche.

Angelo Campanelli, preside del liceo-ginnasio «Galvani» di Bologna, in uno scritto pubblicato nel volume *I Cento anni del Liceo «Galvani»* del 1960, per sottolineare la continuità del liceo con la tradizione classica bolognese, utilizzando come simbolo la sede dell'Istituto, scrive: «Vi è, dunque, ed è facile intuirlo, un nesso nel rapporto ideale, fra i quattro momenti diversi delle vicende della scuola classica bolognese, che appunto si svolgono in questo edificio, la cui storia ci interessa e si identifica in gran parte con la storia della scuola classica bolognese»[3].

I momenti, a cui l'Autore si riferisce, sono le scuole dei Gesuiti, il Collegio dei Barnabiti, il Ginnasio Guinizelli e il Liceo Galvani e, strano lapsus, si sottace la presenza, nello stesso complesso edilizio, dalla sua istituzione nel 1878 al 1971, dell'Istituto Tecnico Industriale Aldini-Valeriani, la cui storia non solo è parte integrante della storia scolastica bolognese ma si intreccia anche con la storia sociale ed economica della città.

In verità, l'affermazione del preside del liceo, a distanza di cento anni dalla prima legge organica della scuola italiana, esprime il modo in cui una classe dirigente, centrale e periferica, ha inteso l'istruzione professionale: una questione a parte rispetto al dibattito complessivo sulla scuola, sui possibili livelli di scolarizzazione della maggioranza dei cittadini, sul ruolo della formazione culturale e professionale del personale dell'apparato produttivo. Un settore considerato così particolare per cui mentre se ne affida la gestione al Ministero dell'Agricoltura, Industria e Commercio si fa dipen-

---

[2] La ricostruzione dell'apparato scolastico tecnico-professionale nell'area bolognese è stata compiuta attraverso una ricognizione archivistica presso l'Archivio di Stato di Bologna (ASB) sul fondo Provveditorato agli Studi di Bologna (PSB).

[3] *I cento anni del liceo «Galvani» 1860-1960*, Bologna, Cappelli, 1961, p. 23.

dere l'istituzione delle scuole dalla volontà politica e dalla copertura finanziaria degli Enti locali, degli Enti morali, dei privati e di quanti erano interessati «ad incrementare lo sviluppo delle attività agrarie, commerciali e industriali del luogo», attraverso una formazione professionale più adeguata.

E si noti che questa divisione fondamentale fra scuola classica e scuola professionale che rispecchiava la struttura sociale della società italiana dell'epoca e che aveva trovato il suo primo assetto istituzionale nella legge Casati, nata con l'intento di dare una prima provvisoria regolamentazione alla scuola del neo Stato unitario, rimarrà pressoché immutata fino alla istituzione della nuova scuola media unica del 1962. Il sistema scolastico, inteso come intelaiatura formale di contenimento e di espansione della richiesta di scolarizzazione proveniente dal basso, ha subito modifiche solo parziali.

Tutta la legislazione ulteriore, compresa la riforma Gentile, che è stata la seconda riforma organica, non è altro che un susseguirsi di leggi parziali, regolamenti, circolari tendenti a soddisfare nuove esigenze, a razionalizzare l'esistente.

A Bologna, l'istituzione nel 1860, del Regio liceo classico «Galvani» e del Ginnasio municipale «Guinizelli» contribuirono, con il preesistente Ginnasio-liceo «S. Luigi» dei padri Barnabiti, il ginnasio femminile S. Dorotea e con altri collegi religiosi e scuole private ancora presenti in città, al riassetto delle istituzioni dell'ordine classico, in parte coinvolte nelle vicende politiche della prima metà dell'Ottocento. Il suo sviluppo, grazie ad una legislazione nazionale favorevole, si avvarrà anche della costante attenzione da parte della classe dirigente cittadina. La stessa istituzione del Ginnasio-liceo «Minghetti» nel 1897, preceduta dal Ginnasio municipale «Rambaldi» di Imola nel 1887, per quanto determinata dall'incremento della popolazione scolastica, verrà dettata dall'esigenza di rendere la scuola più gestibile e controllabile. La storia del liceo «Galvani» si lega strettamente alla storia della cultura cittadina e della sua classe dirigente[4].

L'istituzione, nel 1860, di una Regia Scuola Normale femminile con annesso collegio, considerato un provvedimento eccezionale e straordinario nell'ambito degli interventi a favore delle scuole per la formazione degli insegnanti elementari, da parte dello Stato e l'istituzione, nel 1861, di una Scuola Normale maschile da parte dell'Amministrazione provinciale, l'istituzione, nel 1863, dell'Istituto Tecnico «Pier Crescenzi» voluto dall'Amministrazione provinciale, dalla Camera di Commercio ed Arti e dal Municipio e l'istituzione di una scuola tecnica municipale nel 1861, costituiranno, nella realtà bolognese, le nuove strutture scolastiche previste dalla legge Casati[5].

[4] Cfr. *I cento anni del liceo «Galvani» 1860-1960*, cit.
[5] Cfr. *Studi e inediti per il primo centenario dell'Istituto Magistrale «Laura Bassi»*,

L'istruzione tecnica a Bologna per quanto influenzata dalle alterne vicende legislative nazionali, che avevano coinvolto soprattutto l'Istituto Tecnico e che sul piano istituzionale si conclusero nel 1878 con il definitivo passaggio di alcuni tipi di Istituti al Ministero dell'Istruzione, senza per questo eliminare l'ambiguità fra istruzione tecnica e istruzione professionale, si inserirà, nella vita scolastica ed economica cittadina, con un notevole incremento di allievi.

La scuola tecnica municipale, nata nel marzo 1861 con 33 iscritti e 30 uditori, dei quali gran parte provenienti dal Ginnasio Guinizelli, che in quell'anno da 278 frequentanti passava a 219, nel 1891 aveva già 595 iscritti, rispetto ai 727 iscritti ai ginnasi statali e privati della città[6].

Ma l'effettiva espansione si verificherà a partire dal primo decennio del 900.

Nel 1908 vennero istituite altre due scuole tecniche (Manfredi e Zanotti), in aggiunta a quella di Imola e alla preesistente scuola tecnica bolognese; esse, nell'anno scolastico 1916/17, avranno circa 1600 iscritti, rispetto ai 998 dei ginnasi e ai 674 del Corso preparatorio. Un fenomeno analogo si verificherà nell'Istituto tecnico, che nel 1891 aveva 190 iscritti rispetto ai 187 dei licei cittadini. Esso fino a quel periodo si era caratterizzato per la sezione Commerciale e ragioneria (il 42% degli iscritti), per la sezione Fisico-matematica (il 35%) e in minor misura per la sezione di agrimensura ma a partire dall'inizio del secolo si svilupperà soprattutto per la sezione commerciale connessa chiaramente con il settore di maggiore espansione dell'economia bolognese. Nel 1906 viene istituito l'Istituto Tecnico «Marconi» con il solo indirizzo commerciale senza per questo svuotare la corrispondente sezione del Pier Crescenzi che nel 1916 verrà frequentata dalla metà degli allievi della scuola. Questa linea di tendenza è inoltre confermata dalla istituzione di una scuola media, di commercio, nel 1906, a cui si aggiungerà, nel 1913, una scuola serale di commercio, promossa dalla Società di Mutuo Soccorso dei Commessi di Commercio, dalla Società stenografica e dall'Associazione Commercianti[7].

La carenza di dati sugli utenti della scuola e il taglio del nostro contributo non consentono di stabilire una correlazione fra i diversi livelli scolastici e la provenienza sociale degli allievi, pur tuttavia Marzio Barbagli in *Disoccupazione intellettuale e sistema scolastico italiano* mostra come a

---

Bologna, STEB, 1960; *Il R. Istituto Tecnico «Pier Crescenzi» in Bologna nei suoi primi settantacinque anni (1863-1938)*, Bologna, Cappelli, 1939; A. GROSSO, *Scuola Normale Maschile della provincia di Bologna. Relazione*, Bologna, Regia Tipografia, 1885.

[6] ASB-PSB, *Scuola tecnica di Bologna*, b. 35.

[7] ASB-PSB, *Istituto Tecnico*, b. 35 e *Scuole Tecniche*, b. 36.

livello nazionale lo sviluppo scolastico, dal 1861 al 1922, riguardò soprattutto i ceti medi. L'espansione della scuola elementare, per quanto sia in costante aumento in tutto il periodo, è solo del 270% rispetto alla scuola secondaria la cui espansione è del 696%. L'espansione del ginnasio-liceo è rispettivamente del 291 e 346% mentre quella della scuola tecnica e dell'istituto tecnico è rispettivamente del 1499 e 2138% e quella delle scuole normali del 1285%[8].

Da qui è opportuno notare che gli sviluppi di cui si sta dicendo si spiegano con le scelte di uno Stato che sul piano politico-amministrativo si organizzava in modo accentrato, verticistico e autoritario attraverso la costruzione di un apparato burocratico centrale e periferico che utilizza e soprattutto contribuisce a formare una piccola e media borghesia in funzione di «filtro» fra il popolo e la classe dirigente.

Un'apertura che era ben lontana dal cogliere la tendenza all'espansione scolastica della scuola tecnica e dell'istruzione tecnica e le proposte di modifica all'istruzione professionale emerse all'interno del dibattito sulla legge Casati, in termini di modifica del sistema scolastico. L'unica apertura è rappresentata dalla sezione Fisico-matematica dell'Istituto Tecnico, che consentiva l'accesso ad alcune facoltà universitarie, senza per questo modificare l'organizzazione degli studi. Una scuola tecnica volutamente ambigua perché dal punto di vista formativo era subalterna al ginnasio e che di tecnico aveva ben poco e un Istituto Tecnico in posizione di inferiorità rispetto alle esigenze di formazione culturale generale della quale, appunto, venivano forniti solo gli aspetti applicativi e pratici.

In questo contesto la proposta di riforma di C. Correnti, il quale nel suo progetto di legge sostiene l'unificazione del ginnasio e della scuola tecnica in una scuola unica di primo grado senza latino, accogliendo le conclusioni dell'inchiesta sulla scuola secondaria del 1864 di G.M. Bertini, doveva apparire utopica e tale era ove si pensi che per realizzarla bisognerà attendere circa un secolo. Né vennero accolte le stesse modifiche di P. Villari che da un lato sosteneva l'apertura del liceo classico ad una cultura più moderna e dall'altro, constatando la subalternità dell'istruzione tecnica, proponeva una diversa formazione culturale generale.

Parimenti marginale e circoscritto rimase il dibattito fra i sostenitori del rapporto fra scuola e sviluppo economico e volto ad ottenere un'istruzione tecnica più legata al mondo del lavoro e organizzata per la formazione di operai qualificati, di tecnici e di specialisti, nella convinzione che la formazione di «quadri» specializzati avrebbe fatto superare lo scarto dell'econo-

---

[8] M. BARBAGLI, *Disoccupazione intellettuale e sistema scolastico in Italia*, Bologna, Il Mulino, 1974, pp. 144-156.

mia italiana rispetto a quella dei paesi europei. Di qui la modifica degli Istituti tecnici del 1865 in tanti indirizzi quante erano le possibili professioni, per poi tornare proprio con Luzzatti, promotore e sostenitore dell'istruzione professionale, ad un Istituto tecnico formativo e insieme tecnico-scientifico, inteso come parallelo all'istruzione classica e con propri sbocchi universitari. Ma questo progetto come quello di C. Correnti si scontravano con i difensori del liceo classico come unico canale di formazione delle élites. Con il definitivo passaggio dell'Istituto tecnico al Ministero dell'istruzione, i «molti indirizzi» legati alle professioni costituirono il modello di riferimento del settore tecnico e professionale demandato al Ministero dell'Agricoltura, Industria e Commercio.

Lo stesso Luzzatti, che nella sua proposta rifletteva soprattutto l'esigenza di quadri specializzati di tipo «intermedio» per la nascente industria italiana, in risposta alle critiche mosse da P. Villari all'Istituto Tecnico in *La scuola e la questione sociale* tralasciava l'importanza del rapporto fra condizioni economiche-sociali e scolarizzazione di base che è il presupposto per una formazione professionale estesa a tutti i livelli del mondo del lavoro e non legata alla semplice manualità della attività della forza lavoro. Sono problemi questi che nella realtà italiana si porranno solo nel secondo dopoguerra, connessi allo sviluppo industriale ma con molti squilibri e sfasature.

Proprio negli anni (1860-63) in cui si pongono le basi istituzionali ed organizzative della scuola bolognese, si stava concludendo anche per mancanza di allievi (13 in tutto) l'esperienza dell'Aldini-Valeriani. Un'esperienza sorta all'interno di quegli ambienti industriali e intellettuali convinti dello stretto rapporto fra sviluppo economico e sviluppo scientifico e tecnico, della necessità di ridefinire l'apprendistato in rapporto alle nuove esigenze poste dalla nascente industria e che metteva in crisi il vecchio modello educativo basato su un apprendimento per «imitazione» e sull'acquisizione di «particolari» capacità manuali. L'esperienza bolognese, che si ispirerà al modello francese del «Conservatoire des Arts et Métiers», individuerà il proprio centro costitutivo nello studio della fisica e della chimica, nei suoi aspetti applicativi e funzionali alla costruzione di macchine e utensili, soprattutto nell'uso del disegno nei suoi vari aspetti generali e tecnici, perché assunto come fattore fondamentale di comprensione, ideazione e progettazione di «manufatti». La scuola, diurna e serale, rivolta agli artigiani e ai giovani operai avrà poco successo per la bassa frequenza e per i mediocri risultati raggiunti dai frequentanti, forniti di una scarsa istruzione di base. Ma è soprattutto la mancanza di una domanda esterna di una nuova professionalità operaia, a causa dello stato di arretratezza dello sviluppo industriale, che non faciliterà il decollo della scuola.

Con la chiusura dell'Aldini-Valeriani verrà salvato il corso di disegno, che aveva meglio funzionato, e che continuerà come scuola annessa e in continuità con la scuola elementare serale cittadina. Il disegno, considerato come insegnamento fondamentale per la formazione generale dello «artiere» e propedeutico ai diversi «mestieri» nelle scuole professionali italiane è anche alla base della scuola di Cento, istituita nel 1834 e rivolta ai muratori, fabbri, falegnami, intagliatori e decoratori. Articolata su quattro anni, di cui il primo comune a tutti e gli altri di qualificazione nei diversi «mestieri», per quanto contenuta nella frequenza, si affermerà per la formazione di un tipo di artigiano molto legato alle attività artistiche, quale l'intaglio e la decorazione, fino alla definitiva trasformazione in scuola industriale nel 1926.

Bisognerà attendere la riapertura dell'Aldini-Valeriani, nel 1878, per avere la prima scuola di Arti e Mestieri di Bologna.

Lo sviluppo e il ruolo dell'Aldini-Valeriani nella scuola e nella realtà produttiva bolognese, come risulta dal volume *Macchine, Scuola, Industria*, a cui in particolare ci riferiamo, vanno ricercati nella capacità dell'Istituto di organizzare un tipo di istruzione professionale fondato sull'equilibrio fra scuola e officina e fra conoscenza tecnica e abilità manuali e sulla capacità di accogliere quelle iniziative, che per quanto precarie e occasionali, esprimono l'esigenza di una qualificazione operaia più avanzata rispetto alla realtà di certi settori produttivi cittadini.

La caratteristica della scuola, delineata già nel progetto istitutivo, si fonda sulla centralità dell'officina, intesa come sede di formazione di chi in seguito dovrà inserirsi nella realtà produttiva e non sulla semplice acquisizione di capacità manuali e di abitudine alle condizioni di lavoro della fabbrica.

Questo obiettivo, a cui si ispirerà l'organizzazione degli studi, se viene facilitato dall'amministrazione comunale, che avendo a proprio carico la gestione della scuola, impedirà l'influenza diretta delle richieste industriali in direzione di specifiche qualificazioni come avvenne per altre scuole di arte e mestieri, riflette tuttavia anche la natura delle attività produttive locali costituite da piccole aziende in diversi settori: tessile, meccanico, alimentare, ecc.

Così gli insegnamenti impartiti nella scuola, fino alla legge di riordino del 1912, e articolati nei tre anni, erano: lingua italiana; aritmetica, geometria e algebra; fisica; chimica e tecnologia chimico-fisica; elementi di meccanica e esercizi grafici di meccanica; disegno ornamentale; disegno applicato alle arti; economia e morale; lavoro nella scuola-officina. A quest'ultimo veniva dedicato più della metà del tempo scolastico. Gli allievi, che nel primo anno dovevano esercitarsi presso tutte le sezioni dell'officina, a partire dal secondo trimestre dell'anno successivo dovevano optare per il legno o per il ferro, che caratterizzavano i due rami dell'officina.

Il primo comprendeva i falegnami-modellatori e i falegnami-ebanisti e il secondo i fucinatori, i tornitori e gli aggiustatori-montatori. In seguito, per mancanza di allievi ebanisti, il laboratorio del legno venne utilizzato per il lavoro di modellaggio della sezione di meccanica. Il settore falegnami, come pure la sezione di Chimica, rimarranno senza allievi per una mancanza di domande da parte dei rispettivi settori produttivi, come risulta dalla documentazione archivistica. Il settore trainante è quindi la sezione di meccanica, che non prevedeva ulteriori specializzazioni, perché tesa a formare dei «buoni operai» in grado di affrontare le diverse situazioni che si presentavano nel lavoro di officina. Era quindi importante acquisire diverse competenze e capacità ma soprattutto imparare tutte le varie fasi di lavorazione di ciascun manufatto. I lavori svolti in officina, finalizzati per lo più alla produzione, venivano scelti in base alla loro utilità didattica ma venivano fatti eseguire dagli allievi attraverso una regolamentazione precisa dei tempi e dei modi di realizzazione, proprio per far acquisire senso di responsabilità, rigore, disciplina, considerati requisiti fondamentali per formare, in particolare, il carattere del «buon operaio».

Gli insegnamenti teorici, anche se finalizzati a quello pratico, dovevano stimolare «l'intelligenza tecnica» affinché l'allievo non diventasse una macchina, mentre quelli grafici e l'uso del disegno in particolare dovevano essere la sintesi rappresentativa del momento teorico e pratico, il linguaggio di comunicazione del progetto.

Se l'interiorizzazione dei modelli di comportamento era affidato al regolamento di disciplina della scuola e in particolare all'organizzazione dell'officina, l'acquisizione dei modelli ideologici avveniva attraverso la lingua italiana, soprattutto l'insegnamento di economia e morale. Quest'ultimo voluto esplicitamente dalla locale Camera di Commercio, che filtrava le preoccupazioni del settore industriale rispetto al ruolo degli operai nelle aziende.

Gli iscritti, che già dal 1885 superano il centinaio, a partire dai primi del '900 saranno contenuti entro le 150/160 unità perché la scuola non è in grado di accettare tutte le iscrizioni per mancanza di posti-laboratorio e di attrezzature didattiche. È questo aumento della domanda che farà introdurre dei meccanismi selettivi: prima dell'iscrizione, attraverso un severo esame d'ammissione ma anche durante l'anno, attraverso un iter di studio e di comportamento sempre più rigoroso. I licenziati, che, fra bocciature e abbandoni, oscilleranno fra la metà ed un terzo della popolazione scolastica, avranno come sbocco occupazionale prevalente il settore ferroviario allora in espansione e in minor misura le aziende produttive locali.

L'Aldini-Valeriani accoglie anche quelle iniziative che si muovono nell'ambito di una diffusione della cultura scientifica e tecnica ma anche la richiesta di attivazione di corsi serali e domenicali di istruzione professionale richiesti da Enti e Associazioni di categoria legati a particolari «aggiornamenti» o «tecniche» emergenti da richieste del mercato del lavoro. Si va così dalle lezioni di chimica applicata alle arti, di economia industriale, di meccanica elementare e di fisica a corsi di contabilità commerciale, di disegno geometrico e di chimica e fisica. Tali iniziative a volte assumono il carattere di vere e proprie scuole serali per lavoratori, che pur mutando il loro oggetto in rapporto alle richieste e alla durata periodica, saranno una costante della politica scolastica dell'Istituto, che inciderà notevolmente nella qualificazione professionale della classe operaia bolognese: dalla scuola per fuochisti e macchinisti prima, alla scuola per elettricisti, quando l'uso dell'energia elettrica sostituirà le altre fonti di energia; dalla scuola di disegno con tre corsi distinti (disegno ornamentale, disegno geometrico e disegno di macchine), in continuità con l'esperienza precedente l'istituzione della scuola e che rimasero in funzione fino al 1910, alla scuola biennale per muratori che ebbe vita breve, perché gli iscritti diminuivano sensibilmente in corrispondenza con l'apertura dei cantieri[9].

Tra il 1885 e la fine del secolo, nell'area bolognese vengono istituite tutte quelle scuole che, con qualche aggiunta, costituiranno l'apparato dell'istruzione professionale fino agli anni trenta.

La loro istituzione si avvale della Circolare Cairoli dell'ottobre 1879 e della Circolare Miceli del gennaio 1880, che sono le prime due disposizioni ministeriali che stabiliscono i criteri e le condizioni per l'apertura delle scuole.

La loro nascita è legata, molto spesso, all'iniziativa di un'Associazione di categoria o culturale che, d'intesa con gli Enti locali o Statali periferici, garantiscono i finanziamenti, i locali, le attrezzature e la manutenzione della scuola. Questa scelta peserà notevolmente sul funzionamento e lo sviluppo delle scuole sempre alle prese con difficoltà finanziarie, con la scelta di insegnanti tecnici qualificati ma soprattutto non consentirà quel continuo rinnovamento delle attrezzature di laboratorio che sono la condizione necessaria per fornire un livello di competenza adeguato allo sviluppo tecnologico. La fortuna di queste scuole, sia pure con vicende diversificate in rapporto al particolare indirizzo, almeno fino alla fine del secolo, rimarrà ancorata al lento riassetto della base economica, condizione indispensabile per lo sviluppo produttivo, all'incapacità dell'apparato imprenditoriale, largamente inteso, di recepire le nuove istanze di qualificazione ma anche al lento innalzamento del reddito pro-capite, pre-requisito per la estensione dell'istruzione di base degli strati sociali meno abbienti e che hanno sempre costituito la popolazione scolastica dell'istruzione professionale.

---

[9] COMUNE DI BOLOGNA, *Macchine, scuola, industria. Dal mestiere alla professionalità operaia*, Bologna, Il Mulino, 1980.

L'Istituto Alberghetti di Imola, sorto nel 1882 come scuola di Arti e Mestieri, al pari dell'Aldini-Valeriani, funzionerà invece a stento come scuola serale rivolta agli artigiani e solo in seguito si definirà come scuola diurna con due sezioni: fabbri meccanici ed ebanisti-intagliatori. La mancanza di laboratori attrezzati, le difficoltà di bilancio e soprattutto un'economia come quella imolese, sostanzialmente agricola e con qualche piccola o media attività produttiva ancora legata a tecniche e conduzione di tipo artigianale (ceramica, lavorazione del legno, laterizi, ecc. sono i fattori che rendono stentata la vita della scuola fino all'inizio degli anni trenta. Anche la scuola di Agraria «Scarabelli» di Imola, sorta un anno dopo, con l'intento di rivolgersi ai figli dei contadini, diventa scuola per i figli dei proprietari terrieri, dei fittavoli, caratterizzandosi come sede per la formazione dei tecnici intermedi del settore agrario.

La realtà imolese, a differenza di quella bolognese, più diversificata, è una spia delle ragioni che giustificano il bisogno di un passaggio da un apprendistato per imitazione, basato sul rapporto diretto fra maestro e allievo, ad un apprendistato attraverso la scuola. È l'introduzione di nuove tecnologie in alcuni settori produttivi che, in modo diretto o indotto, pone l'esigenza di nuove conoscenze ed abilità non più acquisibili solo per imitazione, come prima avveniva per il contadino direttamente nel lavoro dei campi e per l'apprendista artigiano nella bottega[10].

Una storia a parte è quella che caratterizza l'istituzione, nel 1885, della scuola di Arti decorative di Bologna, per iniziativa del Circolo Artistico Bolognese e con l'appoggio e l'intervento economico del Municipio, della Provincia e della Camera di Commercio ed Arti. Lo scopo che si prefigge la scuola è quello di perfezionare coloro i quali già esercitano la professione e di avviare i giovani ad una carriera artistica. Questo obiettivo esprime anche le diverse motivazioni che spinsero gli organizzatori ad istituire la scuola: da un lato l'esigenza del recupero di un artigianato collegato al patrimonio architettonico ed artistico della città (dalle terrecotte a carattere decorativo ai ferri lavorati per cancelli, inferriate, porte, all'uso del legno per arredamento e per mobili, alla ceramica, ecc.) e dall'altro l'esigenza di garantire l'acquisizione di conoscenze e tecniche artistiche non ostacolanti le capacità creative individuali. Il piano di studio della scuola prevedeva tre sezioni, con insegnamenti teorici e pratici, così distinte: Architettura, Pittura e Scultura, con riferimento alla pittura decorativa a tempera ed a fresco di ornato

---

[10] A. PRETI, *L'istruzione industriale negli anni trenta: la scuola «F. Alberghetti» di Imola*, in A. BERSELLI e V. TELMON, *Scuola e educazione in Emilia Romagna fra le due guerre*, Bologna, CLUEB, 1983, pp. 467-500; F. TAROZZI, *Fra consuetudine e rinnovamento. L'Istituto tecnico agrario «G. Scarabelli» di Imola*, in *Ibidem*, pp. 387-420.

e di figura; alla scultura in legno ed istucco; alla ceramica architettonica ed alle maioliche. Il corso, prima di tre, poi di quattro anni, era diviso in due periodi. Il primo di due anni comune a tutti e il secondo sempre di due anni diviso per indirizzi: decoratori, disegnatori, tappezzieri, intagliatori, incisori. Questi indirizzi riflettevano anche le esigenze della popolazione scolastica, che per un lungo periodo è stata costituita da apprendisti e artigiani già impegnati nel lavoro. Infatti la scuola, tranne che per le lezioni di pittura di ornato e di figura che si svolgevano di giorno, funzionava di sera. La sua sopravvivenza, nonostante le difficoltà economiche che le impedirono di potenziare i laboratori e di realizzare il progettato Museo di Arte applicata, si deve, appunto, all'essersi organizzata come scuola serale. Con la regificazione del 1907 essa poté disporre degli aiuti ministeriali, divenne quinquennale e anche diurna e si uniformò ai programmi ministeriali con tre indirizzi: pittura decorativa, plastica decorativa, intaglio e intarsio in legno. Quando nel 1910 Emilio Venezian ispezionò la scuola per conto del Ministero, ritenne di avanzare riserve sul lavoro didattico perché gli era sembrato che gli insegnamenti «avessero un carattere un po' troppo classico ed accademico». La scuola rifletteva la situazione generale nazionale delle scuole d'arti e ciò spiega perché la Commissione giudicatrice della sezione delle Scuole d'arti all'Esposizione di Palermo del 1892 ritenne i lavori presentati non rispondenti alle finalità proprie della scuola «che non deve creare artisti né architetti, ma buoni artigiani». La scuola professionale femminile di Bologna, sorta nel 1896, per iniziativa della Società operaia femminile e del Comitato di propaganda per il miglioramento delle condizioni femminili quindi all'interno della tematica per l'emancipazione femminile, rifletterà le contraddizioni e le ambiguità che a quell'epoca caratterizzano la «questione femminile» e soprattutto il problema dell'inserimento della donna nella realtà sociale e produttiva. L'obiettivo della scuola, come si legge nel *Regolamento programma*, è di «impartire alle fanciulle le cognizioni necessarie a ben condurre l'azienda domestica e di fornire alle giovani meno agiate i mezzi di provvedere a se stesse coll'esercizio di qualche arte, industria e professione». La scuola triennale, sostanzialmente basata su attività manuali, si fondava sui laboratori: taglio e confezione di biancheria, sartoria, modisteria, ricamo, maglieria, pizzi e merletti. La sua sopravvivenza, fino al passaggio definitivo all'amministrazione comunale, era legata principalmente ai proventi derivanti dai lavori svolti su commissione per l'esterno e alla presenza di esperte di laboratorio che per la loro permanenza nella scuola percepivano percentuali sugli utili dei lavori eseguiti. Ma a parte l'assetto didattico, ciò che impedisce, in questa fase, alla scuola di superare un modello «casalingo» di istruzione è il fatto che il titolo conseguito non è una condizione indispensabile per ottenere un lavoro o per percepire un salario conseguente, in quanto le attività cui si riferisce sono di tipo artigianale e a conduzione familiare. Per altro, il tentativo dell'amministrazione comunale, di riordinare, presa in carico la scuola, il piano degli studi e di orientare la scuola verso indirizzi più legati all'attività terziaria (commercio, piccoli impieghi, commesse, ecc.) con l'introduzione di corsi di commercio, datti-lografia, disegno, stenografia, contabilità, lingue straniere, incontra resi-stenze nelle famiglie delle allieve preoccupate dalla prospettiva per le pro-prie figlie di lavorare proiettate all'esterno della famiglia. Questa tendenza, per quanto il numero delle iscritte, dal centinaio dei primi anni, raggiunga le trecento unità verso il 1915, emerge dall'analisi particolareggiata delle scel-te delle iscritte per i diversi indirizzi[11].

All'inizio del secolo, nel 1908, viene istituita a Bologna una Scuola Tipografica per volontà di un gruppo di tipografi e con l'appoggio del-l'Unione industriali Tipografi, con due sezioni: Impressori e Compositori. La sua istituzione nasce dall'esigenza di adeguare il livello di formazione degli addetti al settore e degli apprendisti alle trasformazioni che stanno intervenendo nell'industria tipografica con l'introduzione di nuove apparec-chiature meccaniche e di nuovi procedimenti foto-chimici. Ma soprattutto per ampliare il senso ristretto della cosiddetta «pratica» della professione con l'introduzione del disegno. Perché, si diceva, il tipografo, «educando il sentimento estetico comprenderà l'armonia della linea, le leggi delle pro-porzioni, l'euritmia della pagina». Mentre si considera l'insegnamento della lingua italiana indispensabile specie per i compositori. Ma la scuola condur-rà una vita stentata. Frequentata in media da trenta allievi all'anno si chiu-derà come scuola autonoma nel 1932 per essere inserita come corso, sempre serale, presso l'Aldini-Valeriani. La ragione principale della scarsa frequen-za degli iscritti, come in più occasioni denuncerà il direttore Cesare Rava nelle relazioni di fine anno, è da cercare nel mancato rispetto delle norme contrattuali da parte dei datori di lavoro che, appunto, non solo non esigeva-no il diploma dai propri apprendisti, quale condizione per l'assunzione de-finitiva, ma addirittura preferivano l'apprendista che si assentava dalla scuola per poterlo trattenere in officina per lavori straordinari[12].

La prima legge dello Stato italiano sull'istruzione professionale viene promulgata il 14 luglio 1912; ad essa fa seguito il regolamento applicativo del 22 giugno 1913. Con questi provvedimenti vengono definite le caratte-ristiche istituzionali di tutte le scuole, viene resa più omogenea la tipologia, determinati i programmi e gli orari d'insegnamento e le norme amministra-

[11] *Arti e professioni. Istituto Statale d'Arte di Bologna 1885-1985*, Modena, Panini, 1986.
[12] *Scuola professionale tipografica di Bologna. Relazione*, Bologna, Officina Municipale della scuola, 1914.

tive. Vengono anche stabilite le competenze governative e quelle degli organi amministrativi delle singole scuole ai quali si consente di conservare autonomia di gestione perché possano meglio adattare la organizzazione degli studi alle esigenze della realtà produttiva del luogo in cui la scuola si colloca. Le scuole vengono distinte in tre gradi: di primo grado per la preparazione degli operai, di secondo grado per i capi operai; di terzo grado per la preparazione dei capi tecnici. Questa distribuzione riflette le esigenze di una stratificazione dell'organizzazione del lavoro ed è conseguente al nuovo assetto tecnico-produttivo della fabbrica. Il provvedimento interviene, infatti, proprio in una fase molto importante del processo di sviluppo industriale e dal punto di vista scolastico utilizza alcune esperienze di Scuole di Arti e Mestieri dell'area industrializzata. Ma esso risponde anche al progetto della classe dirigente verso il settore tecnico-professionale. La Commissione Reale, incaricata dal Ministro della Pubblica Istruzione di condurre un'indagine sulla situazione della scuola e di formulare una proposta di riforma, nella relazione conclusiva, così si esprime: «Come abbiamo più volte ripetuto in questa Relazione, l'ordinamento della scuola tecnica e professionale ha un'azione decisiva sui risultati dell'ordinamento dell'istruzione media di cultura generale, poiché l'istituzione delle scuole capaci di soddisfare ai bisogni svariati della produzione ha per immediata conseguenza la selezione naturale della scolaresca e quindi la liberazione della scuola di cultura da tutti gli elementi non destinati, per condizione economico-sociali e per attitudini speciali, a seguire le vie dell'istruzione superiore e che ora vi si affollano troppo numerosi e le impediscono di dare i frutti che potrebbe».

Per queste ragioni, la Commissione Reale proponeva che qualsiasi provvedimento di riforma dell'istruzione dovesse essere subordinato alle esigenze della «scuola secondaria di cultura» e che gli insegnamenti dovessero conservare un «carattere pratico e utilitario». Entrando poi nel merito del tipo di istruzione professionale, la Commissione, senza indicare un preciso assetto scolastico, auspicava un primo livello, almeno biennale, per tutti coloro che non proseguivano gli studi, in continuità con la scuola elementare ma specificato attraverso una istruzione professionale con diversi indirizzi e una scuola triennale, dopo la scuola elementare, in funzione propedeutica all'accesso alla scuola professionale per la formazione dei «quadri intermedi», per i quali, in considerazione delle mansioni veniva ipotizzata una formazione culturale[13].

La legge del 1912, proprio perché rifletteva una realtà più avanzata anche se condizionata dall'organizzazione del lavoro all'interno della fab-

---

[13] Ministero della P.I., *Commissione Reale per l'ordinamento degli studi secondari in Italia. Relazione*, Roma, Cecchini, 1909, pp. 454-466.

brica, si pone rispetto all'istruzione professionale dell'area bolognese ad un livello più «alto» o, più precisamente, diverso perché caratterizzato da una economia ancora non industrializzata: l'Aldini-Valeriani, che aveva già consolidato un assetto istituzionale e didattico adeguato allo sviluppo tecnico e scientifico dell'epoca, non subirà modifiche di rilievo anche se istituirà molto più tardi il terzo livello previsto dalla legge; l'Alberghetti adegua i suoi programmi alla nuova legge e grazie agli aiuti ministeriali attrezza i laboratori; la scuola femminile di Bologna incontra forti resistenze a far accettare dagli insegnanti e dagli allievi un piano di studio che a fianco delle discipline tecniche aggiungeva anche quelle di cultura generale (Italiano, Storia e Geografia, Matematica, ecc.), la scuola d'arte, invece, affronterà molto più tardi la revisione del piano di studio relativamente agli insegnamenti culturali.

La legge Gentile che è la seconda riforma organica del sistema scolastico italiano, tesa a rendere più selettiva la scuola e a riaffermare l'egemonia e il carattere elitario del ginnasio-liceo, richiudendo il sistema scolastico attraverso una canalizzazione precoce nei diversi indirizzi a partire dalla fine della scuola elementare e l'istituzione di due scuole di «scarico», affronta marginalmente il problema dell'istruzione tecnico-professionale. In sostanza la legge Gentile ribadisce la precedente legge del 1912 e le indicazioni della Commissione Reale, proponendo: una Scuola Popolare Operaia o Scuola di Avviamento triennale, intesa come post-elementare; una Scuola Industriale o Scuola di Tirocinio di tre anni dopo l'Avviamento per preparare a professioni qualificate; un Istituto Industriale quinquennale.

Il fatto nuovo che si delinea dal 1912 in poi è una estensione dei tempi scolastici rispetto all'immissione nel mondo del lavoro attraverso un recupero di una preparazione culturale classica, ma non una ridefinizione del significato dell'istruzione professionale rispetto a quella tecnica. In particolare non viene chiarito il significato di un insegnamento professionale secondo il precedente modello di tipo artigianale delle scuole di Arti e mestieri rispetto a quello definito come tecnico. La distinzione veniva di fatto realizzata nel mondo del lavoro in riferimento al titolo e alle mansioni.

Lungo tutta questa fase, nell'area bolognese, verranno istituite, in alcuni paesi della provincia, scuole Popolari Operaie o di Avviamento mentre le scuole professionali preesistenti si adegueranno al nuovo assetto scolastico attraverso l'istituzione della scuola di primo livello e il riordino di quella di secondo livello.

Ma i mutamenti più importanti nel settore dell'istruzione tecnico-professionale e che rimarranno pressoché immutati sino ai nostri giorni si verificheranno fra il 1928 e il 1931. A determinarli sono: il fallimento della complementare e dei corsi integrativi previsti da Gentile come meccanismi di dirottamento della richiesta di scolarizzazione proveniente dal basso verso l'istruzione superiore; la politica economica del regime, con la crisi economica, che si esprime nella Carta del lavoro e nell'intervento diretto e indiretto dello Stato nel settore industriale, consentendo di affrontare in un quadro legislativo completo e organico del settore i problemi aperti dai provvedimenti di Gentile nel 1923 e giudicati inadeguati dal punto di vista didattico e dispendiosi per la pluralità degli interventi e la presenza di più istituzioni scolastiche per gli stessi scopi; la esigenza di realizzazione di una politica di consenso al regime, a tutti i livelli, che la più «fascista delle riforme», quella di Gentile, non aveva realizzato; l'esigenza di rendere meno selettivo il sistema scolastico verso i ceti medi ossia la categoria più colpita dalla riforma Gentile.

Le modifiche più importanti avvengono nelle scuole dagli 11 ai 14 anni con l'introduzione della scuola di avviamento (di tre tipi: agrario, industriale e commerciale) che unifica sotto la direzione del Ministero dell'Educazione Nazionale la scuola complementare, i corsi integrativi post-elementare, la scuola di avviamento e i corsi integrativi professionali dipendenti dal Ministero dell'Economia nazionale. Dalla scuola di avviamento si poteva accedere alla scuola tecnica (biennale o triennale, in sostituzione della scuola di tirocinio dalla quale si differenziava per una forte accentuazione professionale volta alla formazione degli operai specializzati) e all'istituto tecnico industriale per la formazione dei quadri intermedi.

Ma questo riassetto accentuava il distacco, già manifestatosi nel decennio precedente, fra una formazione professionale che sul territorio nazionale tendeva ad uniformarsi ad un modello di organizzazione industriale emergente nelle grandi fabbriche e un tipo di preparazione professionale più legata alla realtà produttiva delle singole realtà territoriali e quindi anche a modelli di qualificazione diversificati per settori e per livelli. Inoltre una situazione occupazionale che vedeva, come documenta Vera Zamagni in *Distribuzione del reddito e classi sociali in Italia fra le due guerre*, una distribuzione salariale che privilegiava comunque le categorie legate al settore impiegatizio rispetto alle categorie legate al lavoro manuale e, tra l'altro, al loro interno rigidamente stratificate, inciderà fortemente nelle scelte scolastiche in generale e anche in quello del settore professionale. Gli strati emergenti dei ceti medio bassi, che intraprendono gli studi attraverso la scuola di avviamento, per poi accedere alla scuola professionale, in assenza di un'occupazione adeguata. per livello e salario, si indirizzeranno verso l'Istituto tecnico industriale che rappresenterà una possibilità di investimento nell'apparato impiegatizio dello Stato, in espansione, e verso il settore terziario, specie in quelle aree in cui lo sviluppo industriale, per la dimensione delle imprese e per il tipo di organizzazione del lavoro, non è in grado di rispondere adeguatamente alla domanda proveniente da «tecnici intermedi». Sono questi i fattori che contribuiranno, sul piano legislativo, al riesame della divisione netta fra scuola professionale e istituto tecnico professionale, prima consentendo il passaggio dal primo al secondo tipo di scuola e poi introducendo la quinquennalizzazione della scuola professionale. Con questi provvedimenti, soprattutto in provincia, si eliminano i dieci precari corsi integrativi esistenti ma si raddoppia il numero delle scuole che comprendono la Scuola di disegno applicata alle arti e mestieri di San Giovanni in Persiceto del 1861, la scuola popolare operaia di Crevalcore del 1918; la scuola professionale femminile, annessa all'Orfanotrofio femminile di Imola del 1908; il corso professionale di Castel Maggiore e la scuola del Collegio Albergati di Porretta del 1922. Se per le scuole di Bologna e per l'Alberghetti di Imola l'istituzione della scuola di avviamento allunga i tempi della formazione professionale per la provincia in generale comporta, fino all'inizio degli anni cinquanta, l'eliminazione di ogni processo sia pur limitato di formazione professionalizzante. Nel 1930 dei 3522 iscritti alle scuole di avviamento 2574 erano nel capoluogo e 948 nel resto della provincia; nel 1940, dei 5558 iscritti, 3514 erano nel capoluogo e 2044 nel resto della provincia. Confrontando tali dati relativi solo a Bologna con le corrispondenti scuole dell'ordine secondario inferiore (i 1808 allievi del 1930 passano a 5329 nel 1940) si è in grado di rilevare come essi rilevino una chiara tendenza verso l'espansione della scuola secondaria. Analizzando i dati per le scuole superiori di Bologna nel 1930, è dato rilevare come ai 1090 iscritti negli istituti medi di secondo grado corrispondono 909 iscritti delle scuole professionali; mentre nel 1940 i primi diventano 3116 contro i 741 dell'istruzione professionale di cui ben 383 sono iscritti all'Istituto tecnico industriale dell'Aldini-Valeriani[14]. Gli strati sociali più bassi, invece, per raggiungere un primo livello di qualificazione o di specializzazione, dovevano intraprendere un iter di studio troppo lungo visto che l'accesso alla scuola professionale presupponeva il diploma di scuola di avviamento. Per affrontare tale situazione e per superare divergenze esistenti rispetto alle richieste delle diverse realtà produttive locali, a cui prima abbiamo accennato, fu ipotizzata una istruzione professionale da realizzare mediante corsi diversificati di *primo addestramento* per i licenziati dalle scuole elementari di *formazione di operai qualificati* per gli apprendisti, di *formazione di operai specializzati* per gli operai qualificati, di *perfezionamento* su particolari tecniche per gli operai specializzati. Questi corsi, a differenza della precedente esperienza delle scuole serali e festive, dovevano essere strettamente collegati con le scuole professionali, con le aziende e con gli organi-

---

[14] ASB-PSB, *Scuole secondarie inferiori e di avviamento*, bb. 104-114.

smi di categoria. La gestione politica e organizzativa del settore veniva affidata ai Consorzi provinciali per l'istruzione tecnica, istituiti nel 1929 dall'ingegnere Belluzzo, il quale, come ministro della Educazione Nazionale in tal modo rispondeva all'esigenza espressa dai processi produttivi e fatta propria dal fascismo relativa alla realizzazione di un più stretto rapporto fra scuola e mondo del lavoro. Questo impegno passa dal centro alla periferia ed è riscontrabile anche nella realtà scolastica bolognese attraverso gli interventi legislativi, organizzativi e di spesa per le attrezzature.

A Bologna e provincia vengono istituite, nel 1929, ventisei scuole di avviamento, di cui 6 a Bologna e le altre in provincia: 16 di tipo agrario, 6 di tipo commerciale, 4 femminili e 3 di tipo industriale. Limitando l'analisi all'area dell'istruzione professionale è dato rilevare uno sviluppo del settore metalmeccanico e elettrotecnico.

All'Alberghetti di Imola, come risulta dalla ricerca di A. Preti, già nel 1928, si assiste ad un'adeguamento dei laboratori in due direzioni: tecnologico e elettrotecnico. Tale organizzazione interna, adeguata al modello nazionale, troverà uno sbocco occupazionale nella realtà imolese in conseguenza del costituirsi, proprio in quegli anni, di un primo nucleo industriale impegnato per la produzione bellica. Si tratta di un linea di tendenza analoga a quella che ha inizio a Bologna ai primi del secolo e che segna una ripresa proprio a partire dagli anni trenta. L'Istituto Aldini Valeriani, riflettendo tale situazione rinnova e adegua proprio in tale periodo i suoi laboratori, sostanzialmente immutati dal primo decennio del secolo. La Scuola d'Arte, che già con la legge Gentile era stata trasferita alle dipendenze del Ministero dell'Educazione Nazionale, pur definendosi nei suoi corsi diurni come scuola più affine alle Accademie di Belle Arti, deve il suo sviluppo fino al 1940 ai corsi serali e speciali di tipo artigianale (alunni iscritti: diurni 40, serali 146, speciali 95).

La scuola che invece risente maggiormente dell'applicazione della legge Gentile è la professionale femminile «Sirani» che registra un forte calo di iscrizioni connesso alla caduta qualificativa dei suoi obiettivi di formazione professionale. Quando nel 1928, all'interno della generale politica del fascismo, relativa all'istruzione professionale, si riorganizzerà, adeguandosi alla nuova normativa, si definirà soprattutto per il corso di Magistero professionale per la donna, istituito nel 1933 col compito di abilitare all'insegnamento dell'economia domestica e dei lavori femminili nelle scuole di avviamento e nelle scuole professionali[15].

[15] B. DALLA CASA, *Istruzione professionale ed educazione femminile: l'Istituto «Regina Margherita» di Bologna*, in A. BERSELLI-V. TELMON, *Scuola e educazione in Emilia Romana tra le due guerre*, cit., pp. 501-536.

Rispetto a questo quadro relativo alle istituzioni scolastiche tecnico-professionali interne al sistema scolastico si va sviluppando il settore dei Corsi professionali organizzati o controllati dal Consorzio Provinciale dell'Istruzione Tecnica.

In questo ambito si colloca la scuola serale per muratori, istituita nel 1926 dall'Istituto Fascista di Previdenza e Mutua per gli Operai Edili, che istituisce corsi a due livelli in Bologna e in provincia. La scuola avente 1400 iscritti nel 1926 e 145 nel 1940 disponeva di libri di testo, appositamente predisposti dall'Istituto, di disegno e di tecniche costruttive, e consentiva l'accesso alla Scuola di costruzioni edili di Belluno.

Ma l'impegno maggiore in questo settore è quello espresso dal Consorzio Provinciale dell'Istruzione Tecnica all'interno delle scuole Tecniche e d'intesa con le industrie e le associazioni di categoria, e finalizzato a collegare strettamente la qualificazione professionale alle esigenze delle attività produttive. In tale ambito i corsi che realizzano maggiore sviluppo sono quelli collegati al settore industriale presso l'Alberghetti e l'Aldini-Valeriani. Ma non minore importanza hanno i corsi istituiti, per iniziativa dell'Associazione Artigiani provinciale presso la Scuola d'Arte per gli artigiani negli indirizzi propri della scuola nel suo primo periodo di vita. A partire dal 1938 con la costituzione dell'INFAPLI, Ente per l'istruzione dei lavoratori del commercio e dell'industria, i Consorzi si limiteranno ad esplicare una funzione di controllo.

Ma, nonostante tutto, lo sforzo del fascismo teso ad incrementare le istituzioni volte alla formazione professionale non sortisce gli effetti sperati, tanto che la Carta della Scuola di Bottai, del 1939, tenderà a richiudere il sistema scolastico all'espansione della scolarizzazione in direzione della scuola secondaria per favorire quella verso le istituzioni di formazione professionale. E la situazione bolognese non doveva essere diversa da quella nazionale se a distanza di altri dieci anni, nel 1949, l'Ing. Pietro Bruné, direttore del Consorzio Provinciale per l'istruzione Tecnica della provincia di Bologna, a commento dell'indagine condotta sullo stato dell'istruzione professionale della provincia, nel sottolineare l'importanza dei corsi di specializzazione e qualificazione per lavoratori nei diversi settori produttivi, concludeva: «Ora, per incoraggiare molti giovani lavoratori a sostenere tali sacrifici, molti adulti a sottoporsi a tali per loro improbe fatiche, sarebbe necessario che "il gioco valesse la candela": cioè che i miglioramenti economici che il lavoratore potrebbe conseguire raggiungendo la qualificazione o la specializzazione fossero di un ordine di grandezza tale da invogliare e spronare fortemente il lavoratore stesso».

Ma i problemi attinenti la formazione professionale, si sa, crescono e si complicano enormemente dal dopoguerra ai nostri giorni in rapporto alla crescita variegata e complessa dello sviluppo produttivo sociale. Esaminarli richiederebbe uno studio a parte che esorbita dai limiti di questo scritto, che si prefiggeva solo di individuare qualche linea di sviluppo nella genesi storica della problematica e delle istituzioni relative alla formazione professionale nel secondo dopoguerra.

3. *Formazione professionale, apprendistato e scuola*

Un modo adeguato per affrontare il problema della formazione professionale ci pare non possa prescindere dalla considerazione di alcuni aspetti di carattere generale e istituzionale che costituiscono l'ipoteca storica con tutte le implicazioni ideologiche e politiche da superare per giungere a soluzioni più adeguate alle odierne richieste sociali.

E prima di tutto bisogna, naturalmente, fermare l'attenzione sulla distinzione fra lavoro intellettuale e lavoro manuale, che riflette la struttura di classe della società e che nella scuola italiana si è espressa attraverso la valorizzazione di una cultura classica e letteraria a scapito di una cultura scientifica e tecnica, di una formazione astratta e formale a scapito di una comprensione del «reale». Anche quando, alle scuole tecnico-professionali nel dopoguerra si è dato un assetto istituzionale più esteso e articolato, l'organizzazione degli studi in esse operanti non ha superato il loro impianto subalterno rispetto alle cosiddette scuole umanistiche: insegnamenti di cultura generale parcellizzati e nozionistici ritagliati dagli insegnamenti previsti per la formazione classica; preminenza accordata ad un tipo di preparazione professionale legata quasi esclusivamente agli aspetti pratici e applicativi: degradata a puro apprendistato.

Un sistema scolastico, concepito come unico canale di mobilità sociale e di distribuzione di status e privilegi e che proprio per questo esclude dal suo ambito il settore professionale, che inizialmente rimane di quasi esclusiva competenza del mondo della produzione, si sviluppa non per rispondere alle esigenze emergenti di una diversa qualificazione tecnico-professionale derivante dallo sviluppo economico e produttivo, ma come sede di scontro dialettico fra le forze sociali miranti a mantenere o ad ottenere posizioni a loro più favorevoli. Da ciò le sfasature e gli squilibri nello sviluppo della scuola di tipo tecnico e professionale, specie nel dopoguerra.

Se si analizza la genesi del settore professionale, in rapporto all'organizzazione del sistema scolastico, la stessa definizione di «sistema di formazione professionale», adoperata nel recente dibattito, risulta impropria e giustapposta. Contrariamente ai tentativi di motivare teoricamente la «equivalenza formativa» dell'istruzione professionale rispetto agli altri tipi di

223

scuola, così come da più parti si sostiene, per giustificare e rivendicare l'autonomia istituzionale e organizzativa del settore, si è andata determinando una situazione di fatto, che vede una istruzione professionale ancorata a scuole bi-triennali che si quinquennalizzano e si sovrappongono agli istituti professionali e a Centri di addestramento, gestiti da Enti, che, nati come organismi flessibili di formazione e riqualificazione professionale in rapporto allo sviluppo tecnologico del mondo produttivo, si cristallizzano e si sviluppano, spesso in concorrenza fra loro, fornendo una preparazione funzionale alle immediate esigenze delle imprese. Inoltre, il settore che ha subito maggiormente le conseguenze della mancata politica di riforme scolastiche è stata la formazione professionale che, in termini di popolazione scolastica, risulta caratterizzata dagli espulsi della scuola secondaria, da coloro che entro i quattordici anni non hanno conseguito la licenza media e da chi per necessità è costretto ad entrare immediatamente nel mondo del lavoro.

Ma per un esame del problema più puntuale bisogna risalire, sia pure schematicamente, all'assetto istituzionale dell'istruzione tecnico-professionale definito a partire dagli anni trenta, perché il suo impianto, sia pure con gli opportuni aggiustamenti e adeguamenti intervenuti successivamente, non subirà modifiche sostanziali fino ai giorni nostri. L'unica modifica di struttura, la più importante del nostro sistema scolastico, dalla legge Casati in poi, è la istituzione della scuola media unica obbligatoria del 1962, i cui effetti incideranno sull'intero assetto scolastico italiano e quindi anche sull'istruzione professionale.

Il fascismo, tra il 1928 e il 1931, con una serie di interventi, istituisce: una *scuola di avviamento* con diversi indirizzi (agrario, industriale e commerciale) che sotto la direzione del Ministero dell'Educazione Nazionale unifica tutte le scuole dagli 11 ai 14 anni preesistenti e dipendenti dal Ministero dell'Educazione e dal Ministero del Lavoro, con l'obiettivo di dirottare verso l'immissione nel mondo del lavoro la richiesta di scolarizzazione proveniente dai ceti medio-bassi, attraverso una formazione generale in continuità con la scuola elementare, ma fine a se stessa, e una preparazione professionale orientata non verso una specifica competenza professionale ma verso l'acquisizione di: «qualità e capacità del futuro lavoratore, senza la vana lusinga della continuazione degli studi col passaggio dall'uno all'altro corso»; istituisce, inoltre, una *scuola tecnica*, biennale o triennale, in continuità con le scuole del periodo giolittiano (operaia per arti e mestieri, industriale, artistica-industriale), ma irrigidita quanto a specializzazioni rispetto alla diversificazione delle precedenti e mirante alla formazione di personale specializzato; infine istituisce anche un *istituto industriale*, analogo all'istituto tecnico e volto alla formazione dei quadri intermedi.

Questa ristrutturazione, se da un lato razionalizzava la disordinata e variegata situazione del settore tecnico-professionale, unificandola sull'intero territorio nazionale e ponendola alle dipendenze del Ministero dell'educazione, dall'altro risultava poco flessibile rispetto alle richieste e alle esigenze delle diverse realtà produttive del paese, così smarrendo i caratteri positivi propri dell'organizzazione scolastica fino al periodo giolittiano.

Per risolvere questo problema il fascismo, che mira solo a fornire un tipo di manodopera a più bassi livelli di qualificazione e in tempi brevi di addestramento ipotizza un'istruzione professionale per i licenziati della scuola elementare caratterizzata da corsi brevi di *addestramento*, di *qualificazione*, di *specializzazione*, in funzione proprio delle richieste espresse dalle singole realtà produttive. L'organizzazione del settore viene affidata ai Consorzi Provinciali per l'Istruzione tecnica, istituiti nel 1929, con il compito di programmare gli interventi, di istituire corsi, di controllare quelli organizzati dai privati in stretto rapporto con le aziende e le associazioni di categoria locali; ma anche di intervenire nella programmazione scolastica del settore tecnico-professionale, tenendo conto delle esigenze del mercato del lavoro.

Secondo G. Sapelli, il tipo di modifiche introdotte in quegli anni, per quanto inserite nella politica scolastica di «fascistizzazione» della scuola, rispondevano alle trasformazioni in atto del capitalismo italiano e in particolare al processo di taylorizzazione del lavoro nel settore industriale[1]. Se tralasciamo per un momento questo ultimo aspetto, che nel dibattito politico ed economico italiano si porrà verso la fine degli anni 50, e limitiamo la nostra analisi alle istituzioni scolastiche, ci è dato vedere che i provvedimenti di cui sopra non ottengono gli effetti sperati. A dieci anni di distanza da quella che fu definita la politica dei «ritocchi» alla legge Gentile, non solo le modifiche apportate all'istruzione tecnico-professionale non avevano contenuto l'espansione dei licei, dell'istituto magistrale e degli istituti tecnici, ma avevano determinato una tendenziale crescita degli istituti tecnico-professionali rispetto a quelli della stessa scuola tecnica. Inoltre, i Consorzi provinciali per l'istruzione tecnica, per quanto espressione di tutte le componenti del mondo del lavoro, non solo non avevano raggiunto lo scopo di orientare verso il lavoro (attraverso il canale dei corsi professionali) i licenziati delle scuole elementari e delle scuole di avviamento ma non dovevano aver risposto a pieno alle esigenze di «qualificazione» richieste dalle aziende se, nel 1938, il fascismo sente il bisogno di istituire appositi Enti (INFAPLI, ENFALC, ecc.), collegati con le Corporazioni, per l'organizzazione di corsi per la formazione professionale.

[1] G. SAPELLI, *Organizzazione, lavoro e innovazione industriale nell'Italia tra le due guerre*, Torino, Rosenberg e Sellier, 1978.

La Carta della scuola di Bottai tenta di arginare questa situazione, intervenendo alle radici del problema: la scuola dagli 11 ai 14 anni. Per Bottai è la scuola di avviamento il punto debole del sistema scolastico, perché invece di funzionare come scuola di «scarico» offre «sia pure involontariamente incentivo alla gioventù di spostare la propria condizione sociale». Propone quindi tre tipi di scuole: una *scuola media* con il latino per l'accesso alla scuola secondaria superiore; una *scuola artigiana* nei piccoli centri, senza sbocchi, per i contadini e gli artigiani; una *scuola professionale*, nei grandi centri, per la formazione di operai specializzati e di impiegati di basso livello. Ma se la Carta della scuola non riesce ad attuare il suo progetto di modifica del sistema scolastico, perché promulgata solo in parte (la scuola media con il latino, mentre resta invariata la vecchia scuola di avviamento), i principi e gli obiettivi legati all'organizzazione del lavoro e all'addestramento professionale, già contenuti nella Carta del lavoro, invece, avevano trovato una loro diffusione e attuazione.

Nel dopoguerra, fallito il tentativo di Gonella che, a conclusione di un'inchiesta nazionale sulla scuola, tenta, nel 1951, di realizzare gli stessi obiettivi di Bottai, la situazione rimase pressoché invariata fino all'istituzione della scuola media unica.

In mancanza di provvedimenti legislativi più adeguati alle esigenze del paese e, soprattutto, in assenza di un dibattito politico da parte della classe dirigente nel suo complesso, si consolidano sul piano normativo e operativo le scelte maturate negli anni trenta: a partire dagli anni 50 le scuole tecniche utilizzano la legge del 1938 per trasformarsi gradualmente in scuole quinquennali, ancora oggi operanti; nel 1955 la legge sull'apprendistato riprende, sia pure con una normativa aggiornata, la distinzione fra attività lavorativa retribuita presso le aziende e preparazione teorica a parte, prevista dalla Carta del lavoro; l'addestramento professionale, nel 1951, viene definitivamente affidato ai vecchi Enti, che cambiano sigla, mentre si autorizzano diversi Ministeri ad intervenire nel settore sovvenzionando ed istituendo Corsi di addestramento professionale. Tale provvedimento di fatto legittima e insieme fa espandere una situazione creatasi nel dopoguerra nel clima politico ed economico della «ricostruzione del paese» e caratterizzata da una proliferazione di Enti e Istituzioni, ma soprattutto da una polverizzazione delle iniziative che, fino alla metà degli anni 50, verranno utilizzate, a seconda delle aree geografiche, per gli scopi più disparati: paternalistico-assistenziali con i cantieri-scuola per disoccupati; sostitutivi o integrativi del periodo di apprendistato di competenza delle aziende; per la qualificazione breve e settoriale in funzione di immediate esigenze aziendali.

A partire da questo periodo, il Ministero del Lavoro e della Previdenza sociale, inizialmente coinvolto per l'assistenza e l'aiuto economico dei disoccupati, diventa il più importante e consistente organismo dello Stato per l'organizzazione e l'erogazione dei fondi nel settore professionale.

La scelta del Ministero del Lavoro di affidare la gestione dei Corsi agli Enti e alle Aziende coincideva con la richiesta dei datori di lavoro di disporre di «forze di lavoro» immediatamente produttive a differenza di quelle provenienti dalle scuole professionali che, per il tipo di formazione ricevuta, richiedevano, a parer loro, un periodo più lungo di adattamento al lavoro aziendale. I Consorzi, invece, pur nei limiti del loro intervento, utilizzavano come sede per i loro Corsi le scuole e gli istituti professionali. Si accentua così lo svuotamento dei poteri dei Consorzi, i quali fanno fatica a coordinare e perfino a documentare le iniziative.

La prima occasione per una riflessione sulla formazione professionale è data dalla discussione sul Piano Vanoni che, nel suo schema interpretativo dello sviluppo dell'occupazione e del reddito in Italia dal 1955 al 1964, pone il problema dell'istruzione professionale come condizione indispensabile dello sviluppo economico del paese.

Anche per la sinistra il 1955 è l'occasione per assumere una posizione ufficiale sui problemi della scuola e quindi sulla istruzione professionale. Alicata, nella sua relazione al Comitato Centrale del Pci, nel definire l'Italia un «paese dove ci sono troppi maestri e troppi analfabeti, troppi medici e troppo pochi ospedali», evidenziava il problema centrale della scuola italiana: il rapporto fra scuola e società, fra scuola e mercato del lavoro[2]. Dall'analisi che veniva fatta sull'andamento della popolazione scolastica, emergeva la tendenza, che in seguito diventerà una costante drammatica, verso l'incremento dell'istruzione classica e scientifica e, all'interno dell'istituto tecnico, verso quegli indirizzi (ragionieri e geometri) che consentivano un'occupazione negli impieghi pubblici e privati. I licenziati delle scuole tecniche e anche degli istituti professionali, se trovavano lavoro, venivano assunti come manovali o apprendisti, quando non dovevano prima passare attraverso un corso di specializzazione o di perfezionamento nelle scuole aziendali o degli Enti. Di contro, la forza lavoro adulta oltre ad essere costituita per un 60% da persone che non avevano un grado di istruzione superiore alla 5ª elementare (nella maggioranza la 3ª elementare), nella quasi totalità non era stata coinvolta dall'addestramento professionale. Diventava, quindi, prioritario eliminare l'analfabetismo e estendere l'obbligo scolastico fino a quattordici anni per tutti come condizione pregiudiziale all'istruzione professionale; riorganizzare la scuola tecnica e l'istituto professionale potenziando la formazione culturale generale e scientifica rispetto alla tendenza pratica, applicativa; utilizzare i corsi di addestramento professionale soprattutto per

---

[2] M. ALICATA, *La riforma della scuola*, Roma, Editori Riuniti, 1956.

la formazione dei lavoratori adulti, riducendo la polverizzazione delle specializzazioni. Ma soprattutto, per dare pari dignità culturale e sociale alla formazione professionale rispetto a quella umanistica occorreva creare le condizioni nel mondo del lavoro che richiedessero una diversa e più alta competenza degli addetti e una condizione di lavoro più umana[3].

Anche il Convegno nazionale di studi sull'istruzione professionale in Italia, del 1955, a cui parteciparono politici, responsabili ministeriali, responsabili di associazioni di categorie imprenditoriali, si pone come obiettivo proprio lo sviluppo dell'istruzione professionale in rapporto al Piano Vanoni. Il Convegno, a cui ne seguirono altri, se fu un'occasione anche per un'analisi critica delle esperienze precedenti, di fatto non affronta il problema della riorganizzazione qualitativa della formazione professionale e del suo raccordo con l'istruzione tecnico-professionale ma si limita a prevedere un piano di espansione delle strutture esistenti sul piano nazionale[4].

Questo programma, già di per sè inadeguato, verrà travolto dal tipo di sviluppo economico del paese.

Secondo Castronovo lo sviluppo economico che si attuò in Italia fra il 1951 e il 1963, non solo supererà le previsioni del Piano Vanoni, ma si realizzerà attraverso una forte immigrazione dal Sud verso le aree industrializzate del Nord, ossia mediante la utilizzazione di una manodopera generica, dequalificata e a buon mercato[5]. Bisognerà, invece, attendere gli inizi degli anni '60 per una ripresa del dibattito sull'istruzione professionale. Tale dibattito, che rifletteva l'esigenza per le aziende di una riconversione della manodopera in vista di una riorganizzazione dei processi produttivi e, per le organizzazioni sindacali confederali, l'esigenza di regolare i sistemi di assunzione, di modificare le qualifiche in rapporto alle mansioni e di rendere più umane le condizioni di lavoro nella fabbrica, si basava anche sull'ipotesi, elaborata dalla Svimez, che per ottenere uno sviluppo ulteriore dell'economia italiana bisognava disporre di una manodopera a diversi livelli di qualificazione e specializzazione[6]. Il dibattito sul rapporto della Svimez, come pure le errate previsioni in esso contenute, è sin troppo noto per doverlo qui ricordare. Ai fini dell'argomento che stiamo trattando è importante, invece, rilevare che uno dei punti di convergenza delle diverse posizioni e che segna un salto qualitativo rispetto alle precedenti concezio-

---

[3] S. Lozza, *L'istruzione professionale*, in M. Alicata, *La riforma della scuola*, cit.

[4] Aavv, *Atti del Convegno nazionale di studi sulla istruzione professionale*, Roma, Consorzio provinciale per l'Istruzione tecnica - Camera di Commercio, 1955.

[5] V. Castronovo, *La storia d'Italia. Dall'Unità ad oggi*, 4ª, Torino, Einaudi, 1975.

[6] Svimez, *Mutamenti della struttura professionale e ruolo della scuola. Mutamenti per il prossimo quindicennio*, Roma, Giuffrè, 1961.

ni, riguarda proprio il problema della scuola: il riconoscimento dell'esigenza di un innalzamento del livello culturale di base per tutti; la necessità di superare la concezione strumentale, addestrativa e parcellizzata dell'istruzione professionale a favore di una formazione professionale polivalente; l'esigenza di superare la scissione classista fra la cultura umanistica e la cultura tecnico-scientifica. Anche se le motivazioni andavano da chi, come la CGIL[7], intendeva tali esigenze come condizione necessaria per rendere il lavoratore più consapevole e critico e chi, come la Confindustria[8], riteneva che solo così lo si poteva rendere più «fungibile», cioè capace di riadattarsi alle nuove tecniche di lavoro. Queste posizioni, che di fatto non si tradussero, da parte del Governo, in proposte operative di cambiamento del settore professionale, contribuirono, assieme ad altri fattori di natura politica e sociale, alla realizzazione della scuola media unica del 1962.

In questo periodo si verifica anche quell'espansione della popolazione scolastica squilibrata fra domanda e offerta di lavoro che coinvolgerà progressivamente anche i licenziati delle scuole tecniche e degli istituti industriali. I ceti sociali medio-bassi, posti di fronte all'impossibilità di accedere, fino al 1963, alla scuola secondaria superiore per i meccanismi di dirottamento e selezione esistenti nel nostro sistema scolastico e alla sperequata condizione salariale e di status che, almeno fino al 1969, avvantaggia gli addetti agli «impieghi» rispetto agli addetti all'industria e all'artigianato anche a parità di titolo di studio, individuano attraverso l'iter della scuola tecnica e degli istituti industriali la via per la loro ascesa sociale. La diminuzione degli iscritti agli istituti professionali, che si verificherà nella seconda metà degli anni '60, è l'effetto dell'istituzione della scuola media unica del 1962 che consente a tutti di orientarsi verso la scuola secondaria superiore. La parziale liberalizzazione degli accessi universitari per i diplomati degli istituti tecnici del 1961, la definitiva quinquennalizzazione delle scuole tecniche e la liberalizzazione totale degli accessi all'Università del 1969, se sanano una discriminazione, di fatto dilatano i tempi di permanenza scolastica al fine di ritardare i tempi occupazionali; ma hanno anche contribuito al processo di deprofessionalizzazione dell'istruzione tecnico-professionale.

Analizzare i meccanismi interni al mondo del lavoro che hanno contribuito a rendere squilibrato il rapporto fra domanda e offerta di lavoro, per la complessità di fattori che interagiscono, richiederebbe un approfondimento maggiore di quello possibile nell'economia di questo scritto. Dal punto di

---

[7] CGIL, «Quaderni di Rassegna Sindacale», n. 5, 1964.

[8] CGIL, *Primo convegno «L'istruzione e l'industria»: Istruzione dell'obbligo, istruzione tecnica e professionale, addestramento professionale*, Gardone, 23-25 aprile 1959, in M. BARBAGLI, *Disoccupazione intellettuale e sistema scolastico in Italia*, Bologna, Il Mulino, 1974, p. 450.

vista scolastico, invece, si può affermare che il mancato raccordo fra la scuola secondaria superiore l'istruzione professionale ha contribuito notevolmente a separare ulteriormente, due ordini di scuola ma ha anche contribuito ad aggravare quel fenomeno analizzato, dalla recente letteratura sull'argomento, come «disoccupazione intellettuale»[9].

Il periodo che va dal 1969 al 1972, contraddistinto da due crisi economiche non modifica, invece, la situazione della formazione professionale di base se la prima e più organica indagine sulla formazione professionale in Italia, condotta dalla Fondazione Agnelli e dal Censis, nel 1972, relativa al decennio precedente rileva che lo Stato si è dimostrato del tutto incapace «di formare il 50% dei giovani fra i 15 e 19 anni che si presentano oggi al mondo del lavoro senza alcuna preparazione professionale», che la formazione sul lavoro coinvolge lo 0,5% degli occupati con funzione spesso di supplenza nella formazione di base. Sul piano qualitativo poi emerge una frantumazione delle iniziative connessa alla sovrapposizione degli interventi fra i vari Enti i quali, molto spesso, dispongono di attrezzature insufficienti e superate. Inoltre, per quanto ci sia stata un'inversione di tendenza rispetto alla rincorsa alle qualifiche, che dalle 109 del 1961 sono state ridotte a 70, la dimensione empirica e esecutiva dei contenuti trasmessi rende vano qualsiasi tentativo di adeguamento alle mansioni di lavoro continuamente in evoluzione per lo sviluppo tecnologico in atto nelle aziende[10].

Ed è proprio il dibattito che si sviluppa agli inizi degli anni '70 che, nel clima di diffusa consapevolezza della crisi e insufficienza del settore professionale e nel mutato rapporto di forze a favore delle organizzazioni sindacali, consente il riconoscimento del diritto alle cosiddette 150 ore utilizzate dagli operai per innalzare il loro livello di istruzione di base, e facilita il trasferimento alle Regioni della gestione del settore scolastico volto alla formazione professionale. A parte gli adempimenti Costituzionali, in una situazione economica e sociale caratterizzata dalla crisi del modello delle grandi concentrazioni industriali che ripropone in termini nuovi e contraddittori i rapporti fra forza-lavoro e sistema economico-produttivo, i Consorzi provinciali e il Ministero del Lavoro risultavano una struttura inadeguata a coordinare la formazione professionale. Così, certo, il passaggio alle Regioni della gestione della formazione professionale costituisce un fatto indubbiamente positivo dal punto di vista della programmazione e organizzazione del settore, anche se non costituisce, di per sé, la soluzione del proble

[9] M. BARBAGLI, *Disoccupazione intellettuale e sistema scolastico in Italia*, cit.; P. CORBETTA, *Tecnici, disoccupazione e coscienza di classe*, Bologna, Il Mulino, 1975.

[10] FONDAZIONE GIOVANNI AGNELLI, *La formazione professionale in Italia*, I e II, Bologna, Il Mulino, 1976.

ma. Il problema, proprio in un momento in cui si registra una tendenza della popolazione scolastica a spostarsi verso istituzioni educative professionalizzanti, non può essere risolto con una supplenza degli Enti Locali in assenza di provvedimenti di riforma nazionali. Significherebbe continuare sulla scia storica che ha caratterizzato la formazione professionale nel sistema scolastico italiano, sulla scia che ha voluto che la formazione professionale, in situazione di costante separatezza e subalternità, rispondesse ai bisogni settoriali della produzione, costituendo insieme una valvola di scarico del sistema scolastico.

Il dibattito sulla riforma della scuola secondaria superiore che, dopo decenni di discussione e progetti, sembrava giunto alla sua conclusione si è di nuovo bloccato proprio sul tipo di assetto istituzionale da dare al settore tecnico-industriale mentre la formazione professionale di base continua ad essere un sottosistema scolastico perché ai suoi utenti, ancora oggi, non viene offerta alcuna possibilità di rientro scolastico. D'altro canto non è pensabile che i vecchi Enti, o la costituzione di nuovi, possano risolvere la formazione culturale e professionale richiesta dall'attuale fase di trasformazione dell'organizzazione del lavoro a seguito del processo di innovazione tecnologica in atto; le istituzioni educative preposte alla formazione professionale dovrebbero essere ridefinite e riorganizzate all'interno delle strutture scolastiche pubbliche. Qui si vuol dire che dal punto di vista politico-istituzionale il problema è risolvibile attraverso provvedimenti di riforma e attraverso un più stretto collegamento fra i diversi livelli di governo dello Stato, mentre dal punto di vista sociale e educativo è necessario, invece, chiarire il significato che deve avere la formazione professionale all'interno della formazione più generale del cittadino. La formazione professionale, come si è visto, è stata caratterizzata da squilibri e battute di arresto, ma, specie nel dopoguerra, ha avuto come modello di riferimento l'organizzazione industriale del lavoro. Ora, in una fase di rinnovamento tecnologico e di riorganizzazione delle strutture produttive, la formazione professionale deve adeguarsi a nuove esigenze, senza però perdere di vista il settore di certe importanti attività artigianali. Oggi sta riemergendo l'esigenza del recupero di certi settori artigianali e di certe modalità di organizzazione del lavoro. Ma dal dopoguerra la società italiana è passata da un'economia a base industriale ad un'economia prevalentemente industriale che, come sostiene R. Romano, ha coinvolto l'intero assetto sociale, culturale e istituzionale, trattandosi di uno di quei mutamenti «che hanno una vera incidenza storica»[11].

Questo, allora, significa che un recupero di certi settori artigianali e

---

[11] R. ROMANO, *Industria: storia e problemi*, Torino, Einaudi, 1976.

quindi di una formazione artigiana può avvenire solo all'interno di una situazione mutata e cioè attraverso un'analisi dell'incidenza del fattore industriale all'interno delle modalità e dei prodotti stessi del lavoro artigianale. Strettamente legato all'impresa artigiana è l'istituto dell'apprendistato, considerato la forma privilegiata di addestramento professionale per gli addetti al settore. Questo rapporto, che è forse il primo modello di formazione professionale, si fonda sul principio che l'acquisizione del «mestiere» può avvenire solo attraverso un apprendimento lento e progressivo da parte dell'apprendista, basato sull'imitazione del «maestro» e sull'esercizio ripetuto delle diverse fasi che caratterizzano la realizzazione di un manufatto. Ma in epoca recente, soprattutto dal dopoguerra in poi, l'apprendistato ha perduto il carattere di rapporto fra maestro-artigiano e apprendista per assumere quello di un particolare «rapporto di lavoro» che demanda all'esterno la formazione generale attraverso l'istituzione di «Corsi complementari». La prima legge, nel dopoguerra, che regola questo particolare rapporto di lavoro dipendente è del 1955. Nata anche con l'intento di eliminare l'occupazione minorile e di contenere forme irregolari di occupazione, con qualche parziale modifica, è rimasta sostanzialmente invariata fino ad oggi.

Non è questa la sede per ripercorrere le tappe che hanno caratterizzato il fenomeno dell'apprendistato in questi venticinque anni di applicazione: dall'uso distorto ed improprio del concetto di apprendistato da parte di molti datori di lavoro al quasi totale disinteresse da parte delle istituzioni pubbliche e sindacali fino alla fine degli anni sessanta; dalla posizione di abolizione dell'istituto stesso da parte sindacale alla progressiva eliminazione dei Corsi complementari da parte della quasi totalità delle Regioni a partire dagli anni settanta. Solo in questi ultimi anni, all'interno della crisi dell'occupazione e di quella giovanile in particolare, si è posto il problema dell'apprendistato. Dalle numerose indagini, condotte in questi ultimi anni, è emerso che l'apprendistato, con tutti i limiti sopra ricordati, è stato una forma importante di inserimento nel mondo del lavoro di manodopera «debole» e che in questi ultimi anni gli apprendisti tendono ad aumentare fino a rappresentare il 5% dell'occupazione dipendente. Inoltre è emerso che l'apprendistato, se deve la sua consistenza occupazionale al vantaggio derivante dall'utilizzo di una manodopera flessibile e mutabile in rapporto all'andamento dell'azienda, rappresenta una modalità di inserimento nel mondo del lavoro fra le più consolidate fra quelle sinora praticate[12].

Ma se si passa dall'analisi dei dati all'analisi della figura dell'appren-

---

[12] G. SARCHIELLI ed altri, *Apprendistato. Abolizione o riforma?*, Roma, ESI, 1976; ISFOL, «Quaderni di formazione. L'apprendistato in Italia: problemi attuali e prospettive», Roma, ISFOL-Angeli Editore, 1982.

dista e della sua effettiva utilizzazione nel mondo del lavoro il problema si complica. L'apprendista, quasi sempre, è un adolescente che non ha completato la scuola dell'obbligo o che dopo uno o due insuccessi nella scuola superiore ha cercato lavoro senza passare attraverso i corsi di formazione professionale. Si tratta di giovani che si immettono nella realtà produttiva con un senso di frustrazione e quindi di rifiuto della scuola e di ciò che essa rappresenta; che si trovano in situazioni di organizzazione del lavoro che vanno dall'estrema ripetitività propria del lavoro in serie di alcune imprese artigiane alla complessità scientifica e tecnica di altre imprese artigiane. Questo perché nella situazione italiana l'impresa artigiana è definita in base al numero degli addetti e non in base ai sistemi di lavorazione in essa adoperati. Si tratta quindi da un lato di garantire, nel diritto e nei fatti, le condizioni che rendano possibile un effettivo rapporto di apprendistato e dall'altro di ridefinire il tipo di formazione generale professionale. Ciò implica una riorganizzazione del curriculum dell'apprendista, in modo che questi, pur mirando specificamente ad apprendere il «mestiere» nell'azienda artigiana, continui e integri il suo processo formativo presso una struttura pubblica. Questa formazione, intesa come superamento del modello estrinseco e nozionistico dei Corsi complementari, potrebbe, a partire dalla realtà e dalle condizioni della impresa artigiana, articolarsi su due nuclei centrali: tematiche relative a economia e società, istituzioni e organizzazioni sociali; tematiche relative ad aspetti tecnologici e scientifici derivanti dallo specifico settore artigianale.

IV

Problemi di contenuto e di metodo

1. L'insegnamento della lingua francese e il sistema scolastico italiano in epoca liberale

«Nel nostro paese, benché nell'insieme il progresso scientifico sia manifesto, non s'è tuttavia formata ancora la coscienza che l'istruzione, per cui tale progresso avviene, è a sua volta legata a criteri e procedimenti scientifici, e medesimamente vi è legata l'educazione»[1]. Così si esprimeva, nel 1903, Alfredo Piazzi nel suo volume *La scuola media e la classe dirigente* col quale aveva vinto il concorso indetto dal Regio Istituto Lombardo di Scienze e Lettere per il «migliore ordinamento degli studi secondari per la cultura generale dei giovani». Tema che sarà un costante riferimento del dibattito sulla riforma della secondaria in età giolittiana perché, in esso, si legava al problema delle riforme di struttura il problema del rinnovamento dei contenuti in rapporto allo sviluppo culturale del tempo. Il Piazzi nell'analizzare le ragioni dell'arretratezza culturale e pedagogica della nostra scuola secondaria rilevava da un lato l'incapacità o la mancanza di volontà politica del governo e del parlamento di prendere una iniziativa decisa rispondente alle esigenze del paese e dall'altro la passiva accettazione delle disposizioni provenienti dal vertice da parte degli insegnanti i quali nella loro debolezza come categoria erano poco convinti dell'importamza del loro contributo al rinnovamento della scuola e quindi della società. Questo perché, nella natura accentrata e burocratica del nostro sistema scolastico, la scelta delle discipline, i loro contenuti e la funzione da esse svolta nell'organizzazione degli studi risultava strettamente collegata agli aspetti politici e istituzionali.

Per analizzare quindi l'insegnamento della lingua francese nei suoi aspetti contenutistici e metodologici bisogna prima capire le ragioni che ne impedirono l'attivazione e il ruolo che ad esso venne attribuito nell'organizzazione degli studi.

La recente storiografia di storia della scuola ha ampiamente dimostrato come la prima legge organica sull'istruzione del neo-stato unitario promulgata in regime di pieni poteri, la legge Casati, lungi dall'essere una legge provvisoria in attesa di una definitiva, democraticamente discussa e approva-

---

[1] A. PIAZZI, *La scuola media e la classe dirigente*, Milano, Hoepli, 1903, p. 7.

ta dal parlamento a unificazione del paese completata, rimarrà pressoch·
invariata fino alla riforma Gentile del 1923 e costituirà la grande trama ii
cui si articolerà il sistema scolastico italiano fino alla legge sulla nuov;
scuola media obbligatoria del 1962. Tutta la legislazione ulteriore non ·
altro che un susseguirsi di leggi particolari, di regolamenti, di nuovi pro
grammi, di provvedimenti tendenti a rispondere volta a volta a nuove esi
genze[2].

La struttura portante dell'ordinamento scolastico era costituita: 1. d;
un ginnasio-liceo considerato come «via maestra» per l'accesso all'Univesità
canale privilegiato per la formazione della classe dirigente; 2. da un'istru
zione tecnica (scuola tecnica e istituto tecnico) finalizzata alla formazione d
quadri professionali medio-bassi per i diversi settori produttivi e ammistrativi
3. da una scuola normale triennale per la formazione dei maestri che colloc;
l'età di accesso dopo i 14 anni ma richiedendo come titolo di studio l;
licenza elementare, allora di quattro anni, e quindi senza l'obbligo di fre
quentare una scuola media inferiore propedeutica alle superiori come per gl
altri istituti secondari; 4. da una scuola elementare che farà fatica a decollar·
perché fino al 1912 è gestita dai comuni.

Questa struttura riflette una società prevalentemente agricola con un;
classe dirigente ristrettissima e con la stragrande maggioranza dei cittadin
costituita da braccianti, contadini ed artigiani, esclusi dalla vita politica de
paese. Sul piano politico-ammistrativo è espressione di uno Stato avente un;
struttura autoritaria, accentrata e burocratica e che, proprio per questo, tend·
a costituire, attraverso la scuola, una piccola e media borghesia congruent·
con il proprio modello ideologico in funzione di «filtro» fra la classe diri·
gente e il popolo[3]. Di qui l'importanza assunta dalla scuola secondaria.

[2] Per una storia della scuola italiana in generale e della secondaria in particolare, vedi: «]
problemi della pedagogia» (Numero speciale dedicato al centenario della legge Casati), n. 1
1959; M. BARBAGLI, *Disoccupazione intellettuale e sistema scolastico in Italia (1859-1973)*.
Bologna, Il Mulino, 1974; D. BERTONI JOVINE, *La scuola italiana dal 1870 ai giorni nostri*.
Roma, Editori Riuniti, 1958; F. BOCHICCHIO, *La scuola media*, in Aavv, *Il sistema scolastico
italiano*, Firenze, Le Monnier, 1976; L. BORGHI, *Educazione e autorità nell'Italia moderna*.
Firenze, La Nuova Italia, 1951; E. BOSNA-G. GENOVESI (a cura di), *L'istruzione secondaria
superiore in Italia da Casati ai giorni nostri*, Bari, Cacucci, 1988; G. CANESTRI-G. RICUPERATI,
La scuola in Italia dalla legge Casati ad oggi, Torino, Loescher, 1976; G. CIVES (a cura di), *La
scuola italiana dall'Unità ai nostri giorni*, Firenze, La Nuova Italia, 1990; G. QUAZZA (a cura
di), *Scuola e politica dall'Unità ad oggi*, Torino, Stampatori, 1977; A. SANTONI RUGIU, *I]
professore della scuola italiana*, Firenze, La Nuova Italia, 1959; V. TELMON, *La scuola secondaria superiore*, Firenze, La Nuova Italia, 1975; T. TOMASI (a cura di), *La scuola secondaria in
Italia (1859-1977)*, Firenze, Vallecchi, 1978.

[3] P. VILLARI, *Nuovi scritti pedagogici*, Firenze, Sansoni, 1891, p. 141.

Dal punto di vista dell'organizzazione degli studi il ginnasio-liceo è considerato la scuola della formazione culturale per eccellenza da realizzare attraverso lo studio delle lingue classiche. L'asse culturale si basava sul latino che perseguiva un'istruzione formale e retorica con obiettivi estrinseci di tipo linguistico e oratorio in cui i classici venivano utilizzati come modelli di argomentazione e di persuasione, mentre il greco, alla base della filologia, è considerato fondamentale per lo studio del mondo antico. La lingua italiana ipotizzata come strumento di unificazione nazionale si estrinsecava, invece, in un insegnamento retorico ed erudito. Facevano da contorno, la matematica che doveva avere lo scopo di educare alla «ginnastica della mente», la storia nazionale, con elementi di geografia, in funzione di una formazione della coscienza nazionale ma che in pratica non superava un approccio cronologico-narrativo degli avvenimenti alternato da agiografia patriottica; solo nel liceo si insegnava la filosofia, la fisica e le scienze naturali che, per il numero di ore a disposizione e per la frammentarietà dei programmi, risulteranno degli insegnamenti marginali. Mentre le lingue moderne, per una angusta concezione culturale e per interessi corporativi, rimanevano escluse dal curriculum. Si tratta di un modello ereditato dalla tradizione gesuitica e filtrato dalla esperienza piemontese che aveva tenuto conto delle riforme napoleoniche. Ma sia pure con questi rimaneggiamenti, rimaneva – come dirà Gramsci – «l'espressione di un modo tradizionale di vita intellettuale e morale, di un clima culturale diffuso nella società italiana per antichissima tradizione». Di un modo di vivere, come dirà Gramsci più avanti, ormai in agonia e che ha determinato il distacco della scuola dalla vita: «Criticare i programmi e l'organamento disciplinare della scuola, vuol dire meno che niente, se non si tiene conto di tali condizioni»[5]. Invece, sono

---

[4] Per un quadro storico generale del modello culturale, dei contenuti e dei programmi, vedi: A. ASOR ROSA, *Storia d'Italia. La cultura*, IV-2, Torino, Einaudi, 1975; L. BESANA, *Storia d'Italia. Scienza e tecnica*, Annali 3, Torino, Einaudi, 1980; G.A. CORNACCHIA, *Il latino nella scuola dell'Italia unita. Problemi di didattica*, Bologna, CLUEB, 1979; L. DALMASSO, *I programmi nella storia dell'istruzione secondaria italiana (1860-1953)*, in «Rassegna dell'Istruzione media», VIII (ottobre 1953), 10; T. DE MAURO, *Storia linguistica dell'Italia unita*, Bari, Laterza, 1963; G. GENOVESI, *Orari e discipline nella scuola secondaria superiore (1860-1900)*, in E. BOSNA-G. GENOVESI, *L'istruzione secondaria superiore in Italia da Casati ai giorni nostri*, cit.; M. GLIOZZI, *Storia dei programmi d'insegnamento scientifico nella scuola italiana*, in «La cultura popolare», 1964, 6; D. RAGAZZINI, *Per una storia del liceo*, in T. TOMASI (a cura di), *La scuola secondaria in Italia (1859-1977)*, cit.; M. RAICICH, *Scuola, cultura e politica da De Sanctis a Gentile*, Pisa, Nistri-Lischi, 1981; V. TELMON, *La filosofia nei licei italiani*, Firenze, La Nuova Italia, 1970; T. TOMASI, *Idealismo e fascismo nella scuola italiana*, Firenze, La Nuova Italia, 1969.
[5] A. GRAMSCI, *Gli intellettuali e l'organizzazione della cultura*, Torino, Einaudi, 1966, pp. 108-109.

proprio le condizioni a cui faceva riferimento Gramsci che non verranno mai utilizzate come criterio per una riforma della scuola secondaria. Al contrario, prevarrà la difesa della cultura classica, considerata come criterio di riferimento sia per le modifiche parziali all'ordinamento e ai programmi sia per le proposte di riforma. Una centralità che anche quando, nel nostro caso, si vuole analizzare un aspetto specifico, come l'insegnamento della lingua francese, è impossibile farlo a prescindere dal latino e dal greco. Questi ultimi non solo condizioneranno la stessa presenza delle lingue moderne nella scuola ma ne influenzeranno anche i contenuti e i metodi.

L'istruzione tecnico-professionale, invece, non concepita come canale parallelo al ginnasio-liceo, nata sull'impianto della Scuola Reale, presente in Lombardia e in Germania, si organizza, nei suoi insegnamenti, più come scuola rivolta alla formazione di un ceto medio-basso di tipo impiegatizio che come scuola professionalizzante. Essa si articola in una scuola tecnica e in un istituto tecnico entrambi triennali in cui gli insegnamenti, come dice la legge Casati «saranno dati, tanto nel primo quanto nel secondo grado, sotto l'aspetto dei loro risultamenti pratici». Questo significa che i contenuti e tra questi la lingua francese che compare nella scuola tecnica, devono essere insegnati in funzione pratica e professionale. Si tratta di un impianto estremanente debole dal punto di vista formativo che per lungo tempo, nei suoi successivi rimaneggiamenti, oscillerà fra chi voleva una scuola di tipo tecnico e chi propendeva per una scuola di tipo moderno, avente come base gli insegnamenti scientifici e le lingue moderne. Sarà proprio il successore di Gabrio Casati, Terenzio Mamiani, che apporterà all'Istituto Tecnico una delle modifiche di struttura più importanti della secondaria. Convinto dell'assurdità della separazione fra le scuole classiche e le scuole tecniche e che agli allievi non fosse data la possibilità di passare dall'una all'altra, in sede di regolamento applicativo della legge Casati, istituisce quella sezione fisico-matematica dell'istituto tecnico in cui le lingue moderne e le scienze diventeranno l'asse portante del curriculum. Ma per quanto nei programmi il loro insegnamento è previsto inizialmente, come dice la legge, «nei loro risultamenti pratici», a seguito del processo di deprofessionalizzazione che caratterizzò la sviluppo della scuola tecnica in generale e della sezione fisico-matematica in particolare perché concepita come canale di accesso all'università, si orienteranno, nella prassi scolastica, come vedremo più avanti, verso un approccio più culturale e formativo[6].

[6] Sull'istruzione tecnico-professionale, vedi: G. ARE, *Il problema dello sviluppo industriale nell'Età della Destra*, Pisa, Nistri-Lischi, 1965; G. CASTELLI, *L'istruzione professionale in Italia*, Milano, Vallardi, 1915; F. HAZON, *Storia della formazione tecnico-professionale in Italia*, Roma, Armando, 1991; C.G. LACAITA, *Istruzione e sviluppo industriale in Italia 1959-*

È proprio a partire da questi problemi che si svilupperanno discussioni e proposte di modifica tendenti, da parte dei «Classicisti», ad ottenere più spazio per le proprie discipline come rimedio agli scarsi risultati nello studio del latino e del greco che puntualmente ogni anno in occasione degli esami si verificavano; da parte dei «Modernisti» ad includere nel curriculun le lingue moderne e discipline di carattere storico e scientifiche[7]. Non è questa la sede per una ricostruzione completa delle proposte di modifica di struttura, a partire da quelle più radicali, che proprio in quanto tali, fecero perfino fatica ad essere accolte nel dibattito[8]. Si pensi per esempio al disegno di legge Cesare Correnti che nel 1870, accogliendo la proposta di scuola media unica senza latino di G.M. Bertini[9], ipotizza una struttura unitaria per tutta la secondaria e pone nella definizione degli indirizzi, le lingue classiche in alternativa alle lingue moderne[10]. Ci soffermeremo, invece, su quelle proposte che hanno poi effettivamente inciso sull'ordinamento scolastico o che hanno influenzato quelle modifiche parziali attraverso leggine e circolari ma che hanno contribuito a modificare la scuola secondaria. E questo vale anche per il ginnasio-liceo la cui struttura di base non è stata mai intaccata, per cui matura solo a fatica una posizione che ipotizza un secondo canale, parallelo al primo, come in Francia e in Germania, sul tipo di liceo moderno derivante dalla trasformazione della sezione fisico-matematica definitivamente sganciata dall'istruzione tecnica vera e propria. L'interprete più coerente di questa posizione e insieme più attento alle reali trasformazioni sociali e culturali del paese è Pasquale Villari. Egli, partendo proprio dalla costatazione dell'importanza sociale della secondaria, ritiene che una formazione culturale generale non può prescindere da insegnamenti più legati alla cultura e alla società del tempo. È durante gli anni della secondaria che

1914, Firenze, Giunti-Barbera, 1974; G. LIMITI, *L'istruzione tecnica nella legge Casati*, in «Problemi della pedagogia», cit.; E. MORPURGO, *L'istruzione tecnica in Italia*, Roma, Eredi Botta, 1876; S. SOLDANI, *L'istruzione tecnica nell'Italia liberale (1860-1900)*, in «Studi storici», 1981, 1; A. TONELLI, *L'istruzione tecnica e professionale di Stato nelle strutture e nei programmi da Casati ai giorni nostri*, Milano, Giuffrè, 1964.

    [7] La distinzione fra «Classicisti» e «Modernisti» è in: G. SALVEMINI, *Scritti sulla scuola*, Milano, Feltrinelli, 1966.

    [8] Per una ricostruzione delle proposte di riforma della secondaria, oltre alla bibliografia già citata, vedi: G. CHIARINI, *La scuola classica in Italia dal 1860 ai giorni nostri*, in «Nuova Antologia», CXXXVI (15.vii.1894), pp. 250-270 e CXXXVII (1.8.1894), pp. 433-457; MINISTERO DELLA P.I., *Commissione Reale per l'ordinamento degli studi secondari in Italia*, Roma, Cecchini, 1909, vol. I e II; G. SALVEMINI, *Scritti sulla scuola*, cit.; G. SAREDO, *Vicende legislative della Pubblica Istruzione in Italia (1859-1899)*, Torino, UTET, 1901.

    [9] G.M. BERTINI, *Per la riforma delle scuole medie*, Torino, G. Scioldo Editore, 1889.

    [10] A.P., Camera dei Deputati, X Legislatura, Sess. 2ª, Documento n. 70.

il giovane sviluppa l'intelligenza, forma il carattere, acquisisce la cultura di base indispensabile al proseguimento degli studi nell'università o all'inserimento nel momdo del lavoro. I due cardini su cui si deve fondare la formazione culturale sono l'insegnamento delle lingue e l'insegnamento delle scienze. Entrambe hanno pari dignità solo che se le scienze educano alcune facoltà le lingue mettono in moto tutte le facoltà. Dice Villari «In esse si trovano tutti gli affetti, tutti i pensieri, la storia, l'anima e la vita morale di un popolo...; una lingua è un mondo morale, è un'intera cultura»[11]. Il tradurre da una lingua ad un'altra sviluppa le nostre capacità di esprimere i pensieri, potenzia il linguaggio, sviluppa l'intelligenza. Ma se questo è vero per tutte le lingue lo è in modo particolare per le lingue classiche: greco e latino. La loro struttura, il loro funzionamento è più armonico, più estetico: il greco è alla base della filologia moderna, degli studi del mondo antico e alle origini della cultura occidentale; il latino è così strettamente legato alla lingua italiana e alla nostra cultura che è impensabile non studiarlo. Invece, dice Villari, «Le lingue moderne, derivate da quelle, sono più astratte, meno spontanee e meno originali». Pur tuttavia, egli ritiene che lo studio delle lingue moderne, come pure quello delle scienze, deve essere sviluppato perché esse sono «ugualmente necessarie alla formazione del cittadino», anche se le classiche possono essere considerate principali rispetto alle altre[12]. Di qui la proposta che, sia pure con varianti interne, accomunerà l'ala progressista della borghesia liberale e in età giolittiana anche di area socialista, di un ginnasio-liceo basato sullo studio delle lingue classiche ma aperto alle lingue moderne e alle scienze e parallelo a un liceo moderno, secondo un modello presente in Germania, Francia e Inghilterra, in cui le lingue moderne e le scienze siano preminenti. Gli aspetti innovativi di questa posizione si possono cogliere se si confrontano con quelli dei «classicisti» irriducibili sostenitori della scuola secondaria classica come unica scuola di cultura generale per i quali solo il latino e il greco, con le loro letterature, sono adatti «a sviluppare la forza dell'intelligenza e a educare il sentimento e il carattere, ed alle quali, sotto questo rispetto, non si possono paragonare le lingue e le letterature moderne»[13]. Queste ultime possono essere apprese come mezzo di comunicazione e strumento di cultura, ma individualmente, al di fuori della scuola, senza quindi che nella secondaria sia sacrificato lo studio delle lingue classiche. «Un po' come – scrive ironizzando Piazzi – lo

---

[11] P. VILLARI, *Nuovi scritti pedagogici*, cit., p. 292.

[12] *Ibidem*, pp. 293-4.

[13] R. BONGHI, *Studi e discorsi intorno alla Pubblica Istruzione*, Firenze, Sansoni, 1937, pp. 260-1.

studio del pianoforte, del disegno o di altri simili oggetti»[14]. I propugnatori di questa tesi, nascondevano in verità la preoccupazione che l'inserimento delle lingue moderne nella scuola avrebbe, prima o poi, limitato la presenza dello studio del greco e del latino, così come era già avvenuto con l'inserimento dello studio delle lingue nazionali. Si spiegano così le critiche mosse alle lingue moderne e in particolare a quella francese, perché la più diffusa e che qui riassumo brevemente: la lingua francese non è adatta come educazione formale perché troppo facile; essa, derivando, come le altre lingue romanze, dal latino è un «corrompimento» di questo e, quindi, meglio studiare direttamente il latino; il francese è una lingua in cui la «frase» è dominante a svantaggio dei singoli elementi e quindi si presta poco a quella «ginnastica intellettuale» fondamentale per la formazione dei giovani; il francese, come tutte le lingue moderne, è in evoluzione e non consente uno studio stabile, definito come le lingue antiche ormai non più soggette a mutamenti. E per finire, si giunge a tacciare la letterura francese di «immoralità» perché fomentatrice di partigianeria politica e religiosa[15]. Contro queste posizioni e a favore della cultura francese intervenne Carducci che, in un suo scritto, diceva: «pensavo, a quella bella, umana, geniale, espansiva letteratura di Francia, della quale io mi sento tanto più crescere l'ammirazione quanto più i miei compatrioti affettano, dopo Sédan, o di spregiarla o d'inventariarne le immoralità, le vanità, le futilità, le leggerezze, le frivolezze e le sciocchezze»[16]. Si tratta di argomentazioni, però, che senza assumere i toni polemici, pocanzi esposti, permarrano anche durante il dibattito sulla riforma della secondaria in età giolittiana. Ancora nel 1905 un filologo umanista come Fraccaroli, sia pure per difendere la supremazia del greco e del latino nella scuola secondaria, non esiterà ad utilizzare tutte le critiche, pocanzi esposte, per impedire l'introduzione delle lingue moderne nel ginnasio-liceo o quantomeno per delimitarne la presenza. Al punto da intravedere nell'avvicinamento dei giovani al pensiero francese o al pensiero tedesco il rischio di un loro allontanamento «da quella formazione e da quel rinvigorimento del nostro carattere nazionale di cui abbiamo tanto bisogno»[17]. Si tratta, come per il passato, della riaffermazione del concetto di autonomia della cultura che si estrinseca attraverso una formazione disinteressata e non specialistica e che proprio per questo valorizza l'aspetto «formale» e «lontano» della cultura, meglio perseguibile attraverso lo studio del latino e del greco. Si tratta, per i «Classicisti», di un aspetto formativo così

---

[14] A. Piazzi, *La scuola media e la classe dirigente*, cit., p. 234.

[15] *Ibidem*, pp. 238-242.

[16] G. Carducci, *Bozzetti critici e discorsi letterari*, Livorno, Vigo, 1876, pp. 285-286.

[17] G. Fraccaroli, *La questione della scuola*, Torino, Bocca, 1905, p. 59.

importante da giustificare non solo l'estraneità dal reale ma anche il conservatorismo politico-sociale che ha caratterizzato una certa concezione del classicismo[18]. Di contro la posizione dei «modernisti» che nell'affermare come primaria la formazione dell'uomo-cittadino individua nelle scienze, nelle lingue moderne e nella storia le discipline che meglio esprimono la universalità della cultura del tempo, il rapporto con la società, la valorizzazione di tutti gli uomini.

Queste posizioni, che nel dibattito si sono manifestate in forme articolate e variegate e non in modo così schematico come per esigenze espositive sono state espresse qui, se hanno contribuito a ritardare la elaborazione e quindi la realizzazione di un progetto di cambiamento non hanno certo influito sulle mutate condizioni economiche, sociali e culturali del paese che, invece, si rifletteranno sulla scuola secondaria. A partire dall'ultimo decennio del secolo scorso,si verifica un' espansione scolastica, riguardante soprattutto i ceti medi, che si realizza non solo attraverso l'istruzione tecnica e in particolare la sezione fisico-matematica ma anche attraverso il ginnasio-liceo, utilizzato come condizione per l'immissione nel mondo del lavoro in quanto sono in pochi gli studenti che, dopo la secondaria, proseguono gli studi all'università[20]. Ciò significa, in termini di qualità dell'istruzione, come ebbe modo di rilevare già nel 1888 Arstide Gabelli, che, nella prassi educativa, da un lato l'istruzione tecnica tende sempre di più ad assumere le caratteristiche di una scuola di cultura generale e dall'altro l'istruzione classica tende sempre di più verso la cultura moderna. Inoltre il mutamento della provenienza sociale degli allievi del ginnasio-liceo tende a cambiare anche le condizioni dell'insegnamento che rende sempre più difficile il lavoro dell'insegnante, perché, come dice sempre Gabelli «Il Calzolaio, il pizzicagnolo, il falegname, e con questi tanti altri, che non ebbero a fare con i libri, non intendono degli studi se non l'utilità diretta e immediata»[21]. Gabelli coglie così un aspetto molto importante della crisi che, sempre di più, attraversava il modello educativo del ginnasio-liceo e che si esprimeva proprio nello scarso rendimento nell'apprendimento del latino e del greco. Dalla relazione di G.M. Bertini del 1865[22], alla inchiesta Scialoja del 1872[23], fino a quella della Commissione Reale del 1905[24] è, questo che si è

[18] Cfr. L. CANFORA, *Ideologie del classicismo*, Torino, Einaudi, 1980.

[20] P. VILLARI, *Nuovi scritti pedagogici*, cit., pp. 140-144.

[21] A. GABELLI, *L'istruzione e l'educazione in Italia*, Firenze, La Nuova Italia, 1871, p. 265.

[22] Cfr. G.M. BERTINI, *Per la riforma delle scuole medie*, cit.

[23] Cfr. M. RAICICH, *Scuola, cultura e politica da De Sanctis a Gentile*, cit.

[24] Cfr. MINISTERO DELLA P.I., *Commissione Reale per l'ordinamento degli studi secondari in Italia*, cit.

detto, un problema che emerge in modo sempre più drammatico. Gabelli si rendeva conto che la soluzione andava al di là del problema didattico: «la ragione ultima del malessere e dell'inquietudine – egli scriveva – è questa, che l'indole dell'istruzione classica non si accorda con quella del tempo. L'istruzione classica è di natura sua aristocratica, e il tempo è democratico»[25]. Ma la soluzione non era certo da cercare verso la sopravvivenza di un modello educativo elitario e retorico che, proprio a partire dalla formazione dei sistemi scolastici nazionali, è più affermato sulla carta che nella realtà. Di questo, invece, si era reso interprete Vidari, il quale, richiamandosi proprio alle argomentazioni sostenute dieci anni prima da «quella mente lucida che è Aristide Gabelli» – come egli lo definì nel suo scritto – storicizza il problema per mostrare come il mancato chiarimento sulla funzione della secondaria dipendesse dall'incapacità di elaborare un progetto di riforma adeguato alla realtà del tempo e cioè, che tenesse conto del rapporto fra scuola e società. Egli mostra, come anche il vecchio modello di secondaria, così assolutizzato e idealizzato nel dibattito a lui contemporaneo, rispondesse alle esigenze di una società aristocratica di cui ne era l'espressione; come fosse antistorico riproporre un modello «formale e esteriore» in una società «democratica e industriale» che, invece, richiede una formazione ad essa funzionale e quindi «professionale». Nel senso di una cultura improntata allo «spirito scientifico» che è ciò che meglio esprime i mutamenti e i progressi della società del suo tempo; «per ricomporre nell'individuo la genesi dell'età sua». Ma soprattutto perché dal punto di vista formativo, dice Vidari: «lo spirito scientifico. ... ha il vantaggio di avvezzare la mente ad una maggiore, più diligente, più accurata cognizione della realtà, a partire da questa soltanto per la ricostruzione e l'avanzamento del sapere, a controllare con essa il discorso mentale...»[26]. Mentre, invece, la scuola classica, rileva Vidari, è un «miscuglio informe di varii insegnamenti messi l'uno addosso o accanto all'altro a seconda dei venti ministeriali o parlamentari, insegnamenti non unificati e non informati ciascuno o nell'assieme ad un unico concetto direttivo...»[27]. Con Vidari, come si può notare, il dibattito sulla secondaria compie un salto qualitativo, non solo per il contributo fornito ad una più corretta definizione del rapporto scuola società, problema già presente nel dibattito precedente, ma soprattutto per aver evidenziato le scelte che tale assunzione determina sul piano dell'elaborazione di un progetto educativo, come l'aver individuato in una formazione scientifica l'obiet-

[25] A. GABELLI, L'istruzione e l'educazione in Italia, cit., p. 265.
[26] G. VIDARI, Le scuole secondarie e la società presente, in «Rivista italiana di filosofia», maggio-giugno 1898, p. 298.
[27] Ibidem, p. 296.

tivo fondamentale della scuola, come l'aver chiarito che le discipline vanno organizzate e finalizzate al modello educativo che si intende perseguire. Si tratta di criteri che verranno ripresi nel dibattito sviluppatosi in epoca giolittana. In quel periodo, rispetto all'incapacità di realizzare una riforma complessiva della secondaria, l'esecutivo, in risposta alle richieste provenienti dalla mutata realtà sociale e culturale del paese interviene con provvedimenti parziali.

Il ministro Boselli, nel 1889[28], introduce, con un Regio Decreto, l'insegnamento facoltativo del francese nel ginnasio che nel 1892, col ministro Villari, diventerà obbligatorio, dalla 3ª alla 5ª e per tre ore alla settimana. Nel 1898 il ministro Baccelli introduce, in via sperimentale in alcuni licei, lo studio del tedesco e dell'inglese, prolungando quello del francese; ma non in alternativa al greco come alcuni avrebbero voluto, e tra questi Fornelli, che riteneva il greco non indispensabile come il latino e sostituibile con lo studio di una lingua e letteratura moderna e in particolare con il tedesco o l'inglese[29]. Nel 1896 con la legge Gianturco[30], istitutiva della scuola complementare, corso inferiore della scuola normale, viene inserito il francese nel corso di studi dei maestri, ma più per l'esigenza di omologare il titolo di studio delle prime tre classi della scuola secondaria (ginnasio inferiore, scuola tecnica e scuola complementare) che per assicurare valore formativo all'iter dei maestri. Nell'istruzione tecnica e in particolare nella scuola tecnica non ci sono modifiche dell'ordinamento ma nel 1885 cambiano i programmi in modo significativo[31].

Si tratta certo, come si può notare, di modifiche parziali ma che intaccano il vecchio impianto, mettono in crisi il modello educativo pur non configurandosi ancora come una decisa inversione di tendenza a favore dello studio delle lingue moderne e delle scienze come strumenti della formazione culturale dei giovani che si compirà, almeno sulla carta, qualche anno più tardi, con la Commissione Reale del 1905. In essa si elaborerà il primo tentativo organico di un progetto di cambiamento del sistema scolastico italiano che, tenendo conto del dibattito sviluppatosi in quegli anni e della reale situazione scolastica, supera le posizioni corporative e le concezioni anguste e particolaristiche che avevano caratterizzato il dibattito precedente per formulare una proposta di scuola secondaria più organica e adeguata alla realtà sociale e culturale del paese. Per la Commissione Reale,

[28] R.D., 24 settembre 1889, n. 6440.
[29] Cfr. N. FORNELLI, *La pedagogia e l'insegnamento classico*, Roma, Albrighi e Segati, 1908.
[30] R.D., 12 luglio 1896, n. 293.
[31] A. TONELLI, *L'istruzione tecnica e professionale di Stato*, cit., p. 30.

nel mutato clima politico e culturale dell'età giolittiana, le istanze di rinnovamento scientifico e tecnico e di sprovincializzazione della cultura nazionale, prima specifiche della cultura positivistica, sono ormai un dato incontrovertibile. Esse infatti contribuiranno alla costruzione di quella ideologia della borghesia industriale e imprenditoriale dell'epoca, artefice del primo sviluppo industriale e della diffusione di macchine e tecniche in settori sempre estesi della vita produttiva. Inoltre, sul piano più strettamente pedagogico, pur nella varietà di posizioni, il positivismo pedagogico, col suo concetto di pedagogia scientifica e soprattutto con la centralità attribuita al metodo educativo, aveva contribuito notevolmente a svecchiare l'impianto pedagogico di tipo spiritualistico[32]. Si pensi in particolare al riconoscimento, da parte della Commissione Reale, dell'esistenza di un problema dell'allievo: «Non tutti coloro che non hanno bisogno d'avviarsi a una professione debbono essere costretti a studiare il greco e il latino, ma debbono poter anch'essi avviarsi ad una scuola di cultura generale che abbia il grado e la dignità della scuola classica, e meglio risponda alle inclinazioni intellettuali degli alunni e ai bisogni della vita moderna»[33]. Ma l'apporto più importante alla elaborazione del nuovo progetto di riforma della secondaria va ricercato nell'ampio dibattico politico-pedagogico che in quegli anni si sviluppò dentro e fuori i lavori della Commissione. Non è questa la sede per una ricostruzione di quel dibattito, perché esula dall'argomento del nostro scritto e anche perché è stato già ampiamente analizzato dalla recente storiografia. Secondo Franco Cambi, solo due sono i progetti di riforma più organici, anche se tra loro contrapposti, intorno a quali si sono riconosciute le diverse sfumature e posizioni del variegato panorama che ha caratterizzato il dibattito di quegli anni: il progetto di riforma di Gentile, intorno a cui si sono galvanizzate le posizioni dei «classicisti» e il progetto di riforma di Salvemini intorno a cui si sono galvanizzate quelle dei «modernisti»[34]. Ma prima di esporre le loro posizioni, è importante, a mio parere, analizzare il contributo di Alfredo Piazzi il quale, in linea con l'analisi di Gabelli e Vidari, ha il merito di aver chiarito sul piano pedagogico alcune questioni controverse o ambigue presenti nel dibattito più politico educativo. Uno dei punti centrali di divergenza era stato quello relativo alla definizione del concetto di «cultura generale» di cui tutti riconoscevano la necessità ma divergevano nella

[32] Cfr. D. BERTONI JOVINE-R. TISARO (a cura di), *Positivismo pedagogico italiano*, Torino, UTET, 1973 e 1976, vol. I e II.

[33] MINISTERO DELLA P.I., *Commissione Reale per l'ordinamento degli studi secondari in Italia*, cit., p. 350.

[34] F. CAMBI, *Alla ricerca dell'«asse culturale» per la scuola secondaria: Gentile, Salvemini, Gramsci*, in E. BOSNA-G. GENOVESI (a cura di), *L'istruzione secondaria superiore in Italia da Casati ai giorni nostri*, cit., p. 204.

specificazione delle discipline e dei contenuti attraverso cui realizzarla. Ogni cultore di una disciplina tendeva a considerare la propria come formativa e quindi rivendicava per essa uno spazio adeguato con la conseguenza di far crescere a dismisura le ore di insegnamento, trasformando di fatto il curriculum in una enciclopedia del sapere. Di qui, la tesi tanto dibattuta della distinzione fra cultura «disinteressata», ammesso che esistano discipline disinteressate, e discipline «finalizzate» a funzioni della vita sociale o alle professioni. Le discipline considerate disinteressate e quindi formative per eccellenza sono sempre state, per tradizione, il latino e il greco a differenza delle lingue moderne e delle scienze considerate valide solo per scopi sociali e professionali. Con queste argomentazioni i sostenitori della cultura classica hanno sempre giustificato una gerarchia fra le discipline o addirittura un'esclusione di alcune di esse. Si tratta di una intrepetazione mai messa in discussione da tutta la classe dirigente, come emerge chiaramente dal dibattito; semmai le divergente emergevano quando bisognava stabilire il ruolo delle altre discipline e quindi lo spazio che queste ultime dovevano occupare nel curriculum. Rispetto a questo approccio, Alfredo Piazzi, assumendo come punto di riferimento la pedagogia di Herbart, introduce degli elementi di analisi del problema che, indipendentemente dalle proposte formulate, costituiranno un punto di riferimento del dibattito successivo proprio perché contribuiranno a chiarire i limiti di un approccio solo contenutistico e spesso sommatorio dei contenuti culturali. Infatti egli, analizzando le diverse argomentazioni, rileva che in ciascuna disciplina si possono rilevare delle qualità formali che ne costituiscono il suo carattere distintivo e degli aspetti di contenuto che ne specificano la sua funzione. Quindi tutte le discipline, proprio perché caratterizzate da una dimensione formale, possono contribuire, in egual misura, alla formazione di una cultura generale. Si tratta piuttosto, come dice Piazzi, di «rilevare quali sono i caratteri costanti che tale cultura, pur variandone il contenuto, conserva o deve conservare per meritarsi l'appellativo che l'accompagna»[35]. Inoltre, l'istruzione, intesa come acquisizione di conoscenze per assumere una dimensione formativa generale non può non essere anche educativa: «L'una cosa è intimamente congiunta con l'altra»[36]. Questo assunto porta ad un ribaltamento del rapporto allievo-disciplina. Non bisogna interessare l'allievo perché impari, come comunemente si pensa, ma al contrario apprendere è un mezzo per sviluppare l'*interesse*, nel significato herbartiano, perché le singole conoscenze, nel tempo, possono anche essere dimenticate, ciò che invece deve rimanere è l'interesse per la conoscenza, lo stimolo a continuare, anche da soli, per

[35] A. Piazzi, *La scuola media e la classe dirigente*, cit., p. 134.
[36] *Ibidem*, p. 138.

acquisirne di nuove. Servendosi di queste argomentazioni Piazzi mostra anche la fragilità della tesi dei «classicisti» secondo la quale non è rilevante ciò che si ricorda degli studi classici, o il permanere di un interesse futuro per il mondo classico, quanto l'acquisizione di quella «ginnastica mentale» che il loro studio determina, per affermare che si tratta di una tesi senza alcun fondamento pedagogico ma «frutto di immaginazione»[37]. Anche perché le discipline sono «... il risultato, l'effetto dello sviluppo del pensiero umano; sono prodotti storici, e in nessuna maniera si possono ricavare mediante deduzione da un principio generale». Quindi «La scuola deve rispecchiare la cultura di una certa epoca né suoi tratti fondamentali»[38]. Ma, per tornare ad Herbart, nel momento in cui, l'alunno, attraverso l'istruzione sviluppa le sue capacità intellettuali queste ultime si sono già «fissate» attraverso gli «oggetti dell'esperienza» e gli «oggetti» concernenti i rapporti socio-affettivi. Il risultato della interazione di queste tre direzioni costituisce la conoscenza ma anche lo sviluppo degli interessi ad essa collegati che, quindi, si specificano in empirico, speculativo, estetico, sociale. Quindi, secondo Piazzi, non vi può essere «cultura generale senza *interesse* questo deve però riuscire *multilatere*, svolgersi, cioè, secondo tutte le direzioni dianzi indicate». L'apprendimento delle conoscenze va finalizzato a questo scopo e quindi le discipline che ne costituiscono il tramite non vanno studiate di per sé e in ogni loro parte ma organizzate in vista dello sviluppo di «interessi multilaterali» e per i loro aspetti costitutivi[39]. Inoltre non è necessario che tutti gli allievi studino nella stessa misura e con lo stesso approfondimento tutte le discipline; esse possono essere studiate in maggiore e minore misura a seconda delle attitudini degli allievi, in modo che «quando uno possegga scarso talento linguistico, egli si senta di volgersi con ben maggiore lena alle lingue moderne che non alle antiche»[40].Quindi tutte le discipline in una scuola di cultura generale devono trovare il loro posto in modo da soddisfare gli intenti formali dell'istruzione e le conoscenze valide per la vita. Si tratta come si può notare di un modello pedagogico che consente di superare la vecchia concezione classicista attraverso un principio educativo che consente di dare pari dignità alle discipline e di tener conto delle differenze individuali degli allievi. Trasferendo poi questo modello educativo sul piano della politica scolastica Piazzi propone l'istituzione di un liceo classico e di uno moderno e di un istituto tecnico che assumendo come base di riferimento là sezione fisico-matematica, staccata dagli altri due indirizzi

---

[37] *Ibidem*, pp. 214-220.
[38] *Ibidem*, p. 158.
[39] *Ibidem*, pp. 137-156.
[40] *Ibidem*, p. 202.

più professionali, si configura come un liceo scientifico. Ciascuno di questi istituti sarebbe caratterizzato dalla rilevanza attribuita ad alcune discipline che ne specificano il modello culturale prevalente (latino e greco nel primo, lingue moderne nel secondo, matematica e scienze nel terzo)[41]. È in questo progetto educativo che si inserisce l'insegnamento delle lingue straniere. Il francese è previsto nel liceo classico per tutto il periodo del ginnasio; nel liceo moderno il francese del ginnasio verrebbe potenziato perché occuperebbe anche il posto del greco, non previsto in questa scuola, mentre nel liceo verrebbe insegnata una seconda lingua straniera (tedesco o inglese); nell'istituto tecnico la scomparsa anche del latino consente l'inserimento di una seconda lingua straniera per tutto il ciclo degli studi. Questa riorganizzazione e estensione dell'insegnamento delle lingue straniere, che rientra nei principi educativi prima esposti, è importante perché muta la ragione del loro insegnamento. Allo studio delle lingue straniere Piazzi attribuisce un ruolo importante come strumento linguistico con pari dignità formativa degli altri insegnamenti; come arricchimento personale e culturale quando afferma che «È desiderio di arricchirci spiritualmente quello che ci spinge a studiare il modo di sentire, di pensare e di operare delle altre nazioni, quale si manifesta nelle loro produzioni letterarie, artistiche e scientifiche»; come condizione per appartenere alla cultura moderna che va assumendo sempre più un carattere internazionale[42]. Ma senza entrare nell'articolazione specifica delle discipline previste dal piano di studio è importante rilevare che per Piazzi queste tre scuole dovrebbero godere pari diritto di accesso all'università. Della rilevanza dell'impostazione pedagogica e quindi anche della pericolosità, in termini di democratizzazione, della proposta di riforma da essa derivante si rese perfettamente conto Gentile il quale si dimostrò un accorto lettore del volume di Piazzi. Con una lunga recensione al volume e una precisazione ad un successivo scritto sempre di Piazzi (*Ancora sulla libertà degli studi nella scuola media*), Gentile ha anche modo di precisare alcune posizioni su argomenti specifici che non sempre erano emerse con la stessa chiarezza negli scritti teorici e di più ampio respiro[43]. In particolare, se tralasciamo lo stile polemico col quale Gentile era solito rispondere ai suoi avversari, riferendosi al principio educativo richiamato da Piazzi, dice: «Certo,

---

[41] *Ibidem*, pp. 325-346.

[42] *Ibidem*, pp. 233-245.

[43] G. GENTILE, *Libertà ed eclettismo nella scuola media*, in «Critica», II (1904), poi in *La nuova scuola media*, Firenze, Vallecchi, 1925, pp. 55-70. Per il pensiero educativo e scolastico, vedi: *Sommario di pedagogia come scienza filosofica*, 2 voll., Bari, Laterza, 1914; *Scritti pedagogici. Educazione e scuola laica*, Milano, Treves-Treccani, 1932; *La riforma della scuola in Italia*, Firenze, Le lettere, 1989.

in quel principio c'è una grande verità: che l'istruzione nella scuola media, in quanto scuola di cultura generale, debba essere educativa, formativa di tutti i momenti dell'attività dello spirito»[44]. Inoltre non può non riconoscere a Piazzi il merito – citando lo stesso Piazzi – di aver utilizzato Herbart per «rannodare le sue idee a una dottrina consistente e rispettata» e soprattutto per la rilevanza attribuita al valore formale delle discipline e al concetto di *interesse*[45]. Ma di questi concetti non può certo condividere le implicazioni che ne trae Piazzi dal punto di vista di una ipotesi di riforma della secondaria. In questi casi Gentile quasi sempre ricorre ad un analisi teoretica per invalidare le posizioni altrui per cui accusa Piazzi di mancanza di coerenza logico-filosofica quando definisce le discipline un prodotto storico perché passerebbe da un teoria formalistica ad una che annette valore ai contenuti delle singole discipline; quando attraverso il concetto di *interesse multilatere* legittima una pluralità di percorsi scolastici tutti egualmente formativi perché introdurrebbero un principio di «molteplicità» in contrasto con lo sviluppo dello spirito assoluto che è «unicità»[46]. Ma non è questa la sede per un'analisi sia pure sommaria del complesso quadro filosofico da cui Gentile fa derivare il suo modello educatico né evidenziare come, al contrario, abbia fornito una giustificazione teorica all'esistente, conservando il modello tradizionale di «studi classici». Per il problema di cui ci stiamo occupando basta ricordare che anche per Gentile «Bisogna abbandonare il problema insolubile della determinazione dell'enciclopedia in miniatura, e procurar di chiarire il concetto dell'istruzione formale, che è merito incontestabile di Herbart aver chiaramente enunciato in pedagogia»[47]. Solo che per Gentile «questo concetto di una cultura formale è determinabile in modo unico e identico per tutti, perché esso solo si fonda non sulle attitudini, le tendenze, le predilezioni, le cognizioni personali, variabili da individuo a individuo, da nazione a nazione, da tempo a tempo, ma sulla immanente natura dell'uomo»[48]. Inoltre per Gentile l'insegnamento nella scuola secondaria non può essere scientifico perché essa è una scuola di preparazione alla scienza; spetta all'università dare la scienza. Alla scuola secondaria compete il compito di preparare, di far nascere i problemi, di suscitare il bisogno della scienza. A questo scopo, continua Gentile, è fondamentale destare l'interesse, come diceva Herbart, perché in esso è il vero problema della secondaria.

[44] G. GENTILE, *Libertà ed eclettismo nella scuola media*, cit., p. 64.

[45] *Ibidem*, p. 60.

[46] *Ibidem*, p. 62.

[47] G. GENTILE, *La riforma della scuola media*, in «Rivista d'Italia», gennaio 1906, poi in *La nuova scuola media*, cit., pp. 95-96.

[48] *Ibidem*, p. 96.

Solo che per Gentile l'*interesse* perde il significato di *inter-esse*, inteso come interazione del soggetto con i dati dell'esperienza e con gli oggetti con cui gli uomini entrano in rapporto su cui poi basare, per ogni allievo, il processo di apprendimento, ma solo come stimolo, mezzo per accostarsi alla scienza[49]. Per Gentile la funzione principale della scuola è la formazione dell'uomo che è alla base della stessa scienza. Poiché ogni educazione è educazione dello spirito «la filosofia diviserà gli ordini e i programmi delle scuole, guardando ai gradi e alle attività dello spirito. Intendere pertando questo spirito è intendere insieme le ragioni d'ogni buon ordinamento scolastico». Così Gentile attraverso questo *discorso* demanda alla filosofia, la sua, il compito di determinare l'ordinamento scolastico. La lingua è la forma dello spirito «che elabora il suo contenuto storico per mezzo dell'analisi, della sintesi e della riflessione» Qualsiasi contenuto culturale, continua Gentile, s'informa ad una *lingua* e quindi senza di essa non vi è pensiero. Il *pensiero*, a sua volta, va distinto in *coscienza* (storia e scienza) e in *riflessione* (filosofia). Quindi la lingua, la storia, la sintesi, l'analisi e la riflessione costituiscono tutta la natura dello spirito che è poi il vero soggetto dell'educazione[50]. Attraverso questo percorso Gentile delinea i principi della sua «educazione umanistica» che, in quanto tale, è «preparazione alla scienza e alla vita»; per far derivare da quest'ultima il piano di studio della scuola classica. «La cultura formale della scuola media è dunque cultura essenzialmenete umanistica» perché solo essa può dare all'uomo la «coscienza del suo essere». Per Gentile la cultura umanistica deve essere soprattutto letteraria e filologica in quanto la letteratura è l'espressione più piena dell'animo umano e la filologia è lo strumento necessario per far capire a pieno la letteratura. Ma se la lingua, espressione dello spirito, è quella nazionale essa è impossibile senza la conoscenza della lingua latina e della lingua greca sia perché la nostra deriva da queste ultime sia perché anch'esse «forme del pensiero» e in quanto tali sono anche lingue «vive». È a partire da questi presupposti che Gentile riconosce, in linea di principio, alle lingue straniere moderne un ruolo formativo, richiamandosi per la lingua francese alle considerazioni di Brunetière espresse in *Énquete sur l'enseignement secondaire* (Paris, 1889, t. I, p. 182) sul rapporto pensiero e linguaggio e sull'importanza degli studi classici anche per lo studio delle lingue moderne[51]. Inoltre le considera, come aveva già osservato Piazzi, strumento fondamentale per conoscere i grandi scrittori dell'umanità e per

---

[49] *Ibidem*, pp. 84-95.

[50] G. Gentile, *L'unità della scuola media e la libertà degli studi*, in «Rivista filosofica», marzo-aprile 1902, poi in *La nuova scuola media*, cit., p. 28.

[51] *Ibidem*, p. 39.

studiare il contributo che alle scienze viene dato sul piano internazionale. Anche se poi, nell'articolazione pratica del *curriculum*, di fronte all'appesantimento dell'orario scolastico, le pone in secondo piano rispetto alle lingue classiche considerate più congruenti con l'obiettivo di una coscienza nazionale. Ma da questo concetto di umanesimo non è esclusa la storia, nel senso più largo del termine, in quanto coscienza dell'uomo nelle sue varie forme di attività teoretiche e pratiche. Quindi una storia che attraversa tutti gli insegnamenti a cui si affiancano le scienze che hanno il compito di mettere ordine nelle rappresentazioni esteriori. Tocca, invece, alla filosofia far riflettere l'uomo sulla sua natura attraverso «i tanti atteggiamenti della letteratura, le varie vicende della storia, le direzioni diverse delle scienze»[52]. Si tratta di un modello pedagogico e culturale di tipo «circolare», o gentilianamente *dialettico*, nel senso che la filosofia stabilisce i presupposti teorici di partenza per ritornare alla filosofia intesa come cemento unificante e punto di arrivo del modello culturale stesso. Come scrive Cambi: «L'*asse culturale* indicato da Gentile ruota attorno al trinomio, di lingue classiche, storia e filosofia, strette tra loro con un forte nesso dialettico, poiché le lingue classiche danno spessore storico alla lingua nazionale e tutte quante si articolano nel loro processo storico, per rendere chiaro quest'ultimo alla luce della filosofia, che è poi necessariamente risolta in storia della filosofia»[53]. Un modello culturale classista perché per la sua sopravvivenza Gentile ipotizza una proposta di riforma scolastica che nella sua articolazione prevede un ginnasio-liceo, inteso come via maestra per la formazione della classe dirigente, che per la sua sopravvivenza ipotizza alcune scuole parallele di dirottamento e una serie di meccanismi di selezione tendenti da un lato a dare a ciascuna classe sociale una propria scuola e dall'altro a scoraggiare ogni aspirazione di ascesa scolastica delle classi sociali medio-basse. Elitario perché in netto contrasto con le richieste emergenti dalla società in quanto sottovaluta l'importanza delle scienze ed esclude la dimensione tecnologica che sono invece il portato di quello «spirito scientifico», espressione culturale del tempo e che, con grande lucidità e capacità prospettica, aveva prospettato Vidari alla fine del secolo scorso. Ma non certo un modello «astratto» quello di Gentile, se si considera che trasformato in legge circa quindici anni dopo, la «Riforma Gentile» è sopravvissuto almeno fino agli anni sessanta passando attraverso una serie di modifiche parziali al sistema scolastico e soprattutto attraverso cambiamenti politico culturali epocali per il nostro paese. Ricercare le ragioni di questa sopravvivenza non rientra nell'argomento di cui ci stiamo occupando. È importante rilevare, invece,

---

[52] *Ibidem*, pp. 40-43.
[53] F. Cambi, *Alla ricerca dell'«asse culturale» per la scuola secondaria*, cit., p. 210.

che, se è vero che il modello gentiliano rivitalizza gli «studi classici» in crisi è altrettanto vero che questa scelta gli consente di inserire la sua concezione ideologica in una tradizione scolastica e culturale così consolidata e radicata ma anche così diffusa nella classe «colta» italiana, come diceva Gramsci, da essere condivisa anche da larghi strati dello schieramento «modernista». Inoltre il modello culturale, al di là delle diverse sfumature, è l'espressione di quella corrente di pensiero, comunemente chiamata idealismo e/o storicismo italiano, che fu egemone nella cultura italiana per almeno tre decenni e ampiamente diffusa anche dopo, soprattutto nelle istituzioni scolastiche e culturali. Anche Salvemini che si muove in un'area politico-ideologica opposta a quella di Gentile condividerà con lui la difesa di una cultura classica per le élites e quindi un progetto scolastico conservatore anche se giustificato con motivazioni diverse. Non è questa la sede per un'analisi del pensiero salveminiano e soprattutto per rilevare l'eclettismo ideologico e gli aspetti contraddittori che lo caratterizzano, così come i suoi interpreti con sfumature diverse hanno evidenziato[54]. Per l'argomento di cui ci stiamo occupando basta ricordare che Salvemini partendo da un assunto «deterministico» del rapporto-scuola società, sostiene che la scuola, che è in funzione della società, deve essere l'espressione di quest'ultima e quindi deve articolarsi in funzione delle esigenze delle diverse classi sociali in cui essa è divisa. Tesi che tradotta sul piano dell'ordinamento scolastico significa una netta separazione fra la scuola popolare per tutti e la scuola secondaria, che a sua volta deve essere divisa fra scuola tecnica legata agli impieghi e alle professioni per i ceti medi e scuola classica per la formazione della classe dirigente. Si spiega così la sua ferma opposizione alle ipotesi di scuola unica dagli 11 ai 14 anni formulate all'interno della Commissione Reale conclusasi con le sue dimissioni dalla stessa insieme ad altri e che fu notevolmente condizionante delle scelte riformatrici elaborate in età liberale perché sul piano della politica scolastica si saldarono, nei fatti, con lo schieramento reazionario e classista. Un progetto, quello di Salvemini, che come ha rilevato Borghi, non solo legittima «una gerarchia di valori sociali fondata specialmente sulle condizioni economiche»[55] ma che non concepisce la scuola come strumento di ascesa sociale e quindi di democrazia. Sul piano

[54] La letteratura su Salvemini è sterminata. Per il presente lavoro ci limitiamo a: Aavv, *Atti del Convegno su Gaetano Salvemini*, Milano, Il Saggiatore, 1977; E. Garin, *Gaetano Salvemini*, in *Tra due secoli. Socialismo e filosofia in Italia dopo l'Unità*, Bari, De Donato, 1983; L. Borghi, *Educazione e autorità nell'Italia moderna*, cit.; Id., *introduzione* a G. Salvemini, *Scritti sulla scuola*, Milano, Feltrinelli, 1964; G. Ricuperati, *Il problema della scuola da Salvemini a Gramsci*, in «Rivista storica italiana», 4, 1968.

[55] L. Borghi, *Educazione e autorità nell'Italia moderna*, cit., p. 145.

dell'organizzazione degli studi, per quanto elabori un modello educativo e culturale più organico nell'ambito dello schieramento dei progressisti e che si esprime soprattutto nella proposta di un liceo moderno, pur tuttavia continua a sostenere la supremazia della scuola classica perché egli ritiene che soltanto quest'ultima «... sarà la palestra degli ingegni migliori; e della scuola classica continueranno a servirsi tutte le famiglie le quali desidereranno che le menti dei loro figli ricevano un'impronta di raffinamento e di aristocrazia intellettuale». In pratica, dice Borghi, il Salvemini che aveva dedicato il suo impegno politico e sociale a combattere i mali dello Stato italiano e quindi della sua classe dirigente «non era capace di spezzare il cerchio delle idee della élite intellettuale»[57]. Per la elaborazione del modello educativo, anche Salvemini, richiamandosi esplicitamente alle argomentazioni del Piazzi, critica il concetto di cultura generale che in molte proposte di riforma della scuola si esprimeva attraverso una cultura enciclopedica e soprattutto il nozionismo dei programmi sotteso a tale concetto di cultura. Per Salvemini «La scuola non deve dare all'alunno che il desiderio del sapere, alcuni fra gli strumenti più adatti alla conquista di esso, e la disciplina intellettuale e morale necessaria a bene studiare e bene operare». Non è importante la quantità di nozioni che egli avrà modo di apprendere nell'arco di tempo dei suoi studi che è sempre un numero esiguo rispetto al numero di fatti e conoscenze che caratterizzano il sapere umano quanto acquisire gli strumenti che gli consentono di «procurarsi da sé nella vita la nozione dei fatti di cui avrà via via bisogno, e soprattutto l'abitudine dello sforzo intellettuale e del metodo nel lavoro»[58]. Inoltre per Salvemini la scuola che ha il compito di formare l'uomo e il cittadino deve far acquisire «il gusto della iniziativa personale, la forza e il coraggio di essere se stesso, l'attitudine a servirsi rettamente della sua ragione e della sua volontà, il sentimento più alto che sia possibile della dignità umana, la disposizione a guardare i fenomeni da più lati e dall'alto, la capacità di comportarsi davanti a qualunque questione, non come un pappagallo dotto, ma come un uomo – ignorante sì, ma capace di osservare, capire, rettamente volere, energicamente operare»[59]. Si tratta, come si può notare, di un obiettivo educativo opposto a quello gentiliano in cui è preminente un concetto di cultura critica che, in quanto tale, è scientifica, laica e pluralista. Questo modello educativo e culturale che per Salvemini deve essere alla base dell'organizzazione del curriculum dei tre indirizzi in cui deve essere organizzata la scuola secondaria (classico

[56] G. SALVEMINI, *Scritti sulla scuola*, cit., pp. 443-444.
[57] L. BORGHI, *Educazione e autorità nell'Italia moderna*, cit., p. 146.
[58] G. SALVEMINI, *Scritti sulla scuola*, cit., p. 283.
[59] *Ibidem*, p. 304.

e moderno da un lato e tecnico dall'altro) trova la sua più completa estrinsecazione nell'indirizzo moderno. In esso sono proprio le lingue moderne e gli insegnamenti scientifici ad assolvere a questa funzione. Per quanto le argomentazioni si richiamino a quelle già proposte da Piazzi e da altri in Salvemini acquistano una forza argomentativa e una unitarietà contenutistica intorno all'asse lingua, scienza e storia che ne fanno la proposta più convincente e insieme più «paritaria» rispetto a quello classico, malgrado lo stesso Salvemini consideri, come abbiamo riferito prima, l'indirizzo moderno inferiore a quello classico. In particolare, per Salvemini la scuola moderna, che dovrebbe essere istituita in concorrenza con la scuola classica, dovrebbe ottenere attraverso lo studio delle lingue moderne e delle scienze gli stessi effetti educativi che si richiedono alla scuola classica; inoltre deve avere lo stesso valore formale e gli stessi diritti per l'ammissione a tutte le facoltà universitarie. Sono queste le condizioni minime per evitare che si ripeta il verificarsi di squilibri fra gli indirizzi come quelli che hanno determinato il sopraffollamento della scuola classica. Problema che non si risolve chiudendo l'accesso alla scuola classica a quel ceto, la media borghesia, che secondo Salvemini è quello che preme per un'istruzione superiore, solo che la vorrebbe meno formale e più legata al mondo attuale[60]. Di qui la proposta di una scuola più adatta a loro che proprio partendo dalle lingue moderne e dalle scienze che per Salvemini hanno lo stesso valore formativo se «comunicate dapprima come strumenti di cultura intellettuale disinteressata» Perché, dice Salvemini «... questa elevata educazione, che deriva dal metodo formativo dell'insegnamento, non dalla materia dello studio, sarà più docilmente tollerata in grazia dei risultati utilitari collaterali che lo studio arrecherà, e in questi risultati il maestro troverà un notevole aiuto ad invogliare gli alunni al lavoro e condurli al grado di educazione intellettuale che si è prefisso»[61]. Ma lo scopo della scuola moderna è di avviare gli alunni, al pari della classica, «a tutti gli studi superiori e alla vita civile con una solida educazione intellettuale e morale» ottenibile con il «metodo umanistico con cui gli insegnamenti sono impartiti» e non necessariamente con le lingue e le letterature classiche. Queste affermazioni vengono, nello scritto citato, argomentate e motivate attraverso un'attenta e particolareggiata risposta a tutte le critiche dei classicisti verso le lingue moderne e il loro studio per mostrare come queste ultime sono altrettanto valide al fine di un'educazione intellettuale, morale e civile[62]. Questi progetti, nel variegato panorama delle posizioni di quel periodo, si intrecciarono e condizionarono i lavori della

---

[60] *Ibidem*, pp. 450-462.
[61] *Ibidem*, p. 446.
[62] *Ibidem*, pp. 445-446 e 462-473.

Commissione Reale che, com'è noto, propose l'istituzione di tre tipi di liceo: classico, scientifico e moderno, che sulla base di una serie di discipline comuni si caratterizzeranno per l'insegnamento di alcune discipline specifiche. Al latino e greco nel liceo classico e alla matematica e alle scienze nel liceo scientifico corrispondono le lingue moderne nel liceo moderno « di carattere letterario, il quale è destinato a formare la cultura generale del giovane per mezzo della conoscenza del mondo moderno e della sua civiltà; ... a conoscere la quale è mezzo principalissimo l'apprendimento delle lingue vive, considerate non solo come loquele e strumenti di comunicazione pratica, ma anche come diretti organi di conoscenza etnologica, storica e spirituale delle nazioni a cui appartengono»[63]. Nel nuovo liceo resta l'insegnamento del solo latino e nello studio delle lingue moderne acquista particolare importanza la conoscenza delle letterature straniere. Anche il liceo scientifico prevede lo studio delle lingue moderne in misura pressoché analoga al liceo moderno ma condotto su programmi diversi. Di questo progetto sarà realizzato per legge solo il liceo moderno che dall'anno scolastico 1911/12 entrerà in funzione a partire dalla quarta ginnasiale e in poche sedi. Nel 1913 verranno promulgati i programmi del nuovo liceo che prevedono l'insegnamento del francese dalla quarta ginnasiale fino al primo liceo e dell'inglese e del tedesco nel solo liceo. Questo è l'anno in cui per la prima volta lo studio delle lingue straniere compare anche nei programmi dell'istruzione professionale e in particolare nelle scuole e negli istituti industriali e commerciali. Bisognerà attendere proprio la riforma Gentile perché le lingue straniere trovino un assetto più completo. Infatti il loro insegnamento verrà previsto in tutti i tipi di scuole e in alcuni indirizzi anche la possibilità di una seconda lingua oltre il francese e in alcuni casi anche la possibilità di scelta fra le lingue. Per quanto permanga in alcune scuole il concetto utilitaristico del loro insegnamento, viene riconosciuto il principio del valore formativo delle lingue straniere moderne.

Se l'analisi sinora compiuta ci consente di capire, almeno nelle linee generali, il difficile cammino che le lingue moderne hanno dovuto compiere per il loro inserimento ufficiale nella scuola, l'esame dei programmi consente di sapere invece il tipo di conoscenze e di funzione che veniva attribuito al loro insegnamento. Come a volte, in attesa di un provvedimento di riforma, registrano delle proposte innovative provenienti dalla realtà scolastica e sociale. Mi limiterò a riferire in breve dei programmi più significativi promulgati dal 1860[64].

[63] Ministero della P.I., *Commissione Reale per l'ordinamento degli studi secondari in Italia*, cit., p. 355.

[64] Per un'analisi dei programmi e dei metodi del periodo preso in considerazione, vedi: G. Ghiotti, *Il riordinamento degli studi tecnici e i nuovi programmi*, in «La lingua francese nelle

I programmi della scuola tecnica del 1860[65] sono per intanto programmi di esame come di norma furono per molto tempo e quindi indicano ciò che l'allievo deve sapere alla fine dell'anno e non danno indicazioni sulle finalità educative da perseguire. Il programma, diviso per anni, ha una parte preliminare costituita da: regole di pronucia, segni ortografici, tavola sinottica delle terminazioni dei verbi, formazione dei tempi, coniugazione dei verbi ausiliari e dei verbi regolari.In seguito la grammatica è scandita nei due anni secondo la divisione tradizionale delle parti del discorso contenuta in un libro di testo: nome, articolo, aggettivo, pronomi, verbi, ecc.. Questo può significare che dopo un approccio di tipo intuitivo e mnemonico su alcuni elementi essenziali si passa allo studio grammaticale vero e proprio secondo la scansione consolidata dal semplice al complesso (per esempio, lo studio del verbo effettuato nel primo anno viene ripreso l'anno successivo per le forme complesse e per le eccezioni così dallo studio delle singole parti del discorso si passa allo studio della morfologia e della sintassi). Comunque uno studio fondamentalmente basato sulla conoscenza della grammatica. Il riferimento, nella legge, allo studio della lingua per scopi pratici e legati all'uso professionale riguarda invece gli esercizi, le traduzioni e i brani di lettura scelti dagli autori e soprattutto la scrittura di lettere e atti diversi riguardanti gestione ammistrativa e attività commerciale.

I programmi del 1867[66] segnano un passo in avanti notevole. Essi compaiono insieme a quelli di lingua italiana per sottolineare la reciprocità di apprendimento delle due lingue che viene evidenziata in una premessa comune ai due programmi. Nelle istruzioni allo studio della lingua francese si precisa che il suo insegnamento ha per scopo quello di imparare a parlarla e non di conoscerla teoricamente. Quindi il suo insegnamento deve essere realizzato con «un metodo pratico e analiticamente graduale» abituando gli alunni a conversare e parlare francese dall'inizio senza preoccuparsi dei possibili errori; deve svolgersi attraverso un continuo confronto con la propria lingua sia per le forme grammaticali sia per i modi e le forme espressive di specifici concetti. Inoltre, sempre nelle istruzioni, si attenua il valore prescrittivo dei contenuti del programma sottolineando che il programma non va «religiosamente osservato» ma va considerato come traccia da seguire. Anche le indicazioni specifiche del programma, previste per i due anni,

scuola secondarie italiane», Anno II (1885), n. 11, pp. 129-138 e Anno II (1885), n. 13, pp. 153-160; R. Lovera, *L'insegnamento delle lingue moderne*, in «Bollettino di filologia moderna», Anno III (1901), n. 1, pp. 3-12 e Anno III (1901), n. 2, pp. 17-24; C. Pellandra, *Le débat sur la méthode directe en Italie* in «Études de Linguistique Appliquée», Avril-Juin 1993, n. 90, pp. 41-49.

[65] R.D., 19.IX.1860, n. 4315.
[66] R.D., 10.X.1867, n. 1942.

rispecchiano questa impostazione: viene dato maggiore spazio al dialogo, alla lettura e perfino l'analisi grammaticale deve essere svolta a voce.

I programmi del 1885[67], che registrano una estensione dell'insegnamento nei tre anni di corso con un complessivo raddoppio delle ore, sembrano un piccolo trattato di consigli per gli insegnanti. Se la premessa ai programmi del 67 sembrava registrare la preoccupazione di un appesantimento nozionistico e grammaticale nello studio della lingua i programmi dell'85 sembrano mettere in guardia gli insegnanti da una serie di errori in cui possono incorrere nell'insegnamento. Nell'invitare a coordinare l'insegnamento della pronuncia con quello dell'ortografia ci si dilunga, attraverso note a piè pagina, ad esemplificare una serie di errori di pronuncia e scrittura in cui si può incorrere. Così quando si indicano i vari argomenti grammaticali si approfitta per fornire consigli su come presentare alcune regole su quali aspetti soffermarsi e quali trascurare. Nella premessa viene ribadita e meglio specificata la finalità dell'insegnamento già espressa nei programmi. Quanto ai rapporti con la lingua italiana si parla esplicitamente di metodo comparativo e si mette in guardia l'insegnante dall'uso di metodi usati in Francia per lo studio della lingua francese. Si precisa meglio nella scansione annuale l'obiettivo specifico da raggiungere che per il primo anno è la corretta pronuncia, per il secondo la grammatica elementare, e per il terzo l'uso della lingua.

Come si può rilevare i programmi del 1867 sono caratterizzati da uno snellimento della parte grammaticale e dalla proposta di utilizzare la lingua italiana come base di riferimento per l'apprendimento della lingua francese. L'estensore dei programmi sembra aver tenuto conto dei risultati dell'inchiesta nazionale del 1865, promossa dal Ministero, dalla quale era emerso come dato comune a tutti gli ordini di scuola, dalle elementari in poi, il dislivello fra il tipo di conoscenze che il legislatore con i programmi del 1860 intendeva far acquisire e le effettive possibilità che si potevano perseguire in così diversificate situazioni sociali, geografiche e scolastiche. Inoltre un programma di lingua straniera, tutto basato su una conoscenza grammaticale, esemplificata su quella latina, mal si adattava ad allievi appena usciti da una scuola elementare estremamente debole e che a mala pena erano in grado di parlare correttamente la lingua italiana. Anche i programmi del 1885 sembrano aver risentito degli scarsi risultati scolastici e soprattutto delle discussioni che intorno ad essi si erano sviluppate in quegli anni e che avevano investito non solo la scarsa preparazione degli allievi provenienti dalle elementari ma anche l'incompetenza degli insegnanti che nella maggior parte dei casi non avevano padronanza della lingua. Si spiegano così tutte quelle informazioni e quei consigli su come affrontare alcuni

[67] R.D., 21.VI.1885, n. 3413.

problemi di pronuncia e su come graduare, in rapporto alle difficoltà specifiche della lingua francese, lo studio della grammatica. Oltre a questi aspetti specifici, i programmi del 1885, dal punto di vista metodologico-didattico mi sembrano riflettere l'impostazione pedagogica positivistica.

Questa attenzione al problema metodologico non sembra riguardare le altre scuole. Il programma del francese nella scuola complementare del 1896[68], dopo un richiamo, nell'introduzione, all'uso della lingua francese successivo al primo anno di insegnamento, si limita a scandire nei tre anni il corso di grammatica. Se dal punto di vista dei contenuti il modello di riferimento è il programma della scuola tecnica non ci si spiega perché non lo è anche dal punto di vista metodologico.

Il primo programma di francese per il ginnasio, del 1892[69], propone invece, nei tre anni, lo studio della grammatica secondo lo schema classico previsto per la grammatica italiana e latina. Il che significa, come disse Piazzi, «studiare una lingua viva come se fosse una lingua morta»[70].

Quando nel 1905 la Commissione Reale, sulla base delle risposte al Questionario e dopo aver consultato tre esperti, esprime la propria opinione sull'insegnamento della lingua francese nei ginnasi, nelle scuole tecniche e nelle scuole complemetari, dichiara che il «profitto è troppo scarso per cause molteplici». Dopo aver rilevato che anche nella sezione fisico-matematica i risultati non sono migliori, malgrado la diversa età e quindi scolarizzazione degli allievi, passa ad analizzare le cause dell'insuccesso. Per la Commissione esse sono: il sovraccarico di ore e di materie insegnate, la difficoltà di uso della lingua per il forte retaggio dialettale presente in molte zone d'Italia, per il metodo grammaticale comunemente seguito e, soprattutto, per la scarsa preparazione degli insegnanti, che è scarsa preparazione di base, non risolvibile con criteri più o meno selettivi di assunzione, ma attraverso il conseguimento come per gli insegnanti di lingue classiche e di lingua italiana, del diploma di Laurea. Passando poi a formulare delle proposte su come «riparare al manchevole insegnamento delle lingue moderne» indica in sostanza l'uso, sin dalle prime lezioni, del metodo pratico e diretto o naturale seguito, man mano che gli allievi aquistano padronanza della lingua, dalla riflessione analitica grammaticale. In sostanza la Commissione, attenta al dibattito che aveva accompagnato i suoi lavori e alle esperienze didattiche più avanzate, fa proprie le argomentazioni più orientate verso un riconoscimento del valore formativo delle lingue moderne[71].

[68] Legge 12.VII.1896, n. 293.
[69] R.D., 5.X.1892, n. 690.
[70] A. PIAZZI, *La scuola media e la classe dirigente*, cit., p. 235.
[71] MINISTERO DELLA P.I., *Commissione Reale per l'ordinamento degli studi secondari in Italia*, cit., pp. 378-382.

2. Prospettive e limiti della formazione scientifica nella scuola di base

Credo sia opportuno, pur nei limiti di una introduzione ai lavori di questo seminario, che prevedono due relazioni specifiche su l'insegnamento scientifico, rilevare alcune questioni relative alla difficoltà che ha incontrato e incontra l'educazione scientifica nella scuola di base, per le divergenze rispetto al suo ambito di intervento e, soprattutto, per la difficoltà di una sua definizione come progetto culturale e pedagogico. Le divergenze emergono quando dall'unanime convinzione della necessità di una educazione scientifica si passa alla sua definizione, per cui si oscilla tra il concetto di una educazione scientifica intesa come condizione per una più efficace produttività in una società tecnologica e quello per cui si sottolinea il *valore* educativo di *per sé*: l'educazione scientifica o quale strumento per capire e trasformare la realtà o quale condizione indispensabile per la conquista della propria libertà. Conseguente a queste definizioni l'ambito di incidenza che le viene attribuito: finalità educative generali o solo specifiche; formazione scientifica intesa come atteggiamento, modo di rapportarsi alla realtà o acquisizione di metodi e conoscenze specifiche. Sono alternative e scelte che si riflettono in modo determinante sulla specificazione delle discipline afferenti all'area scientifica e quindi sul tipo di contenuti da privilegiare e sui metodi di insegnamento da adoperare, con la conseguenza che molte delle affermazioni di principio finiscono per contrapporsi e contraddirsi.

Le ragioni di tutto questo vanno ricercate nel rifiuto politico-ideologico della cultura scientifica e quindi della educazione scientifica. Lo stato di arretratezza, che mi permetterei di definire storico, è sin troppo noto per dover essere qui ricordato, se non fosse per rilevare quegli aspetti che ancora incidono negativamente sulla problematica che tale insegnamento comporta e soprattutto sulla elaborazione di un progetto organico quale condizione indispensabile perché l'educazione scientifica diventi patrimonio culturale degli insegnanti e quindi modello educativo e didattico interiorizzato, così determinando un effettivo cambiamento della prassi educativa.

Il progetto educativo che la classe dirigente ipotizza, a partire dalla formazione del nuovo Stato unitario, è caratterizzato: 1) da una scuola elementare che – fatta eccezione per la parentesi dei programmi Gabelli i quali valorizzano l'esperienza e l'osservazione – considera l'educazione scientifica estranea all'istruzione del cittadino al quale, per altro, invece del leggere scrivere e far di conto, si vuol far acquisire un atteggiamento di sostanziale accettazione dei valori dominanti che, si badi, non sono esplicitamente quelli che a volta a volta si determinano storicamente (risorgimentali, positivisti, liberali, idealistici) ma quelli cosiddetti «eterni» (Dio, Patria, ecc.) con i quali si riesce a controllare meglio i primi; 2) da un'istruzione tecnico-professionale che stenterà a definirsi come tale, e sulla quale il richiamo alle scienze è occasionale e strumentale, perché finalizzato a scopi pratici e applicativi; 3) da una scuola secondaria classica, destinata alla formazione della classe dirigente, per la quale la formazione è sostanzialmente umanistico-filosofica, e che, quindi, prevede l'insegnamento della matematica sin dal ginnasio inferiore per il suo rigorismo e formalismo mentre rinvia l'insegnamento delle scienze naturali nel liceo come integrazione conoscitiva all'interno del modello di cultura enciclopedica, più o meno perseguito e dichiarato dai programmi.

Agli inizi di questo secolo le mutate condizioni economiche e sociali del Paese sembravano aver favorito un'apertura della scuola verso una cultura moderna e quindi più adeguata alla realtà del tempo: si pensi, per esempio, alla nascita del liceo moderno, che prevede un approccio sperimentale alle scienze naturali e a quel certo sviluppo della sezione fisico-matematica dell'Istituto Tecnico. Purtroppo gli interessi, anche dell'area progressista, si galvanizzarono di nuovo intorno ai pericoli rappresentati da un allargamento della base sociale degli iscritti al ginnasio-liceo, per cui l'idea di un'apertura della scuola alla società moderna non diventò mai un progetto culturale.

La riforma Gentile anche grazie alla debolezza interna e alla settorialità delle proposte dello schieramento favorevole ad uno sviluppo dell'insegnamento delle scienze, accentuò il carattere umanistico-filosofico della scuola a scapito di una educazione scientifica. Ma ciò che più conta è che la gerarchizzazione degli ordini scolastici e, al loro interno, degli insegnamenti viene giustificata e fondata all'interno di una concezione culturale che è congruente con il modello culturale sociale egemone, per cui si viene a realizzare una correlazione positiva fra il curricolo scolastico «esplicito» e quel curricolo «latente» che condiziona maggiormente il lavoro educativo in quanto espressione dei bisogni e delle richieste interne alle forze dominanti nel contesto sociale.

Non si spiegherebbe altrimenti la sopravvivenza nel dopoguerra di un progetto educativo che non solo continua ad escludere l'educazione scientifica nella scuola di base ma che quando la include, come nei programmi

Ermini, le attribuisce come obiettivo quello di «destare e chiarire nel fanciullo il senso in lui già presente, della bellezza e dell'armonia del creato».

È sulla base di tali considerazioni che l'inserimento nel piano di studio della scuola media unica, nel 1963, delle «Osservazioni ed elementi di scienze naturali» ci pare sia un fatto positivo sia pure nei limiti della proposta programmatica in cui si esprime e per altro comprensibile in quanto mancava un progetto teorico e l'unica esperienza di riferimento era data dalle classi «in esperimento» di scuola media unificata iniziate nel 1960. Di tutto questo Lucio Lombardo Radice era consapevole quando nella relazione introduttiva ad un convegno dell'Istituto Gramsci di Roma, nel 1963, su «L'insegnamento scientifico nella scuola obbligatoria», rilevava che i programmi non si muovevano certo in direzione di un'educazione scientifica, perché esprimevano un concetto di «ambiente naturale» vecchio di cinquant'anni e connesso ad un concetto dell'osservazione, sperimentazione e riflessione empirico, episodico e sganciato da un quadro di riferimento generale dello sviluppo della scienza. Perciò il convegno anche se si collocava all'interno del dibattito, anzi delle polemiche, sulla soluzione data alla scuola media unica e ai programmi che in quel periodo una commissione di esperti di fiducia del Ministro stava approntando si poneva come obiettivo una riflessione complessiva sulla educazione scientifica nella scuola di base, intesa come uno degli assi educativi e formativi fondamentali per una formazione del cittadino di una società moderna e democratica. Il relatore nel rilevare lo stato di arretratezza dell'educazione scientifica e le ragioni politiche e culturali che lo determinarono e a cui ho fatto cenno prima, concludeva che per spostare l'asse educativo a favore di una cultura scientifica era necessario maturare un nuovo concetto di cultura, che superasse, da un lato la concezione naturalistica della scienza e, dall'altro, la concezione idealistica della filosofia attraverso un più stretto rapporto fra pensiero scientifico e pensiero filosofico, possibile solo attraverso una diversa concezione del mondo[1].

Condizione, questa, ribadisce M.A. Manacorda, indispensabile, perché «non si può fare una scelta nel campo pedagogico, né arrivare a definizioni di tipo metodologico se non si parte da una precisa posizione sulla collocazione generale della scienza nella cultura, nel rapporto fra scienza e pratica»[2].

Ma se la critica ai programmi, in particolare della media, era rivolta allo schieramento cattolico, che strumentalmente aveva recepito alcuni aspetti

[1] Cfr. L. LOMBARDO RADICE, *La scienza nella scuola e nella società italiana*, in «Riforma della Scuola», Anno IX, n. 6-7, 1963, pp. 5-13.

[2] M.A. MANACORDA, *Collocazione delle scienze nella cultura*, in «Riforma della Scuola», cit., p. 4.

pratici, didattici e parziali delle proposte metodologiche dell'attivismo, all'interno di una concezione pedagogica cattolico-idealistica, investiva anche lo schieramento laico. In particolare quell'area che, richiamandosi a J. Dewey, riteneva prioritaria per la formazione di un cittadino consapevole e partecipe della vita sociale, una educazione fondata sull'esperienza diretta e personale sulla valorizzazione dei modi e dei processi di apprendimento di ciascun soggetto educativo, sulla scoperta o riscoperta personale più che sulle conoscenze date. Di qui la valorizzazione di un «atteggiamento» scientifico rispetto alla realtà, di un uso dell'indagine come metodo fondamentale di conoscenza e cioè di una valorizzazione del «come» si apprende rispetto al «cosa» apprendere. B. Ciari, intervenendo al convegno, tenta di chiarire le due posizioni, sottolineando che se da un lato il quadro di riferimento generale e una diversa concezione del mondo sono degli obiettivi a cui tendere, ed entro cui vanno inserite le diverse «attività» scientifiche, dall'altro il problema del come fare acquisire un abito scientifico ai ragazzi (e soprattutto attraverso quali fasi, momenti e esperienze), resta aperto ed è fondamentale specie nella scuola elementare. L'oratore, rifacendosi alla sua esperienza, individua una serie di proposte metodologico-didattiche che possono nella prassi dipanare alcune divergenze di tipo teorico; ed indica in un estensione delle esperienze, nella elaborazione di un progetto educativo completo e nella formazione degli insegnanti la via per migliorare il livello dell'educazione scientifica[3]. Se mi sono soffermato a lungo sul Convegno del Gramsci non è per deferenza alla sede che ci ospita questa sera ma perché a mio parere, l'analisi politico-culturale e i problemi pedagogico-didattici evidenziati in quella occasione diventeranno un punto di riferimento obbligato del dibattito successivo e, ciò che più conta, rimarranno aperti ancora per molto tempo.

Le divergenze di allora, in realtà, erano meno «ideologiche» di quello che ad una prima lettura potessero apparire: corrispondevano alla difficoltà obiettiva di dover costruire un modello culturale e pedagogico innovativo ma preciso nei suoi vari aspetti e momenti ed esprimevano i problemi posti dalla scolarizzazione di massa sviluppatasi in una situazione politica, sociale e culturale contraddittoria. Se per la scuola secondaria superiore, pur nell'immobilismo riformatore, era comunque definibile un intervento a favore dell'educazione scientifica se non altro come aggiornamento dei contenuti perché sostanzialmente fondato sulle discipline, per la scuola di base il problema si complicava perché si trattava di definire, in termini di intervento educativo, l'obiettivo politico della scuola dell'obbligo: date le dif-

---

[3] Cfr. B. CIARI, *Le scienze nella scuola obbligatoria*, in «Riforma della Scuola», cit., pp. 48-51.

ferenze socio-culturali di partenza degli allievi come consentire a tutti, alla fine di otto anni di scuola, di giungere ad un livello culturale e di consapevolezza sociale considerato come minimo indispensabile per ciascun cittadino. Ma proprio l'immissione massiccia di ragazzi, provenienti da classi sociali diverse in una scuola a struttura unica pone una serie di problemi interni ed esterni alla scuola che vanno molto oltre le previsioni dell'area progressista, determinano uno spostamento di interesse sui problemi generali. Si è trattato innanzi tutto di «attuare» o di «far attuare» la legge rispetto alla inefficienza spesso voluta dell'Amministrazione centrale e periferica[4] e alle resistenze al cambiamento da parte degli insegnanti[5]. Ma affrontare questi problemi significherebbe fare la storia della scuola italiana dal 1963 ad oggi, mentre nell'economia di questa presentazione mi devo limitare ad evidenziare alcune questioni che giustificano il taglio degli interventi che seguiranno.

A. Santoni Rugiu, nel presentare un numero speciale di «Scuola e Città» sull'insegnamento delle scienze, in pieno clima di contestazione, senza sottovalutare l'importanza delle analisi allora condotte sulla scuola, scrive: «siamo oggi al paradosso che se, per incanto, la società volesse unanime e subito una scuola non più classista ma "democratica", non disporremmo di alcun strumento per realizzarla: né metodi, né mentalità, né insegnamenti preparati. La sorte della scuola media unica ne è un pallido esempio»[6].

In quegli anni, infatti, la situazione dell'insegnamento scientifico si presentava, specie nella scuola media, che rifletteva le tendenze in atto nella scuola secondaria superiore, ancorata ad uno schema culturale che vedeva un potenziamento dell'insegnamento della matematica, ma a scapito delle scienze, realizzato in modo autonomo anche quando si includeva la matematica «moderna», e una concezione della formazione scientifica basata sulle «scienze naturali» (fisica, chimica, biologia, ecc.) a cui si aggiungeva la matematica con funzione di servizio (come strumento per l'insegnamento delle altre scienze). Le applicazioni tecniche, per il modo come erano state inserite nella scuola media e per le difficoltà che la disciplina aveva nel darsi un proprio statuto, venivano utilizzate per gli impliciti aspetti applicativi e pratici. Venivano escluse, ovviamente, le «scienze sociali» perché inerenti ad una formazione di tipo storico, politico e sociale. A questa concezione

[4] Cfr. R. LAPORTA, *La scuola media è ancora da fare*, in «Scuola e Città», Anno XVII, n. 4-5, pp. 193-199 e M.A. MANACORDA, *Ragioni di ieri, ragioni di oggi*, in «Riforma della Scuola», Anno XII, n. 1-2, pp. 13-21.

[5] Cfr. M. BARBAGLI-M. DEI, *Le Vestali della classe media*, Bologna, Il Mulino, 1969; V. CESAREO, *Insegnanti scuola e società*, Milano, «Vita e Pensiero» 1968.

[6] A. SANTONI RUGIU, *La prospettiva degli anni 70*, in «Scuola e Città», Anno XX, n. 11-12, p. 557.

seguiva, specie nella scuola elementare, la tendenza volta a valorizzare il metodo e quindi l'indagine intesa come modo di procedere della mente quando rispetto ad un dubbio, ad una difficoltà ad un contrasto ad un problema tenta di superarli, risolverli. Si parte da una situazione problematica che viene prima analizzata per determinare la scelta delle ipotesi e degli obiettivi, la direzione della ricerca e quindi del suo stesso svolgimento. Molto spesso però le esperienze scolastiche che utilizzano questa metodologia, che si inserisce nella problematica pedagogica più avanzata di questi ultimi cinquant'anni, enfatizzano sin troppo le questioni di metodo rispetto ai contenuti, sottovalutando, da un lato le ragioni che motivano l'indagine e dall'altro i risultati raggiunti che, se adeguati, risolvono la situazione di dubbio, di contrasto da cui si era partiti.

Rispetto a queste due tendenze si sviluppa anche in Italia, una prospettiva educativa (forse andrebbe più correttamente definita teoria dell'istruzione) che trova in J. Bruner il punto di riferimento e che rispondeva alla esigenza, per la società americana, di rendere più efficiente la scuola, attraverso un innalzamento del livello culturale e scientifico in particolare. Questa prospettiva, partendo proprio dalla critica alla pedagogia Deweyana ridefinisce il rapporto fra sviluppo mentale e cultura. Bruner ritiene che i modi di agire, di immaginare e di simbolizzare di un individuo maturano all'interno di «modelli» cognitivi derivanti dalla cultura di appartenenza ma non necessariamente desumibili dalla realtà ambientale nella quale è implicato il soggetto che apprende. Ciò implica che il rapporto dell'individuo con il reale avviene attraverso la mediazione delle «strutture» cognitive; il problema dell'apprendimento si sposta o, se si preferisce, ritorna ad analizzare la cultura, la sua organizzazione e quindi le «strutture» fondamentali delle discipline, tralasciando il rapporto con il reale, inteso sia come mezzo che come fine della conoscenza. Si pone quindi il problema del rapporto tra i modi e le forme dell'apprendimento e se si preferisce tra le «strutture» cognitive e i modi e le forme di organizzazione di una disciplina e la sua struttura. Diventa questo il punto che pone il problema di una revisione dei programmi di insegnamento e cioè l'organizzazione del curricolo; si pone il problema di una ridefinizione dei metodi e delle tecniche di apprendimento e cioè di una teoria dell'istruzione. Questi a mio parere, i punti centrali della nuova prospettiva educativa che dalla mia esposizione risultano molto schematici e riduttivi mentre richiederebbero una analisi molto più articolata e approfondita[7].

---

[7] Un'analisi approfondita dal punto di vista dell'educazione scientifica è stata condotta in questi anni da L. TORNATORE ai cui scritti, si rimanda, e in particolare *Educazione e conoscenza*, Torino, Loescher, 1974.

Qui invece è importante rilevare che ciò che si sta dicendo ha costituito un progetto organico di revisione dell'insegnamento scientifico investendo ambiti e competenze diverse (filosofi della scienza, esperti disciplinari, psicologi cognitivi, esperti di curricolo, insegnanti). Esso è stato preceduto da una sperimentazione (quasi tutti i progetti sono stati prima provati in classi campione) approntando una serie di materiali e strumenti (manuali per gli insegnanti e gli allievi, libri monografici ed integrativi, schede, strumenti di valutazione, apparecchiature e materiale didattico, ecc.) tendenti a fornire agli utenti (insegnanti ed allievi) una proposta completa ed organica.

Questo tipo di progetto sia nelle sue formulazioni teoriche, sia nelle sue proposte operative, è filtrato nella situazione italiana in forme diverse che meriterebbero di essere analizzate, proprio per essere meglio e più a lungo utilizzate e non, come si sta verificando, semplicemente rifiutate dopo una fase più o meno acritica di accettazione. Spesso i singoli «progetti» si fondano su motivazioni e teorie scientifiche diverse: una valorizzazione dei contenuti che trova un supporto in esemplificazioni o aspetti di una particolare teoria dell'apprendimento, quella del Piaget; una giustificazione della teoria scientifica assunta con motivazioni psicologiche e pedagogiche di contrastante matrice (Dienes, Papy, ecc.); una schematizzazione e gerarchizzazione dei diversi obiettivi (v. un certo uso di scale «tassonomiche») a cui far corrispondere i dati e le «strutture» del sapere, e comportanti però una conseguente frantumazione della conoscenza[8]. Ma a parte le questioni di «adattamento» dei «progetti» va detto che essi, nella quasi totalità, sotto l'etichetta dell'educazione scientifica si sono occupati solo di matematica[9], in quanto le «scienze», fatta qualche eccezione, sono state considerate solo per corsi rivolti alla scuola secondaria superiore[10]. Non sono mancate però esperienze, sia pure minoritarie, che hanno tenuto conto delle indicazioni teoriche e dei «progetti» allora in circolazione, adattandoli all'interno di una situazione metodologica e didattica che si richiama ai principi di una pedagogia progressiva e che possiamo ormai considerare patrimonio acquisito di gruppi di insegnanti.

[8] Cfr. L. TORNATORE, *L'educazione matematica nella scuola elementare*, in L. BORGHI (a cura di) *Prospettive dell'educazione elementare in Europa*, Firenze, Nuova Italia, 1980, pp. 183-223.

[9] Cfr. L. TORNATORE (a cura di), *Matematica moderna e scuola*, numero speciale, «Scuola e Città», Anno XVI, n. 9-10; M. GIANASSO, *Il numero e il fanciullo*, Roma, Istituto dell'Enciclopedia Italiana, 1980.

[10] Cfr. L. TORNATORE (a cura di), *L'insegnamento delle scienze*, «Scuola e Città», numero speciale, Anno XX, n. 11-12; GRUPPO UNIVERSITÀ-SCUOLA, *L'educazione scientifica di base*, Firenze, La Nuova Italia, 1979.

Ma l'unico criterio per determinare in che misura una proposta, un progetto, vengono accettati è dato dal riscontro che essi hanno sul piano istituzionale, ossia nei programmi scolastici. Un programma scolastico, specie quando specifica i contenuti disciplinari, anche se si pone in modo prospettico rispetto al periodo in cui viene promulgato, riflette sempre le elaborazioni teoriche e le esperienze già maturate, accogliendone in parte o in toto le indicazioni da esse emergenti. Se consideriamo la scuola dell'obbligo, da questo punto di vista, si registra una situazione immutata nella scuola elementare, perché sono in vigore ancora i programmi del 1955, e un rinnovamento nella scuola media a seguito dei «Ritocchi» del 1977 che hanno di nuovo aggiornato i programmi.

Certo, la scuola elementare si presenta complessivamente mutata rispetto alla impostazione pedagogica degli anni '50, malgrado l'immobilismo dei Ministri della P.I., che in questi anni non hanno mai voluto affrontare, non dico la riorganizzazione della scuola di base dal punto di vista strutturale, ma almeno la revisione dei programmi delle due fasce secondo un elementare principio di continuità educativa. Mi sembra comunque ridimensionato il forte condizionamento derivante da una impostazione ideologica unidirezionale, rendendo meno pesante l'ipoteca del «fondamento e coronamento» religioso sul rinnovamento dei contenuti disciplinari in generale e di quelli matematici e scientifici in particolare. Molto spesso però si è trattato di un rinnovamento di contenuti motivato, o da ragioni «efficientistiche», o da opposizione ad una certa pedagogia «permissiva» e «socializzante». È mancato un approfondimento del concetto di formazione scientifica intesa come atteggiamento mentale, come obiettivo educativo, sia pure attraverso una più adeguata specificazione delle «conoscenze» e delle «abilità» rispetto alla genericità delle prime esperienze. Da questo punto di vista l'utilizzazione di alcuni «progetti» stranieri per l'insegnamento della matematica e delle scienze, proprio perché organizzati in chiave contenutistica, avrebbe potuto fornire una base di riflessione del curricolo scientifico della scuola elementare. Il recupero dei contenuti è ipotizzabile solo se concepito all'interno del patrimonio di esperienza degli allievi, se si inserisce in una situazione motivante, se persegue l'acquisizione di un pensiero divergente, se si fonda su una concezione unitaria del sapere. Altrimenti si corre il rischio di introdurre sin dai primi livelli della scolarizzazione una logica di tipo «specialistico», a scapito di una formazione unitaria della personalità. Mi sembra condivisibile, a questo proposito, la direzione indicata dalla Tornatore, quando, analizzando i contesti in cui si matura l'interesse per il rinnovamento dei contenuti, dice: «Un... contesto è quello per cui l'interesse per i contenuti si pone su una linea di continuità con gli sviluppi della pedagogia nei primi decenni del secolo: cioè, è lo stesso approfondimento della problematica di un'educazione intesa come sviluppo di esperienza a condurre sul terreno dei *contenuti specifici* delle esperienze stesse, della loro interna organizzazione, delle loro relazioni reciproche. Ovviamente, ..., non è possibile alcun discorso sui *contenuti* che non sia contemporaneamente un discorso sui metodi»[11].

Queste schematiche proposte si giustificano proprio a seguito dei nuovi programmi della scuola media. Non è questa la sede per un giudizio complessivo dei programmi che, tra l'altro, sono stati un esempio positivo di un nuovo modo di rapportarsi del Ministero della P.I. con le varie forze e componenti della realtà scolastica; inoltre hanno avuto il merito di rendere inevitabile la revisione dei programmi della scuola elementare. Ma se ci limitiamo ad analizzare i programmi di scienze il giudizio non può essere che critico, partendo già dalla stessa dicitura: Scienze fisiche, chimiche e naturali. I contenuti in essi indicati non sono altro, fatta eccezione per uno o due temi, che l'insieme delle discipline afferenti alle scienze naturali (Chimica-Fisica; Geologia-Astronomia; Zoologia-Botanica; Biologia) e al loro interno, l'insieme delle conoscenze attualmente accettate come valide senza alcuna preoccupazione di scelte o di discriminazione ed organizzazione intorno a tematiche unificanti. Ma ciò che più conta è che i contenuti proposti non sembrano tener conto del livello di partenza degli allievi. G. Cortini, a commento dirà: «I motivi di questa prolissità sono comprensibili: il programma è nato dall'incontro-scontro di diverse concezioni e di diverse competenze: erano presenti lo psicologo, il matematico, il medico, il fisico, l'ecologo, e così via, ed ognuno di essi era portatore di una sua concezione del mondo e dell'insegnamento. Non potevano far altro che raggiungere un compromesso tale che ciascuno potesse riconoscersi almeno in una parte dello scritto complessivo. Un centone, dunque, nel quale hanno trovato posto istanze spesso contraddittorie tra loro e – a nostro avviso – con la realtà della scuola»[12].

Sconcerta, quindi, quando l'autore, più avanti, riferendosi ai programmi della scuola media, indica quale fonte ispiratrice, sia pure riferita agli aspetti metodologici, il testo approntato dalla Società Italiana di Fisica[13], che è un documento preparato per i bienni della scuola secondaria superiore: ancora una volta la scuola media è vista in funzione della scuola secondaria superiore e non, prima di tutto, come completamento dell'obbligo. Cortini

---

[11] L. Tornatore, *L'educazione matematica nella scuola elementare*, cit., p. 185.

[12] G. Cortini, *Scienze chimiche, fisiche e naturali*, in Aavv, *Scuola media e nuovi programmi*, Firenze, La Nuova Italia, 1979, p. 200.

[13] Cfr. Società Italiana di Fisica, *Conoscenze e abilità fondamentali nel settore delle scienze fisiche*, in «Scuola e Città», Anno XXIX, n. 1, pp. 38-44.

propone, quindi, di assumere come criterio educativo l'impostazione sperimentale di tutto l'insegnamento e su questa base organizzare il lavoro didattico e condizionare la scelta dei contenuti, senza alcuna preoccupazione di dover affrontare tutti gli argomenti indicati dai temi proposti. Ma anche questa indicazione, a mio parere, si scontra con una situazione di partenza, la scuola elementare, che andava considerata in sede di stesura dei programmi.

La proposta elaborata dal *Gruppo Università-Scuola*[14] mi sembra una base articolata e stimolante per l'avvio di una revisione dell'educazione scientifica nella scuola di base; si tratta però di renderla praticabile attraverso la formulazione di proposte di lavoro, di unità didattiche, ma sperimentandole e organizzandole affinché diventino un progetto anche operativo.

[14] Cfr. GRUPPO UNIVERSITÀ-SCUOLA, *L'educazione scientifica di base*, cit.

3. Quale matematica per la scuola di base oggi?

Se dovessi indicare l'elemento che ha caratterizzato le relazioni degli esperti e i resoconti delle esperienze di questi due giorni, al di là degli argomenti esplicitamente trattati, direi che esso è da cercare nella consapevolezza che il Convegno si svolge proprio mentre è stata nominata una commissione ministeriale preposta alla formulazione dei nuovi programmi per la scuola elementare, e quindi ciò che viene detto qui ha un interlocutore preciso. Se assumiamo questo dato presente nel nostro lavoro è necessario che anche il dibattito che si svilupperà al nostro interno e soprattutto la mozione conclusiva tenga conto del destinatario. Non vorrei però che l'interlocutore assente condizioni il dibattito e non faccia emergere la complessità del problema o minimizzi il resoconto delle esperienze. Ritengo invece che proprio a partire dall'analisi delle effettive difficoltà incontrate da quanti in questi anni hanno tentato modalità nuove di intervento educativo, in una struttura inadeguata allo scopo, è possibile fornire delle indicazioni utili per gli estensori dei nuovi programmi.

Sono anche convinto che nessuno dei presenti pensi che dai nostri lavori possa emergere una proposta esaustiva degli obiettivi, dei contenuti e dei metodi dell'educazione matematica e scientifica per la scuola elementare oggi: oltre a non essere negli scopi espliciti del nostro Convegno richiederebbe competenze diverse che qui non sono rappresentate. È possibile invece fornire un contributo di tipo indiretto e che attiene ad uno degli aspetti su cui si deve articolare un curriculum: le esperienze innovative maturate in questi anni. Un curricolo che non voglia essere astratto deve riflettere da un lato il livello di elaborazione teorica delle discipline che con esso interagiscono, dall'altro le esperienze educative maturate all'interno di scuole, gruppi di lavoro, associazioni, in quanto espressione della prassi educativa. Ma soprattutto tener conto dell'interazione che, in un determinato contesto storico, si realizza fra teoria e pratica, fra scuola e società, fra conservazione e mutamento.

Non vorrei però che questo richiamo al curriculum venisse inteso come un'adesione a tutti i costi ad una novità pedagogica. L'uso del termine curricolo vuole soprattutto sottolineare il superamento di una concezione dell'iter scolastico che nella tradizione italiana si è sempre limitata, attraverso i programmi, a determinare uno degli aspetti del processo formativo, escludendo tutti gli altri fattori, interni ed esterni alla scuola, che intervengono ogni qualvolta si instaura un rapporto educativo in generale e istituzionale in particolare. Certo, la tematica del curricolo, almeno in Italia, si muove ancora nell'ambito ristretto di pochi specialisti ed anche con certe ambiguità: si passa da una concezione ristretta che privilegia l'aspetto scientifico e tecnico della elaborazione di un curricolo ad una concezione ampia che include tutti i fattori intervenienti in un processo educativo. Si tratta, quindi, non solo di far crescere il dibattito, riflettendo su progetti sperimentati, ma soprattutto di coinvolgere gli insegnanti, affinché l'intera problematica del curricolo diventi patrimonio della loro cultura pedagogica e non sia vista solo in funzione dei risultati applicativi. In questi ultimi dieci anni abbiamo assistito al rapido consumarsi di obiettivi educativi, che o hanno sortito un effetto contrario rispetto alle ragioni per le quali erano stati proposti, spesso per il modo in cui sono stati filtrati, o sono stati accantonati. Certo, un obiettivo come la programmazione curricolare, per essere attuato, presuppone una precisa volontà politica di riqualificazione e specializzazione degli insegnanti. Non vorrei essere frainteso, non intendo sostenere che la programmazione curricolare costituisce la soluzione del problema della scuola elementare. Si tratta di una strada da percorrere se si vuole superare una pratica educativa che, rispetto ai Programmi Ermini, o non ha messo in discussione l'impianto pedagogico ed ha, sulla pur importante funzione dell'acquisizione di abilità strumentali, aggiornato i dati conoscitivi, o ha rimesso in discussione il modello pedagogico solo attraverso il recupero di una metodologia attiva, privilegiando il «come» rispetto al «cosa» apprendere. D'altro canto, l'esigenza del passaggio dal programma al curricolo, sia pure con cautela, è già entrata nella nostra legislazione con le nuove norme di programmazione e valutazione nella scuola dell'obbligo e, con maggior forza, con i nuovi programmi della scuola media.

Sono proprio questi ultimi che in qualche modo hanno costituito l'occasione per una revisione dei programmi della scuola elementare. È apparso, anche ad una prima lettura dei programmi della media, come il divario esistente fra le due scuole si fosse trasformato in frattura. I dati statistici forniti dal Censis mostrano come, in questi anni, nel passaggio dalla scuola elementare alla media, sono aumentate le bocciature. Anche attraverso la soluzione che viene proposta dallo stesso Censis, sia pure in forma interrogativa, traspare l'esigenza di «una ricostruzione della scuola di base».

Non pare che ci sia una volontà politica in questa direzione, in quanto si finisce per volersi attenere ad una semplice revisione dei Programmi Ermini. Per limitare il problema ai programmi, non è fuori luogo ricordare proprio i programmi del 1955, anche se in questi anni si è accumulata tutta una letteratura che ne ha mostrato i limiti, le insufficienze e le inadeguatezze. La prima questione che al riguardo bisogna affrontare è quella relativa alle domande che molti si sono poste rispetto alla sopravvivenza dei Programmi Ermini, che solo oggi si è deciso di rivedere nonostante si siano verificate, a seguito di alcuni profondi mutamenti sociali, una serie di modifiche di struttura proprio nella scuola di base e tali da rendere inevitabile la loro modifica. Mi riferisco alla Legge istitutiva della scuola media unica, che, promulgata nel 1962, ha avuto modo di essere perfezionata nel '77 con i ritocchi e con i nuovi programmi del '79; alla istituzione della scuola materna di stato; alla promulgazione dei decreti delegati, che hanno introdotto importanti modifiche allo stato giuridico degli insegnanti oltre che istituire delle strutture partecipative dei genitori alla vita della scuola; alla Legge 517 del 1977 che introduce la programmazione educativa e i nuovi criteri di valutazione nella scuola dell'obbligo; alla Legge 820 per la scuola elementare, che ha consentito esperienze di tempo pieno e di integrazione scolastica. Credo che non sia sufficiente o quantomeno che sia troppo estrinseca la risposta che il mancato cambiamento sia da addebitare ad una precisa volontà politica della maggioranza. Forse la ragione reale è da ricercarsi, non tanto nel «programma esplicito», che era già inadeguato nel '55, quanto nel «programma occulto» che è quello che mostra le vere intenzioni di un progetto educativo il tipo di formazione politica, sociale e culturale che si vuol fare interiorizzare e che per sopravvivere deve avere delle radici ben più profonde, perché collegantesi ad una tradizione storica da lungo tempo interiorizzata, e molto ramificate, in quanto permeanti le diverse istituzioni coinvolte nel processo educativo.

Si tratta quindi di ridefinire le finalità della scuola elementare per individuare al suo interno gli assi formativi attraverso cui raggiungere gli obiettivi, di indicare dei contenuti disciplinari che non prevarichino le questioni di metodo, che a fatica sono entrate a far parte del patrimonio culturale di una certa parte degli insegnanti. Mi rendo conto che quanto ho detto prima può essere giudicata un'affermazione di principio e quindi aprioristica. Ma sono proprio i programmi del '55 che richiedono un chiarimento in questa direzione.

È ormai stato ampiamente dibattuto come la tematica della pedagogia progressiva, filtrata nei programmi del 1945, sia pure con certi limiti, sia stata immediatamente accantonata dai programmi del 1955 al fine di riproporre un modello di scuola elementare che nel programma esplicito orecchiasse certe tematiche, ma che nel programma implicito si muovesse in direzione opposta, anche rispetto ai suoi aspetti specifici. A questo proposito è esemplare rilevare come nei programmi del 1955 ci si riferisce al Decroly, per quanto attiene al metodo di apprendimento della lettura e della scrittura, sia pure svuotandolo dell'impianto pedagogico di partenza, e non per quanto riguarda l'apprendimento della matematica, che è forse l'unica impostazione pedagogico-didattica dei primi di questo secolo che si è posta in modo corretto il problema.

Certo, il clima politico e culturale è cambiato rispetto agli anni '50. Ma questa non è una ragione che possa garantire un mutamento della situazione relativamente alle scelte pedagogiche. Proprio il problema della matematica, che è stato considerato uno degli aspetti portanti del rinnovamento dei contenuti nella scuola elementare, può servirci e farci riflettere su alcune questioni che possono intervenire negativamente, se non nella stesura dei nuovi programmi, nella loro gestione. A cavallo degli anni '70 si è verificato, sulla scia di quanto stava avvenendo in particolare negli Stati Uniti, una vera esplosione di interesse per il rinnovamento dell'insegnamento della matematica. Basti pensare al numero considerevole di volumi, di articoli, di materiale didattico pubblicati e ai corsi di aggiornamento che hanno avuto come oggetto la matematica e il suo insegnamento. Ma questo di per sé non basta a testimoniare un miglioramento dell'insegnamento della matematica. I mutamenti di carattere metodologico-didattico si realizzano attraverso processi lenti, non sempre lineari e comunque non omogenei e generalizzanti. Permangono, a fianco di esperienze che hanno utilizzato e/o rielaborato dei progetti organici di insegnamento della matematica, altre esperienze che non si sono di molto discostate dai vecchi metodi verbali e intuitivi, se non per qualche contenuto nuovo legato soprattutto alla moda della «insiemistica». È difficile individuare, in mancanza di un'indagine specifica, il tipo di mutamento che è intervenuto nella prassi didattica, senza correre il rischio di compiere delle arbitrarie periodizzazioni o ancor peggio esprimere giudizi affrettati e schematici. Mi limiterò quindi ad individuare, soprattutto sulla base della letteratura sull'argomento, alcune linee di tendenza, funzionali al lavoro di questo gruppo.

L'esigenza di un rinnovamento dei programmi di matematica, per quanto sia stata posta, dai matematici, all'inizio del secolo, viene realizzata solo a partire dagli anni '50 e sotto la spinta dello sviluppo tecnologico che richiede alla scuola un più alto livello di conoscenze. La quasi totalità delle proposte di rinnovamento dei contenuti riguarda la scuola secondaria superiore e solo in un secondo momento si orienta verso la scuola di base, perché ci si rende conto che è impossibile un cambiamento che parta dal vertice: forse anche per questo è prevalso l'aspetto contenutistico su quello metodologico. Il problema del rapporto fra contenuti matematici e processi di sviluppo mentale si è posto successivamente, determinando quella convergenza che, proprio per la scuola di base, ha prodotto un livello molto alto di elaborazione sia teorico sia pratico e tale da costituire un punto di riferimento obbligato per quanti si accingono ad occuparsi di problemi di curricolo. Ma quel rapporto, esplicitato grazie al fatto che la psicologia per proprio conto andava maturando un'approfondita analisi ed interpretazione dei processi mentali, non esaurisce il problema delle metodologie didattiche relative all'apprendimento della matematica. Non basta accostare o far interagire le «strutture mentali» con le «strutture delle discipline» per costruire una teoria dell'istruzione, individuando in sequenza, tempi e modi. I meccanismi di apprendimento non sono sempre così lineari, anzi spesso si realizzano attraverso modi, forme e situazioni diverse e non sempre hanno riscontro all'interno dell'oggetto di apprendimento. Inoltre implicano problemi di natura pedagogica più generali, quali la motivazione, il rapporto con l'esperienza, l'uso di abilità ma anche di capacità creative, ecc..

Certo, la pedagogia ha elaborato indicazioni sul problema pedagogico e metodologico generale ma è giunta con qualche ritardo ad elaborare una metodologia specifica per l'apprendimento della matematica. Basti pensare al contributo della pedagogia progressista, o, se si preferisce, attiva, che dagli inizi del secolo ha affrontato molti di questi problemi generali, alle cui indicazioni bisogna ancora oggi riferirsi, se non si vuole correre il rischio di risolvere il problema dell'innalzamento dei livelli di conoscenza a scapito di un recupero generalizzato della formazione di base di tutti i cittadini. Ma questa riflessione ci porterebbe a considerare, per contrasto, come i Programmi Ermini e tutta una pedagogia conservatrice hanno ridotto in pillole la tematica pedagogica della scuola progressiva, che sia pure con alcune incertezze si è sviluppata in Italia dal dopoguerra in poi. E, si sa, il pericolo di muoversi in direzione «contenutistica» trova appunto il suo fondamento proprio nell'analisi di alcuni progetti per l'insegnamento della matematica e delle scienze e soprattutto nel modo in cui essi sono stati introdotti in Italia. Molte di queste proposte trovano la loro motivazione proprio nel rifiuto della tematica pedagogica, che individua nel processo di democratizzazione/ socializzazione della scuola, ossia nella valorizzazione di tutti, uno dei suoi principali fondamenti. Ora, la tematica curricolare nasce, appunto, all'interno di queste esigenze. Certo, oggi il dibattito si è allargato includendo le considerazioni di altri fattori che intervengono nel processo educativo, per cui risulta difficile dare una definizione univoca di curricolo, risultando solo possibile accettare una delle definizioni esistenti proprio perché ciascuna ci riconduce ad un modello educativo poggiante su presupposti diversamente orientati. Si tratta anche qui di compiere delle scelte in quanto per il tema che ci riguarda, quando ci avviciniamo ad un progetto per l'insegnamento della matematica, specie se maturato in un contesto culturale e sociale diverso dal nostro, bisogna tentare di individuare il modello pedagogico che sottende.

Se teniamo conto dell'attuale livello di maturazione del problema, in riferimento alla nostra situazione, si tratta di individuare una linea di continuità che veda l'interesse per i contenuti collegato e inserito nella linea pedagogica democratico-progressista a cui prima si faceva riferimento. Si tratta di istituire una ricostruzione ed una analisi del discorso pedagogico che consideri il concetto di socializzazione non scisso dai contenuti e ad essi estrinseco, che consideri il concetto educativo dello sviluppo delle esperienze come punto di partenza per l'acquisizione di nuove conoscenze, che consideri la tematica dei condizionamenti sociali e culturali come base di riferimento per l'organizzazione della struttura interna della scuola, dei contenuti e dei metodi, che consideri l'organizzazione della conoscenza anche a partire dai contenuti disciplinari, come articolata intorno ad alcuni assi formativi centrali.

4. *Uno strumento privilegiato di trasmissione dei contenuti: i manuali scolastici*

La polemica sui libri di testo non è un fatto nuovo. In questi ultimi anni del problema oltre agli «addetti al mestiere» se ne sono occupati un po' tutti: dalle riviste specializzate ai quotidiani. Sono stati scritti opuscoli e condotte ricerche, sono stati tenuti convegni e organizzate mostre. Questo, a mio avviso, per il carattere di massa della scuola oggi, per l'acutizzarsi delle contraddizioni nell'attuale sistema scolastico, per il maggiore interesse da parte della società in generale verso la scuola.

Mi limiterò, pertanto, a fare una rassegna di alcuni degli argomenti, fra quelli maggiormente dibattuti, al solo scopo di introdurre il tema del nostro convegno; se una risposta è possibile dovrà venire dal dibattito che avverrà nei prossimi giorni.

Inoltre la mia rassegna non potrà limitarsi al problema dei libri di testo nelle scuole medie superiori, sia perché le analisi sono state prevalentemente rivolte alla scuola dell'obbligo, sia perché le critiche mosse sono rivolte soprattutto al libro di testo in quanto tale.

Se il dibattito, in questi ultimi anni, ha assunto proporzioni rilevanti, non vuol dire che nella storia della scuola manchino critiche e accuse ai libri di testo. Solo che, in passato, le critiche erano interne al libro di testo e non mettevano in dubbio la «legittimità» della sua presenza nella scuola.

In particolare, l'analisi era rivolta agli *aspetti tecnico-didattici*: l'aderenza ai programmi, l'adeguatezza del linguaggio, il rispetto della psicologia dello scolaro, l'apparato didattico, le illustrazioni, i glossari e tutta una serie di accorgimenti di carattere tipografico; e ai *contenuti*: la correttezza scientifica, l'aggiornamento culturale, l'ampiezza della trattazione e così via[1].

---

[1] Cfr. C. Bascetta, *La lingua dei libri di testo: esame comparativo*, Roma, Armando, 1966; Aavv, *Il libro di testo. Il sussidiario, il sillabario, le illustrazioni, il libro di lettura*, Roma, Armando, 1970; Aavv, *Il libro di testo nella didattica moderna*, Firenze, La Nuova Italia, 1969; Aavv, *Funzione ed uso dei libri di testo nella scuola primaria*, Roma, Archivio dei Centri Didattici Nazionali, 1967; G. Cives, *Programmi e didattica oggi*, Roma, Bonacci Edito-

Non sono mancate, però, nella storia della pedagogia, delle risposte negative al libro di testo ed in particolare rispetto alla legittimità della sua presenza in una scuola che intenda fondare la propria azione non tanto sull'acquisizione di nozioni, quanto piuttosto sull'attività del fanciullo concepita secondo fini formativi. A questo proposito basta citare alcuni esempi: J.J. Rousseau, che nell'Emilio, come è noto, disse che i libri «erano strumenti della massima infelicità» per i fanciulli, e li considerò del tutto inadatti per una reale educazione; C. Freinet che non esitò, in *Nascita di una pedagogia popolare*, a lanciare il grido di «basta con i libri di testo», dal momento che essi contribuiscono a «inculcare l'idolatria della scrittura stampata», uccidendo la capacità di un pensiero critico autonomo.

Ma anche in questi autori, sia pure in forme diverse e a volte radicalmente nuove, il libro ricompare. Infatti Rousseau scopre poi che Robinson Crosue è un «bellissimo trattato di educazione naturale» e ne fa il libro per Emilio; C. Freinet, messi da parte i manuali, li sostituisce con il «libro della vita», stampato dagli alunni, e soprattutto con «lo schedario scolastico cooperativo» e con le monografie della «biblioteca di lavoro»; J. Dewey, che con maggior forza ha sostenuto il principio dell'*imparare facendo*, disse che il libro «povero, come surrogato dell'esperienza..., è della massima importanza per interpretare ed ampliare» l'esperienza stessa: nel suo schema ideale di scuola, presentato in *Scuola e Società*, si guarda bene dal bandire il libro e riserva alla biblioteca un posto centrale.

Il recente dibattito

Una critica radicale la si è avuta alla fine degli anni '60, all'incirca con la stessa esplosione delle lotte studentesche e con la ripresa delle lotte operaie. Questo, a mio avviso, per almeno tre ragioni: i contenuti vengono analizzati non solo in funzione del loro aggiornamento culturale, ma come strumenti di trasmissione dei valori della classe dominante; l'*analisi* affronta il carattere di «merce» dei libri di testo; il *dibattito* va oltre gli «addetti ai lavori» e coinvolge – almeno a livello di scuola dell'obbligo – i comuni, i sindacati, i partiti, le associazioni genitori-insegnanti.

re, 1956, pp. 177-192; V. Spezzaferro, *L'esame del libro di testo*, Firenze, La Nuova Italia, 1964; Aavv, *I libri di testo nella scuola dell'obbligo*, in «Riforma della Scuola», Roma, Anno XIII, n. 3, marzo 1967; Aavv, *I libri di testo nella scuola secondaria superiore*, in «Riforma della Scuola», Roma, Anno XIII, n. 4, aprile 1967; F. Golzio, *Sui libri di testo*, in «Scuola e Città», Firenze, Anno XVII, n. 4-5, 1966; L. Grossi, *Libro di testo e letteratura nel primo ciclo*, in «Scuola e Città», Anno XVII, n. 6-7, 1966.

Il via a questo «processo» contro il libro di testo, se così lo si può chiamare, è stato dato dall'indagine condotta nel 1969, da un gruppo di maestri genovesi, su 263 testi per le scuole elementari. I risultati delle indagini portano i maestri genovesi a queste conclusioni: «Qual è il bambino ideale per la scuola italiana di oggi? Un individuo che per fortuna non si realizza mai perfettamente, figlio di una casalinga soddisfatta e di un padre piccolo-borghese, più raramente operaio o contadino, comunque felici del loro lavoro; è un fervente patriota che si entusiasma quando passano i carabinieri, visita spesso i cimiteri di guerra e piange davanti alla bandiera; è convinto che più si fatica più si è benedetti; che padroni e operai si amano e che gli operai vanno in paradiso perché hanno le mani callose; che si deve sempre obbedire ai superiori; crede di appartenere ad una civiltà di antiche tradizioni, superiore alle altre; non dubita che l'universo sia una meccanismo diretto dalla ragione divina alla realizzazione di fini provvidenziali; crede che l'Italia sia un paese prospero e civile; non sa che esistono lo sfruttamento, l'oppressione, il razzismo, l'imperialismo; parla e agisce come un cretino e da grande sarà un perfetto servitore dei padroni»[2].

Il successo della pubblicazione fu enorme: coglieva una esigenza di rinnovamento avvertita da più parti, una condizione di disagio verso la situazione scolastica, già messa sotto accusa dalle agitazioni studentesche e dalla *Lettera ad una professoressa* di Don Milani. L'indagine, che viene ristampata e diffusa in vario modo, diventa il punto di partenza di tutto il recente dibattito sui libri di testo, serve di modello per altre indagini, contribuisce a suscitare l'idea di una mostra viaggiante sui libri di testo, fornisce il materiale per uno spettacolo teatrale del gruppo Nuova Scena[3]. Ma se il punto di partenza è comune, le analisi sono condotte con angolazioni e finalità diverse, come pure le proposte operative che ne conseguono.

Proveremo ad indicare le linee fondamentali di questo dibattito.

Autoritarismo e arretratezza

Una prima conferma dei risultati del gruppo genovese viene da Bologna. Durante il IX Febbraio Pedagogico Bolognese, sul tema «Il superamento

[2] *I libri di testo nella Scuola Elementare – La scuola strumento dell'ideologia borghese* (ciclostilato) in «Riforma della Scuola», Anno XVI, n. 5, anno 1970.

[3] Cfr. AAVV, *Il leggere inutile*, Milano, Edizione Emme, 1971; M. BONAZZI-U. ECO, *I pampini bugiardi*, Firenze, Guaraldi, 1972; G. SANSONE-M. MORELLI VACCARO (a cura di), *La storia dannosa*, Milano, Edizioni Emme, 1972; AAVV, *Il superamento del libro di testo per la ricostruzione della scuola di base*, Atti del convegno del IX febbraio Pedagogico Bolognese, 1970.

del libro di testo per la ricostruzione della scuola di base», si pubblicizza un'indagine sui libri di testo nelle scuole elementari – interessante per il contributo metodologico dato a questo tipo di indagine – che convalida le conclusioni dei maestri genovesi. Bruno Ciari, in un intervento a conclusione del convegno, auspica il moltiplicarsi di simili indagini sui libri di testo, «affinché la consapevolezza della loro pericolosità oltreché della loro inefficienza, si faccia strada nella classe operaia, nei lavoratori, direi in tutti i cittadini»[4].

In questa occasione si forniscono i primi dati sul costo dei libri, sul giro di affari del mercato librario scolastico, si contesta la gratuità dei testi per le elementari, perché pagati dai cittadini tramite lo Stato, si rivendica la partecipazione dei cittadini alle scelte della scuola, in quanto «servizio pubblico»[5]. Per ragioni di brevità non possiamo riferire su tutte le indagini settoriali condotte in questa direzione, ci limiteremo a sottolineare quelle critiche comuni a molte di esse e riconducibili al libro di testo in quanto tale.

L'opera di *mistificazione della realtà* è il punto su cui principalmente si fonda la critica che Umberto Eco fa ai risultati di un'altra indagine sui libri di testo per le scuole elementari. Nella prefazione al volume sottolinea come la mistificazione non avviene attraverso una presentazione, sia pure ideologica e falsamente ottimistica, della società industriale avanzata, ma attraverso i rimasugli di un dannunzianesimo pre-industriale e agreste, che non ha alcuna connessione con il mondo odierno, e che pertanto la lotta contro i libri di testo si muove addirittura al di qua di ogni scelta ideologica che abbia un senso nel nostro mondo. Anche se più avanti dice: «Certo che, una volta detto questo, si può riconoscere in tali testi lo strumento più adeguato di una società autoritaria e repressiva, tesa a formare sudditi, uomini dal colletto bianco, folla solitaria, integrati di ogni categoria...»[6].

L'*autoritarismo* dei libri di testo delle scuole elementari è l'oggetto di una relazione di Antonio Santoni Rugiu al convegno di Ferrara su «Libri di testo e Resistenza», organizzato dal Comune, dall'Amministrazione Provinciale e dall'Anpi locale. La relazione è il risultato di due ricerche condotte a Firenze da studenti della Facoltà di Magistero; la prima sulla religione nei testi delle elementari, la seconda sull'argomento specifico del convegno. L'unificazione delle due ricerche, per il relatore, è giustificata dal fatto che un'analisi sull'insegnamento della religione – in virtù dei programmi del

---

[4] B. Ciari, intervento in *Il superamento del libro di testo per la ricostruzione della scuola di base*, cit., p. 22.

[5] Cfr. Aavv, *Il superamento del libro di testo per la ricostruzione della scuola di base*, cit., 1970.

[6] M. Bonazzi-U. Eco, *I pampini bugiardi*, cit., p. 8.

1955 che ripropongono il principio concordatario dell'insegnamento religioso come fondamento e coronamento della istruzione – non può non coinvolgere i presupposti educativi, culturali e politici dell'intera scuola. Infatti egli mostra, attraverso considerazioni di carattere psico-pedagogico e politico, come i «modelli di comportamento» che si realizzano attraverso gli argomenti trattati dalla religione (la preghiera, l'obbedienza, la carità, la divisione fra buoni e cattivi, ecc.) sono estesi ai fatti umani e sociali attraverso una trattazione magico-fantastica anche di questi ultimi. Tanto che a conclusione dell'esposizione di entrambe le ricerche si ritiene colpito non dal fatto che la Resistenza compaia poco e male, ma dal fatto che i valori democratici, nati durante la Resistenza, non abbiano trovato traduzione sul piano educativo. E questo, egli dice, perché si vuole: «che si continui a pensare al bambino come a un essere che va a scuola per apprendere delle abilità strumentali e per assorbire modelli ideali e comportamentali che lo vorrebbero piegare alla sottomissione, alla rassegnazione al proprio stato, che lo vorrebbero rendere incapace di un'analisi della realtà in cui vive e indurlo invece ad una visione estetizzante, epicheggiante, tronfia e commemorativa. Che vorrebbero in definitiva costituire personalità fin dall'origine disponibili a logiche di sistemi autoritari, stemperando subito quei nuclei dai quali possano domani fiorire personalità autonome, creative e aperte»[7].

Il *criterio di «filtro»* verso gli argomenti più scottanti della storia contemporanea è la metodologia usata dalla maggioranza dei compilatori dei testi di storia per le scuole medie. Le forme di manipolazione e di mistificazione sono più raffinate: i fatti narrati sono presentati in forma oggettiva, mentre nascondono il punto di vista dell'autore, forniscono i risultati e non i processi che determinano i fatti e gli eventi. Queste le conclusioni che si possono trarre dall'indagine presentata da Claudio Della Valle al convegno di Ferrara e condotta sui testi di storia più diffusi nelle scuole medie di Torino e provincia[8].

Per N. Tranfaglia, invece, l'elemento di gran lunga più importante, che caratterizza la maggior parte dei manuali, è la *mancanza di problematicità* nell'esaminare e analizzare gli avvenimenti, e la conseguente accentuazione dell'atteggiamento di passività del lettore. «Questa passività – egli scrive – è senza grandi mediazioni un elemento che importa a chi detiene il potere nella nostra società [...] per scongiurare qualunque pericolo di presa di co-

[7] A. Santoni Rugiu, *L'autoritarismo nei libri di testo della scuola italiana*, in Aavv, *Libri di testo e resistenza*, Roma, Editori Riuniti, 1971, p. 51.

[8] C. Della Valle, *La storia della Resistenza nella scuola media unica*, in Aavv, *Libri di testo e resistenza*, cit., pp. 53-77.

scienza della propria condizione, che è la premessa prima e indispensabile per un azione politica non puramente contingente e agitatoria ma capace di resistere a temporanei ristagni e arretramenti»[9].

Ideologia e potere

Diversa è la strada seguita dalla rivista *Rendiconti*: in un numero unico interamente dedicato ai libri di testo dal titolo *Che cosa è il libro di testo, a chi e a che cosa serve*, vi è un tentativo di fondare teoricamente il problema. In particolare A. Russo e F. Schiavina, in un articolo comune[10], anziché analizzare i singoli libri di testo preferiscono tracciare il panorama complessivo entro il quale il problema si colloca. Quindi considerano il libro di testo come uno strumento di base della comunicazione pedagogica, che a sua volta funziona all'interno della comunicazione sociale globale. In questo quadro il libro di testo, per gli autori, è omologabile ad altri mezzi di comunicazione di massa e tende a «creare un fruitore le cui condizioni di *passività*, rendono possibile ridurre la comunicazione a mera trasmissione, invio di messaggi in una direzione soltanto»[11]. E, si sa, la scuola, specie dell'obbligo, coinvolge enormi masse di giovani, esercita un potente condizionamento ideologico in direzione della società costituita, legittimando i rapporti sociali esistenti. «Come per tutti gli altri media, anche nel caso del libro scolastico la produzione separata dal consumo, la fruizione separata dalla decisione, fanno scadere la comunicazione a mera informazione, l'invenzione a riproduzione ripetitiva»[12]. Questa analisi, anche se stimolante, è condotta più per intuizioni ed analogie che attraverso una verifica reale. Tanto che a conclusione dell'articolo gli autori dicono: «Resterebbero a questo punto molte cose da chiarire: per es., cogliere più da vicino il rapporto esistente fra il libro di testo e gli altri strumenti comunicativi; descrivere il livello di integrazione raggiunto dalla comunicazione pedagogica nell'ambito dei prodotti dell'industria culturale; ricondurre a questa ultima l'ancora

---

[9] N. Tranfaglia, *Introduzione*, in G. Sansone-M. Morelli Vaccaro, *La storia dannosa*, cit., p. 11.

[10] Cfr. S. Russo-E. Schiavina, *La parola e la critica – il libro scolastico come mass-medium*, in «Rendiconti», n. 22-23, pp. 173-213. Il fascicolo monografico, è significativamente intitolato *Che cosa è il libro di testo, a chi e a che cosa serve*, con articoli di P. Baldelli, I. Calvino, F. Camon, P. Cristofolini, G. Di Siena, M. Isnenghi, G. Jervis, E. Melandri, L. Melandri, M. Mizzau, L. Pampaloni.

[11] S. Russo-E. Schiavina, in «Rendiconti», cit., p. 176.

[12] *Ibidem*, p. 189.

poco esplorato campo dell'editoria scolastica; tracciare infine un panorama storico dell'evoluzione del libro di testo»[13].

Uno dei contributi è rivolto ad analizzare il rapporto fra libri di testo e programmi scolastici come strumenti che circoscrivono a priori il campo di studi, pongono confini e tabù, determinano esclusioni di campi: contribuiscono a rendere sempre più «separata» la scuola dalla realtà sociale. Ma il giudizio complessivo, che emerge dall'insieme dei contributi, è negativo e di rifiuto: «Il libro di testo rimane lo strumento della classe dominante in quanto tale, qualunque sia, e non questo o quel libro di testo: come in passato, prefabbrica modelli e processi di indottrinamento, spinte di supinazione della coscienza»[14].

In questo filone è da considerarsi anche la mostra sui libri di testo organizzata a Reggio Emilia. L'iniziativa si caratterizza non solo per l'analisi visualizzata dei motivi ideologici ed economici che stanno a monte dei libri di testo, ma per il coinvolgimento al problema, attraverso dibattiti ed incontri, dei cittadini e della classe operaia in particolare. Con l'obiettivo, per gli organizzatori, di far scaturire, attraverso la critica ai libri di testo, una critica alla scuola in generale; e la richiesta di una sua modifica in direzione democratica attraverso la «partecipazione alla gestione» del movimento operaio.

Il volume che accompagna la mostra e il cui titolo è: ... *secondo le disposizioni vigenti*[15], non solo riproduce l'indagine sui libri di testo, ma affronta il problema del mercato editoriale attraverso una ricognizione dei processi che configurano il libro di testo come «merce». Su questo problema non mi soffermerò; ad esso, data l'importanza dell'argomento è stata dedicata una delle tre relazioni del convegno.

Quello che mi sembra opportuno sottolineare, per l'argomento che stiamo trattando e che emerge dalle diverse indagini che si occupano del problema, è che il meccanismo delle adozioni e il sistema del mercato dell'editoria – a causa di una concentrazione in atto nel settore, per l'intervento di gruppi finanziari – esercitano una funzione di conservazione e tendono a standardizzare il libro, lo rendono un «prodotto di consumo»[16].

---

[13] *Ibidem*, p. 209.

[14] P. BALDELLI, *Comunicazione e libro scolastico*, in «Rendiconti», cit., p. 233.

[15] ... *secondo le disposizioni vigenti – indagine sui libri di testo della scuola dell'obbligo*, è il volume che occompagna la mostra e contiene l'analisi sui testi visualizzati dalla mostra. Il lavoro è stato curato da un «collettivo» patrocinato dai comuni di Reggio Emilia, Correggio, Sant'Ilario e dall'Amministrazione provinciale. Il volume contiene articoli di Bonazzi, Lodi, Bini, Roversi. L'indagine è stata condotta da un collettivo di insegnanti. Il volume riporta anche esperienze di gestione scolastica realizzate nei Comuni promotori della mostra.

[16] Cfr. P. ROVERSI, *Editoria*, in ... *secondo le disposizioni vigenti*, cit., s.n. Altri articoli

I libri e l'M.C.E.

Un discorso a parte bisognerebbe farlo per gli insegnanti aderenti al Movimento di Cooperazione Educativa[17]. È forse il gruppo che con maggiore decisione ha condotto la battaglia ed ha assunto, anche all'interno della scuola, delle posizioni operative conseguenti alle scelte emergenti dalle analisi sui libri di testo.

Da tempo gli insegnanti del MCE, pur adottando i testi, non li usavano, o al massimo se ne servivano come elemento di confronto – in negativo – con il lavoro che stavano svolgendo in classe. In questo senso il MCE non è nuovo al problema, ma l'interesse per il libro di testo come obiettivo pedagogico-politico si è maturato nell'ambito del dibattito che si è sviluppato dall'indagine dei maestri genovesi in poi e dalla svolta che ha subito nell'Assemblea nazionale di Rimini. Un brano di una delle relazioni conclusive di questa assemblea riassume meglio queste tappe: «Per ora è stato raccolto una sorta di "stupidario" contenente un elenco di sciocchezze tratte dai libri di testo. Bisognerà che la lotta cerchi nuove forme e più incisive: le famiglie, dato l'alto costo dei libri di testo, sono in genere molto sensibili a questo argomento. Dapprima sarà opportuno mettere in crisi i contenuti, solitamente di matrice borghese e falsamente patriottarda, o trionfalistica, dei libri di testo. In seguito bisognerà attaccare il libro di testo come tale, che è sempre espressione di autoritarismo, anche se presenta contenuti va-

sull'argomento: F. ROTONDO, *Il mercato delle vacche grasse*, in Aavv, *I libri di testo*, Roma, Editori Riuniti, 1972; C.M. SANTORO, *L'ingresso del capitale monopolistico nella grande editoria del nord*, in «Rinascita – Il contemporaneo», 5 dicembre 1969; *La polemica sui libri di testo*, tavola rotonda con la partecipazione di editori, in «Il Corriere della sera», 17 ottobre 1970; M. ZOPPELLI, *Primo: cercare di cambiare gli attuali libri di testo*, in «Il Giorno», 24 dicembre 1971; P.L. GUARDIGLI, relazione tenuta nel convegno sui libri di testo orgarrizzato dal Club Turati di Milano, 11-12 giugno 1971 e pubblicata in «Riforma della scuola», Anno XVII, n. 6-7, 1971, pp. 52-54; G. BONOMI, *Un'indagine sui libri di testo*, in *Il superamento del libro di testo per la ricostruzione della scuola di base*, Atti del convegno del IX Febbraio Pedagogico Bolognese, 1970 (a cura dell'Assessorato alla P.I. di Bologna); M. DI GIACOMO, *La scuola come mercato dell'industria culturale*, in Aavv, *Contro l'industria culturale*, Firenze, Guaraldi Editore, 1971; C.M. SANTORO, *Il processo di concentrazione*, in «Rinascita – Il contemporaneo», 5 gennaio 1973.

[17] Per una informazione su C. Freinet e il Movimento di Cooperazione Educativa: E. e C. FREINET, *Nascita di una pedagogia popolare*, Firenze, La Nuova Italia, 1955; C. FREINET, *I detti di Matteo*, Firenze, La Nuova Italia, 1962; C. FREINET, *La scuola moderna*, Torino, Loescher, 1963; G. TAMAGNINI, *Didattica operativa, Le tecniche Freinet in Italia*, Frontale, Movimento Cooperazione Educativa, 1965; A. PETTINI, *Celestin Freinet e le sue tecniche*, Firenze, La Nuova Italia, 1968; «Cooperazione Educativa», Rivista mensile del Movimento di Cooperazione Educativa, pubblicata a Firenze.

gamente di sinistra. All'istituto del libro di testo il Movimento contrappone la "Biblioteca di lavoro", o meglio la disponibilità di denaro da amministrare secondo le esigenze di ciascuna classe, in quanto, credendo nel metodo della ricerca, è naturale che non si possa fare ricerca con soli libri: occorrono altri materiali, sussidi, visite, ecc.»[18].

In particolare, gli aspetti caratterizzanti di questa strategia, anche rispetto alle posizioni sinora riferite, possono essere così schematizzati[19].

a) Rifiuto del libro di testo perché: *massificante*, uguale per tutti gli allievi della classe; *inadeguato* rispetto all'utente, perché scelto a priori; *inutilizzabile* perché è un «bene» che si esaurisce economicamente e culturalmente nell'arco dell'anno scolastico. Il problema pertanto non deve riguardare una maggiore efficienza o usabilità del testo, ma da esso bisogna risalire all'aspetto complessivo della cultura scolastica, che di fatto determina i contenuti nelle scelte, nelle esclusioni, nel taglio, e alla prassi educativa che fissa, insieme con il «modo» della comunicazione, i ruoli rispettivi dell'insegnante e dello studente. Quindi il rifiuto del libro di testo deve significare il rifiuto dei programmi ministeriali, il superamento del concetto di «materie», l'eliminazione degli strumenti di controllo e di selezione per una prospettiva pedagogica e politica di iniziativa culturale autonoma degli studenti, attraverso una ridefinizione dei ruoli degli studenti e degli insegnanti.

b) Sostituzione dei libri di testo con la «biblioteca di lavoro» e uso di tutti quegli strumenti ritenuti necessari all'effettivo svolgimento del lavoro in classe, da scegliersi *durante* e non *prima*. Ciò per non ricadere in una nuova forma di autoritarismo e perché scegliere gli strumenti in relazione a ciò che si vuole conoscere è già un fatto politico: significa rendersi capaci di intervenire sulla realtà e di trasformarla. Questo materiale deve essere pagato dallo Stato senza alcuna formalità burocratica se non quella del rendiconto della spesa. Ma soprattutto, essi dicono, questa «battaglia non deve essere settorizzata, ma concepita e gestita come momento di trasformazione

---

[18] *La strategia del MCE – IV Commissione* in «Cooperazione Educativa», Anno XX, n. 1 e 2, 1971, p. 16.

[19] Cfr. *Analisi critica dei libri di testo*, in «Cooperazione Educativa», n. 1, gennaio 1970, pp. 20-28; *Il ruolo del libro di testo*, in «Cooperazione Educativa», n. 6, giugno 1970, pp. 21-27; *Sull'adozione dei libri di testo*, in «Cooperazione Educativa», n. 7-8, luglio-agosto 1970, pp. 23-25; *Il libro di testo e il MCE* in «Informazione MCE», n. 3 del 6 settembre 1971, (interamente dedicato alle azioni contro i libri di testo dei gruppi di Lucca, Conegliano, Milano); *Libri di testo e lotta nella scuola*, in «Cooperazione Educativa», n. 1, gennaio 1972, pp. 1-11; A. MANTOVANI, *Libri di testo*, in «Cooperazione Educativa», n. 2, febbraio 1972, pp. 34-37; *Contro i libri di testo*, in «Cooperazione Educativa», n. 5-6, maggio-giugno 1972, pp. 34-41.

reale dal basso della scuola nel contesto di tutte le lotte del lavoro avendo di mira gli interessi e gli obiettivi strategici della classe lavoratrice»[20].

Sul piano operativo il Mce ha, di fatto, adottato diverse soluzioni, a seconda del livello di maturazione dei gruppi territoriali e della capacità di questi di galvanizzare e mobilitare le altre forze interessate al problema. In particolare, vanno segnalate:

a) la posizione del gruppo di Conegliano e Lucca che in occasione della adozione dei libri di testo hanno formalmente compilato il modulo – per dovere di ufficio –, dichiarando che non avrebbero usato i testi e chiedendo una cifra di pari importo da utilizzare per l'acquisto di materiale didattico;

b) la posizione del gruppo di Milano, che in una assemblea pubblica, organizzata con la Cgil-Scuola, le Acli e il Collettivo didattico-politico, ha dichiarato il rifiuto di adottare i libri di testo e la richiesta di utilizzare la somma corrispondente per l'acquisto di materiale didattico sostitutivo. Per questa azione, il gruppo aveva predisposto tutto un formulario di carattere giuridico-amministrativo a difesa della posizione assunta, utilizzando le norme e le procedure previste dalla legge e dai regolamenti dell'Amministrazione dello Stato.

Queste posizioni hanno provocato delle reazioni da parte delle autorità scolastiche e la discussione nei comitati genitori-insegnanti, nei consigli di quartiere, nei sindacati e sulla stampa[21].

Un primo bilancio

A circa tre anni di distanza dall'inizio del dibattito intorno al libro di testo Giorgio Bini, che è stato uno degli animatori del gruppo genovese e che in questi anni si è particolarmente occupato del problema, in un articolo-saggio, comparso in *I libri di testo della scuola elementare*, che vuole essere «un tentativo di sistemazione del discorso sui libri di testo», ripubblica l'indagine dei maestri genovesi con questa motivazione: «Il testo rimane quale è stato concepito, con le sue asprezze, con le sue tendenziosità, la mancanza di diplomazia, il rifiuto di un'impostazione "scientifica", come appello provocatorio nel senso migliore del termine, alla classe operaia e ai lavoratori per una presa di contatto e l'inizio di una collaborazione che

[20] *Il libro di testo e il Mce*, in «Informazione Mce», cit., p. 25.

[21] Cfr. M. Zappelli, *È iniziata la guerra ai libri di testo*, in «Il Giorno», 12 giugno 1971; C. Valentini, *Sessanta maestri dichiarano guerra ai libri di testo*, in «Panorama», 24 giugno 1971; G. Pecorini, *I ribelli dei sillabario*, in «l'Espresso», 27 giugno 1971.

doveva portare (e non portò se non episodicamente, ma l'esigenza è quanto mai attuale) ad una lotta esterna-interna alla scuola per cambiarla "negandone praticamente" i contenuti»[22].

Sul problema del mancato coinvolgimento della classe operaia alla battaglia contro i libri di testo, come momento di una battaglia più generale della scuola, come era negli intenti delle «avanguardie» di insegnanti (MCE; parte degli aderenti alla CGIL-Scuola e alle ACLI; Collettivi didattico-politici di insegnanti, ecc.) e di alcuni Enti e Associazioni (Mostra di Reggio Emilia, Circoli Culturali, Consigli di Quartiere, ecc.) si sofferma a lungo F. Rotondo in *Con il libro di testo non si può più continuare*. «Il movimento di contestazione della scuola di classe e dei suoi strumenti specifici – egli scrive – ha incontrato notevoli difficoltà nel saldare i due momenti: lotta nella fabbrica-lotta nella società. ...Le stesse lotte più significative hanno avuto spesso carattere di "retroguardia" non tanto perché gli obiettivi – gratuità e scelta – erano in sé arretrati, quanto per il fatto che le forme e i contenuti specifici dell'intervento non tenevano conto che il momento della rivendicazione "economica" andava collocato e perseguito in un più vasto quadro politico»[23].

A questo proposito ci sembra opportuno rilevare una delle obiezioni – riferite da G. Bini nell'articolo precedentemente citato – che gli insegnanti e i lavoratori nelle riunioni dedicate ai libri di testo hanno spesso rivolto: «Dalla denuncia del contenuto di certi libri (tutti o quasi quelli per la scuola elementare e molti di quelli per gli altri ordini di scuola) alla proposta di una lotta contro il sistema dei libri di testo appare un salto logico»[24]. Se è innegabile, si dice, che i libri molto spesso funzionano per l'altra classe, la conclusione dell'analisi non è necessariamente il rifiuto dei libri di testo, è l'appello agli insegnanti perché adottino libri più seri, non fascisti, è l'impegno a produrre libri più democratici per rendere più facile la scelta. Secondo G. Bini queste sono «obiezioni degne di rispetto, e da raccogliere, almeno la prima. Occorre recensire tutto quanto vi è di valido nella produzione editoriale esistente e indicare questo materiale agli insegnanti per aiutarli nel momento delle adozioni, se si è convinti che nessun obiettivo intermedio può essere rifiutato a condizione che esso si inquadri in una strategia valida»[25].

[22] G. BINI, *Contro il libro di testo*, in AAVV, *I libri di testo nella scuola elementare*, Roma, Editori Riuniti, 1972, pp. 47-48.

[23] F. ROTONDO, *Con il libro di testo non si può continuare*, in «Riforma della Scuola», n. 8-9, 1971, pp. 31-32.

[24] G. BINI, *Contro il libro li testo*, in AAVV, *I libri di testo nella scuola elementare*, cit., p. 32.

[25] *Ibidem*, pp. 32-33.

Questo ultimo argomento ci porta ad affrontare anche il problema della «crisi» degli insegnanti; sul problema non mancano analisi ed indagini. Il Bertin[26], per esempio, ritiene che la crisi sia determinata da motivi «vecchi» e non risolti: la sottovalutazione della categoria attraverso un basso trattamento economico, comprovato anche dal carattere di ripiego che molto spesso la professione assume. La mortificazione derivante da una esaltazione retorica della professione come «missione», demistificata dalla situazione di mercato, cui si accompagna un altrettanto illusorio riconoscimento dell'autonomia della funzione docente, smentita, a sua volta, da un'effettiva sudditanza all'autorità. A questi si aggiungono motivi «nuovi», derivanti dalla espansione scolastica di questi ultimi anni, che ha ulteriormente aggravato la crisi della *struttura*, dei *contenuti* e dei *metodi* del nostro sistema scolastico. Inoltre da indagini recenti di alcuni giovani sociologi – egli scrive – risulta «confermato l'atteggiamento prevalentemente conservatore e classista dell'insegnante nella situazione attuale, orientato soltanto a parole verso una scuola che sia veramente di tutti e per tutti, che garantisca cioè nel suo senso autentico il diritto costituzionale all'*istruzione*»[27].

Accenneremo solo brevemente – attraverso la citazione di alcune ricerche specifiche – agli insegnanti ed agli editori come fattori di ritardo culturale e di conservazione in relazione ai libri di testo.

Scocchera, a commento di un'indagine sul giudizio degli insegnanti sui libri di lettura delle scuole elementari, scrive: «I soddisfatti non lo sono liberamente e criticamente, ma soltanto per una deliberata esclusione di interesse e sensibilità professionale. Per cui si ha il sospetto che l'editoria scolastica modella la propria produzione in riferimento alle *non-esigenze* pedagogico-educative di cui è portatrice la parte intellettualmente ed eticamente meno attiva degli insegnanti»[28]. E Dal Piaz, in una analoga indagine, dice: «La recente produzione di libri scolastici non punta sulla psicologia del fanciullo e sui bisogni di perfezionamento della scuola... Punta invece decisamente sulla psicologia degli insegnanti»[29] per indovinarne gusti e pre-

---

[26] Cfr. G.M. Bertin, *Funzione dell'insegnante nella società in trasformazione*, in *Educazione e alienazione*, Firenze, La Nuova Italia, 1973, pp. 81-98.

[27] *Ibidem*, p 85

[28] A. Scocchera, *Il libro di lettura nel giudizio degli insegnanti: considerazioni su un'indagine*, in «Scuola primaria», n. 2, aprile-giugno 1970, p. 33.

[29] A. Dal Piaz-C. Bidelli, *Esame e scelta del libro di testo per la scuola elementare*, Torino, Paravia, 1964, p. 21.

ferenze, per scoprirne le virtù positive, ma soprattutto le debolezze e le insufficienze.

In effetti il libro di testo, nella maggior parte dei casi, è esclusivamente strumento degli insegnanti: costituisce una tecnica ben collaudata che si pone nel contesto di una didattica autoritaria; rappresenta la continuità culturale dell'istruzione; garantisce la loro sicurezza, al punto, molto spesso, da sostituirsi ai loro compiti e alle loro funzioni (per esempio quando, dopo una breve spiegazione, si indicano il numero delle pagine da studiare)[30].

Tuttavia, è stato rilevato che il livello dei libri di testo tende a migliorare, sia dal punto di vista didattico-scientifico che da quello ideologico, in modo ascendente, dalla scuola elementare alle medie superiori. Questa una delle conclusioni dell'inchiesta realizzata dalla *Rassegna di Storia Contemporanea*[31]. G. Rochat, che ha coordinato il lavoro, rileva, dall'analisi dei testi di storia per la scuola media, che alcuni fra quelli presi in esame si distinguono per il tentativo di dare «una visione più seria alla materia» e che gli stessi risultano anche essere quelli con «maggior successo di mercato». Questo – egli dice – dimostra che alcune nostre case editrici possono anche svolgere una funzione d'urto contro le resistenze conservatrici del mondo della scuola, adoperando il loro peso a favore di opere sensibilmente migliori di quelle in circolazione; ma sul piano più generale non si può non rimanere perplessi dinanzi al condizionamento sempre più stretto che gli interessi editoriali esercitano sulle scelte della scuola italiana. Oggi non è più concepibile la diffusione fuori dell'ambito locale di un testo che non abbia alle spalle una casa capace di assicurare prima l'assistenza tecnica all'autore e poi una costosa e assidua propaganda capillare[32].

---

[30] Cfr. M. GATTULLO, intervento in *Incontro di lavoro sui libri di testo*, ciclostilato a cura dell'Uff. Istruzione del Comune di Bologna 1971, p. 51.

[31] Cfr. *Inchiesta sui testi per l'insegnamento della storia contemporanea nella scuola italiana*, in Istituto nazionale per la storia del movimento di liberazione in Italia (a cura di), *Il movimento di liberazione in Italia*; *Rassegna di storia contemporanea*, Anno XXII, n. 101, ottobre-dicembre 1970, pp. 3-67. L'inchiesta, coordinata da Giorgio Rochat, è stata realizzata con la collaborazione di alcune sezioni regionali dell'Istituto che hanno rilevato i dati delle adozioni in alcune città italiane; oltre che da numerosi altri collaboratori, che hanno recensito tutti, o quasi tutti, i testi di storia, le antologie storiche, i documenti e le monografie edite per la scuola media e le medie superiori. L'analisi è condotta attraverso una serie di schede-recensioni tendenti a stabilire la matrice ideologica degli autori o curatori. L'obiettivo è di fornire un servizio agli insegnanti che hanno sviluppato, in questi ultimi anni, la coscienza dell'insufficienza dell'impostazione didattica tradizionale e la consapevolezza del ruolo politico della scuola.

[32] G. ROCHAT, *I libri di testo per la scuola media*, in *Inchiesta sui testi per l'insegnamento della storia contemporanea nella scuola italiana*, cit., p. 11.

Dall'esame dei testi per le scuole medie superiori, emerge altresì che, oltre a non esserci una dispersione nelle adozioni – come per la scuola media – quelli adottati sono fra quelli di «sicuro livello e di buona apertura».

Problemi aperti

Dalle posizioni fin qui riferite, pur nella loro diversità, si rileva che il problema del libro di testo è pedagogico, economico e politico insieme. Per cui ipotizzare delle proposte operative come pure formulare delle conclusioni è obiettivamente difficile, e non per la complessità del problema. Ogni proposta, anche la più «avanzata», rischia di risultare di «retroguardia», o di muoversi in direzione opposta agli obiettivi che si vogliono raggiungere, se non è commisurata alla realtà in cui si opera.

Quindi mi limiterò solo a fare alcune considerazioni e a porre degli interrogativi. La prima considerazione è sulle indagini di denuncia della arretratezza dei testi. Quantificando il numero delle ricerche condotte sui libri di testo risulta che circa l'80% di queste ha esaminato i testi per le scuole elementari e il restante 20% (se si escludono due o tre ricerche per le scuole medie superiori) ha avuto come oggetto i testi per la scuola media. Di queste ultime la maggioranza è stata rivolta ai testi di storia e alle antologie per la lingua italiana e solo alcune si sono occupate anche dei testi di grammatica italiana e di geografia. Questa scelta, secondo i curatori, è stata determinata dalla maggiore valenza politica che le discipline sopra menzionate contengono e dalla maggiore recepibilità, da parte dei «non addetti al mestiere», dello stato di arretratezza e delle posizioni ideologiche in esse contenute.

Sempre da queste indagini, limitatamente al problema della arretratezza culturale[33] e della mistificazione ideologica, risulta anche che la quasi totalità dei testi per le scuole elementari sono ad un livello inaccettabile. Per la scuola media, sempre dalle indagini prese in esame, risulta che alcuni testi sono aggiornati culturalmente e non mistificati dietro la «oggettività dei fatti», (quali?) della «cultura» e della «civiltà» (quale?) intesi come beni al di sopra delle posizioni politiche ed ideologiche. Per le scuole medie superiori l'unica indagine che ci risulta è quella coordinata da Giorgio Rochat in *Rassegna di Storia contemporanea*, precedentemente citata, se si escludono alcune recensioni comparse in *Rendiconti*. In questo ambito è da ricordare anche il volume di C. Venturi, *Professore, permette...?*, Firenze, 1972, Ed.

---

[33] Da notare a questo proposito che *l'arretratezza* non va riferita solo agli ultimi sviluppi della materia, ma anche al modo in cui il compilatore si atteggia rispetto ad essa, e cioè all'«uso» che ne fa.

Guaraldi. L'autore prende in esame alcuni fra i testi più noti per le principali materie e li recensisce partendo dal presupposto – dichiarato – che il libro di testo, anche quando non è «culturalmente arretrato» ed è «ideologicamente orientato», è da rifiutarsi perché comunque «mistificante» e «funzionale alla classe dominante».

A questo proposito, proprio perché le indagini hanno avuto come oggetto i testi più diffusi (e cioè solo quelli scelti dagli insegnanti), va rilevato che esistono in commercio, per la scuola media dell'obbligo e per le scuole medie superiori, alcuni testi (sono delle traduzioni) per la matematica, per le scienze e per le lingue straniere che possono essere meglio definiti «modi per insegnare». Si tratta di progetti per il rinnovamento di alcuni insegnamenti, condotti da *équipes* (composte da specialisti in varie discipline e insegnanti) e sperimentate su larga scala, che si caratterizzano per la partecipazione degli allievi, per il «controllo dei risultati» dell'esperienza e per l'impostazione interdisciplinare fondata su di un «progetto di ricerca» e non sulla singola disciplina o su un predeterminato «programma scolastico». Questi «modi per insegnare» prevedono tutta una serie di «strumenti»: il testo guida per gli insegnanti, il testo per gli allievi, una guida di «laboratorio» con indicazioni per gli esperimenti scientifici e indicazioni di film, diapositive, dischi, ecc., collane di testi monografici e/o a carattere integrativo rispetto ai vari argomenti trattati dal corso.

Ma anche da queste precisazioni si rileva che il livello dei testi migliora man mano che si passa dalle elementari alle superiori e si conferma il carattere ancora classista della nostra scuola, per cui gli indirizzi riservati a pochi godono di strumenti oggettivamente più validi.

Si rileva inoltre, sia pure tenendo conto dei dati positivi, che esiste un problema economico-politico del libro di testo.

La scuola di massa e in particolare la scuola dell'obbligo ha fornito una enorme massa di acquirenti alla produzione editoriale la quale per altro incontra sempre minori rischi finanziari, grazie al principio dei libri gratuiti (principio giustissimo) e alle norme che reggono il meccanismo delle adozioni. In particolare per le scuole elementari la situazione è stata aggravata dalle norme che regolano il criterio di compilazione dei testi, che di fatto hanno ridotto i margini di competitività, rendendo la produzione ancora più uniforme e scadente. In questo settore il meccanismo della concorrenza ha operato ad altri livelli, favorendo ovviamente i grossi editori, che hanno introdotto gli stessi criteri di produzione e distribuzione degli altri prodotti commerciali. Contribuendo, e non può essere diversamente, a quel processo di dequalificazione della scuola, di fatto operante ai livelli più bassi: (quella frequentata dalle classi sociali che fino a poco tempo fa ne erano escluse) ricreando un nuovo tipo di esclusione.

È indubbio che esista il problema anche rispetto alla legittimità della presenza del libro di testo nella scuola. Ma proviamo a prendere in esame alcune delle conclusioni relative: il libro di testo ha una funzione centrale nell'insegnamento, in quanto unico strumento di trasmissione culturale (quella scritta); è uguale per tutti gli allievi; è funzionale alla trasmissione di una cultura per materie separate per cui non solo offre un sapere a compartimenti stagni che è all'opposto della ricerca scientifica, ma perpetra la situazione di «separatezza» della scuola rispetto alla società; è uniforme e acritico, in quanto fornisce un prodotto finito e non consente di partecipare ai processi che determinano fatti ed eventi.

Ma è proprio perché queste critiche ripropongono la natura pedagogico-politica del libro di testo che il problema investe la funzione della scuola e si inserisce in un quadro che va oltre il libro di testo e che tutt'al più lo comprende.

Ciò detto non si vuole differire il problema perché questo è subordinato e funzionale agli altri e quindi risolvibile all'interno di una trasformazione generale della scuola, ma si vuol solo dire che non basta, come alcuni hanno affermato, rifiutare il libro perché «strumento della ideologia borghese», oppure che bisogna rifiutare anche i testi aggiornati e «ideologicamente avanzati» perché di fatto «operano una mediazione rispetto al sistema dominante e quindi risultano più pericolosi».

Non basta, sia perché tali affermazioni, nell'attuale situazione, non sono un obiettivo politico neanche per la classe operaia, sia perché il libro, in quanto tale, non è pericoloso, è pericoloso *l'uso* che se ne fa. E questo è valido anche se lo si vuol sostituire con «i molti libri, le "monografie" e i documenti». Nel nostro caso, questo «uso» dovrebbe significare la messa in discussione dei programmi, del concetto di materia, dei sistemi di selezione, delle stesse strutture della scuola, se non si vogliono ottenere degli obiettivi di segno contrario rispetto a quelli che si volevano raggiungere.

Se il problema è politico la soluzione non può essere che politica. G. Bini, nella presentazione al catalogo della mostra di Reggio Emilia, ha scritto: «Fatti importanti nel campo della produzione e diffusione della cultura, sono sempre riconducibili, attraverso una più o meno lunga sequenza di passaggi e mediazioni, ad una motivazione o almeno ad un significato politico». Si tratta quindi di individuare tutta una serie di «passaggi» e «mediazioni, di 'riempire' di contenuti specifici certe affermazioni e costantemente riferirle alle situazioni di fatto».

Esemplifichiamo: quanti insegnanti – proprio per quello che si riferiva poc'anzi – sono in grado oggi di portare avanti un discorso pedagogico politico come quello indicato dagli insegnanti del Mce? Credo che il problema non si possa risolvere eliminando i testi per «l'uso» che gli insegnanti ne fanno o eliminando gli stessi insegnanti. Bisogna proprio, attraverso quei «passaggi» e quelle «mediazioni» estendere certe esperienze di «avanguardia», per far sì che *tutti* gli allievi possano avvantaggiarsene, altrimenti restano esperienze di *élite* (questa volta di insegnanti).

Ancora: se a livello di scuola elementare è possibile incentrare gli apprendimenti su motivazioni reali e quindi fare a meno dei libri di testo (anche se bisogna riferirsi comunque a materiale stampato, o essere in grado di produrlo, sceglierlo, ridurlo e adattarlo) per la scuola media dell'obbligo e per la scuola media superiore il problema si complica. Le motivazioni sono più mediate, i problemi aumentano e diventano più complessi, includono aspetti lontani nel tempo e nello spazio; il momento logico-formale diventa prevalente; le situazioni vanno analizzate, sistematizzate e soprattutto confrontate con le situazioni storico-politiche passate e diverse dalla nostra e via dicendo. Questo se si vogliono formare delle persone in grado di leggere, capire e scegliere oggi, per essere in grado di leggere la realtà, capirla e modificarla domani. Quindi occorrono libri, molti libri e perché no, anche dei manuali se sono validi e se servono.

Indice dei nomi

Vitelli G., 66
Vives L., 29, 49, 50
Volpicelli L., 32

Washburne C., 74
Woodward W.H., 19, 25

Zamagni V., 218
Zanni Rosiello I., 186
Zappelli M., 286
Zoppelli M., 284
Zuccon G.C., 167
Zuinglio U., 25

LA RIFORMA DELL'EDUCAZIONE
Studi e problemi di pedagogia fondamentale

Collana diretta da Vittorio Telmon e Umberto Margiotta

Volumi pubblicati:

Cambi F., *Il congegno del discorso pedagogico. Metateoria ermeneutica e modernità* - pp. 236

Balduzzi G., Telmon V. (a cura di), *Pietro Siciliani ed il rapporto università-scuola* - pp. 384

Mason L., *Curricolo cognizione conoscenza* - pp. 256

Telmon V., Balduzzi G. (a cura di), *Oggetto e metodi della ricerca in campo educativo: le voci di un recente incontro* - pp. 388

Ansaloni D., *Dal manuale alla ricerca. Ipotesi di insegnamento della storia e loro verifica empirica nella secondaria superiore* - pp. 420

Pironi T., *La pedagogia del nuovo di Aldo Capitini. Tra religione ed etica laica* - pp. 224